Gunther Schwebel
Fünf Lebenszeiten

Für Petra und Olaf Kühn
zum Sommerfest am 22. Juli
2017 von Günther Schwabl

Gunther Schwebel

Fünf Lebenszeiten

Erinnerungen

Wolff Verlag

© 2016 Wolff Verlag
Kulmbacher Straße 15, 10777 Berlin
Gedruckt in der Europäischen Union

Buchblockgestaltung: Sebastian Sigler
Layout Bildteil: Monika Orend

ISBN 978-3-941461-21-5

Inhalt

Vorwort

Pritzwalk – im Juni 1934 bin ich dort zur Welt gekommen. Bullendorf – das kenne ich eigentlich nur aus Erzählungen meiner Eltern. Jugenheim an der Bergstraße – das ist eine alte und doch wieder so aktuelle Familiengeschichte, denn nach Abschluss meines Berufslebens bin ich zurückgekehrt, wo einst meine Väter siedelten: in das heutige Seeheim-Jugenheim. Wo meine Heimat ist, das ist schwer zu sagen. Wichtiger ist für mich das Zuhause, in dem man sich geborgen fühlt, wenn man aus der Fremde oder von einer Reise heimkehrt, wo die Freunde wohnen und die Kinder eine Heimat haben. Mitte 2001 bin ich nach Jugenheim zurückgekehrt, auf ein Grundstück, das meiner Familie seit 1878 gehört. Hier ist mein Zuhause – in der alten Heimat.

Zwischen Bullendorf und Jugenheim hat sich also mein Leben abgespielt. Ich schreibe es auf, weil meine Kinder mir das schon oft ans Herz gelegt hatten. Sie waren es auch, die ihren Eltern rieten, das Haus im Münsterland zu verkaufen und an die Bergstraße zu ziehen. Auch für sie ist Jugenheim ein Zuhause, vielleicht sogar mehr als Ennigerloh. Wir, das sind meine Frau Heidi und meine Söhne Dirk und Klaus, hatten uns in unserem Haus im Münsterland sehr wohl gefühlt.

Ich wollte schon lange zur Feder greifen, habe es aber immer wieder hinausgeschoben, weil ich ahnte, wie schwer und langwierig es sein würde, die vielen Erinnerungen zu Papier zu bringen. Mein Leichtsinn hat mich schließlich verführt, der Familie und Freunden gegenüber zu versprechen, meine Erinnerungen niederzulegen. Und nun schreibe ich sie gerade so auf, wie sie in meiner Erinnerung haften geblieben sind.

Von Bullendorf zogen meine Eltern mit mir und meiner Schwester nach Pinnow, dann nach Mechelsdorf. Dort wurde es richtig spannend, besonders als die Russen kamen. Wir flohen nach Jugenheim. Ich ging ins Gymnasium in Heppenheim, studierte in Darmstadt, verließ Hessen, gründete eine eigene Familie und zog oft um. Was ist daran so bemerkenswert oder gar spannend? Wenn ich meinen Kindern, Freunden oder Bekannten von meinen vielen Erlebnissen erzählte, meinten alle, das sei wirklich spannend, das müsse aufgeschrieben werden.

Mir ist dabei bewusst, dass ein Rückblick auf 70 Jahre nicht alles Erlebte wiedergeben kann, will er nicht hunderte Seiten umfassen. Mein Rückblick soll sich vielmehr auf interessante Begebenheiten beschränken, die mir gut in Erinnerung geblieben sind und die zugleich auch mein Leben bestimmt haben. Dabei spielen mein Elternhaus und die Erzählungen meiner Eltern, insbesondere die meines Vaters, eine wichtige Rolle. Mein Lebenslauf ist stark durch meine Familie und das Zuhause geprägt worden, wobei mein Beruf und der Arbeitgeber die Quelle vieler meiner Erlebnisse waren. Diese möchte ich auf Erzählenswertes möglichst im geschichtlichen Kontext beschränken und nicht alle Details meines Berufslebens schildern.

Mir ist bewusst, dass die lange Zeitspanne meiner Erinnerungen dazu verführen kann, vieles im milden Lichte der Vergangenheit schöner, besser oder dramatischer erscheinen zu lassen, als es tatsächlich war. Auch die korrekte zeitliche Einordnung der Ereignisse kann Irrtümer enthalten. Das habe ich so gut wie möglich versucht, durch Befragungen von Zeitzeugen und Recherchen in Lexika und insbesondere im Internet zu vermeiden. Dabei habe ich wörtliche Wiedergaben aus Dokumenten weitestgehend vermieden und diese in Einzelfällen kenntlich zitiert.

Die frühe Kindheit

Normalerweise bestimmen die Eltern, wo, wann und wie die Kindheit beginnt und verläuft. So auch bei mir. Im Juni 1934 erblickte ich im Krankenhaus von Pritzwalk in der Prignitz das Licht der Welt. Vom Krankenhaus entlassen, wurde ich im Elternhaus in Bullendorf getauft. Meine Eltern waren glücklich und stolz, denn nach meiner Schwester Aleit war nun, anderthalb Jahre später, der ersehnte Stammhalter geboren. Das Rittergut Bullendorf war die erste Stelle, die mein Vaters als Gutsverwalter mit alleiniger Verantwortung für die Bewirtschaftung im Jahre 1931 angetreten hatte.

Wir wohnten in einem verhältnismäßig kleinen, hübschen Haus, dem so genannten Kavalierhaus mit Blick auf den Hof. Meine Eltern hatten ein Dienstmädchen, später dazu noch ein Kindermädchen. Mein Vater hatte sein Reitpferd, die Welt auf dem Lande war fernab der Politik in Ordnung, und meine Eltern waren sicherlich glücklich. Die Eigentümerin des Gutes war Witwe. Sie lebte in einem großen, schlossartigen Herrenhaus, dahinter – und damit auch hinter unserem Haus – war direkt der Park mit einem sich daran anschließenden kleinen See.

Das Verhältnis meiner Eltern zu Frau Ketter, so hieß die Eigentümerin, war sehr freundschaftlich, und wir Kinder waren oft bei ihr zu Besuch. So kenne ich Bullendorf von Bildern und den Erzählungen meiner Eltern. Ich meine, mich jedoch auch an einige wenige Begebenheiten erinnern zu können. So explodierte eines Tages eine so genannte Lokomobile, eine Dampfmaschine, die den Zweck hatte, andere Maschinen mittels Flachriemen anzutreiben. Es wurde

11

gerade gedroschen, als sich die Explosion mit einem mächtigen Knall ereignete. Der Kessel platzte und die Lokomobile flog zwölf Meter weit und über eine Mauer. Der Maschinist wurde dabei getötet.

Meine Mutter hat uns Kindern viele Fotografien hinterlassen, die ich selbst mit Staunen betrachte, denn weitere erzählenswerte Ereignisse aus Bullendorf kann ich nicht berichten. Warum und wann genau wir Bullendorf verließen, weiß ich nicht mehr. Frau Ketter war gestorben und ihre einzige Tochter zog als Alleinerbin mit frisch vermähltem Ehemann nach Bullendorf. Das kollidierte wahrscheinlich mit den Plänen meiner Eltern.

Von Bullendorf nach Pinnow

Als ich ungefähr vier Jahre alt war, zogen wir nach Pinnow in der Nähe von Neubrandenburg. Pinnow war anders, es gab Kinder in unserem Alter, mit denen wir spielen konnten. Die Umstellung war für mich nicht groß, denn wir fanden Unterkunft im Haus des Verwalters, das dem in Bullendorf ganz ähnlich war. Das Verhältnis zu den Eigentümern war hier ebenfalls herzlich. Im Herrenhaus wohnte außer der jungen Familie eine ältere Baronin v. Grotthuss, die jeden Sonntag eine Andacht abhielt, an der auch wir teilnehmen mussten. Sie war sehr tierlieb und trug im Winter oft einen langen Nerzmantel, in dessen Taschen manches Mal ein Bückling versteckt war – sehr großzügig! Damit fütterte sie die Katzen.

Eigentümer des Gutes Pinnow war die Familie des Kammerherrn v. Klinggräff. Der war kein Landwirt, wohl aber ein passionierter Jäger. Mein Vater, ebenfalls Jäger und sehr ehrgeizig, konnte ihm doch das Wasser nicht reichen und war nach jeder Jagd enttäuscht. Klinggräff schoss nach Erzählung meines Vaters Doubletten sogar mit der Büchse im Hochwald. Das bedeutet: schießen, repetieren, nochmals auf das flüchtige Wild schießen – und beide Male treffen.

Die Familien der Grotthuss und der Klinggräff kamen ursprünglich beide aus dem Baltikum, wo die Jagd früher der bevorzugte Zeitvertreib der Adeligen war. Im Herrenhaus gab nur es nur wenige Türen, die nicht durchschossen waren. Saß eine Fliege oder ein anderes Ziel auf einer Tür, so wurde darauf mit Kleinkaliber geschossen – so erzählte es mein Vater. Ich selbst kann mich zumindest an das Ergebnis der Jagden erinnern. Ob nun Strecke gelegt und verblasen wurde, weiß ich nicht mehr. Das Wild wurde jedenfalls nach der Jagd in einer großen Waschküche in nicht ausgeweidetem Zustand abgelegt. Danach konnte man dort wegen der Menge des Wildes kaum noch gehen, und es roch nach Wald, tierischen Ausdünstungen und Schweiß. Die Ausbeute der Jagd wurde an einen Wildhändler verkauft.

Eine andere Geschichte aus Pinnow, die meine Eltern in diesem Zusammenhang gerne erzählten, war eine nächtliche Aufregung, die als „der Ausbruch der Kühe" in die Annalen einging. Meine Mutter weckte meinen Vater – es war im Herbst – eines Nachts auf und sagte ihm, er müsse sich schnellstens um die ausgebrochenen Kühe kümmern, die auf den Feldern brüllten. Es waren aber keine Kühe! Was mein Vater sah, waren Hirsche, wohl ein Dutzend. Die Brunftzeit hatte begonnen.

Ich muss wohl, wie erwähnt, vier Jahre oder etwas älter gewesen sein, als wir nach Pinnow umzogen. An den Wohnbereich oder Kinderzimmer kann ich mich nicht erinnern, wohl aber an einen langen und hohen Flur. An dessen Ende konnte man auf die Stirnseite einer Scheune blicken. Vorne auf deren Giebel befand sich ein Storchennest. Nach der Rückkehr des Storchenpaares im Frühjahr habe ich die majestätischen Vögel oft beobachtet. Das Klappern, die Fütterung und das Ausfliegen der Jungstörche sind mir in Erinnerung

13

geblieben. Vom Flur ging es links in die Küche, geradeaus in den Wohnbereich. In dem hohen Flur hatten meine Eltern eine große Schaukel angebracht, die von mir besonders geliebt wurde. Es war mein Ehrgeiz, möglichst hoch zu schaukeln. Ich war wohl schon damals etwas experimentierfreudig und jagte meiner Mutter einen großen Schrecken ein. Ich wollte das Schaukeln mit geschlossenen Augen ausprobieren, ohne mich dabei festzuhalten. Das Experiment endete mit einem gewaltigen Sturz, Kopf voran, auf den Terrazzo-Fußboden. Ich kam mit der Stirn auf und war eine kleine Weile bewusstlos.

Wer sich außer meiner Mutter in der Küche aufhielt, weiß ich nicht mehr. Ich fand die Küche allerdings gut, weil wir sogar einen Elektroherd besaßen – etwas ganz Fortschrittliches. An Essen, das mir nicht gut geschmeckt hätte, kann ich mich nicht erinnern. Alle Grundnahrungsmittel, Fleisch, Obst und Gemüse gab es aus eigener Erzeugung reichlich. Wild mochte ich allerdings nicht, weil es immer lang abgehangen war und „möpselich" schmeckte. Das wurde als Hautgout bezeichnet – und es musste so sein.

Nicht allzu weit vom Hof entfernt gab es ein Gewässer mit einem kleinen Badehaus, das die Kinder der Klinggräffs uns im Sommer gezeigt hatten. Dort spielten wir oft und gerne. Überhaupt streiften wir zusammen viel in der Gegend herum. Das war ja für uns Kinder interessant und völlig ungefährlich; denn Autos und Fremde gab es nicht, und alle Tagelöhner und deren Familien kannten uns.

Mein Vater war ein ehrgeiziger und guter Landwirt, was ihm später sogar bei den Russen helfen sollte. Pinnow besaß viel Wald und guten Ackerboden. Der Nachteil des Gutes war seine schlechte Verkehrsanbindung, und so konnten die zu verkaufenden Produkte, insbesondere die Zuckerrüben, nur mit vier Pferden pro Wagen zur nächsten Bahnstation abtransportiert werden. Alle Gespanne fuhren im Spätherbst nur noch Zuckerrüben. Das dauerte wegen der

Entfernung und des schlechten Zustands der Landwege so lang, dass es für die Wirtschaftlichkeit des Gutes untragbar war, zumal andere Arbeiten während der Rübenernte vernachlässigt werden mussten. Eine Feldbahn zum nächsten Bahnhof war nicht vorhanden – andernorts im Agrarland Mecklenburg gab es so etwas damals öfter.

Wie mein Vater erzählte, kam er auf die Idee, Erbsen als Feldfrucht anzubauen. Der Preis pro Doppelzentner war wesentlich höher als der von Zuckerrüben, die außerdem nur während der Kampagne – also der Erntezeit – angeliefert werden konnten. Nach der Aussaat der Erbsen auf einem Schlag, der an den Wald grenzte, hatten die Wildschweine das Saatgut reihenweise aufgenommen. Das versprach eine gute Strecke! Mein Vater verabredete sich für den folgenden Abend mit Herrn v. Klinggräff auf einem Hochsitz am besagten Waldrand. Bei Dämmerung trat eine Rotte Sauen aus dem Wald aus und setzte schmatzend die Arbeit des Vorabends fort. Mein Vater war entsetzt. Sein Arbeitgeber war jedoch begeistert! Er versuchte, ihn mit dem ernstgemeinten Argument zu beruhigen, dass es noch nie vorher eine so große Rotte von Sauen an dieser Stelle gegeben habe. Die Erbsen seien für die Jagd einfach großartig! Angesichts solch unterschiedlicher Sichtweisen war für meine Eltern damit letztlich klar, dass sie in Pinnow nicht bleiben wollten. Schließlich waren sie noch jung und wollten Erfolg.

Mechelsdorf

Mit zunehmendem Alter wurde das Landleben auch für mich immer interessanter. Mitte 1939 zogen wir nach Mechelsdorf, einem Weiler zwischen Wismar und Rostock, unmittelbar an der Ostsee. Kröpelin war unsere Bahnstation, Rerik der nächstgelegene Ort zum Einkaufen. Die Güter Mechelsdorf, Hohen Niendorf und Wichmannsdorf lagen nebeneinander und gehörten dem Grafen von Wilamowitz-Möllendorf. Meinen Vater hatte er für die Bewirtschaftung von Mechelsdorf und Hohen Niendorf eingestellt.

Die gräfliche Familie wohnte im Schloss in Hohen Niendorf, wo sich auch die Gutsverwaltung befand. Wie auf allen größeren Gütern in Mecklenburg waren in Mechelsdorf Hof und Dorf getrennt. Wir wohnten in einem großen, sehr alten Herrenhaus, das etwas erhöht auf dem Hof lag und auf das eine Lindenallee von der Ostsee her zulief. Vom Haus aus sah man bei schönem Wetter die Ostsee als blaues Band am Horizont. Rechts und links von der Allee waren die Ställe und eine große Scheune, zum Hofteich hin lag das Wirtschaftsgebäude mit der sogenannten Milchküche, der Plettstube und weiteren Räumen. Im Obergeschoss dieses Gebäudes wohnten der Schweinemeister Suhr und der Oberschweizer Hahn mit ihren Familien; unten, abgetrennt von den Wirtschaftsräumen, der Statthalter Schön mit seiner Frau. Es gab noch die lange Scheune, eine alte Mühle, eine Stellmacherei und ein kleines Backhaus sowie den Entenstall auf dem Hof. Hinter dem Hofteich befand sich der Schweinestall und vor dem Hoftor, zur See hin, die Schmiede.

Auf der einen Seite der Dorfstraße lagen die einfachen Doppelhäuser der Tagelöhner, gegenüber die kleine Ställe, in denen sie Geflügel und ein Schwein hielten. Milch und Futter gab es als sogenanntes Deputat. Hinter den Häusern hatte jede Familie einen langen und großen Garten. Kutscher, Stellmacher, Maschinist und einige weitere Angestellte waren wohl keine Tagelöhner. Sie wohnten in etwas größeren, zweigeschossigen Häusern mit Flachdach. Unten an der Dorfstraße, direkt am Dorfteich lag die einklassige Schule, in der sich auch die Lehrerwohnung befand. Dort wurde ich im Frühjahr 1940 bei „Papa Kittmann" – so wurde der Lehrer genannt – eingeschult.

Da die Dorfkinder nicht zu uns auf den Hof durften, waren unsere Spielkameraden die Kinder des Oberschweizers und des Schweinemeisters, die etwa im Alter von meiner Schwester und mir waren. Im Dorf spielten wir natürlich auch mit den Dorfkindern. Es wurde „Plattdütsch geschnackt". Anders jedoch zu Hause und in Hohen Niendorf. Wenn wir dort eingeladen waren, gelegentlich kam das vor, dann spielten wir mit den vier Enkelkindern des Grafen, die etwas älter waren als wir – ausgenommen Gisela, mit der ich zusammen bei „Papa Kittmannn" eingeschult wurde. Ich erinnere mich gut an eine solche Einladungen zu dem einen oder anderen Kindergeburtstag und an den Antrittsbesuch mit unseren Eltern im Schloss. Auf anständiges Benehmen, ja, auf Etikette wurde Wert gelegt. Dennoch ging es dort zu nach dem Motto: rau – aber herzlich. Wir mussten einen Handkuss, Knicks oder Diener machen, bei Tisch ging es gesittet zu, aber draußen, im Park, wurde natürlich unbeschwert gespielt und getobt. Bei Kindergeburtstagen durften die üblichen Spiele wie Eierlaufen, Sackhüpfen und Blinde Kuh nicht fehlen. Hatten meine Schwester oder ich Geburtstag, kamen die vier Niendorfer Kinder zu uns.

Was war so anders in Mechelsdorf als in Pinnow oder den anderen Orten, die wir zur damaligen Zeit kannten? Nun, es war eine archaische Welt, in fast jeder Hinsicht autark. Erst im Laufe des Jahres 1941 wurde Mechelsdorf an das öffentliche Stromnetz angeschlossen, dazu wurde eigens ein Transformatorenhäuschen gebaut. Bis zum Frühjahr 1941 hatten nur der Gutshof und die Schule elektrischen Strom, und der wurde in einer strohgedeckten Mühle mit einer kleinen Turbine und einem Generator hergestellt. Deren Antrieb erfolgte meistens mit Wasserkraft über eine Rohrleitung aus dem Dorfteich. Doch das ging nicht immer gut – bei Wassermangel im Sommer musste eine stationäre Dampfmaschine angeheizt werden, später übernahm diese Aufgabe ein Lanz-Bulldog mit Flachriemen. Damit die Turbine und der Generator nicht tagelang im Dauerbetrieb arbeiten mussten, wurde der Strom in Flüssigkeitsbatterien gespeichert. Die Leistung der Anlage genügte gerade einmal für die Beleuchtung in den Gebäuden. Einen elektrischen Herd gab es in Mechelsdorf nicht, geschweige denn einen Kühlschrank. Dafür hatten wir einen Eiskeller. Der wurde jeden Winter neu mit großen Eisblöcken gefüllt, die aus den Teichen geschnitten und mit Pferdewagen zu dem Keller, der in die Erde eingegraben war, transportiert. Zur Dämmung wurde dann Stroh auf das Eis gelegt. Der Eiskeller war ein gemauerter, sehr tiefer Zylinder mit einem lichten Durchmesser von etwa drei Metern und einer Gewölbedecke, auf die der gesamte Aushub gehäuft worden war. Von außen sah dieser Keller wie ein kleiner Berg aus, der mit Eichen bestanden war. Er lag an der Grenze des Gartens hinter dem Park. Im Eingangsbereich des Kellers, der mit Doppeltür nach außen versehen war, konnte Wild oder Fleisch aufgehängt oder andere verderbliche Ware gelagert werden. Dieses System hielt erstaunlich gut – erst Ende Juli war das Eis getaut und das Wasser im Boden versickert.

Ein Auto gab es nur im Schloss Hohen Niendorf. Der große Horch des Grafen stand meistens nur in der Remise, er wurde, wenn eine der seltenen Fahrten anstand, vom Chauffeur bewegt, der gleichzeitig die Posten des Dieners und des Gärtners bekleidete. Meistens ging man zu Fuß, ritt oder fuhr mit der Kutsche. In seinen diesbezüglichen Vorlieben unterschied sich der Graf nicht wesentlich vom Verwalter seiner Güter.

Die Milch von beiden Gütern wurde täglich in die nahe gelegene Molkerei nach Wendelsdorf gebracht. Der Kuhstall in Mechelsdorf war dabei das größte Gebäude im ganzen Dorf. Außer den etwa 80 Milchkühen, die per Hand gemolken wurden, beherbergte er die entsprechende Anzahl von Färsen und Kälbern sowie zwei Bullen. Bullenkälber wurden als Mastkälber oder Jungbullen verkauft. Einmal wöchentlich fuhr der Kutscher zum Einkaufen von haltbaren Lebensmitteln wie zum Beispiel Mehl, Mondamin, Salz und

Gewürzen nach Wustrow, einer eigens für die Familien der Luftwaffenoffiziere erbauten Siedlung, wo wir neben dem Einkauf der Lebensmittel übrigens auch zum Friseur gingen. Wustrow gehörte zu dem alten Kirchdorf Rerik, das über eine Bäckerei, ein Kino sowie einige kleine Geschäfte verfügte und nun ebenfalls durch neue Kasernen der Luftwaffe geprägt war.

Die Menschen im Dorf kauften ihre gewöhnlichen Lebensmittel größtenteils bei einem „Pungenfahrer", der wöchentlich die Güter der Gegend besuchte. Er fuhr einen Einspänner, konstruiert als Planwagen, ausgestattet mit eingebauten Regalen und Holzschubladen – ein fahrbarer kleiner Tante-Emma-Laden, bei dem man sogar Bismarckheringe kaufen konnte. Diese Heringe und die dazugehörige Soße wurden gerne von den „Schnittern" erworben, weil sie besonders billig waren, denn diese Hilfsarbeiter hatten nur sehr wenig Geld. Wöchentlich kam auch ein Fischer per Fahrrad zu uns und verkaufte frischen Seefisch, der wohl von meiner Mutter vorher bestellt worden war. Er hatte es nicht weit von der Ostsee zu uns. Die meisten anderen Leute im Dorf leisteten sich nur selten frischen Seefisch, der natürlich viel teurer war als die eingelegten Heringe, die die Schnitter aßen.

Ja, die Schnitter. Das waren junge Polinnen und Polen, die der Vorschnitter namens Serbinsky jährlich im Februar in Polen aussuchte. Sie wohnten in der Schnitterkaserne ganz am Ende des Dorfes. Nach Abschluss der Ernte fuhren diese Gastarbeiter, so würden wir sie heute nennen, wieder in ihre Heimat zurück. Einige kamen vielleicht Anfang des nächsten Jahres zur Frühjahrsbestellung und zur Ernte wieder zurück.

Einige Speisen gab es nur zu ganz bestimmten Zeiten im Jahr. Vor Weihnachten wurden zum Beispiel in allen Teichen rings um das Dorf – teilweise auch unter dem frühwinterlichen Eis – Karpfen gefischt. Einige wurde für das

Festmahl reserviert, der Rest verkauft. Im Laufe des Winters kam ein Metzger und schlachtete allein für unsere Hauswirtschaft in Mechelsdorf insgesamt vier Schweine mit einem Gewicht von je 200 Kilogramm. Speck und Schinken wurden gepökelt und geräuchert sowie verschiedene Dauerwürste hergestellt. Etwa 200 Merino-Mutterschafe sowie einige Merino-Böcke, dazu Hammel und Lämmer wurden zur Wollerzeugung gehalten. Ab und zu landeten ein Lamm oder ein Hammel auch als Delikatesse in der Küche. Groß war die Auswahl beim Geflügel – da gab es Gänse, Enten, Puten, Hühner und Tauben. Wild hatten wir jedoch weniger, als ich es aus Pinnow kannte; dafür lagen wir zu nahe an der Küste und hatten wohl auch zu wenig Wald. Diese Art der landwirtschaftlichen Autarkie sollte sich in den folgenden Jahren noch gut bewähren.

Mit Beginn des Krieges im August 1939 änderte sich vieles. Die Schnitter blieben nun in Mechelsdorf. Als Arbeitskräfte – und wohl gegen ihren Willen. Meine Mutter war zuständig für die gesamte Hauswirtschaft, was die Geflügelzucht sowie die Beköstigung der unverheirateten Knechte mit einschloss. Das hatte sie auch gelernt. Obwohl es genügend Personal im Haus gab, war sie sicherlich mit ihrer Arbeit voll ausgelastet. Als aber mein Vater bereits zu Beginn des Polenfeldzuges eingezogen wurde, musste das Leben für sie, die gerade erst in Mechelsdorf Fuß gefasst hatte, nicht immer einfach gewesen sein. Mein Vater hatte bereits ab Sommer 1935 an Manövern der Wehrmacht teilgenommen, wovon zahlreiche Fotos existieren. Durch die Propaganda der Nazis gegen Polen dürften meine Eltern vom Ausbruch des Krieges demnach nicht völlig überrascht worden sein, wohl aber von seinem plötzlichen Beginn. Der Schwiegersohn des Grafen, Herr von Chappuis, war Berufsoffizier und musste ebenfalls sofort an die Front.

Die Situation verschärfte sich, als in einer Gewitternacht kurz nach Kriegsbeginn der Graf von Wilamowitz-Möllendorf wegen einer akuten Tuberkuloseerkrankung aus seinem Schloss Hohen Niendorf nach Rostock überführt werden musste, wo er Ende Oktober verstarb. An das schweren Gewitter und den heftigen Regen in dieser Nacht kann ich mich gut erinnern.

Wie viele andere gingen auch meine Eltern damals wohl davon aus, dass der Krieg in wenigen Wochen oder Monaten beendet sein würde und die Männer unversehrt bald wieder heimkommen würden. Sie wussten natürlich auch, dass es im Krieg Verwundete und Gefallene gibt. Mein Vater hatte den Ersten Weltkrieg von Beginn an bis zum Ende mitgemacht und war als einziger Namensträger unserer Familie heimgekehrt. Er hatte seinen Bruder und Cousin verloren.

Meine Schwester und ich sowie die vier Kinder von Chappuis hatten nun Väter, die im Krieg waren. Das Leben musste trotzdem weitergehen. Ich war jetzt fünf Jahre alt. Normalerweise kam jeden Abend um 18 Uhr der Statthalter Schön zu meinem Vater ins Arbeitszimmer, um die Wirtschaft zu besprechen. Es wurden die Gespanne mit Geräten verplant, die notwendigen Arbeiten aufgelistet, die Einsatzorte festgelegt. Das Ganze wurde in ein Wirtschaftsbuch eingetragen. Mein Vater ritt mit diesen Unterlagen täglich nach Hohen Niendorf, besprach dort die Wirtschaft wie in Mechelsdorf und ließ die Vorgänge dann durch die Gutssekretärin dokumentieren; wie das technisch geschah, weiß ich natürlich nicht. Buchhaltung, Lohnabrechnung, Bestellungen von Dünger und Saatgut, Verkauf der Produkte und vieles mehr wurde nach Rücksprache dort für die beiden Güter von meinem Vater veranlasst. Alle diese Vorgänge mussten nun auch ohne ihn geschehen. Einen großen Teil dieser Arbeiten übernahm wahrscheinlich Statthalter Schön. Wie das in Hohen Niendorf geschah, habe ich vergessen.

Wir Kinder haben unter dieser väterlosen Zeit und den Umständen wohl nicht sehr gelitten, soweit ich mich erinnere – aber genau weiß ich es natürlich nicht mehr. Ich war ja noch nicht einmal in der Schule. Meine Mutter war mit uns Kindern und den Mädchen nun alleine in dem sehr großen Haus, das wegen der vielen ebenerdigen Fenster und auch Türen gegen Einbrüche nicht ausreichend gesichert war. Sie hatte deshalb nachts immer eine geladene und entsicherte Pistole auf ihrem Nachttisch liegen. Ich fand meine Mutter großartig. Sie musste die Pistole gottlob niemals einsetzen.

Am 6. Oktober 1939 war der Polenfeldzug beendet. Kurz vor dem Ende des Feldzuges stand mein Vater wieder in Mechelsdorf vor der Tür, unverwundet, mit durchschossenem Mantel und einer akuten Gastritis, dem Grund seiner vorzeitigen Entlassung. Ich soll angeblich tags zuvor zu meiner Mutter gesagt haben: „Morgen kommt Papa wieder nach Hause." Mein Vater wurde während des gesamten Krieges nicht wieder eingezogen, musste aber bis zu seiner späteren Magenoperation in Jugenheim eine strikte Diät einhalten, was zu Kriegs- und Nachkriegszeiten für ihn und meine Mutter nicht einfach war.

Für uns Kinder änderten sich die Lebensumstände mit Fortdauer des Krieges zur damaligen Zeit nicht gravierend. Außer, dass wir natürlich älter wurden. Als ich bei Papa Kittmann eingeschult wurde, saß ich neben Gisela, Päuli und Heini oder Hanni in der ersten Reihe. Meine Schwester Aleit saß eine Reihe hinter uns neben ihrem besten Freund Appi. Die beiden waren ein Schuljahr älter und damit Zweitklässler. Vor der Schule stand die Dorfpumpe, dahinter wurde während der Pausen gespielt. Um die Ecke, in einem kleinen Haus direkt am Dorfteich gelegen, befand sich die Toilette. Jungen und Mädchen hatten getrennte Eingänge zu je einer oder zwei „Holzbrillen" direkt über dem Wasser. Die Jungen hatten eine zusätzliche Rinne. Die Karpfen und Aale im Teich hatten während der Pausen zwischen den Schulstunden immer Grund zur Freude. – Ja, es war wirklich archaisch damals auf dem Lande in Mecklenburg. Mir hat es nicht geschadet. Ich fand es herrlich.

Wie bereits erwähnt, wurde „draußen", im Dorf, Plattdeutsch gesprochen – im Haus nicht. Das hatte Gründe: Anständiges Hochdeutsch war für die Schule wichtig und auch meine Eltern wollten nicht, dass wir uns einen breiten Akzent angewöhnten. Auf dem Lande in Mecklenburg, in der vertrauten Dorfgemeinschaft, in der jeder jeden kannte, wurden selbstredend auch alle Vornamen der Kinder modifiziert. Alfred war Appi, Paul Päuli, Inge Innging, Hans hieß Hanni und ich war Gunning. Wie hieß die kleine Erika kurz nach ihrer Geburt? Erikaking. Bei den Hohen Niendorfern und auch bei meiner Schwester bin ich unsicher, ob ihre Namen geändert wurden, meine Schwester war ja auch in der Familie „die Ale".

Vor meiner Einschulung hatte ich bereits entschieden, Landwirt werden zu wollen. Nun nahte mein Geburtstag als Erstklässler. Wir Landkinder bekamen natürlich andere Geschenke als Stadtkinder, die vielleicht schon viele Autos oder sogar einmal mit eigenen Augen ein Mercedes-Cabrio mit Kompressor-Schläuchen gesehen hatten. Ihnen wurden in meinem damaligen Alter wahrscheinlich Spielautos zum Aufziehen geschenkt. Bei uns war das anders. Ich bekam einen vom Stellmacher Glöde gefertigten Kaninchenstall mit vier Boxen sowie ein Paar „Blaue Wiener", Häsin und Rammler. Es dauerte nicht lange und die Häsin baute ein Nest, warf Junge, und ich hatte viele Kaninchen, die ich verschenken oder verkaufen konnte. Der Stall war so gebaut, dass er an das vorhandene kleine Hühnerhäuschen passte, in dem meine Schwester bereits ein Paar Zwerghühner hielt. Die Glucke hatte an meinem Geburtstag bereits Küken ausgebrütet, die sie im Park ausführte. Der Kaninchenstall war für mich ein wunderbares Geschenk, ich war glücklich. Zum nächsten oder übernächsten Geburtstag bekam ich so etwas wie einen Sandkasten mit zwei griechischen Landschildkröten, die mich allerdings nicht so begeisterten. Die Schildkröten wurden mit Salatblättern gefüttert, waren träge und mussten vor dem Winter in eine Sandkiste gesetzt werden, in der sie sich vergruben. Dann wurden sie mit der Kiste bis zum kommenden Frühjahr in den Keller gestellt.

Anders als Anziehpuppen, aufziehbare Blechautos oder buntlackierte Roller waren Tiere, die wir geschenkt bekamen, gut geeignet, uns Kindern ein Gefühl für Pflichterfüllung zu vermitteln. Wir mussten unsere Gefährten nämlich selbständig versorgen. Das war manchmal auch unbequem.

Die Nebelkrähe Jakob

Das beste Geschenk dieser Art war jedoch Jakob, eine Nebelkrähe. Sie war, kurz bevor sie flügge wurde, aus dem Nest genommen worden, damit sie sich beim Betteln um Futter an ihren Ernährer gewöhnen und so zahm werden sollte. Jakob wurde so zahm und frech, dass er schließlich fast zur Plage wurde. Seine Zähmung begann damit, Jakob auf den Arm oder die Schulter zu nehmen und zu füttern. Dabei wurde ihm etwas erzählt, in etwa so: „Jakob muss doch lieb sein, sag mal Papa, sag mal Gunning – so, brav." Dann stellten wir ihm eine Schüssel mit Wasser in den Innenhof und forderten ihn auf: „Jakob muss doch baden." Nach mehreren gleichen Aufforderungen hüpfte er ins Wasser und badete. Das Baden wurde fast zur Zirkusnummer, wenn wir Besuch hatten. Jakob wurde selbständiger und kecker.

Hinter dem Wirtschaftsgebäude lag am Hofteich ein großer Wäscheplatz für alle Bewohner des großen Gevierts. Es dauerte nicht lange, bis Jakob es höchst interessant fand, sich auf die Wäscheleine zu setzen und die einfachen Wäscheklammern hochzuziehen. Dann fielen die Wäschestücke teilweise herunter, was ihm besonders gefiel. Die Klammern nahm er mit oder er ließ sie fallen. Für die Wäscherinnen war es besonders ärgerlich, weil unter der zum Trocknen aufgehängten Wäsche Enten und Gänse weideten und dort auch ihren Kot hinterließen. Die heruntergefallenen Stücke wurden dreckig und mussten nochmals gewaschen werden – ohne Waschmaschine! Die Folge war, dass der freche Vogel an allen Waschtagen kurzerhand eingesperrt wurde.

Eine von Jakobs Lieblingsbeschäftigungen war die Begleitung meines Vaters nach Hohen Niendorf. Während mein Vater ritt, flog die zahme Krähe von Baum zu Baum und rief: „Papa! Papa!" Jakob konnte noch einige wenige andere Worte, vielleicht auch „Gunning", verwechselte aber nie ihre Bedeutung.

An Sylvester gab es bei uns einen sehr großen Karpfen, ausgesucht beim jährlichen Abfischen der Teiche. Schließlich bestand der Haushalt ja ohne Besuch aus neun Personen. Der Karpfen schwamm bis zu seiner Schlachtung in einem großen Holzbottich im Innenhof des Hauses. Jakob setzte sich auf den Rand des Fasses und wartete, bis die Rückenflosse auftauchte, dann hackte er zu und freute sich, dass es platschte und der Karpfen abtauchte. Wenn im Sommer ein Küchenfenster offenstand, wartete er auf einen geeigneten Moment, flog herein und nahm sich ein Stück Butter oder eine Gabel. Damit entschwand er dann zur gegenüber liegenden Dachrinne, ließ entweder die Gabel dort hineinfallen oder fraß von der Butter – und krähte zufrieden so etwas Ähnliches wie: „Papa!"

Es muss etwa 1942 oder 1943 gewesen sein, als Jakob sein Unwesen bei uns trieb. Wir hatten zu der Zeit unsere Tante Frieda aus Krefeld wegen der Bombenangriffe bei uns aufgenommen. Sie war eine typische gut situierte Bewohnerin der Samt- und Seidenstadt, wie Krefeld damals wegen seiner großen Tradition der Seidenverarbeitung genannt wurde. Ihre Hüte, Mäntel und Handtaschen, ja, sogar die Schuhe passten jeweils zusammen. Sie war Witwe und brachte Möbel für zwei Zimmer sowie ihre schicke Garderobe mit in unser archaisches Mechelsdorf. Zwei Zimmer im Obergeschoß mit Blick auf die Ostsee waren ihr überlassen worden. Bei schönem Wetter machte sie die Fenster auf, schaute heraus und genoss unsere Welt. Das merkte Jakob bald, flog in ihr Wohnzimmer auf den polierten Schrank und hinterließ dort eine ätzende weißgraue Marke, wenn Tante Frieda versuchte, ihn zu verjagen. Die Oberfläche konnte nicht gänzlich wiederhergestellt werden, trotz aller Mühe und vieler Polierbemühungen. Meine Tante passte von nun an auf. Sie wehrte Jakob dazu beim Anflug entweder mit Gegenständen wie vielleicht einem Teppichklopfer ab oder schloss blitzschnell die Fenster, wenn sich ihr Unglücksrabe den polierten Möbeln nähern wollte. Was machte Jakob? Er setzte sich vor ihre geschlossenen Fenster und hackte akribisch den Fensterkitt heraus.

Jakob wurde immer frecher. Kindern nahm er im Winter die Pudelmützen ab und legte sie in einer Dachrinne oder auf einem Schornstein ab. Das konnte nicht gutgehen. Und so kam es, dass sein Ende nahte. Allerdings war Tante Frieda hier nicht beteiligt, und auch wir Kinder hatten unsere Hände nicht im Spiel – liebten wir unseren Jakob doch, trotz aller Streiche, die er spielte – ja, gerade deswegen!

Doch das Schicksal ist grausam, und der freche Jakob konnte ihm nicht entgehen. Und so kam es: Mein Vater hielt mindestens zwei, oft auch drei Hunde in einem Zwinger nahe am Haus. Einen Rauhaarteckel oder Jagdterrier zum Schliefen für die Fuchs- beziehungsweise die Dachsjagd, dazu einen größeren Jagdhund wie zum Beispiel Münsterländer oder auch einen speziell abgerichteten Wachhund. Als Allesfresser fand nun Jakob das Hundefutter sehr schmackhaft und versuchte wohl mehrfach, den Hunden das Futter zu stehlen. Bei einer ausgiebigen Mahlzeit, die er sich gönnte, hat es ihn dann erwischt. Die Hunde lagen still in ihren Hütten, Jakob flog in den Zwinger, begann sein Mahl – und blitzschnell stürzte sich einer der abgerichteten Gesellen auf ihn. So endete sein Leben. Nur einige lose Federn und die Flügel ließ der Jagdhund zurück. Alle waren traurig – Tante Frieda übrigens auch. So endet die Geschichte von Jakob, meiner Nebelkrähe.

Seit wir in Mechelsdorf wohnten, gab es im Haushalt ein Faktotum mit Namen Line Jennerjahn, genannt Lining. Sie gehörte einfach zum Haus und blieb auch bei uns. Doch sie war nicht das einzige Mädchen im Haus: Während des Krieges oder bereits kurz davor wurde für Mädchen nach dem Schulabschluss das sogenannte Pflichtjahr eingeführt. Da meine Mutter ausbildungsberechtigt oder sogar -verpflichtet war, musste sie zwei Pflichtjahrmädchen beschäftigen. Die Auswahl konnte sie selbst treffen. Zu uns, in die Idylle nahe der Ostsee, kamen diese jungen Damen in den wenig erbaulichen Kriegszeiten besonders gerne – keine Bomben und immer genug zu essen. Viel konnten sie in Haushalt und Küche lernen sowie Fähigkeiten in der Nutztierhaltung erwerben, zumeist in der Geflügelzucht. Ich meine, dass die jungen Damen ihr Abitur abgelegt hatten, bevor sie zu uns kamen. Außer ihnen und Lining gab es noch Nadja, eine junge Ukrainerin, vielleicht 16 oder 17 Jahre alt. Warum sie zu uns kam, weiß ich nicht mehr, wahrscheinlich war es kriegsbedingt. Sie war fleißig, sauber, lernte schnell Deutsch und wurde von meinen Eltern geschätzt. Ich mochte sie besonders gerne. Sie sollte, und ich greife hier vor, beim späteren Einmarsch der Russen meinem Vater das Leben durch ihre Fürsprache auf Russisch retten. Als sie uns kurz nach dem Zusammenbruch von 1945 für immer verließ, sprach sie perfekt Deutsch. Das war für mich, der ich gerade sechs Jahre alt war, aber noch weit weg. Zu Beginn des Krieges, als es im ganzen Reich noch keine Bombenangriffe gab, waren Reisen noch sehr gut möglich.

Bemerkenswerte Verwandtschaftsbesuche

Besuche bei Verwandten, und zwar in Mühlheim und Jugenheim, standen auf dem Programm. Beide Besuche habe ich nicht vergessen.

Nach Mühlheim an der Ruhr fuhr ich mit meiner Mutter. An die Fahrt selbst erinnere ich mich nicht, wohl aber an unsere Besuche bei den Verwandten mütterlicherseits und insbesondere an den bei meinem Opa Biesgen, der eine Werkstatt betrieb – was genau er bearbeitete, weiß ich nicht mehr genau. Opa Biesgen hatte mich seit meiner Taufe in Bullendorf nicht mehr erlebt und freute sich derart darauf, seinen Enkel kennenzulernen, dass er extra für diesen Anlass einen Roller gekauft hatte. Mit dem durfte ich zuerst an einem Sonntag in seiner großen Werkstatt um die Maschinen fahren. Ich lernte das Rollerfahren schnell, denn ein älterer Cousin kam mit eigenem Roller dazu und wir drehten unsere Runden, wenn nicht mehr gearbeitet wurde. Mit einem Roller hätte man in Mechelsdorf, wo es keine geteerten Straßen gab, nichts anfangen können. Ich habe dort und auch später nie einen besessen.

Der Besuch in Jugenheim fand wohl ein Jahr später statt. Ich fuhr alleine mit meinem Vater, der in Berlin und Jugenheim wohl auch private Dinge zu erledigen hatte. Wir reisten Mitte Juni, weil mein Vater nur im Juni und im Winter in der Landwirtschaft abkömmlich war, und dieses Mal war es ein Besuch bei meinen Verwandten väterlicherseits. Mein Vater war in Berlin geboren und aufgewachsen. Die Familie besaß eine Apotheke und ein Eckhaus direkt an der U-Bahn-Haltestelle Gneisenaustraße, wo wir auch gastlich aufgenommen wurden. Die Stadt beeindruckte mich als Kind vom Lande natürlich stark.

Ich sah dann eines Tages einige Leute mit einem gelben Stern auf der Brust und fragte meinen Vater, was das zu bedeuten habe. Die Antwort war: „Das müssen Juden in

Berlin tragen." Das habe ich hingenommen – wenn die Erwachsenen das sagten, dann musste das ja wohl in Ordnung sein. Es wird mich aber doch berührt haben, sonst wüsste ich es heute nicht mehr. Wir gingen noch in den Zoo, den mein Vater als Kind oftmals besucht hatte. Die Familie besaß nämlich früher ein paar Zoo Aktien, und damit war freier Eintritt verbunden. Ich war begeistert von den vielen exotischen Tieren, von den Elefanten, den Löwen und den Tigern, besonders aber von den Kletterkünsten der Gibbons. Vor dem Tigerkäfig erwartete uns eine besondere Überraschung: Der majestätische Tiger, der in seinem Käfig ruhelos direkt hinter den Gitterstäben auf- und abging, wandte sich von den Zuschauern ab und bespritzte plötzlich, quasi aus dem Nichts, alle Besucher mit einem großen Urinstrahl. Eine ganze Reihe von Menschen war mit dem übelriechenden Sekret besudelt, groß war die Aufregung – unvergesslich das Erlebnis!

Berlin faszinierte mich sehr, und gerne wäre ich geblieben, doch wir mussten weiterfahren nach Jugenheim. Die Abfahrt der Züge, die als Zielort Basel hatten, erfolgte ab Bahnhof Zoo. Wir fuhren nachts, weil wir am nächsten Morgen in Jugenheim sein wollten. Um die großartige Atmosphäre zu genießen, die ein solcher Bahnhof ausstrahlte, und auch, um sicher unser Abteil zu finden, waren wir überpünktlich am Bahnhof. Der Zug und besonders die stromlinienförmig verkleidete Lokomotive mit ihren großen Rädern faszinierten mich enorm. Die Strecke von Berlin nach Basel wurde damals mit den schnellsten Dampflokomotiven betrieben und so waren wir bereits am nächsten Morgen gegen sechs Uhr in Darmstadt. Mein Vater nahm seinen noch etwas müden Sohn an die Hand, und nun ging es weiter mit der Straßenbahn. Ich saß kaum, als eine etwas ältere Frau meinen Vater sagte: „Kinner misse abber Platz mache!" Mein Vater erklärte, wo wir herkamen, er nahm mich in Schutz. So durfte ich sitzenbleiben – bis Jugenheim.

In meinem Elternhaus, damals schon „Schwebbels Eck" genannt, lebten meine Großmutter mit ihrer unverheirateten Tochter, meiner Tante Käthe. Frau Trautmann, die Witwe des verstorbenen Gärtners, kochte und übernahm die Aufgaben einer „Mamsell", unter anderem, indem sie für die Herrschaften das Essen servierte. Der neue Gärtner, Jäckel hieß er, nahm seine Mahlzeiten in der Gärtnerstube ein. Ganz andere Sachen als in Mechelsdorf gab es hier zu essen! Zum Frühstück gab es frische Brötchen vom Bäcker, aus denen meine Großmutter das schöne weiche Innere vor dem Bestreichen herauspuhlte. Sie war dünn und saß gerade wie ein Stock am Tisch. Ich dachte, so würde sie wohl bald verhungern. Meine Tante aß doppelt so viel wie die Großmutter, aber sie war auch nicht so dünn.

Der Garten in Jugenheim war nicht so groß wie der in Mechelsdorf. Was mir auffiel, war, dass das Obst, insbesondere die Erdbeeren und Kirschen, fast vier Wochen früher reiften und geerntet werden konnten als bei uns. Und wie das schmeckte! Zum Nachtisch gab es Erdbeeren mit Schlagsahne. Schlagsahne hatte ich noch nie gegessen, ich musste zum Probieren überredet werden. Seitdem – bis heute! – sind Erdbeeren mit Schlagsahne meine Lieblingsnachspeise. Ich durfte mich auch in einem Kirschbaum mit angestellter Leiter so richtig satt essen. Das war allerdings zu viel des Guten. Ich musste mich in der darauffolgenden Nacht laufend übergeben und konnte nicht einmal vom Spargel probieren, den es mittags gab und den ich ebenfalls noch nicht kannte. Die Rückreise war ähnlich wie die Hinreise. Im Bahnhof in Darmstadt imponierte mir das heute noch existierende Modell einer Dampflokomotive, das sich nach Einwurf eines Groschens bewegte. Wenn ich heute daran vorbei gehe, muss ich immer an die Zeit vor mehr als 70 Jahren denken. Unglaublich! Am nächsten Tag, in Kröpelin, erwartete uns der Kutscher am Bahnhof – und kaum eine Stunde später hatte uns Mechelsdorf wieder. Wir waren wieder in der vertrauten Welt angekommen. Die unzerstörten Städte – Berlin wie auch Darmstadt – sollte ich so nicht wiedersehen.

Wir aßen mittags und abends zu sieben Personen im Esszimmer: meine Eltern, Tante Frieda, die Pflichtjahrmädchen und wir Kinder. Lining und Nadja aßen in der Küche. Mittags mussten die Mädchen abwechselnd servieren, zum Abendessen nicht. Das mittägliche Servieren gehörte wohl zur Ausbildung. Obwohl wir Kinder bei Tisch kaum etwas sagen durften, fand ich es besonders schön, am schön gedeckten Tisch bedient zu werden. Wenn sich Besuch angesagt hatte, der zum Essen blieb, war das nochmals glanzvoller, ich genoss die festliche Stimmung, in der sich dann alle befanden immer sehr.

Ich erinnere mich in dem Zusammenhang speziell an zwei Besuche bei uns, die natürlich noch in die Zeit vor dem Einmarsch der Russen in Mechelsdorf fallen. Zunächst reiste die Großmutter den weiten Weg aus Jugenheim an, und zwar mit Tante Käthe. Zu einem Weihnachtsfest in einem späteren Jahr kam Opa Biesgen aus Mühlheim. Die Besucher wurden traditionell vom Bahnhof in Kröpelin vom Kutscher Käkenmeister mit dem offenen Kutschwagen abgeholt. Die Fahrt kannte ich gut, bespannt mit zwei Füchsen und Trab dauerte es fast eine Stunde, bis man, aus Kröpelin ausfahrend und durch kilometerlange Alleen und die weitläufige Landschaft der Kühlung mit Blick auf die Ostsee schließlich unser Mechelsdorfer Gut erreichte. Die Großmutter aus Jugenheim, Tante Käthe, Opa Biesgen – alle waren war schwer beeindruckt. Genau das war wohl auch insgeheim die Intention meines Vaters gewesen. So etwas gab es eben weder in Südhessen noch im Ruhrgebiet!

Mit den Jugenheimern hatten wir dann noch ein ganz besonderes Erlebnis. Es gab nämlich Fliegeralarm. Zu Beginn des Krieges erhielt mein Vater bei jedem einzelnen Fliegeralarm einen Telefonanruf. Dann mussten er oder Herr

Schön auf dem Hof und im Dorf eine Sirene per Hand betätigen. Kaum war die Sirene aus, begann eine gewaltige Flak-Kanonade der deutschen Luftwaffe in Wustrow, einem zu Rerik gehörenden Ort, auf die nachts Richtung Berlin fliegenden Bomber der Alliierten. So geschah es auch, als meine Tante Käthe zu Besuch war. Und obwohl sie in Jugenheim Luftschutzwart war, missverstand sie die Richtung der Geschosse völlig und rief laut und in Panik: „Alle sofort in den Keller, das sind alles Bomben!"

Die Lage wird ernst

Bedingt durch die stets positiven Frontberichte der Nazi-propaganda und neue Pflichten nahm ich nicht wahr, dass sich langsam alles änderte und die Lage für uns Kinder und die Eltern sich verschlechterte. Meine Schwester sollte ja genau wie ich zur höheren Schule gehen – doch wohin? Mit dem Abschluss der vierten Klasse bei Papa Kittmann konnte keine Aufnahmeprüfung geschafft werden. In Bad Doberan gab es sowohl für Mädchen als auch für Jungen eine höhere Schule. Der Schulweg betrug aber gut 20 Kilometer. Meine Eltern kamen schließlich auf eine besondere Idee: meine Schwester sollte in Jugenheim die Tannenhofschule im Pauerweg besuchen. Das war eine gymnasiale Vorschule für Mädchen bis zur Quarta. Da meine Schwester eine gute Schülerin war, würde sie die Aufnahme dort schon schaffen. Es war im Frühjahr des Jahres 1942, als sie uns verließ.

Meine schulischen Leistungen waren deutlich schlechter; Rechtschreibung war meine Schwäche. Ich wurde Anfang 1943 nach Bad Doberan, und zwar zunächst zur dortigen Volksschule, geschickt. Nachmittags bekam ich zusätzlich Nachhilfeunterricht von einer pensionierten Lehrerin, um später die Aufnahmeprüfung am dortigen Gymnasium bestehen zu können. Dafür musste ich in aller Frühe knapp zwei Kilometer zu Fuß zur Bushaltestelle Westhof laufen, um dann mit einem Bus ins rund 20 Kilometer entfernte Bad Doberan zu fahren. Von der Endstation zur Schule war es dann nicht mehr weit.

Die Volksschule Bad Doberan lag gegenüber der wundervollen gotischen Zisterzienserkirche, die „das Münster" genannt wurde, und war in einem alten Klostergebäude untergebracht. Nach der Schule ging es zum Nachhilfeunterricht und anschließend mit dem „Molli", einem Zug, den es als Touristenattraktion heute noch gibt, von Bad Doberan über Heiligendamm nach Kühlungsborn West, wo ich von einem Kutscher in einem Einspänner abgeholt wurde.

Ich erinnere mich gut an dunkle Wintertage mit Frost und Schnee. In dem kleinen Gefährt hatten Kutscher und Beifahrer, die nebeneinander saßen, einen gemeinsamen ledernen Überwurf über den Knien bis zur Taille, der Regen und Schnee abhielt. Die Füße stellte man bei Kälte in einen Fußsack, der mit Häcksel gefüllt war und der die Füße wirksam warmhielt. Da unsere Kutschpferde immer trabten, dauerte die Fahrt etwas über eine halbe Stunde bis nach Hause. Ein derartiger Tagesablauf war für einen Knirps von neun Jahren anstrengend. Aber es sollte sich lohnen, denn immerhin bestand ich Anfang 1944 die Aufnahmeprüfung für das Gymnasium.

Meiner Schwester ging es in Jugenheim viel schlechter. Sie hatte großes Heimweh und fühlte sich außerdem ausgenutzt und im Stich gelassen. Die Jugenheimer Schwebels betrieben mit ihren Hühnern sowie dem großen Garten mit Treibhaus beinahe eine kleine Landwirtschaft. Sie kannten unsere Situation in Mechelsdorf durch ihren Besuch, und meine Tante Käthe nutzte das schamlos aus. Etwa alle 14 Tage wurde von Jugenheim nach Mechelsdorf oder andersherum telefoniert. Dabei beklagte meine Tante ständig den Mangel an Naturalien wie Kartoffeln, Hühnerfutter, Schinken, Speck und anderem, schließlich war ja immer noch

Krieg. Mein Vater behob den Mangel mehrfach durch entsprechende Lieferungen per Bahn. Unsere Tante verschacherte jedoch die Naturalien, sperrte ihre Mutter und meine Schwester ab Mittag ein, während sie beinahe täglich in Darmstadt einige schöne Stunden verbrachte. Meine Schwester und ihre Großmutter bekamen von den Wohltaten aus Mechelsdorf fast nichts ab – ja, sie hungerten zeitweise.

Im Beisein von Tante Käthe schämte sich Aleit, während der Telefonate ihren Zustand zu beklagen. Sie fürchtete auch, dann noch schlechter behandelt zu werden. Als sie zu Weihnachten die dortigen Zustände schilderte, musste sie nicht mehr nach Jugenheim zurück. Die Geschichte hinterließ bei meinen Eltern große Enttäuschung und bei meiner Mutter dazu noch eine starke Abneigung gegenüber ihrer Schwägerin. Aleit fuhr ab sofort mit mir per Bus nach Bad Doberan in die Schule.

Inzwischen hatte sich die Lage im Krieg zu Ungunsten des Deutschen Reiches stark geändert. Die Engländer waren nach eigenen Verlusten durch die deutsche Luftwaffe dazu übergegangen, nun auch deutsche Städte – zuerst die mit großer Rüstungsindustrie – zu bombardieren. Rostock, die größte Industriestadt Mecklenburgs, wurde wegen der dortigen Flugzeugwerke und der Neptunwerft im April 1942 fast völlig zerstört. Die neue Sirene auf dem Dach des Wirtschaftsgebäudes weckte uns mitten in der Nacht, als dieser Angriff begann. Ich war im Stehen vor unserer Haustür vor Müdigkeit beinahe zusammengesackt, als ich aufschreckte: Die Flak in Wustrow begann, aus alle Rohren zu schießen und die Richtscheinwerfer begannen, den Himmel abzusuchen, um die Bomber zu markieren. Was für ein Schauspiel! Ein gleichmäßiges Brummen wurde langsam lauter und blieb sehr lange, ein Donnern aus der Ferne wurde langsam hörbar und wurde lauter. Nach kurzer Zeit begann sich der Himmel in Richtung Kühlungsborn am Horizont langsam rot zu verfärben und mit der Zeit wurde fast der gesamte Nachthimmel in eine blutrot verlaufende Farbe getaucht, die über Stunden nicht verlöschen wollte und sogar noch wie ein unheilbringendes Morgenrot aussah. Rostock lag nach diesem Angriff in Schutt und Asche.

In schulischer Hinsicht verlief das folgende Jahr, 1943, für uns zunächst etwas günstiger. Für die vielen Offizierskinder aus Wustrow und Rerik hatte die Luftwaffe den bereits erwähnten Schulbus nach Bad Doberan eingesetzt, mit dem auch die Kinder aus den Dörfern auf dem Wege nach Bad Doberan eingesammelt wurden. Nun hatten wir also einen richtigen Schulbus! Die Kinder von Chappuis stiegen eine Haltestelle nach uns ein. Aleit ging mit zwei anderen Mädchen aus Wustrow in die gleiche Klasse des Lyzeums, ich noch in die Volksschule. Ab Frühjahr 1944 war ich dann auch Gymnasiast.

Beide Schulen lagen am Kurpavillon dicht nebeneinander. Das Lyzeum ist heute ein Hotel, das Gymnasium ist – wie so erfreulich viele Bauten in den neuen Bundesländern – großzügig renoviert und erweitert worden. Das Hauptgebäude blieb dabei als neugotischer Backsteinbau erhalten, es wird heute durch eine Bronzebüste von Dr. Willi Brand geziert. Nein, das ist nicht der ehemalige Bundeskanzler! Dieser „andere" Willi Brand hatte mich seinerzeit eingeschult. Das ist mir jedoch erst anlässlich meines 75. Geburtstags, den ich zusammen mit meiner Familie in der alten Heimat in Mechelsdorf und Kühlungsborn verbrachte, ins Gedächtnis gerufen worden.

Damals wie heute wurden Klassenkameraden sehr oft auch zu Freunden. Ich bin dabei, örtlich gesehen, nicht weit über Mechelsdorf und das westlich angrenzende Bauerndorf Wendelsdorf hinausgekommen. Mein damals bester Freund war Heini Never, der Sohn des größten Bauern aus Wendelsdorf, mit dem meine Schwester und ich täglich den letzten Kilometer zum Bus nach Westhof und zurück gemeinsam absolvierten – zu Fuß, versteht sich. Ich habe nach unserer sehr kurzen gemeinsamen Schulzeit in Bad Doberan nie wieder etwas von ihm gehört.

Aleit hatte sich mit ihren beiden Klassenkameradinnen aus Wustrow angefreundet: Karin Schütte und Marlene Christiansen. Herr Schütte war unser Kaufmann; Marlenes Eltern sollten wenige Jahre später, vor unserer Flucht in den Westen, zu unentbehrlichen Helfern, ja rettenden Engeln werden, indem sie Aleit und meiner Mutter in ihrem Haus in Wustrow Schutz boten. Doch das war noch weit hin. Die Freundinnen waren anderthalb Jahre älter als ich, was Kinder als einen großen Unterschied empfinden. Sie wurden, ihrem Alter entsprechend, zur Mitgliedschaft im Bund Deutscher Mädels, also dem weiblichen Zweig der Hitler-Jugend, verpflichtet.

Kriegsjahre

Wie wohl allen Schülern ging es mir zu Ferienzeiten ganz besonders gut, und daran änderte vorläufig auch der Krieg nichts. Im Winter spielte ich mit Hofkindern in den warmen Ställen und in Strohmieten. Wir bauten uns Gänge im Stroh und spielten „Fuchs und Hund". Sehr gerne hielt ich mich alleine bei unserem Stellmacher Glöde auf, denn in seiner Werkstatt war es immer schön warm, das stets anfallende Abfallholz sorgte dafür. Der Ofen, in dem Fischleim flüssig gehalten wurde, brannte durchgehend. Glödes vielfältige Arbeit war für mich höchst interessant. Wenn das Eis auf den Teichen trug, spielte ich mit allen Kindern auf dem Dorfteich. Wir fuhren mit dem „Pegschläden" um die Wette. Man konnte damit auch so etwas wie Seil-Karussell fahren.

In der Mitte des Dorfteiches wurde von einem Erwachsenen ein Loch ins Eis geschlagen und ein dicker Pfahl eingelassen. Nachdem dieser fest eingefroren war, wurde daran am oberen Ende ein langes Seil mit einer Schlaufe so befestigt, dass sich das Seil frei bewegen konnte. Um den Pfahl wurde etwas Sand gestreut. Dann nahm ein Kind auf einem Pegschläden das Seilende in die Hände, zwei oder drei Kinder schoben das stramme Seil auf dem gestreuten Eis im Kreis um den Pfahl herum. Voraussetzung für das Gelingen des Karussells war, dass der Schlittenfahrer ebenfalls angeschoben wurde und dass das Seil immer gespannt blieb. Sobald der Schlitten außen in schneller Fahrt war, und uns kam es wirklich rasend schnell vor, ließ der „Pilot" das Seilende los und das Holzgefährt raste übers Eis in Richtung Schilf, um irgendwo – hoffentlich! – sanft zu landen. Es war ein grandioser Spaß!

Der Schlitten war wohl eine mecklenburgische Erfindung, meiner war von Glöde gebaut worden. Man stand auf zwei Kufenbrettern, die durch ein Querbrett verbunden waren und stieß sich – man pegte also – mit einer langen Stange zwischen den Beinen vom Eis ab. Der Schlitten, der Schläden, war nur etwa 25 mal 25 Zentimeter groß und etwa zehn Zentimeter hoch. Die lange Stange hatte am Ende eine Spitze, ähnlich einem Feuerwehrhaken. Wir fuhren Pegschläden, bis es dunkelte und wir nach Hause gerufen wurden. Im Winter war das schon am späten Nachmittag.

Ganz anders war es im Sommer. In den großen Ferien tobte ich in der freien Natur herum. Ich planschte mit Päuli, Hanni und Appi in den Teichen, wir fuhren mit den Knechten auf die Felder und genossen die Freiheit.

Der Krieg ging weiter, ohne dass wir als Kinder es merkten oder gar darunter litten. Dem sogenannten Reichsnährstand, dem wir angehörten, ging es den Umständen entsprechend gut. Wer – wie mein Vater – viel erzeugte und ablieferte, dem ganz besonders. Allerdings hatte auch er Schwierigkeiten zu überwinden und zwar keine kleinen. Er war, wie viele seiner Bekannten, sein verstorbener Vater und auch Graf von Wilamowitz-Möllendorf kein Freund der NSDAP. Mit zunehmender Intensität wurde er von den örtlichen Funktionären bedrängt, in die Partei einzutreten. Das hat er mehrere Male mit mir nicht bekannten Argumenten abgelehnt. Der Graf von Wilamowitz-Möllendorf konnte sich zu Lebzeiten von derartigen Bedrängnissen hoher Bonzen leichter befreien. Er empfing die Herren einfach nicht und rief nach deren misslungenen Versuchen und Abfahrten aus Hohen Niendorf unverzüglich persönlich bei Hermann Göring an, um sich bei ihm über die unangemeldeten Besucher zu beschweren. Er hatte nämlich beste Beziehungen zu Göring. Dessen erste und von ihm hoch verehrte Frau Carin war eine geborene von Wilamovitz-Möllendorf aus Schweden, eine enge Verwandte des Grafen. In diesem Zusammenhang sei an die Sommerresidenz Carinhall erinnert, die Göring bei Templin im nördlichen Brandenburg hatte errichten lassen und die nach dieser Frau benannt war.

Mein Vater hatte es schwerer, dem Druck der NSDAP-Parteigänger zu widerstehen, und im Jahre 1944 hatte seine Weigerung, in die Partei einzutreten, auch erhebliche Konsequenzen für ihn. Ihm wurde die Ausstellung eines Neubauernscheines verweigert, der immerhin Voraussetzung war, ein Gut zu erwerben. Ich will auf diesen Schein hier nicht näher eingehen, der vom Reichsbauernführer ins Leben gerufen worden war und ideologisch unsinnige rassische Ziele beinhaltete. Um den Grund der Verweigerung zu erfahren, bat mein Vater um einen Termin beim Kreisbauernführer in Wismar. Zu seinem Erstaunen legte man ihm eine dicke „Akte Schwebel" vor, in der neben dem Ariernachweis das genau aufgeschlüsselte Einkommen, das Vermögen der Familie, die Spenden für die NSDAP und das Winterhilfswerk sowie viele weitere Informationen enthalten waren. Fazit der Besprechung war, dass ohne weiteres der Neubauernschein ausgestellt werden könne, wenn mein Vater nur der Partei beiträte. Das tat er weiterhin nicht.

Erstaunlicherweise hatte das wiederholte „Nein" meines Vaters nicht die zunächst befürchteten Auswirkungen auf seine Tätigkeit. Ich kann mir heute vorstellen, dass meine Eltern damals schon nicht mehr von einem Gewinn des Krieges durch Deutschland ausgingen und dem Neubauernschein keine große Bedeutung mehr beimaßen. Kündigen konnten und wollten die Nazis meinem Vater nicht, und solange er genug erwirtschaftete, war seine Zugehörigkeit zum Reichsnährstand offensichtlich gesichert.

Krankheit und Genesung der Mutter

Im Herbst 1943 ging es meiner sonst immer gesunden Mutter eines Nachts so schlecht, dass auch unser aus Rerik herbeigerufene Hausarzt Dr. Knüppel nicht helfen konnte. Er empfahl einen jungen habilitierten Nervenarzt hinzuzuziehen, der gerade bei der Luftwaffe in Rerik Dienst tat. Nach dessen schnellem Besuch zusammen mit Dr. Knüppel in Mechelsdorf lautete ein Verdacht, es könne sich bei meiner Mutter möglicherweise um die heimtückische Krankheit Multiple Sklerose handeln. Sicherheit und Behandlung seien aber erst nach einer lebensgefährlichen Untersuchung der Rückenmarksflüssigkeit möglich. Eine Untersuchung war aus vielen Gründen weder in Rerik noch Rostock möglich, und so entschieden sich meine Eltern und die beiden Ärzte, die erforderliche Rückenmarkpunktur ohne Betäubung daheim in Mechelsdorf durchzuführen. Meine arme Mutter wurde angeschnallt, die Flüssigkeit wurde ihr bei vollem Bewusstsein entnommen.

Das Ergebnis der nach Berlin eingeschickten Probe war leider positiv. Der Verdacht hatte sich bestätigt, meine Mutter hatte MS. Was nun? Der Nervenarzt, dessen Namen ich leider nicht mehr weiß, hatte sich an der Charité mit einer Arbeit über MS habilitiert und war danach an das Krankenhaus in Bernau bei Berlin gewechselt. Was für eine glückliche Fügung, dass er nun in Rerik war! Er besaß in Berlin und Bernau so viel Einfluss, dass er unverzüglich einen Krankenwagen nach Mechelsdorf kommen lassen konnte, um meine Mutter in Begleitung meines Vaters nach Bernau zu überführen. Es ist kaum zu glauben, dass es ihm nach der schon verlorenen Schlacht um Stalingrad im Februar 1943 und der Situation der Lazarette in Deutschland gelang, die Überführung einer einzelnen kranken Frau über hunderte von Kilometern mit einem Krankenwagen zu ermöglichen.

Die Art der Behandlung meiner Mutter mittels periodisch erzeugtem Fieber besprach er von Rerik aus mit dem Ärzteteam in Bernau.

Die Mutter benötigte im Krankenhaus auch seelischen Beistand und Hilfe bei den Dingen des Alltags, denn sie war ja weit weg von zu Hause. Da erwies es sich als glückliche Fügung, dass es Fräulein Prosching gab. Sie wohnte in Mülheim und hatte die Pflege meiner zuletzt sehr kranken Großmutter Wilhelmine Biesgen übernommen. Nach dem Tod meiner Großmutter hatte sie mein Großvater weiterhin angestellt. Doch er brauchte ihre Dienste nicht dringend, denn er war weitgehend gesund, und Fräulein Prosching war eine ausgebildete Krankenschwester. So reiste nun das Fräulein Prosching zur Unterstützung und Pflege meiner Mutter nach Bernau, wo sie Tag und Nacht bei ihrer Patientin blieb. Das half sehr! Und zum Glück schlug zudem die Behandlungsmethode der Ärzte an. Meine Mutter wurde gesund.

Der Arzt aus Rerik hat meiner Mutter das Leben gerettet. Er wollte sie auf einem medizinischen Fachkongress als Beispiel seiner Behandlungsmethode vorstellen. Dazu kam es nicht, weil der Lebensretter meiner Mutter leider bald nach ihrer Entlassung und Genesung von Rerik aus in ein großes Lazarett in Frontnähe versetzt wurde und für uns unerreichbar war. Bereits damals war bekannt, dass der Krankheitsverlauf bei MS in Schüben verläuft, und dass, um diese möglichst zu minimieren, große körperliche Anstrengungen unbedingt vermieden werden mussten. Dazu hätte auch eine weitere Schwangerschaft gehört – und so bekamen meine Schwester und ich keine weiteren Geschwister. Meine Eltern haben, auch aus Sorge um die Gesundheit meiner Mutter, unmittelbar nach unserer Flucht versucht, den Verbleib „unseres" Arztes herauszufinden; leider vergebens.

Von der Krankheit und Überführung meiner Mutter nach Bernau hatte mein Vater selbstverständlich die Gräfin in Hohen Niendorf informiert. Ihrer spontanen Reaktion verdanke ich meine Freundschaft mit den Kindern ihrer Tochter Elisabeth v. Chappuis. Die Gräfin schlug meinem Vater vor, dass meine Schwester und ich während der Behandlung meiner Mutter im Krankenhaus in das Schloss nach Hohen Niendorf umziehen könnten. Es gäbe dort genug Platz und wir könnten von dort aus mit den Kindern v. Chappuis zusammen in die Schule nach Bad Doberan gehen. So geschah es dann auch. Wir schliefen im ersten Stock neben den v. Chappuis und konnten so durch die freundliche Aufnahme in die Familie das Heimweh nach unserer Mutter, meinem Vater und Mechelsdorf leichter ertragen. Mein Vater sahen wir, wenn wir es wollten, jeden Tag in der Gutsverwaltung bei Fräulein Klebisch, wo die notwendigen Arbeiten abzusprechen und zu erledigen waren.

Abgesehen vom Heimweh gab es genug Anlass, die Zeit in Hohen Niendorf zu genießen. Wir hatten mit den dortigen Kindern eine Menge Spaß und konnten von ihren Aktivitäten profitieren. Vor der Schule mussten nämlich die Schafe, Hühner und Kaninchen der Kinder versorgt werden. Danach gingen wir einen langen Berg hinunter zur Bushaltestelle. Gemeinsam kamen wir nach der Schule zum späten Mittagessen wieder zurück. Ich hatte damals keine Nachhilfestunden mehr. Vor Weihnachten, als es meiner Mutter schon etwas besser ging, fuhren wir mit meinem Vater nach Berlin und Bernau, um sie zu besuchen.

1943 erlebten wir unvergessliche Weihnachtsferien in Hohen Niendorf. Insgesamt waren wir acht Personen bei Tisch – sechs Kinder und zwei Erwachsene. Wir Kinder bastelten Weihnachtsgeschenke für die Eltern, die Gräfin strickte ab ihrem Nachmittagstee unentwegt Wollstrümpfe, Pudelmützen, Handschuhe und andere Kindersachen, alle freuten sich auf das Weihnachtsfest. In der Eingangshalle wurde eine sehr große Tanne vor dem Kamin aufgestellt und wunderschön als Weihnachtsbaum geschmückt. An Heiligabend erstrahlte der Baum kurz nach Dunkelheit, die Dorfkinder kamen herein, es wurde ein Weihnachtslied gesungen und danach überreichte die Gräfin allen Dorfkindern persönlich ihr Weihnachtsgeschenk. Nachdem die Dorfkinder beschenkt waren, kam unsere Bescherung. Ich meine, dass mein Vater nicht dabei sein konnte. Er war bei meiner Mutter in Bernau.

Anfang des Jahres 1944 kam meine Mutter zusammen mit Fräulein Prosching aus Bernau nach Hause. Fräulein Prosching blieb noch ein paar Wochen in Mechelsdorf und fuhr dann nach Mülheim zurück. Ich habe sie noch ein paar Tage vor ihrer Abreise nach unserer Rückkehr aus Hohen Niendorf zu Hause erlebt, denn nun waren auch meine Schwester und ich wieder in Mechelsdorf. Die schöne Zeit in Hohen Niendorf war zwar vorbei, aber – viel wichtiger! – die Mutter war wieder gesund und wir alle waren wieder zusammen in Mechelsdorf!

Das interessante Jahr 1944

An den Frühling 1944 und den letzten Kriegssommer erinnere ich mich gut. Ich war ja nach den Osterferien Sextaner im Gymnasium in Bad Doberan geworden. Die Einschulung fand, so meine ich, im Beisein meiner Mutter mit einem Festakt in der Aula statt. Aula, Treppenhaus, Klassenzimmer und die Turnhalle des Gymnasiums fand ich beeindruckend.

In der Turnhalle der Schule übten wir Klimmzüge an einem Reck und an den Kletterstangen, es waren wohl vier, das möglichst schnelle Heraufklettern und Herunterrutschen. Beides konnte ich gut. In den Klettergruppen zu viert gewann ich meistens. Auf dem Schulhof versuchte ich, meine Dominanz, die ich aus Mechelsdorf gewohnt war, durch kleine Kämpfe mit Klassenkameraden durchzusetzen. Im Schulbus versuchte ich das auch bei den neuen Mitschülern – aber ich scheiterte kläglich.

Der Schulbus wurde im Laufe des Frühjahrs 1944 auf Holzgas umgestellt. Das interessierte mich. Durch eine kleine, runde und bewegliche Luftklappe am unteren Ende des Kessels konnte man einen Teil des Vergasungsprozesses beobachten. Der Kessel, ein etwa zwei Meter hoher Zylinder, war wie ein Gepäckträger hinten am Bus angebaut. Das verhinderte, dass Hitze, Holzgas oder scharfer Rauch in den Bus eindringen konnte. Ein normaler Getreidesack voller trockener Buchenstückchen genügte für eine Fahrt von Rerik über Kröpelin bis Doberan. Vor jeder Heimfahrt nach Rerik wurde neu „geheizt", also von oben in den Kessel neues Holz nachfüllt und der Vergaserdeckel oben wieder zugeschraubt.

Mein Vater reiste während des Frühlings ein oder mehrere Male nach Berlin. Der Bruder seiner Mutter, der Apotheker Carl Sander, war am 22. April 1944 verstorben. Mein Vater war Erbe des Anwesens und der Apotheke geworden, zusammen mit seiner Mutter und Schwester Käthe in Jugenheim. Jeder Erbe weiß, wie viele Formalien bis zur endgültigen Regelung eines Erbfalles zu erledigen sind, in diesem Falle wohnten die Erben hunderte Kilometern auseinander, die Züge und auch Berlin wurden bombardiert. Erschwerend kam hinzu, dass ein neuer Apotheker gefunden werden musste. Ich erbte die sehr wertvolle und umfangreiche Briefmarkensammlung meines Onkels, die mein Vater mir aus Berlin noch vor dem Russeneinmarsch in Mechelsdorf zeigte. Die Alben wurden sorgfältig aufgehoben, um eine Schätzung in Friedenszeiten vornehmen zu lassen. Ich war wohl ganz stolz, dennoch interessierte mich die Angelegenheit nicht sonderlich. Weder an Onkel Carl noch an seinen

Bruder, den Oberst a. D. Wilhelm Sander erinnere ich mich, obwohl ich beide wahrscheinlich gelegentlich gesehen hatte.

Der Sommer war schön und sehr warm. Wir fuhren an besonders heißen Sonntagen mit dem Kutschwagen nach Kühlungsborn, badeten in der Ostsee und ließen uns abends vom Kutscher wieder abholen. Bei solchen Fahrten nahmen meine Eltern gerne unsere beiden Pflichtjahrmädchen mit, um ihnen Abwechslung zu verschaffen. Ein solcher Tag war auch der 20. Juli 1944. Nach dem Baden ging es zum Tanztee in das Hotel Mia Mare. Dort gab es wohl die flotteste Musik und auch viele junge Offiziere aus dem benachbarten Luftwaffenstützpunkt. Das war für die beiden jungen Damen natürlich eine Attraktion, und wir freuten uns auf einen Tag am Meer. Doch dieser Tag sollte nicht wie geplant verlaufen.

Meine Eltern und unsere jungen Damen tanzten eifrig, meine Schwester und ich aßen vielleicht artig unser Eis am Tisch, betrachteten die Tanzenden und hörten der Musik zu, als plötzlich Unruhe im Saal entstand und die Musik stoppte. Ein Herr trat ans Mikrofon und verkündete: „Auf unseren Führer Adolf Hitler ist heute ein schreckliches Attentat von verantwortungslosen Schurken verübt worden. Der Führer hat das Attentat überlebt. Die Veranstaltung ist geschlossen." Ich kann mich an dieses Ereignis genau erinnern. Vielleicht ist die wörtliche Wiedergabe nicht ganz richtig, es sind aber sehr ähnliche Worte gefallen. Absolute Stille trat ein, danach ein Raunen im Saal und dann verließen alle das Hotel. Wir fuhren nach Hause, ich war geschockt, dass so etwas unserem geliebten Führer widerfahren war, kaum ein Wort fiel während der Fahrt nach Hause. Vor uns Kindern wurde keinesfalls darüber gesprochen, was unsere Eltern von dem herrschenden Regime hielten.

Im Alter von zehn Jahren begann für alle Jungen die Pflichtmitgliedschaft im Deutschen Jungvolk. Wir alle wurden Pimpfe. Unsere nächste Organisationseinheit das sogenannte Fähnlein befand sich in Rerik. Dort musste die Pimpfen Probe abgelegt werden. Sie bestand wohl aus zwei Teilen, einem sportlichen Abschnitt mit Ballweitwurf, Laufen, Springen und weiteren Leibesübungen sowie einem geistig-intellektuellen Abschnitt mit dem Ziel einer Einschwörung auf das System. Ballweitwurf konnte ich gut, daran erinnere ich mich; das Horst-Wessel-Lied schaffte ich auch. Die Einschwörung fand in einer von zwei Baracken statt, die auf der schmalen Landzunge zwischen Rerik und Wustrow standen, genau an der Stelle, wo bis vor wenigen Jahren das abgesperrte Gebiet von Wustrow begann. In der Nachbarbaracke war meine Schwester mit ihren beiden Freundinnen aus Wustrow bereits vor einem Jahr als BDM-Mädel eingeschworen worden.

Der Herbst nahte und somit die wichtigste Zeit in der Landwirtschaft. Die Ernte der Wintergerste fiel noch in die Sommerferien und ich durfte zum ersten Mal „Bitauführn" – will heißen: Weiterfahren. Dafür gab es sogar ein paar Pfennige pro Stunde. Das Getreide wurde damals bei uns mit einer von Pferden gezogenen Mäh- und Bindemaschine geschnitten, gebunden und in Garben abgelegt. Diese Garben wurden zu Hocken aufgestellt und nach einer kurzen Nachtrockenzeit auf Leiterwagen eingefahren. Diese Leiterwagen wurden mit je einem Gespann von vier Pferden gezogen und leer im Trab oder Galopp vom Hof auf das abzuerntende Feld gefahren. Der Pferdeknecht ritt auf dem links hinten angespannten Sattelpferd und lenkte von dort das rechts gehende Deichselpferd und die Vorderpferde mit langem Zügel. Nach Eintreffen auf dem Feld stieg er ab, half dem Bitauführer – also mir – in den Sattel, gab mir die Zügel und stakte mit anderen Tagelöhnern oder Schnittern mit der langen Forke die Garben auf den Wagen. Immer wenn rechts und links vom Wagen die Hocken aufgeladen waren, musste ich zu den nächsten Hocken geradeaus weiterfahren.

Das war sehr einfach: man sagte erst „Hü!" und dann, an den nächsten Hocken, „Pirrr!" Auf dem Wagen standen zwei Packer, die die Garben so packten, dass der Wagen optimal beladen wurde. Die Ladung wurde mit zwei Seilen und einer Winde gesichert, und dann ging es vorsichtig im Schritt mit dem schwerbeladenen Wagen zur Dreschmaschine auf dem Hof oder zur sicheren Zwischenlagerung in der Hofscheune. Im Einsatz waren neun oder zehn Gespanne, und sie machten das Gleiche von morgens um 6 Uhr bis abends um 6 Uhr. Täglich, um Punkt 12 Uhr, wurde vom Statthalter auf dem Hof „gebimmelt", was bedeutete, dass mit einem Hammer mehrmals laut auf ein aufgehängtes Pflugschar geschlagen wurde. Das hörte man bis zu Ostsee. Die Knechte mussten die Pferde tränken und füttern und aßen dabei selbst meist ein größeres Stück geräucherten schieren Speck, abgeschnitten mit ihrem Taschenmesser und tranken dazu Muckefuck, also Malzkaffee, oder auch einfach nur Wasser. So war das bei der Ernte.

Während der Getreideernte gab es keine Leutebeköstigung. Die Knechte, unverheiratete Burschen, mussten im Sommer um 4 Uhr morgens im Pferdestall mit dem Füttern ihrer vier Pferde beginnen. Sie gingen dann zum Frühstück kurz nach Hause, fütterten die Pferde weiter und zogen um 6 Uhr mit ihrem Vierergespann vor den Pferdestall, wo sie vom Statthalter Schön zur Arbeit eingeteilt wurden. Sonntags wurde mit dem Füttern erst um 6 Uhr begonnen. Nach der Getreideernte ging es mit Kartoffeln, Zuckerrüben und Wrucken weiter. Kartoffeln wurden eingemietet, ebenso die Futterrüben für die Kühe im Winter. Nach der Ernte sahen die Pferde völlig abgemagert aus – wie Garderobenständer.

Mit diesem kleinen Exkurs in die Landwirtschaft von damals will ich vor allem meinen Kindern und Enkeln berichten, wie schön – aber auch: wie anstrengend – es vor gar nicht so langer Zeit auf dem Lande in Mecklenburg war, für die Menschen, für die Tiere, und auch für mich. In diesem Zusammenhang muss unbedingt daran erinnert werden, dass Krieg herrschte und dass viele junge Knechte an der Front waren. Ältere Leute, Schnitter oder gar Gefangene mussten ihren Platz einnehmen und die schwere Arbeit verrichten.

Auch in Mechelsdorf und in Hohen Niendorf waren spätestens ab Ende 1944 russische Kriegsgefangene beschäftigt. Von familiärem Leid abgesehen hatten sie es bei uns wesentlich besser als in Fabriken oder gar Gefangenenlagern an anderen Orten im damaligen Dritten Reich. Sie hatten genug zu essen, schliefen trocken und warm und wurden bei uns nicht schikaniert. Das ist ein Grund, weshalb meine Eltern beim Russeneinmarsch keine Notwendigkeit sahen, gen Westen zu fliehen.

Im engeren und weiteren Umfeld änderte sich bereits ab 1943, insbesondere aber 1944, sehr viel. Pferde mussten an die Wehrmacht geliefert werden, Stuten ausgenommen, denn sie sollten ja Nachwuchs für die Front liefern. Ein Kaltbluthengst bezog eine Box im Pferdestall und eine Deckstation wurde eingerichtet. Aus der Kreuzung zwischen Warmblut und Kaltblut versprach sich die Wehrmacht die passenden Zugpferde. Eine Raupe, also ein kleiner Bulldozer, wurde für die schwere Feldarbeit angeschafft und obendrein vier oder sechs Ochsen aus Bayern: sie sollten die fehlenden Pferde ersetzen. Der Einsatz der Ochsen war dabei ein Fehlschlag in jeder Hinsicht. Zwei von ihnen sollten genauso viel ziehen wie vier Pferde – was sie aber nicht taten. Dazu waren sie viel langsamer als Pferde, sie konnten angespannt nicht traben. Das Geschirr und die Anspannung mussten angepasst werden, einer der Ochsen starb nach kurzer Zeit, so dass damit ein ganzes Gespann ausfiel. Der Grund: Die Ochsen hatten sich nach einer kräftigen Luzernemahlzeit losgerissen und im Hofteich so viel Wasser gesoffen, dass sie an starken Koliken beinahe alle verendet wären. Die Notoperation eines der Tiere misslang, daher starb es.

Ein Bunker mit zwei Ein- beziehungsweise Ausgängen musste nach Vorschrift im Park gebaut werden. Ein vermeintlich einfaches Unterfangen für meinen Vater als Frontsoldat zweier Weltkriege. Als Deckenbalken wurden zersägte Bahnschienen der inzwischen stillgelegten Feldbahn ausgewählt. Darauf kamen Bretter, auf diese eine Schicht Stroh und dann eine dicke Erdschicht, bestehend aus dem gesamten Aushub des Bunkers. Mein Vater war kein Ingenieur, er hatte sich mit den Schienen vertan. Der Bunker stürzte ohne Feindeinwirkung auf seiner gesamten Länge nach einem kräftigen Regen ein. Die ganze Arbeit musste noch einmal gemacht werden.

Glück hatte mein Vater mit seinem Reitpferd, einer im mecklenburgischen Zuchtbuch eingetragenen Fuchsstute. Sie wurde nicht eingezogen und ging mit dem passenden Fuchswallach bei Bedarf vor dem Kutschwagen. Beide Pferde blieben uns bis zum Einmarsch der Russen erhalten.

Fast alle wehrfähigen Männer waren im Krieg. Der sogenannte Volkssturm für ältere und nicht regulär wehrfähige Männer sowie Jungen im Alter von 16 bis 18 Jahren wurde eingeführt. Auch mein Vater musste die entsprechenden Übungen des Ersatzheeres mitmachen und befehligte wahrscheinlich den Dorfvolkssturm.

Ab der Kartoffelernte 1944 wurden erstmals Frauen und Kinder aus der näheren Umgebung zur Erntehilfe eingesetzt, wir Kinder selbstverständlich ebenfalls. Es war kalt und nass. Pro Korb gesammelter Kartoffeln gab eine kleine Metallmarke. Ausgezahlt wurde am Ende der Arbeitszeit gegen Abgabe aller erhaltenen Marken. Ich hatte nasse und kalte Hände, wenig Marken und fand alles schrecklich. Noch schlimmer empfand ich die Zuckerrübenernte. Die Arbeit für uns Kinder und Frauen bestand darin, das Rüben-

blatt von den mit einem Pflug herausgepflügten Rüben ab-
zustechen und auf Haufen zu legen. Auch das ging schließlich vorbei und der Winter nahte. Gänse wurden gemästet,
geschlachtet, gerupft und einige davon ein letztes Mal an die
Verwandtschaft verschickt. Das Rupfen besorgten mehrere
Frauen in der Leutestube. Federn und Daunen wurden getrennt, in Säcke gestopft und verkauft. Für den Eigenbedarf
stellten wir viele verschiedene Fleischprodukte her, darunter
auch Gewöhnungsbedürftiges wie zum Beispiel Gänseklein
und Gänseweißsauer, aber auch Delikatessen wie geräu-
cherte Gänsebrust oder eingeweckte getrüffelte Leberpaste-
te. Die Trüffel besorgte Tante Käthe bei Stemmer in Darmstadt – sie wusste offenbar genau, dass sich dieser Kauf bezahlt machen würde.

Zu Weihnachten 1944 besuchte uns mein Großvater
Biesgen aus Mülheim ein letztes Mal. Es war das für mich
schönste und zugleich das letzte Weihnachtsfest, das wir
gemeinsam in Mechelsdorf feierten. Einen Kirchgang gab es
nicht, denn die Kirche in Rerik war vier Kilometer entfernt.
Wie immer wurde im Damenzimmer, das zwischen Esszimmer und Herrenzimmer lag, ein großer Weihnachtsbaum
aufgestellt und von meiner Mutter und den Mädchen geschmückt. Die Flügeltüren zum Herrenzimmer wurden zwei
Tage vor Heiligabend verschlossen, der Kachelofen geheizt,
die bunten Teller gefüllt, die Geschenke vorbereitet und
überhaupt wurde alles weihnachtlich dekoriert. Für uns alle
war es eine aufregende Zeit. Schließlich mussten wir Kinder
unser Gedicht können. Heiligabend wurde mit größter
Spannung erwartet. Alle außer meinen Eltern warteten im
Herrenzimmer. Ein Glöckchen erklang, die Tür ging auf, der
Baum erstrahlte, meine Mutter saß am Klavier und spielte
vielleicht „O Tannenbaum". Danach musste ich zuerst mein
eigens gelerntes Gedicht aufsagen, ehe ich an meine Ge-

schenke geführt wurde. Nach mir kam meine Schwester an die Reihe, dann die Erwachsenen.

Die Geschenke von uns Kindern lagen unter dem Weihnachtsbaum, die der Erwachsenen auf Tischen oder an anderer Stelle hübsch verteilt, meine Eltern und die übrigen Erwachsenen beschenkten sich anschließend gegenseitig, meine Mutter las die Weihnachtsgeschichte vor und danach sangen wir die bekannten Weihnachtslieder. Meine Mutter begleitete uns am Klavier. Opa Biesgen und mein Vater rauchten eine dicke Zigarre, meine Mutter eine Zigarette und es wurde mit Champagner angestoßen. Den bekamen wir von Fräulein Klebisch aus Hohen Niendorf. Ihr Vater, vormals Chef der größten Sektkellerei in Eltville, war von den Nazis zum Direktor aller französischen Champagnerhersteller berufen worden. Auch Lining und Nadja waren bei der Bescherung dabei, ob die Pflichtjahrmädchen nach Hause gefahren waren oder nicht, weiß ich nicht mehr. Ich erinnere mich aber gut an meine größeren Geschenke: eine Eisenbahn, einen Panzer und einen Spielzeughühnerhof. Die Lokomotive der Eisenbahn musste aufgezogen werden, besaß vorne batteriebetriebene Lämpchen und konnte mehrere Waggons ziehen. Schienen bekam ich zur Eisenbahn dazu und zwar so viele, dass damit ein Kreis unter dem Weihnachtsbaum bis vorne auf den Teppich gebaut werden konnte. Den Panzer zog man ebenfalls mit einem Schlüssel auf. Sein Geschütz drückte mit dem darunter eingebauten Feuerstein beim Fahren auf ein sich drehendes kleines gezacktes Rädchen und sprühte dabei Funken. Zu dem kleinen Hühnerhof gehörten Hühner, Küken, ein Hahn und ein Fuchs, der die Hühner nachts holen konnte, wenn sie nicht im Stall waren.

Nachdem die Kerzen ausgepustet waren und es ziemlich dunkel unter dem Weihnachtsbaum geworden war, legte ich mich auf dem Bauch und betrachtete den erleuchteten Zug meiner funkelnagelneuen Eisenbahn, der sogar durch einen kleinen Papptunnel fuhr. Vielleicht dachte ich an meine Bahnfahrt nach Jugenheim. Am nächsten Morgen wurde im Schlafanzug weitergespielt. Es war wirklich so, wie es wohl nur an Weihnachten sein kann!

Die technischen Spielsachen und vieles mehr – Bohnenkaffee, etwas Schokolade oder auch Kernseife – hatte Opa Biesgen besorgt, denn er verfügte dank seines metallverarbeitenden Betriebes auch zur damaligen Zeit noch über gute Verbindungen in Mülheim. Die beiden normal käuflichen Seifentypen nannten wir Schwimmseife und, etwas despektierlich, Kamelmistseife. Vor Weihnachten 1944 hatte es bei uns dann noch ein wenig geschneit, am Ersten Feiertag schien die Sonne und ich unternahm mit Vater und Opa vor dem Mittagessen einen längeren Spaziergang entlang der alten ehemaligen Rübenbahn. Mittags gab es den obligatorischen Gänsebraten, danach Kompott. Der zweite Weihnachtsfeiertag verlief genauso harmonisch, keine Pflichten, keine Schule und das ganze Haus war mollig warm. Es war herrlich!

Doch das Idyll sollte bald zerbrechen – schon wenige Tage nach der Abreise meines Opas. Bei einem Bombenangriff wurde der Mühlenberg in Mülheim zerstört. Mein Großvater, ein körperlich starker und auch selbstbewusster Mann, war zum zweiten Male ins brennende Haus gelaufen, um aus dem Tresor Wertsachen zu retten. Im selben Moment stürzte das Haus ein. Mein Opa war tot.

Im Januar 1945 mehrten sich im Bekanntenkreis meiner Eltern warnende Stimmen: die Russen würden Ostpreußen bald überrennen. Die Bombenangriffe auf Berlin nahmen ebenfalls drastisch zu, und zwar inzwischen auch am Tage. Die Route der Bombergeschwader verlief aus strategischen Gründen zwischen Wismar und Rostock – also direkt über Mechelsdorf – nach Berlin. Bei wolkenlosem Himmel sahen wir, wie sie flogen und zählten die glänzenden Silberfischchen. Die Flak in Rerik und Wustrow beschoss die Geschwader, jedoch mit geringem Erfolg. Wir sahen bei jedem Schuss nach ein paar Sekunden ein weißes Wölkchen direkt unter den Fliegern. Die flogen aber so hoch, dass die Granatsplitter nur zufällig ihr Ziel erreichen konnten. So wurde sogar ein Bomber vor unseren Augen am Tage abgeschossen. Er stürzte brennend auf Mechelsdorfer Acker, in Seerichtung, brannte am Boden weiter und die explodierende Munition machte längere Zeit einen beträchtlichen Lärm. Die Absturzstelle wurde sofort weiträumig abgesperrt und der Abschuss als großer Erfolg dargestellt. Ich habe mir den zerstörten Bomber am nächsten Tag mit Stolz angesehen.

Dann wurde der Krieg allmählich auch Teil unseres Alltags. Die englische Luftwaffe griff, nachdem die Flak offenbar keine Wirkung mehr zeigte, auf den Straßen auch Busse aus dem Tiefflug heraus an. Daher wurde der Schulbusbetrieb eingestellt. Der Januar war bitter kalt – und wir hatten keine Schule. Wunderbar! Die Teiche waren zugefroren, wir fuhren Pegschläden. Es war so kalt, dass bald meine Füße anfingen, weh zu tun und die Hände in den dicken Wollfäustlingen unbeweglich wurden. Ich lief nach Hause zu meiner Mutter in die warme Küche. Stiefel und Handschuhe wurden sofort ausgezogen und Hände und Füße massiert. Beim Warmwerden der Glieder setzten unbeschreiblich starke Schmerzen ein, die mich laut weinen ließen. Das musste ein Pimpf, also auch ich, eigentlich unterdrücken. Meine Mutter nahm mich auf den Arm und wiegte mich tröstend hin und her, bis die Schmerzen langsam vergingen. Unter diesen Schmerzen in den Händen, bei uns Knieper genannt, leide ich heute noch bei nasskaltem Wetter. Dass meine Mutter mich damals so liebevoll tröstete, habe ich nicht vergessen. So etwas gab es leider bei unseren Eltern sonst gar nicht. Bei Missgeschick oder persönlichen Pannen wurden wir Kinder natürlich bedauert oder getröstet, Liebe oder innige Herzlichkeit von Seiten der Eltern haben wir leider sehr wenig empfangen.

Wie lange der Zustand ohne Schule anhalten würde, konnten meine Eltern nun wohl schlecht einschätzen. Sie engagierten deshalb für Aleit und mich eine Hauslehrerin, die bei uns einzog. Platz hatten wir genug, denn unsere Pflichtjahrmädchen hatten uns in Richtung Heimat verlassen. Im Hause gab es Anfang Januar einen weiteren Zuzug nämlich eine Litauerin mit Sohn Horst und einem Kleinkind. Horst war etwa sechs Jahre alt. Wenn der Kleine schrie, rief Mutter mit baltischem Dialekt: „Horst, bedecke das Kind!" ein Spruch, der bei uns auch noch viel später oft zitiert wurde.

Neben unserem Kinderzimmer hatten meine Eltern aus dem Spielzimmer eine Schulstube gemacht, in der nun der Unterricht stattfand und in der zusammen mit der Lehrerin, meiner Tante und Nadja auch gegessen wurde. Lining aß wie immer in der neuen Küche, die nur durch einen Flur von der Schulstube getrennt war. Die große alte Küche wurde nur noch selten beim Schlachten, Einkochen, Abkochen von Fleisch für die Hunde – also „Hundefleisch" – benutzt. Die unverheirateten Knechte, für die sonst in der Gutsküche gekocht wurde, waren im Krieg. Das Hundefleisch erwähne ich hier, weil außer unseren Hunden der Schäfer täglich sein Hundefutter aus der Gutsküche bezog. Hundefutter aus Dosen hätte man sich damals gar nicht vorstellen können.

Alle Wohnräume des Hauses wurden mit Kachelöfen beheizt, heute auch kaum vorstellbar. Das besorgten morgens um sechs Uhr die Mädchen Nadja und Line. Zuerst wurden die Kachelöfen in der Schulstube und im Kinderzimmer gesäubert und dann für den ganzen Tag angelegt. Wir konnten uns damals sogar noch einmal umdrehen und weiter schlafen.

Für mich war die Welt vor Opas Tod Anfang Januar 1945 völlig in Ordnung gewesen. Danach lag zwar ein Schatten auf ihr, aber eigentlich war es sogar von Jahr zu Jahr interessanter geworden. Was mich im Winter und Frühjahr 1945 allerdings zunehmend störte, war nicht etwa der Krieg, sondern nur die allgegenwärtige Hauslehrerin.

Ein Landleben vor 70 Jahren

Bevor sich die Ereignisse mit der Ankunft einer immer größeren Zahl ostpreußischer Trecks und dem Einmarsch der Russen überschlugen, war das Landleben in Mechelsdorf immer stabil gewesen. Daher füge ich an dieser Stelle einige Impressionen über dieses Landleben ein, das 1944 bereits dem Untergang geweiht war. Mit dem Eintreffen der Flüchtlinge war es ohnehin für immer verändert, war die Welt meiner Kindheit schlagartig verschwunden. Ich folge hier dem Wunsch meiner Kinder und einer Anregung eines guten Freundes aus Seeheim-Jugenheim.

Am Beginn des 21. Jahrhunderts ist vieles, was vor nur 70 Jahren alltäglich war, schwer vorstellbar. Umso weniger, als das Leben auf dem Lande in Mecklenburg, wie vorher erwähnt, besonders rückständig war. Viel habe ich bereits im Zusammenhang mit den Ereignissen der Zeit beschrieben, hier will ich möglichst ohne die Kriegseinwirkungen auf die Lebensumstände im damaligen Mechelsdorf und auf dem Lande allgemein eingehen. Wie lebten die Leute, was aß man, wie kleidete man sich, was geschah so alles? Ich beginne mit dem Essen.

Die Mecklenburgische Küche war, was ihre Einfachheit betrifft, wohl durch keine andere Küche in Deutschland oder selbst Europa zu schlagen. Milch, Kartoffeln, Speck, und einfaches Gemüse wie Lauch, Mohrrüben und Kohl bestimmten die Speisepläne. Fleisch gab es selten, teure Gewürze waren kaum zu finden. Bratkartoffeln mit Speck und Zwiebeln sind jedoch eine unschlagbare Delikatesse, sie werden – bis heute! – nicht einmal von ihrer westfälischen Konkurrenz übertroffen. Linings Lieblingsgericht waren genau diese „Bratskatüffeln". Sie ließ dafür den besten Braten stehen. Bratkartoffeln mit Spiegelei und dazu Rosenkohl, der durch den ersten Frost seine Strenge verloren hat – das gehört heute noch zu meinen Lieblingsgerichten.

Als wir nach Mechelsdorf zogen, wollte meine Mutter, die ja für die Leutebeköstigung zuständig war, zeigen, dass es nicht jeden Tag nur Melksüpp und Pellkartoffeln zum obligatorischen Stück Speck geben müsse. Sie machte zum Speck als Beilage Kartoffelklöße und Dörrobst. Die Teller waren leer nach der Mittagspause, alles wurde offensichtlich aufgegessen, meine Mutter war stolz. Gegenüber der Leutestube befand sich jedoch in Wurfentfernung der Enten- und Gänsestall. Wie wir wenig später feststellen mussten, klebten die Klöße ausnahmslos an dieser Stallwand – zur großen Enttäuschung meiner Mutter. Selten kam es vor, dass die Pellkartoffeln durch Stampfkartoffeln oder Kartoffelbrei mit Speckstippe ersetzt wurden. Nur das – und vielleicht noch die eine oder andere einfache Variante des Essens – wurde von den Jungknechten akzeptiert.

Solange die Knechte in der Leutestube aßen, wurde ausschließlich in der großen Küche gekocht. Ein mächtiger Herd mit großem Warmwasserschiff stand in der Mitte, so dass er von allen Seiten zugänglich war. Sein Abzug verlief waagerecht unter dem Küchenfußboden in den Schornstein, der in die Wand integriert war. Daneben ging es ein paar Stufen hoch in die sogenannte Anrichte und das Esszimmer, nach unten in den großen und immer recht kühlen und geräumigen Vorratskeller. Die steinerne Spüle stand mit ihrem Kaltwasserzulauf in einiger Entfernung vom Herd an der

Wand und hatte ihren Ablauf in den nahe gelegenen Bach. Sobald der Küchenschornstein erkaltet war, zog der Herd nicht mehr; er qualmte dann aus allen Ritzen. Ganz schlimm war das im Sommer. Abhilfe brachten brennende Zeitungen, die in eine weiter oben angebrachte Reinigungsöffnung des Schornsteins gestopft wurden. Die Küche hatte weiterhin den Nachteil, dass das warme Essen von hier aus relativ weit zum Esszimmer transportiert werden musste.

Über eine separate Holztreppe gelangte man vom Innenhof aus zur Räucherkammer über der Küche. Die Wände glänzten pechschwarz von Ruß, der sich über ungezählte Jahre dort abgesetzt hatte. Denn dort stand der Räucherofen, der mit Buchenspänen „befeuert" wurde, und auf den ebenfalls rußgeschwärzten Holzstangen und Haken hingen Speck, Schinken und verschiedene Würste – eben alles, was geräuchert wurde. Für alle anderen landwirtschaftlichen Produkte, die auf Vorrat eingeweckt, eingelegt, oder geschlachtet wurden, war die große Küche vorgesehen.

Zurück zu den typischen Gerichten: was die ledigen Knechte in der Leutestube aßen, wurde auch im Dorf gegessen. Die vorher genannte Melksüpp gab es leider auch bei uns hin und wieder. Sie besteht aus abgekochter Magermilch mit salzigen Roggenmehlklößen – einfach scheußlich. Bei Tisch wurden Diskussionen über das Essen im Keime erstickt. Was aufgetan war, wurde ohne Pardon aufgegessen. Selbstverständlich gab es auch bei uns eingelegte Heringe, dieselben, die von den Leuten im Dorf und auf dem Hof beim Pungenfahrer gekauft wurden. Im Sommer wurde überall in den Dörfern die wunderbare Dickmelk mit Zucker auf der gelben Sahneschicht gegessen, ein Gericht, das man heute nicht einmal kaufen kann, geschweige denn, dass es bekannt wäre.

Unser Essen unterschied sich dennoch von dem der Tagelöhner durch gewisse Vielfalt der Suppen, Hauptgerichte und des Nachtischs. Generell wurde – ganz mit den Jahreszeiten – das gegessen, was im Garten reifte und in den Ställen für den Verzehr anfiel. Außerdem gab es Wild, frischen Seefisch und einige von meiner Mutter eingemachte Delikatessen in bescheidenem Rahmen, vorzugsweise an Sonn- und Feiertagen.

Da meine Mutter eine kontrollierte Geflügelzucht betrieb, wurden ab Ende Juni die jungen Hähne geschlachtet. Im Schnitt ist jedes zweite Küken männlichen Geschlechts, und es legt folglich keine Eier. Elektrische Brutkästen hatten wir noch nicht, ebenfalls keine Geschlechtskontrolle der Eintagsküken. Um die Hühnerproduktion zu erhöhen, wurden den kluckenden Hennen die Eier weggenommen und etwa je 30 Eier unter eine kluckende Schneepute zum Ausbrüten gelegt. Alle Legehennen trugen zur Erfassung ihrer Legeleistung kleine Zahlenschilder an einem Flügel. Zur Eiablage gingen sie in eine Batterie von Fallnestern, aus denen sie dann mehrmals am Tage von den Mädchen mit der jeweiligen Registrierung ihrer Flügelnummer im Legebuch befreit wurden. Eine schlechte Legeleistung wurde mit dem Suppentopf bestraft. Ein oder zwei Junghähne für die Zucht wurden jährlich zugekauft, die eigenen jungen Hähne verkauft – oder im Speckmantel gebraten und mit Sahnesoße, Frühkartoffeln und grünem Salat als Delikatesse verzehrt. Das konnten prinzipiell die Tagelöhner ebenfalls, denn sie mästeten ein Schwein und hielten eigenes Geflügel, wofür sie außer der täglichen Milch auch Gerste als Deputat bekamen. Bei uns gab es nicht viel Wild, gemessen an dem Standard in Pinnow. Die Jagd beschränkte sich auf Niederwild wie Rebhuhn, Fasan, Stockente Reh und Hase, wobei das Wild entsprechend der Schonzeiten geschossen wurde. In der kalten Jahreszeit hing es unter einem kleinen Dach im Innenhof ab, in der wärmeren Zeit im Eiskeller. Kühlschrank oder Gefriertruhe gab es nicht. Ein kalter Keller oder der

Eiskeller waren die einzigen Orte, an denen verderbliche Lebensmittel kurzzeitig gelagert werden konnten. Für die heutige Zeit ist diese Art der Vorratswirtschaft überhaupt nicht mehr vorstellbar.

Zwei sehr gut schmeckende mecklenburgische Spezialitäten will ich den Lesern nicht vorenthalten. Es sind einerseits die grüne Erbsensuppe aus jungen Schotenerbsen mit Grießklößchen und andererseits unser liebstes Weihnachtsgebäck, die braunen und weißen Peppernöt, will heißen: Pfeffernüsse. Die Peppernöt gab es an Weihnachten auch im Dorf, die grüne Erbsensuppe sicher nicht. Die jungen Erbsen werden aus den noch grünen Schoten herausgepult, gekocht, püriert und angebunden, die Klöße aus Weizengrieß mit wenigen geriebenen bitteren Mandeln abgeschmeckt in die Suppe gegeben. Die Suppe schmeckt etwas süßlich und harmoniert vorzüglich mit dem Bittermandelgeschmack der Klöße. Ich habe die süßen Erbsen nicht so gerne gepult, aber dabei viele genascht. Diese Suppe gab es leider viel zu selten. Mit den Peppernöt bin ich noch sehr lange von meinen Eltern aufgezogen worden, weil ich mich nach ihrer ersten Verkostung partout nicht entscheiden konnte, welche von den beiden Sorten besser schmeckten, die weißen oder braunen – und deswegen immer mehr aß.

Unser Garten bot in reichlicher Menge alles an Obst und Gemüse, was in den etwas kälteren Regionen Deutschlands wächst. Das bedeutete, dass wir keinen eigenen Spargel hatten. Damit alle Früchte des Gartens früh auf den Tisch kommen konnten, bestellte der Gärtner die vorbereiteten Früh- und Mistbeete. Nichts blieb von der Ernte übrig oder wurde fortgeworfen. Was in Haushalt und Keller keine Verwendung finden konnte, wurde als Futter für die Schweine genutzt.

Für sommerliche Gaumenfreuden kam Obst aus Jugenheim auf Tauschbasis in Frage. In Schließkörben wurden

Aprikosen, Pfirsiche und Quitten gegen unsere Produkte geliefert. Aus den Quitten wurde köstliches Gelee und für den Weihnachtsteller getrocknetes Quittenbrot hergestellt, Aprikosen und Pfirsiche wurden als Kompott eingeweckt. Natürlich hatten die Leute im Dorf nicht die Möglichkeiten, eine Küche zu führen, wie das meine Eltern konnten. Sie hätten es vielleicht auch gar nicht gewollt. Bis zur Ankunft der Flüchtlingstrecks aus Ostpreußen gab es bei uns keinerlei Mangel an Grundnahrungsmitteln oder Heizmaterial, auch nicht für polnische Schnitter und russische Kriegsgefangene.

Der Große Brockhaus von 1952 schreibt über Mecklenburg: „Das Siedlungsgebiet wurde bis 1945 durch die ritterschaftlichen Gutshöfe und bescheidene Katendörfer bestimmt." Wer in den kleinen Dörfern aufwuchs und nicht das Glück hatte, Hoferbe zu sein, der verdingte sich als Tagelöhner auf einem Gut oder ging als ungelernter Arbeiter in die Stadt. Als Tagelöhner verdiente er sehr wenig Geld, hatte genug zu essen und konnte sich zum Kutscher, Oberschweizer – so hieß der erste Melker – oder vielleicht sogar zum Statthalter hocharbeiten. Tagelöhner wohnten als Verheiratete mit Frau und Kindern mietfrei in einer kleinen Doppelhaushälfte, hatten einen Stall für Geflügel und ein Schwein und bezogen täglich Milch, Gerste als Futter für das Vieh und ausreichend Kartoffeln ohne Bezahlung als sogenanntes Deputat, wie bereits erwähnt. Butter wurde im Butterfass aus Sahne selbst hergestellt, Schmalz war aus den regelmäßigen Schweineschlachtungen genügend vorhanden. In Mechelsdorf lagen die großen Gärten direkt hinter den Häusern. Geld benötigte die Familie für Lebensmittel wie Mehl, Zucker, Salz, Backpulver – und insbesondere für die Kleidung.

Die Zusammenstellung der Garderobe war im Sommer nicht problematisch. Mein Vater trug Reit- oder Schnürstiefel mit Ledergamaschen, Breecheshosen mit Lederbesatz, Oberhemd mit grüner Krawatte, einen grünen Leinenjanker und Strohhut. So sehe ich ihn, wenn ich an Mechelsdorf denke, zu Pferde aber auch zu Fuß mit Krückstock auf dem Felde. Meine Mutter trug Kleider, Röcke und Blusen, der damaligen Mode entsprechend, keine langen Hosen und keine Schürze. Gekauft wurde die Kleidung etwa zwei Mal pro Jahr: in Rostock und bei einem Kurzurlaub meiner Eltern – kurz vor Weihnachten – bei Wertheim in Berlin. Meine Schwester und ich waren bescheiden, aber gut angezogen, vieles war selbstgeschneidert. Mein Bekleidungsstandard bestand aus der damals üblichen kurzen und speckigen Lederhose, dem Oberhemd und einer Lederschürze. Im Sommer wurden von allen Kindern Holzpantinen getragen oder bei heißem Wetter barfuß gelaufen. Holzpantinen heißen in Westfalen übrigens „Klotschen" und werden auch heutzutage noch gerne auf dem Lande getragen. Sie unterscheiden sich von der archaischen mecklenburgischen Variante durch den ausgesparten Spann sowie eine Gummisole.

In der kälteren Jahreszeit war es natürlich mit Pantinen nicht getan, da trug ich handgemachte Lederstiefel. Die Schaftstiefel wurden von unserem Schuster in Basdorf, einem benachbarten Bauerndorf, angefertigt. Beide Füße wurden auf Packkarton gestellt und mit einem dicken Bleistift die Umrisse auf dem Karton festgehalten, danach wurden die passenden Leisten ausgesucht. Eine dicke gelbe Ledersohle wurde mit kleinen Holznägeln zweireihig in die Brandsohle geklopft, Absatz und Sole mit einem großen und einem kleinen Hufeisen versehen, damit Absatz und Spitze nicht so schnell verschlissen waren. Eine Anprobe war nicht erforderlich, weil die Stiefel auf Zuwachs angefertigt wurden. Der Größenausgleich geschah zunächst mittels dicker Wollsocken, was im kalten Winter sogar von großem Vorteil war.

Die Winterkleidung war natürlich insgesamt aufwendiger. Mein Vater trug dicke Joppen selten einen Lodenmantel dazu einen Hut, meine Mutter hatte einen Mantel mit echtem Fuchs als Kragen. An Aleits oder meine Winterbekleidung erinnere ich mich kaum, aber ich hatte komische Hosen, die sogenannten „Überfallhosen", die in etwa wie Trainingshosen aussahen.

Die Dorfkinder besaßen keine Lederhosen wie wir; sie trugen kurze Stoffhosen im Sommer wie im Winter aus eigener Manufaktur und in unterschiedlichen Stoffen. Sie froren deswegen im Winter ständig. Ihre langen Strümpfe waren an den Knien gestopft oder wiesen große Löcher auf, an das Schuhwerk erinnere ich mich nicht. Noch schlechter ging es den Kleinkindern, die vielleicht beim Gang zur Toilette noch nicht ganz sicher waren, aber keine Windeln mehr tragen sollten. Jungen wie Mädchen hatten dicke lange Kleidchen an, die eher Kitteln glichen. Zwar trugen sie dazu Strümpfe und Schuhwerk, aber die Unterhosen wurden weggelassen. Hatten die kleinen Jungen es eilig, hielten sie einfach ihren Rock etwas nach vorne – und der Gang nach Hause oder um eine Ecke war eingespart. War es sehr kalt, gefror wohl von Fall zu Fall der vordere Saum, der nicht immer trocken blieb, und das Kleidchen fiel nicht mehr richtig. – 1978 habe ich auf einer Dienstreise im kalten Winter in Peking übrigens etwas Ähnliches gesehen. Kinder im gleichen Alter trugen grüne Anzüge mit einem im ganzen Schritt offenen Hosenschlitz, durch den man den unbedeckten, zuweilen dunkelroten Po sehen konnte.

Als es noch keine großen kriegsbedingten Engpässe bei den Textilien gab, kauften die Tagelöhner ihre Kleidung entweder in kleinen Geschäften in Kröpelin oder Neubukow, jeweils zehn Kilometer von Mechelsdorf entfernt, oder sogar gelegentlich in Rostock ein; dorthin musste man 30 Kilometer fahren. Eine gute Joppe, Kleider für die Frau und

Hosen oder Kittel für die Kinder wurden in der Regel nur einmal gekauft, vor Weihnachten – und zwar in Rostock. Um Fahrgeld zu sparen, wurde der lange Weg dorthin teilweise zu Fuß bewältigt, so berichtete jedenfalls mein Vater. Um 4 Uhr morgens ging es los und erst mitten in der Nacht waren die Einkäufer wieder zu Hause.

Wie überall zur damaligen Zeit wurde die Bekleidung der Kinder größtenteils von den Müttern genäht. Die Frauen der Tagelöhner mit Kindern arbeiteten nicht in der Wirtschaft mit, sie waren mit ihrer Arbeit in Haus, Stall und im Garten voll und ganz ausgelastet. Mit Fortgang des Krieges verschlechterten sich die Einkaufsmöglichkeiten, was zur Folge hatte, dass die Kleidung der Kinder bei den Dörflern in noch stärkerem Maße aus abgetragener Bekleidung der Eltern genäht werden musste.

Freizeit, Spaß und Freude für alle gab es natürlich auf dem Lande in Mecklenburg auch. Etwas größere Dörfer wie das bereits erwähnte Basdorf, keine zwei Kilometer von Mechelsdorf aus auf dem Wege nach Kühlungsborn gelegen, besaß außer einem Leuchtturm eine bescheidene Gastwirtschaft mit Bier- und Schnapsausschank. Es kam vor, dass Männer aus dem Dorf zum Leidwesen ihrer Frauen am Samstagabend einen Gutteil ihres Geldes dort in Schnaps umsetzten. Einen höchst bedauerlichen Todesfall in diesem Zusammenhang gab es im kalten Winter 1943/44 oder im Folgejahr. Es hatte viel geschneit und der Wind hatte eine Tränke in einer Koppel hinter der Schnitterkaserne zugeweht. Als ein Zecher am nächsten Mittag noch nicht zu Hause aufgetaucht war, wurde eine Spurensuche durchgeführt. Der arme Mann, ein Tagelöhner, wurde schließlich sitzend in der zugewehten Tränke gefunden – er war tot, erfroren. Meinen Eltern war er wohl nicht näher bekannt, sonst hätten wir über den Unfall öfter gesprochen. Das mindert aber nicht die Tragik.

Jährlich wurde ein Erntedankfest mit Musik und Tanz ausgerichtet. Wegen der hohen Kosten, einer begrenzten Zahl von Musikkapellen und des doch sehr großen Besucherzuspruchs wurde das Fest abwechselnd von zwei oder drei benachbarten Gütern – möglichst mit unterschiedlichen Eigentümern – ausgerichtet. Mein Vater erzählte mit Begeisterung oft die gleiche Geschichte aus seiner Junggesellenzeit. Als Verantwortlicher hatte er das Fest für seinen Chef auszurichten und die Kapelle auszusuchen. Der Foxtrott war gerade modern geworden und wurde von der Dorfjugend besonders geliebt. Ein forscher junger Mann fasste sich ein Herz, ging auf meinen Vater zu und bat ihn, noch einen „Fuchstritt" spielen zu lassen. Er wollte sich dabei nur in gutem Hochdeutsch ausdrücken und hatte dazu die wörtliche Übersetzung gewählt.

Die Schnitter beschenkten ihren Gutsherren zum Erntedankfest – vielleicht aus Dankbarkeit, vielleicht auch aus Sympathie – mit einer nur aus Stroh höchst kunstvoll gewirkten Erntekrone. So ein wunderschönes Exemplar hing bei uns als Lampe in der Diele. Ein Erntedankfest habe ich in Mechelsdorf nicht erlebt. Wir lebten erst ab Juni oder Juli 1939 dort, mein Vater war aber bereits Ende August 1939 zum Polenfeldzug eingezogen worden.

Hahn im Korb mit Aleit beim Besuch in Jugenheim, Mai 1936.

Die Eltern mit Aleit und Gunther im Mai 1936 in Jugenheim.

Der Tauftisch am 13. Januar1935 in Bullendorf mit der Taufschale von Fridolin Schwebel.

Wasser mögen alle Kinder! Aleit freut sich, der Bruder staunt, was da passiert.

Vater bei seinem Hobby, der Dressur, im Park in Bullendorf.

Reiten und Fahren gehören bei Pferdeliebhabern zusammen, insbesondere auf dem Lande.

Früh übt sich ein junger Landwirt, und die Schwester schaut zu.

Schlittenfahrt der Familie durch den Bullendorfer Forst, Winter 1936/37.

Die vier Kinder der von Klinggräffs mit den beiden Schwebels im Vordergrund, Pinnow, Oktober 1938.

Mit der ersten Freundin vor dem Herrenhaus in Mechelsdorf im Winter 1941/42.

Mechelsdorf, Blick vom Seeweg auf das Herrenhaus 1939.

Die Lindenallee, gesehen vom Haus aus auf den Seeweg,
bei geschlossenem Hoftor.

Feldscheune und Kuhstall im Winter 1942/43, rechts hinten das Herrenhaus.

Die Sandersche Apotheke zum Goldenen Einhorn in Berlin zu Zeiten von Carl Sander vor dem Zweiten Weltkrieg.

Mit den Schulfreunden Hans Bierende (links) und Hans Schoedl (Mitte), aufgenommen 1953 im Garten von Bierendes in Auerbach.

Im Garten in Jugenheim 1959.

Vater und Sohn im Garten, Jugenheim 1959.

*Führung und Besichtigung einer tschechischen Wirtschafts-
delegation in der Villa Hügel, Essen etwa 1968.*

*Am Ofenkopf unter der Brennerlanze in Badoosh nahe Mossul,
etwa 1976*

In Kerman/Iran. Muss eine neue Ofenlaufrolle oder der Laufring neu geliefert werden?

Ausflug mit Baustellenmofas an den Tigris in der Nähe von Mosul/Irak 1977.

Zwei zu viel gelieferten Mercedes vor der Irak-Branch von Polysius, 1981

Vor dem Palast des Sultans Qabus in Maskat/Oman, etwa 1979

Unter russischer Besatzung

Januar 1945. Der kälteste Winter seit langem. Und das sichere Gefühl von heraufziehendem Unheil. Eine gewisse Hektik in der Verwaltung war erkennbar. Obwohl in allen staatlichen Verlautbarungen lauthals der „Endsieg" propagiert wurde, hatten Vorbereitungen für die Unterbringung von Flüchtlingen begonnen, von vielen Flüchtlingen. Das war umso bemerkenswerter, als in Ostpreußen ein faktisches Verbot der Auswanderung – besser: der Flucht nach Westen – erlassen worden war, immer reichlich garniert mit Durchhalteparolen des Gauleiters Erich Koch. In Hohen Niendorf wurden die Wagen für einen Treck nach Schleswig-Holstein beladen: die gräfliche Familie floh – und gerade in diesen Wochen war es bitterkalt – wenige Tage, bevor die ersten Trecks aus Ostpreußen Mechelsdorf erreichten.

Wie wir später erfahren mussten, nahm ihre Flucht ein schreckliches Ende durch Tiefflieger, lange bevor sie Schleswig-Holstein erreichen konnten. Die Wageninsassen hatten unter MG-Beschuss versucht, sich vor den Salven der Tiefflieger in einen Graben zu retten. Frau v. Chappuis war tödlich getroffen worden, während sie ihr jüngstes Töchterchen Sabine im Arm hielt, um sie zu retten; die kleine Sabine hat auf dem Arm ihrer Mutter überlebt. Die Gräfin fand mit vier Enkeln nach einer langen Irrfahrt Unterkunft bei ihren entfernten Verwandten, den v. Bodelschwinghs in Bethel bei Bielefeld. Der älteste Enkel, Hans Karl, war mit 16 Jahren noch vor Kriegsende eingezogen worden und sollte nach seiner Entlassung aus der Gefangenschaft die Geschwister, seine Großmutter und seinen Vater in Bethel wiederfinden.

Auch für meine Eltern stellte sich die existentielle Frage: „Bleiben wir oder fliehen wir?" Zwei Wagen wurden für unsere Flucht vorbereitet und in der großen Feldscheune deponiert. Dann aber hatten sich die Eltern doch für das Bleiben entschieden. Es wurde schnellstens umdisponiert, denn die ersten Trecks wurden bereits angekündigt. Die gepackten Wertsachen, Schmuck, Tafelsilber, Porzellan und vieles mehr wurden im Park vergraben.

Bleiben war nach Meinung meines Vaters und meiner Mutter besser als die Flucht im Winter. Beide waren bei allen Leuten des Dorfes einschließlich der Polen und der russischen Gefangenen geschätzt, wenn nicht sogar beliebt, mein Vater war nicht in der NSDAP, und schließlich konnte kein anderer die bevorstehende Flüchtlingsaufnahme organisieren. Nach dem verlorenen Krieg würden sich die Zustände langsam wieder bessern, und wir würden das schon durchstehen – so meinten die Eltern.

Für die Aufnahme der Flüchtlinge wurde die Schule ausgeräumt, die Räume des Wirtschaftsgebäudes vorbereitet und alle Schweine nach Hohen Niendorf getrieben. Der Schweinestall schien als zusätzliche Notaufnahme bei großer Kälte deshalb geeignet zu sein, weil er eine niedrige Decke mit Strohauflage besaß, über eine zentrale so genannte Schweineküche mit fließendem Wasser verfügte und mehrere Eingänge besaß. Die Schweineboxen der Muttersauen lagen auf der einen Seite der Küche, die größeren Boxen der Schlachtschweine auf der anderen. Die Boxen der Mutterschweine wurden besonders gründlich gesäubert und dick mit Strohballen ausgelegt, auf der anderen Seite konnte die mitgebrachte Habe der Flüchtlinge in den großen Boxen gelagert werden.

Anfang Februar trafen die ersten Wagen nach vorheriger Ankündigung eines Amtes ein. Es war an einem bitterkalten, sonnigen Tag mit nicht viel Schnee. Die Unterkünfte wurden von den geschundenen armen Menschen angesehen und in fast allen Fällen akzeptiert, Pferde untergestellt und von ihren Fahrern gefüttert. Zur Unterstützung bei der Einweisung waren wohl auch Leute des Volkssturms gekommen. Es spielten sich jedoch auch tragische Szenen bei der Einweisung ab, insbesondere wollten einige ins Herrenhaus einziehen, was mein Vater aus Gründen der Gleichberechtigung nicht zuließ. Es wohnten ja außer uns vier Personen die litauische Familie, meine Tante, die Hauslehrerin, Line und Nadja im Haus. An einen solchen tragischen Fall erinnere ich mich.

Als erste vor der zweiten Wagenkolonne für Mechelsdorf galoppierten zwei arabische Schimmelhengste mit einem gepflegt aussehenden Planwagen auf den Hof, gelenkt von einem Kutscher. Der Wagen hielt an und eine hellblonde Dame in langem Pelzmantel stieg aus und verlangte nach meinem Vater. Sie stellte sich mit dem Namen Radeck als Frau des Oberforstmeisters von Hermann Göring in Ostpreußen vor und verlangte eine Unterkunft im Herrenhaus. Das wurde ihr von meinem Vater in Gegenwart anderer und der neu angekommenen Flüchtlinge, die dort auch standen, verwehrt. Daraufhin entwickelte sich eine sehr unangenehme Szene vor allen Menschen auf dem Hof. Frau Radeck fuhr erbost weiter nach Hohen Niendorf, kam von dort wieder zurück, machte erneut eine Szene und entschwand. Später hieß es, sie habe sich umgebracht. Wir haben noch öfter über diesen Fall gesprochen, sonst hätte ich den Namen nicht behalten.

Wie viele Trecks schließlich in Mechelsdorf und Hohen Niendorf aufgenommen wurden? Eine Zahl habe ich nicht, doch es waren sehr viele. Wir lernten die „Mechelsdorfer Ostpreußen" bald näher kennen und schätzen. Alle waren Landwirte, und da die Landwirtschaft im Winter nicht stillsteht, machten sich viele von ihnen in den Ställen nützlich und verbesserten dadurch vielleicht auch ihre Lage ein wenig. Wie die Unterbringung mit den völlig unzureichenden sanitären Anlagen und die ärztliche Betreuung funktioniert hat, ist mir bis heute ein Rätsel.

Zum besseren Verständnis seien an dieser Stelle kurz ein paar Worte zur regionalen Situation eingefügt. Wustrow und Rerik waren früher eigenständige Orte. Rerik war ein kleines Kirchdorf mit zwei Gütern, Alt Garz und Neu Garz. Wustrow lag auf einer ländlichen Halbinsel, die ebenfalls von einem Gut bewirtschaftet wurde. Die Wehrmacht hatte diese Güter samt Ländereien bereits 1933 gekauft, Alt Garz war davor im Besitz der Grafen von Wilamowitz gewesen. Innerhalb von fünf Jahren entstand nun dort die größte Flak-artillerieschule des Dritten Reiches nebst Flugplatz, Kasernen und Häusern für Berufssoldaten der Luftwaffe sowie einem kleinen Ladenzentrum auf der Halbinsel Wustrow; auch wir konnten dort einkaufen und zum Friseur gehen. Rerik besaß ja einige Läden und das Kino.

Militärisch spitzte sich die Lage gegen Ende des Krieges immer weiter zu. Eines Tages hieß es, der Luftwaffenstützpunkt werde wegen der herannahenden Russen aufgegeben und ein Großteil der Bestände an Wehrmachtsausrüstung werde an die Bevölkerung verteilt. Es war wohl schon März geworden. Alles, was Beine hatte, strömte gen Rerik, wer Pferd und Wagen hatte, besaß natürlich bessere Möglichkeiten, die vielen nützlichen Dinge mitzunehmen, die es dort gab. Die Luftwaffe war bis zum Kriegsende dank Hermann Göring sehr gut ausgerüstet. Es gab gestaffelt nach Kompensationswert ungeheuer wichtige Dinge zu ergattern: lammfellgefütterte Fliegerstiefel, lange Fliegermäntel aus Lammfell, dazu Mützen, die ebenfalls mit Lammfell gefüttert waren, russische Beutemützen mit Kunstfell, Handschuhe, lange und kurze Fliegersäbel und vieles mehr. Meine Eltern waren mit den Flüchtlingen bei den Abholern und hatten Stiefel, mindestens einen Mantel und auch eine russische Beutemütze für mich mitgebracht – dummerweise, denn diese Mütze sollte meinem Vater wenige Monate später eine

Verhaftung durch die inzwischen eingerückten Russen einbringen. Ich komme später darauf zurück. Vor allem für die vielen „Mechelsdorfer Ostpreußen" hat sich die Fahrt nach Rerik aber jedenfalls sehr gelohnt, auch wenn die Lammfellmäntel vorläufig nicht gebraucht wurden. Das Frühjahr begann nun, das Wetter wurde besser. Doch die Front, wenn man von einer solchen überhaupt noch reden konnte, rückte bedrohlich näher.

Rechtlose Zeit

Ende April 1945 waren wir, so gut es eben ging, auf den Einmarsch der russischen Armee vorbereitet. Das obligatorische Hitlerbild, alle Zeitungen und sonstige Schriften, die mit dem NS-Regime zu tun hatten, waren verbrannt worden. Pistolen und Jagdwaffen waren sorgfältig unter Dielenbrettern auf dem Boden verstaut und die Stellen, an denen Wertsachen im Park eingegraben waren, nochmals unkenntlich gemacht. Ein weißes Bettlaken hing von Tante Friedas Fenster schlaff herab.

Am 3. Mai 1945 war es soweit. Es herrschte warmes Frühlingswetter, und wir waren alle fast sommerlich angezogen. Meine Mutter, mein Vater, Aleit, Nadja, die Lehrerin und ich – übrigens in kurzen Lederhosen – liefen vor dem Haus herum und warteten. Von mittags an hatten wir schon das unaufhörliche Rollen von Pferdewagen und den Hufschlag unzähliger Pferde auf den Straßen nach Rerik und auch Kühlungsborn wahrgenommen. Es wurde schon langsam dunkel, als plötzlich zwei wilde Reiter in dunkelolivfarbigen Mänteln mit Koppel und Russenmützen von der Dorfseite her auf den Hauseingang zu sprengten. Mein Vater ging mit Nadja sofort zu den beiden, um sie zu begrüssen. Der Vorgesetzte sprang von seinem kleinen Pferd, überließ die Zügel dem anderen, bedrohte meinen Vater mit seinem gezogenen Seitengewehr und ging in die Diele. Dort lag auf einem Bock der neue Sattel meines Vaters. Der Russe nahm den Sattel, löste den Sattelgurt seines Pferdes, schmiss seinen Sattel herunter, sattelte das kleine Pferd mit dem Sattel meines Vaters, fluchte – und beide rasten in gleichem Tempo wieder von dannen. Es wurde dunkel, die Geräusche auf er Straße nahmen ab, selten war ein Schuss zu hören. Meine Eltern und die anderen Erwachsenen blieben angezogen und schickten uns zu Bett. Sie bedauerten vielleicht den Verlust des Sattels, den meine Mutter in Rostock als Geschenk für meinen Vater von einem Sattelmacher hatte anfertigen lassen. Es war indes wahrlich kein großer Verlust unter diesen Umständen.

Schon früh am nächsten Morgen versammelten sich alle in der Diele und warteten ängstlich, was passieren würde. Wieder begann ein warmer Frühlingstag, in der Ferne hörte man das gleiche Geräusch wie gestern. Es waren die sogenannten Panjewagen, also pferdebespannte, simpel gebaute Pritschenwagen mit seitlichen Planken. Der Vormittag verging, und wir warteten ängstlich, denn heute war ringsum stärkere Schießerei zu hören.

Gegen Mittag erschien eine ähnliche Patrouille vor dem Haus wie tags zuvor. Nadja übersetzte, mein Vater sollte mit „dawaj", was so viel wie „vorwärts" heißt, das ganze Haus vorführen. Ich blieb an der Seite meines Vaters. Von der Diele ging es ins elterliche Schlafzimmer. Der Russe fluchte und versuchte, meinem Vater mit seine Reitpeitsche ins Gesicht zu schlagen. Nadja, die die russischen Flüche verstand, versuchte den Russen zu beruhigen. Inzwischen war meine Mutter mit meiner Schwester aus Angst über die Veranda in den Park geflüchtet. Wir gingen ins Kinderzimmer und mein Vater bekam die Peitsche diesmal voll ins Gesicht und wurde getreten. Dawaj! In die Schulstube! Der Russe zog sein Seitengewehr und wollte meinen Vater aufspießen, Nadja warf sich dazwischen und ich lief schreiend oder wei-

70

nend in den Park zu meiner Mutter und Schwester. Nach kurzer Zeit lief mein Vater aus dem Haus, fand uns und rief uns zu, wir sollten schnell in den Bruch laufen, er käme nach. Er hatte unseren Schäferhund Wolf aus dem Zwinger geholt und hielt ihn an der Leine.

Wir hatten inzwischen den Bach überquert, der den Park vom Bruch trennte und waren außer Sichtweite des Hauses im Unterholz versteckt. Die Lage wurde besprochen und entschieden, unbedingt das Gebiet von Mechelsdorf zu verlassen. Die Grenze wurde zum Nachbarort Wendelsdorf innerhalb des Bruches von einem hohen Zaun gebildet. Hinter diesem Zaun würden uns die Russen nicht finden, und dort wollten wir den nächsten Morgen abwarten. Es wurde dunkel, nebelig und kalt. Wir waren alle bis auf meinen Vater sommerlich gekleidet. Meine Mutter hatte beim Weglaufen aus dem Haus eine Kehrschaufel mitgenommen, die sie gerade in der Hand hatte. Auf die konnten wir Kinder uns abwechselnd setzten, denn der Boden war sumpfig. Überall wurde immer wieder geschossen, Frauen schrien, eine unbeschreiblich grausame Stimmung, die durch die windstille Nacht noch verstärkt wurde.

Wolf fing an, leise zu knurren, worauf mein Vater ihn sanft zu beruhigen versuchte und schließlich den Fang zuhielt. Jenseits des Zaunes knackten Äste und Stimmen waren zu hören. Die Russen suchten uns. Wir kauerten uns zusammen und ich hatte fürchterliche Angst, dass uns Wolf schließlich doch verraten würde. Mein Vater hielt ihm minutenlang den Fang zu, die Stimmen entfernten sich und wir schienen vorläufig gerettet.

Als es morgens zu dämmern anfing, froren wir so stark, dass wir beschlossen, uns im Schweinestall bei den Flüchtlingen aufzuwärmen. Ins Haus wagten wir uns nicht. Mein Vater ging immer mit Wolf voraus, vorsichtig wie auf der Pirsch. Wir waren noch nicht aufgewärmt, als die Tür an der Dorfseite aufging. Ein Russe mit einem russischen Gefangenen kam herein. Der Gefangene stutzte, erkannte uns und verließ mit dem russischen Soldaten sofort wieder den Schweinestall. Mein Vater rief: „Raus hier, die holen Verstärkung!" Wie recht er damit hatte, sollte sich schon wenig später zeigen. Wir liefen hastig wieder zurück in Richtung des Bruches. In der Mitte dieses Dickichts befand sich ein kleiner Teich mit etwas Schilf an einer Seite. Darin versteckt saß, völlig erschöpft und verzweifelt, unser Oberschweizer Hahn im seichten Wasser. Er hatte bereits die Nacht stehend in einem kniehoch gefüllten Behälter mit Wasser zum Tränken der Kühe im Kuhstall verbracht und den Behälter von innen mit einer Bohle verschlossen. Sein Zustand war erbärmlich. Wir mussten aber weiter, an Hilfe war nicht zu denken. Mein Vater hatte sich ein neues Versteck für den Tag ausgedacht. Das galt es nun ungesehen zu erreichen.

In der Feldmark nach Rerik zu gab es etwa drei Mergelgruben, in denen in früheren Zeiten Kalkmörtel zum Bauen abgebaut worden war. Nur in einer dieser Gruben befanden sich unten eine kleine Wasserpfütze und ein paar Dornenbüsche, die anderen Gruben hatten sich seit langem in Wildentenparadiese verwandelt. Diese eine trockene Mergelgrube war unser Ziel. Wir erreichten sie unbemerkt am frühen Morgen. Mein Vater legte sich an den Rand der Böschung, er konnte von dort aus den Seeweg zum Hof sowie das umliegende Terrain überblicken. Schreie sowie Schüsse waren zu hören, von vielem Hin und Her von Panjewagen auf dem Seeweg wurde vom Ausguck her berichtet. Als es gegen Nachmittag ruhiger wurde, schlichen wir hungrig und übermüdet auf den Hof und zum Haus. Schon aus etwas größerer Entfernung konnten wir die teilweise zerstörten Fenster und Türen sehen. Als wir in die Diele kamen, haben sich meine Eltern umarmt und beide haben geweint.

Ich glaube, dass sich ein jüngerer Mensch von heute das Ausmaß der Zerstörung und des Vandalismus nicht wirklich vorstellen kann, das uns erwartete. Ich will eine nüchterne Schilderung versuchen. Die Erntekrone in der Diele war heruntergerissen, im Schlafzimmer meiner Eltern waren die Daunendecken aufgeschlitzt und die Daunen über den ganzen Boden verteilt worden, Bilder und Gardinen waren abgerissen, eingeweckte Marmelade gegen die Wände geworfen, die Nachttische zerstört. Die Armbanduhr meines Vaters hatte meine Mutter bei ihrer Versteckaktion in einer Daunendecke eingenäht. Sie lag von Daunen bedeckt unter einem zerbrochenen Schlafzimmerteil. Im benachbarten Kinderzimmer sah es ähnlich aus. In der Schulstube lagen zerrissene Bücher, kaputte Bilder und die Knochen eines Puters herum. Von dem Putenbraten hatten wir einmal gegessen, dann hatte ihn meine Mutter in einem Schrank in der Schulstube versteckt. In allen anderen Zimmern war die Verwüstung genauso groß. Bilder waren aus ihren Rahmen geschnitten, überall Verwüstung. Aus allen meinen Briefmarkenalben waren Blätter herausgerissen. Überall lagen sie zum Teil kaputt und zertrampelt herum. Die Hämmer des Klaviers meiner Mutter waren durch mutwillig hineingeworfene Weckgläser zerstört worden.

Was war aber mit Tante Frieda, wo waren die anderen Hausbewohner, wo war Nadja, wo unsere Lehrerin, wo Lining?

Tante Frieda lebte. Sie lag in ihrem Bett, es ging ihr sehr schlecht. Sie litt schon längere Zeit unter Alterszucker. Sie wusste von der Ankunft der Russen. Als wir jedoch aus dem Haus geflüchtet waren, um unser Leben zu retten, hatten wir ihr nicht helfen können. Ein Teil ihrer Wertsachen hatte auch sie versteckt, Kleidung und Wäsche unter sich ins Bett gelegt. Die Russen hatten sie aus ihrem Bett geworfen und alles gestohlen. Sie wollte nicht mehr aufstehen, wir hatten nun eine Schwerkranke zu versorgen.

Alle Schnitter mit Ausnahme der Familie des Vorschnitters Serbinsky, alle russischen Gefangenen und auch Nadja hatten Mechelsdorf verlassen. Die Schnitter hatten mit den

Gefangenen unsere für die Flucht vorbereiteten Wagen mit unseren Sachen beladen und waren gen Osten getreckt. In der Nähe von Rostock wurden viele von ihnen erschossen, weil nachrückende russische Einheiten sie irrtümlich für deutsche Flüchtlinge hielten. Wir haben lange vergeblich gehofft, unsere Nadja noch einmal wiederzusehen. Auch Lining und die Lehrerin blieben unauffindbar. Die Litauerin mit Horst und dem Kleinkind hatten das Haus ebenfalls verlassen, nur die zuckerkranke und bettlägerige Tante Frieda war gezwungen, in dem verlassenen Haus auszuharren.

Da Türen und Fenster sowie Betten und Möbel teilweise total zerstört waren, ging es für uns Vier nun zunächst darum, herauszufinden, wo wir die nächste Nacht verbringen, wie wir uns ernähren und uns kleiden konnten. Was sonst alles an schrecklichen Dingen geschehen war, erfuhren wir von den Hofbewohnern und Ostpreußen. Die meisten waren davon ausgegangen, dass die Russen uns gefunden und getötet hatten. Eine akute Lebensgefahr bestand aber inzwischen für uns deshalb nicht mehr, weil es keinen Denunzianten mehr gab: Das war einer von den russischen Kriegsgefangenen, der unsere Familie der russischen Soldateska gegenüber als die schlimmen Grundbesitzer benannt hatte. Er war es gewesen, der uns morgens im Schweinestall erkannt und die Soldaten geholt hatte.

Was hatte sich in den zwei Tagen des russischen Einmarsches an schrecklichen Dingen ereignet? Viele Frauen waren vergewaltigt worden. Männer oder Väter, die ihre Frauen oder Töchter vor Vergewaltigung schützen wollten, wurden mit der Waffe bedroht und geschlagen. Dabei wurden auch Warnschüsse abgefeuert, was die vielen Schreie und Schüsse in der Nacht teilweise erklärt. Erschossen wurde in Mechelsdorf von den Russen wohl niemand, aber ein unvorstellbarer Vandalismus wurde im Sinne eines vorgeblichen Klassenkampfes praktiziert – das bedeutete praktisch: geraubt wurde alles, was gefiel. Die Soldaten waren für den Einmarsch gezielt zu Gewaltausübung und Plünderung der deutschen Bevölkerung von ihrer Armeeführung aufgerufen und von Strafe freigestellt worden. Bekannt sind ja die harmlosen Geschichten mit den vielen Armbanduhren am rechten Arm, und wir kannten sie damals auch. Deshalb hatten wir unsere Armbanduhren versteckt. Schlimmer war, dass Pferde, Kühe, Kälber, Schafe und auch das Geflügel – kurzum alle Tiere – samt und sonders requiriert worden waren.

Fliehen oder Bleiben?

Für uns war klar: wir mussten untertauchen. Das betraf vor allem meine Mutter und auch meine Schwester, die damals kurz vor ihrem 13. Geburtstag stand. Beide befanden sich in unmittelbarer Gefahr, vergewaltigt zu werden, denn wenn sie von zwei oder mehr Russen entdeckt waren, gab es kein Entkommen, keine Rettung. Und die Russen waren immer mindestens zu zweit oder zu dritt, meist aber zu viert unterwegs. Sie fuhren mit ihrem Panjewagen über Land.

Wohnen konnten wir keinesfalls im großen Haus. Eine Unterkunft in der Nähe musste gefunden werden, denn Tante Frieda war ja zu versorgen. Mit einer oder zwei Ostpreußenfamilien, die sich in ähnlicher Lage wie wir befanden, kamen wir überein, im Wirtschaftsgebäude, und zwar in der Milchküche und der Plettstube, zu kampieren. Der Ofen mit den vielen kleinen Bügeleisen wurde aus der Plettstube entfernt und ein Strohlager für mehrere Personen nebeneinander geschaffen. Frauen und Mädchen ruhten oder schliefen tagsüber und versteckten sich ab Anbruch der Dunkelheit in freier Natur, alle Männer und auch ich als jüngster Bursche schliefen nachts auf dem dicken Strohlager, das mit einem Brett am Fußende abgeschlossen war. Wir waren acht Männer, mich eingeschlossen. Meine Mutter malte sich das Gesicht mit Ruß an und trug tagsüber ein Kopftuch, um alt auszusehen, insbesondere, wenn sie zu Tante Frieda ging. Da die Russen in ihren Panjewagen fast immer vom Seeweg das Herrenhaus anfuhren und der Weg von der Milchküche bis zur Dielentür nur etwa 25 Meter betrug, konnte meine Mutter relativ gefahrlos mit dem Essen hinübergehen. Kamen gerade dann Russen in Sichtweite, wurden die so rechtzeitig bemerkt, dass meine Mutter über den hinteren Eingang ungesehen entschwinden konnte. Aleit ließ sich tagsüber so wenig wie möglich draußen sehen. Für ein paar Tage ging das alles gut, doch es sollte anders kommen.

Eines Nachts wurde ich durch lautes Donnern an der Tür wach. Einige bewaffnete Russen mit Taschenlampen kamen herein und leuchteten jedem der Männer einzeln ins Gesicht. Wer etwa zwischen 18 und 50 Jahre alt war, für den hieß es: „Kom, Kom!" Mein Vater und zwei oder drei andere Männer wurden mitgenommen. Ich lief erschreckt hinterher und sah, dass vor unserem Haus schon etwa 20 Männer standen, die von mehreren Russen mit schussbereiten Gewehren umgeben waren. Mein Vater winkte mir noch verstohlen zu – und die Gefangenen marschierten ab in Richtung Dorf. Meine Mutter und Aleit erfuhren von der Verhaftung erst am frühen Morgen, nach der Rückkehr aus ihrem Versteck.

Als Kriegskind verstand ich beim Einmarsch der Russen eine Sache nicht: Es waren nur Reiter und Panjewagen, die unser Land besetzten. Wie konnte das sein? Besaßen diese Einheiten der Roten Armee gar keine motorisierten Fahrzeuge oder Panzer? Sogar mir als kleinem Jungen waren Panzer vertraut, wenn auch nur als Spielzeug. Diese Soldaten aber kamen mit Pferd und Wagen! Ein mittelgroßes Pferd zog diesen kleinen vierrädrigen, höchst simpel konstruierten Kastenwagen, der mit drei bis vier bewaffneten Soldaten besetzt war. Einer lenkte den Wagen, ein anderer saß neben ihm auf dem Bock und ein bis zwei weitere Soldaten lagen auf Stroh und Pferdefutter mit ihren Tornistern sowie den Handfeuerwaffen im hinteren Kasten des Wagens.

Zurück zur Gefangennahme meines Vaters. Stalin und seine Schergen hatten beschlossen, vor dem Waffenstillstand am 8. Mai 1945 noch so viele Gefangene zu machen wie irgend möglich. Die wurden nun schnellstmöglich nachts ausgehoben. Mein Vater war leider dabei.

Die Aushebung der Gefangenen hatte in Wendelsdorf begonnen. Dann, so erzählte es mein Vater später, wurden noch ein paar Gruppen in den strengbewachten Zug der Verhafteten integriert, und ohne Essen oder Trinken ging es auf der Landstraße weiter nach Kröpelin. Als dieser elende Zug bei schönem Wetter mittags durch das Städtchen marschierte, spazierte auf der Straße unser Zahnarzt, untergehakt mit seiner Frau dem Zug der Gefangenen gelassen entgegen. Der Zugführer ging auf das Paar zu und sagte zu ihm: „Kom, Kom!", der Zahnarzt verabschiedete sich von seiner Frau – und war fortan in russische Gefangenschaft. Es wurde weitermarschiert bis auf den Friedhof in Bad Doberan. Während des Marsches hatte sich mein Vater mit unserem Maschinisten Kessler und einem Wendelsdorfer verabredet, bei einer günstigen Gelegenheit im Dunkeln einen Fluchtversuch zu unternehmen. Auf dem Friedhof brach bei einsetzender Dunkelheit eine Meuterei aus. Die Gefangenen verlangten nach Wasser und Essen. In diesem Durcheinander flüchteten mein Vater und seine beiden Kumpanen unbemerkt über die Friedhofsmauer in den Wald – und in die Freiheit. Sie marschierten im Schutz der Dunkelheit in sicherem Abstand von der Straße zurück nach Mechelsdorf. Das war eine Strecke von mehr als 40 Kilometern ohne Verpflegung, und die drei Männer bewältigten sie in 24 Stunden. Mit ihrer Rückkehr versteckten sie sich auf dem Schafstallboden, der Schäfer Schoknecht informierte meine Mutter noch am Mittag nach ihrer Ankunft. Nur er und die Frauen wussten von der geglückten Flucht ihrer Männer. Und nur der Schäfer und meine Mutter kannten das Versteck.

Die drei Männer wurden mit dem „Hundeeimer" des Schäfers versorgt, was nicht auffiel, weil der Schäfer das Futter für seine Hunde schon immer aus der Gutsküche bekommen hatte. Auch ich als neugieriger Pimpf wusste nicht, dass mein Vater wieder da war. Meine Mutter versorgte nun die drei Männer, meine Tante und uns Kinder unter Einsatz ihres Lebens. Die Männer hatten sich eine Art Bunker aus gebundenen Strohballen innerhalb einer Strohmiete auf dem Schafstallboden gebaut, über den nun sogar die Russen laufen konnten, ohne Verdacht zu schöpfen. Nach draußen hatten sie sich einen Ausguck geschaffen, der ihnen einen Überblick über das Geschehen auf dem Hof verschaffte. Meine Mutter besuchte die Männer bei Dunkelheit öfter, um die Lage zu besprechen, danach versteckte sie sich mit Aleit. Die beiden mussten Essen beschaffen, kochen und verteilen. Ob wir auch einmal frische Wäsche anzuziehen bekamen oder ob wir lediglich die ungereinigte Kleidung wechselten, ist mir nicht erinnerlich.

Nach drei Wochen erschien mein Vater wieder auf der Bildfläche. Er war der Meinung, dass bei dem Chaos keine Gefangenenlisten von den Russen angelegt worden waren und er nach ein paar Tagen, weil sowieso niemand den Überblick hatte, so weiterleben könne, als sei er nie verhaftet worden. Vielleicht war es darüber schon Mitte Mai geworden und der Waffenstillstand in Kraft getreten. Das hätte bedeutet, dass willkürliche Verhaftung und Gefangennahme ohne Grund nicht mehr ohne weiteres möglich war.

Dramatisch hatte sich der Gesundheitszustand meiner Tante entwickelt. Sie hatte möglicherweise aus Mangel an Medikamenten offene Beine bekommen und litt unter so großen Schmerzen, dass sie oft laut weinte oder etwa schrie: „Bringt mich doch bitte um, schmeißt mich in den Teich! Ich will sterben!" Das konnte man auf dem Hof fast überall hören – es war fürchterlich. Hilfe war von außerhalb nicht zu erwarten, denn keine Arzt traute sich aufs Land. Wir hoben im Park ein Grab für Tante Frieda aus, um sie nach ihrem sicher erwarteten Tode möglichst schnell beerdigen zu können.

Etwa vier Wochen nach seiner Verhaftung wurde mein Vater immer noch nicht gesucht. Das war ein deutliches Indiz dafür, dass er auf keiner Gefangenenliste registriert war. Er entschied sich, nun in Rerik bei einer Behörde oder der russischer Kommandantur vorzusprechen – ein sehr mutiger Schritt! Dort angekommen beschrieb er die Zustände in Mechelsdorf und beklagte, dass täglich Vieh gestohlen würde und bis zur Erntezeit im Sinne der Allgemeinheit doch dafür gesorgt werden müsse, den Viehbestand und die Ernte zu sichern. Sein Vorschlag wurde positiv beschieden. Er erhielt einen Ausweis in Russisch und Deutsch, der ihn berechtigte, Aufsicht in Mechelsdorf zu führen. Bei seinem Besuch in Rerik hatte er ebenfalls beim Pfarrer erkundet, dass eine Beerdigung von Tante Frieda auf dem dortigen Friedhof möglich sei. Nur wenige Tage später starb Tante Frieda dann wirklich. Sie wurde in Rerik begraben. Wo genau, ist mir nicht bekannt.

Mit seiner Bescheinigung konnte mein Vater nicht lange glücklich sein. Wie früher war er mit Krückstock auf dem Felde unterwegs, als er auf einen Panjewagen mit Russen stieß, die etwas Unrechtes begangen hatten. Als er seinen Ausweis zeigte, nahmen sie ihm den Stock ab, drohten ihm damit und zerbrachen ihn kurzerhand. Später beschwerte sich mein Vater nochmals in Rerik, was aber völlig nutzlos war, doch er erhielt eine Bescheinigung, wonach der Zustand und die Art der Feldbestellung auf beiden Gütern beispielhaft gut durchgeführt worden sei. Diese Bescheinigung sollte sich später ebenso als völlig nutzlos erweisen.

Alle Kinder dieser Welt gewöhnen sich schnell auch an die schlimmsten Dinge. Das geht für sie umso schneller, je interessanter die Neuigkeit erscheint. Man denke nur an das Ausprobieren von Munition. Das taten natürlich auch wir, denn vielerorts lagen verschossene Patronen, Granatsplitter oder auch Blindgänger herum, die Gewehr- oder MG-Patronen gelegentlich auch in großer Zahl. Wir Jungen hatten bald gemerkt, dass die Russen uns nicht nur nichts taten, sondern uns sogar gerne mochten. So habe ich als interessierter Beobachter zugesehen, als eine junge Frau von Russen in das zerstörte Schlafzimmer meiner Eltern geschleppt und dort von zwei Russen vergewaltigt wurde. Die Russen hatten die meisten ihrer Panjepferde durch Diebstahl gegen hiesige Reitpferde oder Trakehner der Flüchtlinge ausgetauscht und so kam es, dass in vielen offenen Koppeln oder auf Weiden Panjepferde frei herumliefen. Unser Sport bestand nun darin, uns einen Halfter zu besorgen oder zu bauen und ein Panjepferd einzufangen. Dann ritten wir darauf umher, bis wir essen mussten oder es dunkel wurde, ließen den Gaul wieder frei, versteckten den Halfter und fingen uns am nächsten oder den folgenden Tagen ein anderes Pferdchen.

Der Sommer 1945 war sehr schön und warm. Schule gab es nicht und die Eltern waren mit ihren vielen Sorgen ausgelastet. Zu mehreren Jungen besorgten wir uns bei schönem Wetter die Seitenteile großer Kastenwagen, die ungenutzt unter der Lindenallee standen. Die Teile wurden zu einem Teich geschafft, zu Wasser gebracht, ein alter umgedrehter Topf als Sitz darauf gesetzt, eine Stange zum Staken oder Paddeln wurde besorgt, und fertig war das Boot. Das war gar nicht ungefährlich, denn keiner von uns konnte schwimmen. Aber es passierte keinem von uns etwas.

Für meine Eltern entwickelte sich das Ausharren in Mecklenburg in der Hoffnung auf eine Normalisierung der Lage als zunehmend schwierig. Sie hatten zunächst damit gerechnet, dass die Amerikaner, die ein Teil der mecklenburgischen Küste sowie Schwerin eingenommen hatten, ihre

Besetzung auf ganz Mecklenburg ausdehnen würden. Nachdem sich die US-Truppen jedoch bis Lübeck und weiter südlich hinter die Elbe zurückgezogen hatten, waren diese Hoffnungen zerstoben. Es entwickelte sich in den Folgemonaten allmählich eine von den Russen bestimmte deutsche Administration. Bei uns auf dem Lande herrschte weiterhin Chaos, jedoch mit dem kleinen Vorteil: Wir konnten uns besser ernähren als die Städter. Ich erinnere mich, dass wir aus großen Mengen von geriebenen Kartoffeln Stärke erzeugten, Zucker hatten wir in Milchkannen gerettet und es gab immer noch Schmalz, Speck und Mettwurst. Eier und Gemüse wurden selbst erzeugt. Nur die, die krank waren und – natürlich – keinen Zugang zu Medikamenten hatten, denen ging es schlecht. Ein wichtiges Medikament auch für Gesunde war übrigens Cuprex, ein wirksames Entlausungsmittel: für Alt und Jung unverzichtbar.

Wieder in Hohen Niendorf

Ohne vorherige Ankündigung stellte sich für uns eine neue Situation ein. Eine russische Kompanie zog eines Tages in das verwaiste Herrenhaus in Mechelsdorf ein, und etwa zur gleichen Zeit wurde im Schloss in Hohen Niendorf eine Landkommandantur der Russen eingerichtet. Ob der Ausweis meines Vaters auch für Hohen Niendorf galt oder nicht, er hatte jedenfalls so etwas wie ein Aufseher-Zertifikat und eine Bescheinigung, die ihn als guten Landwirt auswies – beides ausgestellt in Rerik. Nach interner Abstimmung zwischen den Kommandanten hieß es: „Alles in Ordnung, kein Problem, die Familie Schwebel zieht ins Schloss." Also hinaus aus der schäbigen Plettstube, hinein in das Haus unserer Träume, in dem besonders ich schöne Stunden verlebt hatte. Das bedeutete auch: keine Gefahr der Vergewaltigungen mehr für die Mutter und Aleit, keine nächtlichen

Überfälle und ein halbwegs normales tägliches Leben. Aber es ergab sich nun ein neues Problem: alles, was wir vor dem Einmarsch der Russen in unserem bisherigen Haus in Mechelsdorf versteckt hatten, konnte nun entdeckt werden und sich verhängnisvoll auswirken. Waffenbesitz wurde ohne Pardon mit dem Tode bestraft. Der Leser erinnert sich: die Jagdwaffen meines Vaters befanden sich unter Dielen auf dem Dachboden im Herrenhaus in Mechelsdorf. Die Singer-Nähmaschine war hinter Brennholz versteckt und ihr Verlust wäre in diesen Zeiten sehr schmerzlich gewesen.

Ich wohnte nun also ein zweites Mal in Hohen Niendorf, wenn auch unter völlig anderen Vorzeichen als beim ersten Mal. Bis auf die Angst wegen der versteckten Sachen im verlassenen Haus in Mechelsdorf und zunehmende Magenbeschwerden meines Vaters ging es uns allen verhältnismäßig gut. Das Schloss und seine dort verbliebenen Bewohnen, die uns ja kannten, hatten den russischen Einmarsch besser überstanden als wir in Mechelsdorf. Die altgediente Mamsell wurde Küchenchefin und engagierte selbst weitere Gehilfen. Das Gutssekretariat wurde umfunktioniert, Kommandant, Fahrer und etwa zwei Ordonanzen wohnten feudal im Parterre. Wir hatten viel Platz im ersten Stock und lebten bewusst zurückgezogen. Das Lieblingsgericht der Russen waren Pferdefleischklopse, dazu wurde Wodka getrunken. Den süßlichen Geruch des Pferdefleisches würde ich heute noch wiedererkennen. Manchmal musste mein Vater mittrinken, was ihm überhaupt nicht bekam. In diesen Zusammenhang passt eine Geschichte, die wir uns später noch öfter erzählten.

Die einheimische Bevölkerung und die ostpreußischen Flüchtlinge hatten sich bei der Auflösung des Stützpunktes Rerik und Wustrow, wie beschrieben, mit vielen nützlichen Gegenständen eingedeckt. Die großen Säbel, die zur Galauniform der Luftwaffenoffiziere aus Rerik gehörten, fanden kein Interesse und fielen in großer Stückzahl den Russen in die Hände. Mit diesen Säbeln wurden nun der Boden von Gärten und Parks systematisch untersucht. Dazu stellten sich die Soldaten zu mehreren nebeneinander auf und stocherten den Untergrund ab. Holzkisten wurden sofort entdeckt, einzelne Gläser oder Flaschen fast nie, da ja früher auch viel Müll vergraben wurde. Meine Mutter hatte ihren wertvollen Schmuck in einem Weckglas vergraben und vor unserer Flucht wieder ausgegraben. Graf von Wilamowitz-Möllendorf war zu Lebzeiten ein großer Rotweinkenner und wahrscheinlich auch ein Rotweingenießer. Er besaß einige hundert Flaschen edelster Bordeauxweine und Champagner, die von der Familie vor ihrer Flucht im Garten und Park in Feldern von je etwa 200 Flaschen an verschiedenen Stellen eingegraben worden waren. Die russischen Schatzsucher waren nun gefordert. Als sie den ersten Fund gehoben hatten, gab es eine Einladung an die Kommandantur nach Rerik. In wenigen Tagen wurde ein zweites Lager gefunden, wozu weitere Kommandanten eingeladen wurden. Ein riesiges Gelage begann, zu dem leider auch mein Vater erscheinen musste. Er berichtete später, dass es zunächst die berühmten Klopse aus Pferdefleisch mit genügend Wodka gegeben habe, danach Champagner und dann gab es den ausgezeichneten Bordeaux, immer mit einem kräftigen Schuss Wodka ins Glas – für eine schnellere Wirkung. Mit Haferschleimsuppe und seinem Magnesiumpräparat war mein Vater nach paar Tagen wohl wieder gesund.

Unser Aufenthalt in Hohen Niendorf sollte nicht lange dauern. Die russische Einheit hatte Mechelsdorf verlassen. Wir richteten uns im verlassenen Haus zwei große und ein kleines Zimmer notdürftig wieder ein: das ehemalige Damenzimmer, das frühere Herrenzimmer und den kleinen Salon. In die anderen Räume des großen Hauses zogen ostpreußischen Flüchtlingen ein. Wir hatten dabei noch Glück. Die Waffen meines Vaters waren nicht entdeckt worden, die Nähmaschine aber war weg. Türen und Fenster waren bald notdürftig repariert, Möbel für drei Zimmer wurden zusammengebaut, ein Teil von ihnen stand zweckentfremdet im Park. So waren Oberteil und Unterteil des Buffets aus dem Damenzimmer meiner Mutter hierher gebracht, aber voneinander getrennt worden. Das Oberteil mit seinen Glasböden und Glastüren, das vorher Nippes aus Porzellan barg, stand auf einem Tisch und diente zur Aufbewahrung von Fleisch, während der Unterschrank als Hack- und Schneidetisch für dieses Fleisch benutzt wurde. Unter den großen Hoflinden wurde unser Esszimmer in ungewöhnlicher Umgebung genutzt – es stand unter freiem Himmel.

Ich bekam einen eiterigen Ausschlag, den wir Russenkretze nannten und der besonders stark an den Knien und Knöcheln auftrat. Ich hütete ein paar Tage das Bett in dem kleinen ehemaligen Salon meiner Mutter und musste Tabletten namens „Prontosil" nehmen, die den Urin ganz rot färbten. Diese Tabletten gab es bereits, weshalb es eine ärztliche Versorgung in geringem Umfang etwa Anfang September 1945 bereits gegeben haben muss. Bald ging es mir etwas besser, ich bekam Juckreiz an beiden Augenbrauen und kratzte dort, um dem Reiz ein wenig abzuhelfen. Als ich nach unten auf meine Bettdecke sah, liefen dort viele Kopfläuse herum. Das war nicht so schlimm, denn alle hatten wir diese Tierchen. Ganz stolz rief meine Schwester meinem Vater eines Tages durch ein offenes Fenster zu: „Papa, ich habe Läuse!" Es plagten uns auch Menschenflöhe, eine seltene Spezies, die uns die Russen im Hause hinterlassen hatten. Wenn die Sonne auf den Dielenfußboden schien, konnte man die Flöhe aus den Ritzen springen sehen. Kopfläuse gab es bereits vorher, und Cuprex hatten wir immer parat in der Hausapotheke.

Wir wohnten noch nicht lange wieder in Mechelsdorf, als die Bodenreform begann. Für uns kam diese erneute Umwälzung aller Verhältnisse nach meiner Erinnerung völlig überraschend.

Die Bodenreform

Von wem und wann genau die Enteignung und Neuverteilung des Bodens in Mecklenburg und der sowjetisch besetzten Zone ausgelöst wurde, erscheint mir strittig. Sicher ist, dass sie von der inzwischen wieder mit gewissen Befugnissen ausgestatteten Kommunistischen Partei propagiert und Ende August oder Anfang September 1945 von deren Funktionären auf Kreis- und Bezirksebene angeordnet wurde. Etwa Mitte September 1945 erhielt mein Vater Besuch von einem dieser Funktionäre. Die übermittelte Botschaft war, das „Land der Junker" müsse „dem unterdrückten Volk" schnellstens übereignet werden, und zwar in Parzellen zu je 20 Morgen, also fünf Hektar. Die Aufteilung müsse mein Vater innerhalb von drei Tagen bewerkstelligen. Dann würden Listen für Bewerber ausgegeben und schließlich bekämen die Bewerber in einem entsprechenden Staatsakt das Land zugeteilt. Im späteren Verlauf dieses „fortschrittlichen Ereignisses" waren die einzelnen Parzellen deutlich größer als fünf Hektar, was zumindest agronomisch sinnvoller war.

An dieser Stelle möchte ich bemerken, dass mein Interesse nicht in einer teilweisen Widergabe der Geschichte der Bodenreform im damals sowjetisch besetzten Teil Deutschlands gilt, sondern der Schilderung, wie ich die Bodenreform als Kind erlebte und wie sie sich mir später eventuell durch ergänzende Diskussionen mit meinen Eltern eingeprägt hat. Während eines Besuches kurz nach der unerwarteten Wiedervereinigung Deutschlands befand sich im teilweise umgebauten Schloss Hohen Niendorf eine Gedenktafel mit der Inschrift: „In Hohen Niendorf begann am 25. 9. 1945 die demokratische Bodenreform im Kreis Bad Doberan. JUNKERLAND IN BAUERNHAND!" Ob aber zwei oder drei Tage für die Aufteilung der gräflichen Ländereien von Hohen Niendorf und Mechelsdorf in etwa 100 Parzellen – so viele wurden es in etwa – zur Verfügung standen, ist wohl weniger interessant als die Frage, wie so etwas wie eine Bodenreform überhaupt praktisch angegangen werden kann, und zwar innerhalb eines enorm knappen Zeitrahmens unter damaligen Verhältnissen. Man stelle sich vor, wie viel Zeit eine heutige Einmessung von rund 100 Grundstücken beanspruchen würde.

Mit Hilfe einer oder mehrerer Karten, in denen auch die Feldwege eingetragen waren, sowie der Hilfe der Herren Schön und Glöde wurde die Aufteilung – keinesfalls eine Vermessung! – angegangen und auch bewerkstelligt. Die landwirtschaftliche Nutzfläche stand ja fest, ebenso die Größe der einzelnen Schläge. Nun galt es, unter Berücksichtigung der Tiefe der Schläge eine entsprechende Länge an den Wegen zu ermitteln. Glöde musste rund 150 Pfähle herstellen und mit farbiger Markierung versehen. Dann wurden diese Pfähle entlang der Wege deutlich sichtbar eingeschlagen sowie fortlaufend nummeriert, die Aufteilung konnte so wie vorgesehen proklamiert werden. Durch Handzettel oder Plakate „Junkerland in Bauernhand" wurden die Interessenten informiert und vor dem Eingang unseres Hauses wurde eine flammende Rede eines auf einem Tisch stehenden zuständigen Funktionärs abgehalten. Ein paar Wortfetzen sind mir in Erinnerung geblieben – wie etwa: „Vor Euch liegt doch das Land der Junker, nehmt es Euch!"

Etwa 20 bis 40 Erwachsene und viele Kinder hörten der Rede zu. Viele skeptische Menschen hatten seit zwei oder drei Tagen kaum ein anderes Thema als das der Bodenreform diskutiert, so auch meine Eltern. Die meisten Bauernfamilien, insbesondere die vielen Ostpreußen, glaubten wohl bereits damals nicht mehr an eine Rückkehr in ihre alte Heimat. Und für uns war Mechelsdorf die Heimat. Unsere Adresse lautete nach wie vor: „Familie Schwebel, Gut Mechelsdorf, Post Rerik, Kreis Wismar / Mecklenburg." Doch wir waren nun Siedler mit 20 Morgen Land. Wir hatten ebenso viel wie alle anderen. Wo war das Land, wo das

Pferd, die Kuh, der Stall, das Futter? Wie ging die Bodenreform für uns weiter? Ich will versuchen, es zu schildern.

Auf die Verteilung des Ackerlandes hatte der Funktio-
när oder seine Behörde wohl keinen Einfluss, denn wir hatten unseren Acker direkt hinter der Schmiede. Ich kann nur
mutmaßen, dass dieser Vorteil unserer Familie von der
Mehrheit der Siedler zugebilligt wurde. Ein Pferd konnten
wir nicht in die Wirtschaft einbringen, wie das viele ost-
preußische Familien konnten. Die Anzahl der noch oder
wieder vorhandenen Kühe war viel größer als der zu vertei-
lende Bedarf. Mein Vater suchte für uns eine junge Kuh mit
guter Milchleistung aus. Das Vieh verblieb in den reichlich
vorhandenen Ställen.

Wichtig war ein Pferd, ohne das ja keine Feldbestellung
möglich war. Unser Pferd könnte wahrscheinlich schnell
von den Russen rücküberstellt werden, doch noch hatten
wir keines. Der Hafer für das Tier musste zudem vorher aus
dem Bestand des Kornbodens ausgesondert und gesichert
werden. Es gab eine Zuteilung von 20 Zentner Hafer pro
Siedler, das sind 1.000 Kilogramm, eine Tonne. Das Getreide
wurde im ehemaligen Damenzimmer meiner Mutter neben
dem Kachelofen gelagert. Ich sehe den ungeheuren Berg
noch heute vor mir!

Die Sicherheitslage hatte sich inzwischen nicht verbessert. Die Russen plünderten und vergewaltigten bei nächtlichen Überfällen in fast gleichem Umfang wie zuvor. Wir besaßen nach wie vor unseren Schäferhund Wolf, der nun neben dem Hafer im Ess- und Schlafraum seinen Platz hatte
und uns bewachte. Er war beinahe ein Garant gegen nächtliche Überfälle marodierender Russen. Für wirklich akute
Gefahr hatten wir zusätzlich einen Fluchtweg in den Park,
und diese Vorsicht war begründet. Es hatte sich nämlich in
russischen Kreisen bald herumgesprochen, dass wir einen
sehr brauchbaren Hund besaßen – mit dem Ergebnis, dass
der neue russische Kommandant aus Rerik dieses zudem

noch besonders schöne Tier gerne selbst besitzen wollte. Als ob unser Wolf das ahnte, entwickelte er von der ersten Begegnung an eine besonders große Aversion gegen seinen neuen potentiellen Eigentümer. Das reizte den Herrn Kommandanten offenbar besonders und es entwickelte sich eine gefährliche Geschichte, weil wir den Hund nicht hergeben wollten und Wolf nicht mehr zu beruhigen war, wenn er Russen witterte oder russische Uniformen sah.

Ich wurde unfreiwillig Teilnehmer dieser nicht enden-wollenden Geschichte. Der Kommandant erschien unregel-mäßig, teilweise schickte er Vertreter, um den Hund mitzu-nehmen. Sobald sich ein derartiges Vorhaben abzeichnete, musste ich mit Wolf das Haus über die Veranda in Richtung Park und Bruch verlassen, um mich mit ihm zu verstecken. Auf die Frage, wo denn der Hund sei wurde geantwortet, der Sohn sei mit ihm spazieren gegangen. Entwarnung wur-de erst gegeben, wenn das russische Kommando vom Hof wieder abgezogen war. Es kam vor, dass wir zur Essenszeit überfallen wurden und es lange dauerte, bis die Luft wieder rein war. Dann brachte mir Aleit oder meine Mutter das Essen ins Versteck. Ich erinnere mich an kalte fast fettlos gebackene Kartoffelpuffer, die mir sehr gut schmeckten. Lei-der ging dieses Versteckspiel aber nicht immer gut. Eines Tages erschien der Kommandant völlig überraschend und stark betrunken. Mein Vater musste sich in unserer Veranda vor diesem Menschen hinknien, Wolf mit seiner linken Hand den Fang zuhalten während der Betrunkene seine Pistole mit schwankendem Arm auf den Kopf des Hundes anlegte und abdrückte. Und – es geschah ein Wunder! Die Pistole hatte zwei Ladehemmungen hintereinander und nie-mand wurde verletzt. Ich lief aus Angst die Verandatreppe herunter, stolperte über den Schuhabkratzer, verlor einen Absatz von Tante Friedas hohen Schnürschuhen und machte mir vor Angst die Hosen voll. Das werde ich nie vergessen.

Wenn die Pistole funktioniert hätte, sich also die beiden Schüsse in dem gemauerten Viereck der Veranda gelöst hätten – angesichts drohender Querschläger und dem stark alkoholisierten Schützen – hätte das schlimm enden können, nicht nur wenn der Hund getroffen worden wäre. Der Kommandant hatte wohl im Alkoholdunst eingesehen, dass er sich den Wunsch nach Besitz des Hundes nicht erfüllen konnte und hatte ihn deshalb töten wollen. Wolf blieb mit großem Glück der Familie erhalten. Mein Vater aber bekam zwei Tage Gefängnis.

Nicht immer bedeutete das Auftauchen russischer Uniformen auf dem Gutsgelände automatisch Lebensgefahr. Russische Soldaten tauchten ebenfalls auf, und das täglich, um etwas anzubieten oder zu erwerben; sie hatten deutsche Vermittler, die wiederum meine Eltern kannten. Wir boten die pelzgefütterten Fliegerstiefel gegen ein Pferd. Es dauerte nicht lange und ein etwa vierjähriger mittelgroßer Fuchswallach wurde präsentiert. Der Fuchs wurde gegen die Stiefel geliefert. Wir hatten ein Pferd und ich durfte darauf sogar reiten, also auf ihm ohne Sattel sitzen und mich mit ihm fortbewegen, was bei einem jungen Pferd im Trab und Galopp einer gewissen Geschicklichkeit bedarf.

Meine Schwester lernte melken. Das ist eine nicht einfache und bei rund zehn Litern pro Melkvorgang anstrengende Arbeit, insbesondere während des Erlernens. Unsere Kuh war von meinem Vater gut ausgewählt worden, sie lieferte mehr als 20 Liter pro Tag bei einem Fettgehalt von rund vier Prozent, für damals keine schlechte Leistung. Bis auf zwei Liter pro Tag wurde die Milch an die Molkerei abgeliefert und entsprechend als „Leistung des Siedlers" registriert. Ob und wie viel dafür bezahlt wurde, wusste wohl keiner.

Wenn die Soldaten ein Tauschgeschäft wie etwa das mit den Stiefeln abgeschlossen hatten, betranken sie sich in aller Regel kräftig. Wir Kinder – Päuli, Hanni und auch ich – lie-

fen öfter aus Neugierde mit ihnen herum, teils, um ein kleines Geschenk zu bekommen oder auch nur, um etwas Inter-
essantes zu erleben. Einer von uns hatte einen total betrun-
kenen Soldat auf dem Fußboden vor der Leutestube liegen
sehen. Der schäbig Uniformierte schnarchte laut in seinem
Erbrochenen. Alle wollten das sehen und wir liefen hin, um
ihn zu necken oder aufzuwecken. Der Soldat erschrak bei
der Berührung durch einen von uns ganz heftig, griff zu
seiner Waffe und schoss um sich. Keinem ist etwas passiert.
Betrunkene und Kinder schützt eben der Liebe Gott.

Dem Leser bin ich noch die Geschichte mit der russischen Beutemütze schuldig, die sich etwa ebenfalls zu dieser
Zeit zutrug. Sie ist schnell erzählt. Es war Anfang des Winters 1945/46 und ich trug stolz die Pelzmütze und lief damit
auf dem Hof herum. Ein Soldat musterte mich eine Weile,
ging dann auf mich zu, nahm mir die Mütze ab und besah
sich den inneren Rand und fragte, wo mein Vater sei. Ich
deutete auf meinen Vater, der zufällig nicht weit entfernt
war. Der Russe ging forsch zu meinem Vater, haute ihm die
Mütze vor die Brust, zeigte ihm die kyrillische Beschriftung
des inneren Mützenbandes, wo die Formation des Soldaten
eingestempelt war, der die Mütze getragen hatte. Mein Vater wurde sofort verhaftet und abgeführt. In Rerik wurde
mit Dolmetscher geklärt, dass mein Vater die Mütze nicht in
Russland requiriert haben konnte. Er wurde nach ein oder
zwei Tagen Gefängnis wieder entlassen. Meine Schwester ist
im Übrigen davon überzeugt, dass mein Vater nicht nur
dreimal, wie von mir geschildert, sondern eher zehnmal
verhaftet wurde. Sie war, wie auch meine Mutter, nach jeder
Verhaftung der gleichen Meinung, dass es unser Vater dieses Mal nicht schaffen würde, freizukommen. Er schaffte es
jedoch immer.

Wir lavierten als Siedler mit Pferd, Kuh und unserem
Wolf, einer Tonne Hafer im Wohn- Schlafzimmer, genügend
Zucker in Milchkannen, verlaust und ohne produktive Ar-

beit in den kommenden Winter und das neue Jahr hinein. Es war klar, dass schon aus wirtschaftlichen Gründen wir weder in Mechelsdorf noch in Hohen Niendorf bleiben konnten. Doch ein Unglück kommt selten allein. So auch bei uns. Mein Vater bekam Anfang 1946 eine amtliche Benachrichtigung des Inhalts, er habe Mechelsdorf innerhalb 24 Stunden mit seiner Familie zu verlassen. Die Begründung war, dass ein Siedler nicht an demselben Ort siedeln dürfe, an dem er zuvor dem „kapitalistischen feudalen System" gedient habe.

Zu allem Überfluss hatte sich wenige Tage vor diesem verhängnisvollen Schreiben bei meinem Vater eine schwere Diphtherie eingestellt. Sechs Menschen in Mechelsdorf waren erkrankt. Mein Vater hatte als Einziger das Glück, gerade noch rechtzeitig von unserem Hausarzt Dr. Knüppel in Rerik mit einem Antibiotikum behandelt zu werden. In seinem Antrag auf Anerkennung als politischer Flüchtling aus der Ostzone vom Mai 1952 schreibt er, dass er als einziger der Erkrankten aus Mechelsdorf überlebt hat.

Auf der Flucht – in Rerik

Meine Eltern mussten nach Erhalt des Schreibens und der Erkrankung meines Vaters schnell handeln. Durch die Hilfe Dr. Knüppels fand meine Mutter in wenigen Tagen im Seeweg in Rerik, um die Ecke von Knüppels Haus, in der Pension Hohenzollern ein Notquartier für die Familie mit dem schwerkranken Vater. Die Bleibe bestand aus zwei Zimmern im obersten Stockwerk. Unseren Transport mit einem Pferdefuhrwerk übernahm der nette ostpreußischer Siedler Meienreis. Und es war wieder ein eiskalter Winter.

Der Umzug bestand also aus uns Vieren, neben dem Wagen trabte Wolf. Bettzeug, Kleidung in ein paar Säcken und Milchkannen voller Lebensmittel waren auf dem Wagen gestapelt. Schnell waren die Habseligkeiten in den beiden Räumen verstaut. Wir waren nun Flüchtlinge, genau wie die Ostpreußen, deren Trecks wir vielfach gesehen hatten. Mein bettlägeriger Vater, meine Mutter und Wolf schliefen in der kleinen Wohnküche im heizbaren Giebelzimmer zur See hin, Aleit und ich im ungeheizten, noch kleineren Giebelzimmer nach Osten. Die Toilette befand sich im Erdgeschoss. Wasser musste im Eimer aus dem Keller geholt werden, ich war dafür zuständig. Für Lebensmittel, Holz, Kohle und Asche waren meine Mutter und Aleit zuständig. Ich weiß heute noch, wie schwer mir das Wasserholen fiel, denn beim Anfassen des Wasserhahnes bekam ich regelmäßig einen kleinen, aber sehr unangenehmen Stromschlag durch die elektrische Wasserpumpe. „Stell Dich nicht so an, die anderen Leute holen ja auch Wasser", bekam ich oft zu hören. Der Zustand in Rerik war noch viel schlimmer als in den schlechtesten Zeiten in Mechelsdorf.

Schon nach wenigen Nächten wurde unter uns im Hause von Russen eingebrochen. Wir erfuhren, dass nachts Vergewaltigungen in Rerik üblich waren. Unser Wolf konnte meiner Mutter und Schwester nicht beschützen, weil es aus dem Dachgeschoß kein Entrinnen gab.

In Rerik und Wustrow waren wir damals gut vernetzt – so würde man heute sagen. Diesmal waren es die Beziehungen zu Aleits Freundin Marlene Christiansen, die uns halfen. Ihr Vater Berthold Christiansen war nämlich ein persönlicher Freund Kurt Schuhmachers und zu dieser Zeit als Mitgründer der Sozialdemokratischen Partei in der Sowjetischen Besatzungszone ein prominenter Staatsbürger, dessen Haus in Wustrow regulär bewacht wurde. Meine Mutter und Schwester konnten dort geschützt nächtigen. Abends gingen sie über die Landzunge nach Wustrow, morgens kamen sie zurück. Mein kranker Vater und ich, zusammen mit Wolf, übernachteten alleine in der lausigen Pension. Die während des Schreibens dieser Erinnerungen in Sachen Berthold Christiansen angestellte Recherche ergab, dass er als Gegner der Zwangsvereinigung der SPD mit der KPD zur SED im Jahre 1948 zu 25 Jahren Zwangsarbeit verurteilt wurde – 1946 konnte er uns noch helfen.

Inzwischen gab es in der Sowjetischen Besatzungszone eine funktionierende Einwohnermeldestelle, so dass auch Post richtig zugestellt werden konnte. Und so erhielten wir eine schriftliche Benachrichtigung von der Molkerei in Wendelsdorf, dass wir als Siedler in Mechelsdorf unser Milchabgabesoll – vermutlich bis 31. Dezember 1945 – mehr als erfüllt hatten, und dass uns deshalb eine Prämie von 20 Pfund Butter zustünde. Doch wie sollte nun die Butter von Wendelsdorf nach Rerik befördert werden? „Das kann Gunther am besten zu Fuß", sagte meine Mutter und nähte aus Sackleinen einen kleinen Rucksack. Gesagt, getan, ich machte mich mit der Bescheinigung auf den Weg nach Wendelsdorf und brachte die zu einer Kugel geformten und in Packpapier eingeschlagenen zehn Kilogramm Butter sicher nach Rerik – ein Schatz im Hungerwinter 1946!

Zucker, Mehl, Speck und andere Lebensmittel waren in 20-Liter-Milchkannen so untergebracht, dass die Soldaten bei Plünderungen kein Interesse zeigten, weil sie darin keine essbaren Dinge vermuteten. Anders war das nach unserer Einschätzung mit der Butter. Ein Versteck war schnell gefunden. Mein Bett wurde von der Wand abgerückt, die Kugel ein wenig platt gedrückt, das Bett wieder gegen die Kugel an die Wand geschoben und zwar so, dass man sie beim Blick unter das Bett nicht sehen konnte. Zumindest an eine erfolglose Suche bei einem Einbruch erinnere ich mich. Ich stellte mich schlafend und beobachtete die zwei Russen, wie sie überall und auch unter dem Bett nach Beute suchten. Schließlich verließen sie das Zimmer unverrichteter Dinge. Da nun selbst gut gekühlte Butter irgendwann ranzig wird, musste sie zum Teil in eine haltbare Form umgewandelt werden. Das geschah mittels unserer in der Pfanne selbst hergestellten Karamellbonbons aus Butter und Zucker.

Als auch alles Neue in Rerik schließlich für mich seine Schrecken verloren hatte, streifte ich alleine in der Gegend herum. Schule hatte ich nicht. Die Gegend zu erforschen fand ich sehr interessant. Die Häuser im Seeweg sind von der Steilküste und dem Strand nur durch ein schmales Wäldchen getrennt, für Kinder meines damaligen Alters ein idealer Ort für Erkundungen. Weiter nach Westen kommt man am Strand schnell nach Wustrow, wo die militärische Sperrzone begann. Dort befand sich ein kleiner Seehafen, in dem auch Fischkutter lagen, die jedoch nur mit russischer Begleitung an Bord auslaufen und fischen durften. Zum Entsetzen meiner Eltern bin ich mit einem Kutter gefahren und habe sogar Fisch mit nach Hause gebracht. Das durfte ich aber nur ein einziges Mal. Meine Eltern verboten es verständlicherweise strikt.

Schon von Beginn unseres Aufenthaltes in Rerik stand fest, dass es für die Familie aussichtslos war, in Mecklenburg zu bleiben. Wir mussten jedoch in Rerik zunächst die Genesung meines Vaters abwarten, denn geschwächt oder krank wäre eine Flucht nicht gelungen, und wir wollten bis nach Jugenheim, zu unseren Verwandten. Wochenlanges Liegen und die Behandlung mit Antibiotika hatten meinen Vater stark geschwächt, akute Lebensgefahr bestand jedoch nach wenigen Wochen nicht mehr. Und die Zeit drängte. Denn als mein Vater noch nicht richtig genesen war, erhielt er die Nachricht, dass er sich in Wismar im Hafen zur Arbeit zu melden habe. Ein ärztliches Attest verhinderte nur kurze Zeit den geplanten Umzug der Familie in eine Baracke im Hafen, wo mein Vater für Deportationsarbeiten vorgesehen war. Eile war nun geboten. Meine Mutter nähte aus Säcken und Übergardienen Tragetaschen und Rucksäcke. Unser treuer Wolf wurde der Kaufmannsfamilie Schütte in Wustrow geschenkt, den Eltern von Aleits Freundin Karin.

Als es meinem Vater wieder leidlich besser ging, wollte er sich zusammen mit mir von den Familien in Mechelsdorf persönlich verabschieden. Nachdem er sich körperlich dazu in der Lage fühlte, wurde der Plan umgesetzt und wir gingen langsam über die Felder nach Mechelsdorf. Bei Schoknecht und Serbinsky hinter der Schnitterkaserne fingen wir an, bei Käkenmeister und auf dem Hof bei Hahn und den Ostpreußen endete unsere Verabschiedung, die keinesfalls bekannt werden sollte. Erst viel später ist mir bewusst geworden, dass dies der Abschied von Zuhause war.

Warum wir als Kinder in Rerik nicht zur Schule gingen, ist mir bis heute unverständlich geblieben. Dass uns unsere Eltern unter den damaligen Umständen nicht zu Fuß in eine vier Kilometer entfernte Schule nach Rerik schicken wollten, ist indes verständlich. Da unser Umzug nach Rerik von vornherein nur eine kurzfristige Notlösung zur Genesung meines Vaters sein sollte, war wohl eine dortige Einschulung auch nicht sinnvoll. Hätte es damals eine funktionierende Schulaufsichtsbehörde gegeben, wären wir zur Unterrichtsteilname sicherlich gezwungen worden. So fehlten meiner Schwester und mir anderthalb Schuljahre, wie sich später in Jugenheim herausstellen sollte.

Um ohne größere polizeiliche Schwierigkeiten über Berlin nach Jugenheim zu gelangen, mussten zwei Bescheinigungen besorgt werden: eine Abmeldung aus Rerik und eine Zuzugsgenehmigung für Jugenheim. Die Abmeldung musste vor der Urlaubsrückkehr des russischen Kommandanten erfolgen. Als Intimfeind meines Vaters wollte der ihn ja als Hafenarbeiter nach Wismar verbannen. Die Abmeldung wurde schnell von Herrn Christiansen, mit allen amtlichen Stempeln versehen, ausgestellt, die erforderliche Zuzugsgenehmigung nach Jugenheim besorgte meine Tante in Darmstadt, auf telegraphische Bitte meines Vaters. Sie wurde vom Regierungskommissar für das Flüchtlingswesen in Darmstadt mit Datum vom 27. März 1946 ausgestellt und lag im Aktenköfferchen meiner Eltern, das wie viele andere Dokumente die Flucht überstanden hat.

Die Flucht nach Jugenheim

Bei Dunkelheit verließen wir am 8. Mai 1946 Rerik in Richtung Kröpelin auf einem Pferdewagen, kutschiert wieder von dem treuen Ostpreußen Meienreis, beladen mit fast gleicher Habe wie nach Rerik. Sie bestand aus elf Getreidesäcken und Handgepäck. Nach etwa zwei Stunden hatten wir unser Gepäck am Bahnsteig aufgereiht und den uns bekannten Bahnhofsvorsteher um Hilfe beim Einsteigen gebeten, denn wir benötigten für uns und alle Sachen alleine eines dieser schmalen Abteile 3. Klasse mit je einer Tür rechts und links und zwei langen gegenüber angeordneten Bänken. Das ging dank des hilfreichen Bahnhofsvorstehers reibungslos. Wir fuhren nun über Wismar und Bad Kleinen an diesem Tag bis nach Schwerin, wo wir im Wartesaal übernachteten. Ich erinnere mich, dass ich mit meinen kurzen Lederhosen morgens früh auf dem Bahnsteig schrecklich fror. Ich musste nämlich mit meiner Schwester unser Gepäck bewachen, während meine Eltern sich mit dem Bahnhofsvorsteher über den günstigsten Einstiegsplatz auf dem Bahnsteig berieten. In der Regel war das dort, wo der letzte Waggon des Zuges hielt. Dahin wurde unser Gepäck verlagert, und dort standen auch verhältnismäßig wenige Passagiere. Der Bahnhofsvorsteher wartete so lange mit seinem Abpfiff, bis wir mit samt unseren elf Säcken und Handgepäck eingestiegen waren. Ohne Umsteigen brachte uns der Zug am gleichen Tag nach Berlin. Während der Fahrt verriet meine Mutter, dass die Verhandlung mit dem Bahnhofsvorsteher zunächst sehr schleppend verlief. Erst als sie für die Gefälligkeit der Platzanweisung und Hilfe beim Einstieg ein Stück Speck anbot, war unser Fortkommen aus Schwerin gesichert. Selbst in dem Agrarland Mecklenburg war Speck in den Städten damals eine große Mangelware. Die Erfahrung von Schwerin mit dem Umsteigen in einen anderen Zug sollte sich später noch öfter bewähren.

Nachmittags erreichten wir Berlin bei herrlichem Sommerwetter. Mein Vater besorgte ein Pferdefuhrwerk und wir fuhren mit unserem gesamten Gepäck ohne eine einzige Kontrolle russischer oder amerikanischer Soldaten vom Hamburger Bahnhof im Ostsektor bis zur Sanderschen Apotheke „Zum Goldenen Einhorn" in der Gneisenaustraße an der Ecke Zossner Straße in Westberlin. Die erste Etappe war geschafft.

Carl Sander, der Bruder meiner Jugenheimer Großmutter und Inhaber der Apotheke und des Anwesens in Berlin war ja, wie im Kapitel „Die Lage wird ernst" erwähnt, am 22. April 1944 verstorben. Das Dachgeschoß des Hauses war im Kriege ausgebrannt, aber inzwischen notdürftigwieder so hergestellt, dass alle Wohnungen des Hauses vermietet waren. Wir kamen im ehemaligen Arbeitszimmer meines Onkels direkt neben dem Verkaufsraum unter, wo früher Salben und Medikamente hergestellt worden waren. Meine Eltern waren damit beschäftigt, unser neues Leben und vorerst insbesondere das Weiterkommen nach Jugenheim zu organisieren. Außerdem war eine Vielzahl von Problemen zu besprechen und möglichst zu lösen, die in Berlin mit der Apotheke, den Mietern und dem Sanierungsbedarf des Hauses zusammenhingen.

Zur damaligen Zeit gab es viele politisch bedingte und auch logistische Schwierigkeiten, die es zu meistern galt. Die Sowjets und ihre abhängigen Behörden in der Ostzone wollten bereits 1946 den Strom der Flüchtlinge nach Westen unterbinden. Weil es in den Westzonen eine große Wohnungsnot gab, waren auch die Westmächte an einem weiteren Zuzug aus dem Osten nicht interessiert. Logistisch war die Reichsbahn in der Ostzone völlig damit überfordert, den Flüchtlingsstrom nach Westen zu bewältigen. Der Abbau der Schienen auf den zweigleisigen Strecken und die Lieferung von Waggons als Reparationen in die Sowjetunion waren in vollem Gange.

Für die Ausreise von Berlin in eine westliche Besatzungszone benötigte man so etwas wie eine Transitgenehmigung. Ohne die gab es keine Fahrkarte. Diese Genehmigung musste, wie fast alle wichtigen Bescheinigungen, bei den Alliierten besorgt oder von ihnen abgesegnet werden. Ein Teil des Knowhows und Englischkenntnisse besaß Frau Becker, die Hausverwalterin im „Goldenen Einhorn", und es gelang nach einigen Tagen, alle erforderlichen Papiere für die Fahrkarten der Weiterreise zu bekommen. Selbstverständlich gehörten dazu die vorher erwähnte Zuzugsgenehmigung vom Flüchtlingskommissar aus Darmstadt und die Abmeldung aus Rerik.

Unsere Abfahrt sollte morgens früh ab Bahnhof Zoo sein. Obwohl wir mit unserem inzwischen nicht viel weniger gewordenen Gepäck schon äußerst rechtzeitig am Bahnhof waren, stand bereits eine große Traube von Menschen vor einem Schalter, an dem die Papiere geprüft wurden. Jeder von uns trug einen schweren Rucksack, dazu eine schwere aus Übergardinen hergestellte Tasche, die meine Schwester und ich zwischen uns schleppten, meine Eltern ebenfalls mit Rucksäcken und Taschen bepackt, dazu die vielen Getreidesäck aus Rerik. Immer mehr Menschen kamen und es begann ein fürchterliches Geschiebe und Gedränge vor dem immer noch geschlossenen Schalter. Als der Schalter endlich geöffnet wurde, brach Panik aus und mich befiel zum ersten Mal eine schreckliche Panik um mein eigenes Leben und das meiner Schwester und der Eltern. Das ist vielleicht der Grund, warum ich nicht mehr weiß, wie wir dann zusammen mit all unserem Gepäck in den Zug gekommen sind und wann genau wir Berlin in Richtung Jugenheim verließen.

Der Transport der Flüchtlinge erfolgte nicht immer in Personenwaggons, auf deren Trittbrettern viele Passagiere sogar stehend mitfuhren. Meist erfolgte die Reise durch „die Zone" in kombiniert zusammengesetzten Zügen. Nach meiner Erinnerung fuhren wir von Berlin aus bis nach Eisenach in einem Güterwaggon. Wir hatten uns in einer hinteren Ecke abseits der großen Schiebetür des Waggons auf unserem Gepäck ein Lager eingerichtet, denn an der Tür, die wegen des Lichteifalles mindestens halb aufgeschoben war, zog es zu stark. Wir fuhren nur bei Tage mit geringer Geschwindigkeit von einem zum anderen Bahnhof, dann musste unser Zug einen Gegenzug passieren lassen, weil die Geleise auf der Gegenstrecke bereits demontiert waren. Zur Mittagszeit konnte der Zug dann kurz verlassen werden, um eine Toilette aufzusuchen – und zuweilen auch, um etwas warme Suppe zu besorgen. Nachts stand der Zug immer auf einem Abstellgleis in einem Bahnhof. Das fand ich ganz großartig, denn man konnte aussteigen, ohne Angst haben zu müssen, dass der Zug abfuhr. Außerdem wurde abends in den Bahnhöfen für die Flüchtlinge ein bescheidenes Essen gegen Bezahlung und einen Berechtigungsschein ausgegeben. Ich durfte das eine oder andere Mal Essen für die ganze Familie besorgen und nahm die Gelegenheit wahr, die Gegend um den Bahnhof im Dunkeln zu erkunden.

Am 15. Mai 1946 erreichten wir Eisenach. Da wir uns seit unserer Abreise aus Berlin nicht mehr richtig gewaschen hatten und uns in unmittelbarer Nähe der Grenze des Amerikanischen Sektors ziemlich sicher fühlten, entschieden meine Eltern, für eine Nacht ins Bahnhofshotel Eisenach zu ziehen: wunderbar! Die Grenze verlief zwischen Eisenach und Bebra. Hinter der Grenze, die wir mit riesiger Freude am 16. Mai passierten, wurden wir alle in einer Reihe aufgestellt und einer nach dem anderen wurde mit großen Pulverspritzen von oben und unten im voll bekleideten Zustand entlaust. Die dazugehörige amtliche Bescheinigung enthält die üblichen Bezeichnungen wie Vor- und Zunamen, Alter und weiteren Angaben, und in der Spalte „Beruf" wurde jedem von uns ein Stempelabdruck „Entlaust reisefähig!" mitgegeben. Wir waren im Westen.

Die Bahnfahrt nach Bickenbach war relativ einfach, sie verlief trotz unseres umfangreichen Gepäcks beim Umsteigen mit unserem inzwischen verbesserten Speck-Knowhow recht problemlos. Gegenüber dem Bahnhof Bickenbach, der übrigens heute noch genauso aussieht wie 1946, befand sich damals ein kleiner Bauernhof. Der dort wohnende Landwirt brachte uns um die Mittagszeit am 18. Mai 1946 mit all unseren Sachen an unser ersehntes Ziel: nach Jugenheim an der Bergstraße, „Schwebels Eck", Hauptstraße 64.

In Jugenheim

In weiten Teilen der amerikanisch besetzten Zone – speziell im dicht besiedelten Rhein-Main-Gebiet und auch südlich davon – lagen bis auf Heidelberg alle größeren Städte noch zur Jahresmitte 1946 in Schutt und Asche. Allein in Darmstadt waren durch den Luftangriff der Royal Air Force in der Nacht vom 11. auf den 12. September 1944 im Innenstadtbereich 98 Prozent und auf das gesamte Stadtgebiet gerechnet etwa 78 Prozent der Bausubstanz zerstört worden. Dadurch waren rund zwei Drittel aller Bewohner obdachlos geworden. Der Wiederaufbau und die Schaffung von Wohnraum hatten in der noch herrschenden Mangelwirtschaft bis zu unserer Ankunft in Jugenheim kaum begonnen. All diese Obdachlosen, die sogenannten Ausgebombten, die Heimatvertriebenen und wir Flüchtlinge mussten in den ländlichen Gebieten untergebracht werden, also in Dörfern und auf Gehöften. Es gab zu dieser Zeit die sogenannte Wohnraumbewirtschaftung, die verhältnismäßig gut funktionierte.

Diese Wohnraumbewirtschaftung galt natürlich auch für Jugenheim. So kam es, dass es im Hause meiner Großeltern, das von 1918 bis 1944 nur drei Personen beherbergt hatte, eigentlich gar keinen Platz für uns gab, denn es wohnten dort bereits vier Parteien. Ganz oben war Familie Zahn aus Mannheim einquartiert: Großmutter, Mutter und eine Tochter; in der Mitte die Familie des Chemikers Dr. Moschel mit Frau und drei Kindern, sie waren aus dem völlig zerstörten Bitterfeld geflohen; daneben, gemeinsam in einem Zimmer, der Witwer Heim mit seinem unverheiratetem Sohn, beide waren in Frankfurt ausgebombt worden.

101

Meine Großmutter und Tante Käthe schließlich wohnten Parterre. Wir kamen nun zu viert noch dazu und schliefen zunächst auf Luftmatratzen im Esszimmer.

Zum Glück gab es im Haus eine große Küche im Untergeschoß mit Speisekammer und Keller, einen Vorraum und ein Gärtnerzimmer. Nach meinem Empfinden war das viel besser als in Rerik. Meine Mutter und meine Schwester fühlten sich sicher, nachts gab es keinen ungebetenen russischen „Besuch" mehr, es war Sommer und wir konnten uns aus dem großen Garten ernähren. Großmutter und Tante hatten dafür eine Frau Trautmann und den Gärtner Jäckel beschäftigt, die aber nicht mit im Hause wohnten.

Für uns musste nun so etwas wie ein Normalzustand hergestellt werden. Dazu gehörten die polizeiliche Meldung der Familienmitglieder, die Bewerbung um einen Arbeitsplatz des Vaters und der Schulbesuch der Kinder. Meine Eltern – das meiste machte mein Vater – waren mit vielen Behördengängen ausgelastet: Anträge auf Lebensmittelkarten, vielleicht auch Anträge auf Unterstützung als Flüchtlinge waren zu stellen. Dies alles und vieles andere musste organisiert werden.

Seit Spätherst 1944 hatten Aleit und ich keine Schule mehr besucht. Beide sollten wir nun ein Gymnasium besuchen, möglichst in Darmstadt, weil dorthin die Straßenbahn von Jugenheim bequem in 45 Minuten fuhr. Durch die verheerende Zerstörung Darmstadts war dort Schule aber meist nur im Schichtbetrieb möglich, das bedeutete praktisch: in einer Woche erfolgte der Unterricht morgens, in der nächsten Woche wurde nachmittags unterrichtet.

In Darmstadt gab es ein Gymnasium für Mädchen, die Eleonoren-Schule, „Elo" genannt. Aleit wurde dort angemeldet und in die Quarta aufgenommen. Für mich bestanden mehrere Möglichkeiten: Das Altsprachliche Ludwig-Georgs-Gymnasium sowie das Ludwigs-Oberrealgymnasium, genannt „Luo", aber auch das Liebig-Gymnasium, die beiden

Letztgenannten neusprachlich, aber bedauerlicherweise mit Schichtunterricht. Ein humanistisches oder altsprachliches Gymnasium wollte mein Vater mir ersparen. Er hatte sich in Berlin im Königlichen Luisen-Gymnasium, einer „humanistischen Lehranstalt", bis zur Primareife durchgequält und sich dann 1914 gegen den Willen seiner Eltern mit 17 Jahren kriegsfreiwillig gemeldet, wie sein älterer Bruder und sein Vetter, die jedoch beide damals schon studierten.

In dieser schwierigen häuslichen Situation wollten es meine Eltern vermeiden, dass meine Mutter in der Küche der Großmutter kochen oder Essen aufwärmen musste. Mit ihrer Schwägerin verstand sie sich seit Aleits Schulaufenthalt in Jugenheim während des Krieges ja ohnehin nicht mehr. In Heppenheim, das wie Darmstadt 15 Kilometer entfernt ist, gab es ein Realgymnasium, in dem auch Mädchen zugelassen waren. Die Fahrt dorthin war eher umständlich, weil wir mit dem sogenannten Bähnle von Jugenheim nach Bickenbach und von dort mit dem Zug in Richtung Heidelberg fahren mussten. Dieses Bähnle ging um 7.04 Uhr ab Jugenheim, die Schule „Am Graben" in Heppenheim begann um acht Uhr, was mit Fußmarsch vom Bahnhof zu schaffen war. So war die Fahrzeit nach Heppenheim nur rund 15 Minuten länger als nach Darmstadt. Das Bähnle verkehrte ab Seeheim auf Normalspur über Jugenheim und Bickenbach-Süd bis Bickenbach und war vor dem Bau der Straßenbahn als Zubringer zur Hauptstrecke Frankfurt – Heidelberg errichtet worden. Heute gibt es das Bähnle nicht mehr, die Trasse wird teils von der Straßenbahn genutzt.

Ich wurde im Juni 1946 im Realgymnasium in Heppenheim eingeschult. Da Aleit sich mit ihren Klassenkameradinnen in der „Elo" in Darmstadt überhaupt nicht verstand, wurde die Schule gewechselt. Und siehe da – in Heppenheim fand sie Freundinnen, einige sogar für ihr Leben. In Darmstadt hatte sie sich als Flüchtlingskind ausgegrenzt gefühlt, schließlich hatte sie nur ein Kleid, das nach der abendlichen Wäsche jeweils am nächsten Tag wieder angezogen werden musste, während ihre Mitschülerinnen schon durchaus modebewusst gekleidet waren. Meine Eltern waren aber insgesamt mit der Schulsituation zufrieden. Beide Kinder gingen in Heppenheim in die Schule, Aleit ab Oktober 1946 in die Untertertia, ich war mit dem neuen Schuljahr Anfänger in der Quinta.

Der schwere Neuanfang

Mein Vater brauchte nun dringend eine Arbeit, möglichst nahe an Jugenheim, also in Südhessen. Auch das Wohnungsproblem war drängend, doch Dr. Moschel fand sehr schnell eine Anstellung bei der BASF; mit seiner Familie zog er noch im Sommer 1946 aus, und wir konnten die freigewordenen Zimmer in der ersten Etage belegen. Dort richteten wir uns eine kleine Küche mit Kochhexe und einen Waschraum ein, der mit einer aus grauen Decken zusammengenähten Gardine das Schlafzimmer meiner Eltern abtrennte. Wohnen und essen konnten wir im großen mittleren Zimmer, wo Aleit und ich auch schliefen. Als mein Großvater noch lebte, war dies der „blaue Salon", von dem es durch eine Tapetentür in seine Bibliothek und von dort mit einer normalen Tür in sein Arbeitszimmer ging, das wiederum vom Treppenhaus direkt zugänglich war. Dort wohnten Vater und Sohn Heim. Deren Tür zur Bibliothek war schon während des Krieges für die in Frankfurt ausgebombten Heims zugemauert verputzt und tapeziert worden.

Doch da gab es die Wohnungskommission. Die wachte streng darüber, dass niemand zu viel Wohnraum besaß. Doch sie konnte die Bibliothek gar nicht besichtigen und folglich auch nicht an Wohnungssuchende vergeben. Die Kommissäre zählten von innen und außen die Fenster. Irgendetwas stimmte nicht, sie zählten nochmals – aber sie fanden den Fehler nicht, und wir hielten die Tapetentür sorgfältig verschlossen. Das war unser Glück. Wir hatten ein zusätzliches Zimmer – das uns übrigens später von der Kommission offiziell zugestanden wurde. Das Schlafzimmer meiner Eltern schließlich war bereits vor dem Krieg Schlafzimmer meiner Großeltern gewesen; es besaß einen Zugang zum großen Balkon über dem Wintergarten.

Ein Kaninchenstall nebst Stallhasen, die darin Quartier bezogen, bildete den ersten Lösungsansatz für das ebenfalls drängende Ernährungsproblem. Die Tiere bekamen ihren Platz auf dem großen Balkon. Da meine Tante im Krieg ihr Auto abgeben musste, stand die Garage leer. Sie wurde geschickt in mehrere Sektionen aufgeteilt. Vorne wurden Heu, Stroh und Rüben gelagert, im hinteren Teil zwei Boxen für Schaf und Ziege eingebaut. Diese Keimzelle einer Landwirtschaft wurde durch die Anschaffung von zusätzlichen Legehennen vergrößert und der Anbau von Gemüse intensiviert. Im Treibhaus wurden Schlangengurken anstelle von Blumen gezogen, Mist für die Beete lieferten Schaf und Ziege, auf dem Wingert in der heutigen Birkenstraße wurden Kartoffeln und Tabak angebaut. Früher hatten dort Johannisbeeren, Wein und Spargel ihren Platz gehabt, jetzt musste pragmatischer gedacht werden: Kartoffeln und andere Grundnahrungsmittel wurden angebaut. Auf dem Gelände unseres damaligen Gemüsegartens stehen heute das Jugenheimer Rote-Kreuz-Haus sowie ein Mehrfamilienhaus.

Zur damaligen Zeit hungerten viele Menschen, und vor Einführung der Währungsreform 1948 konnte man gegen Reichsmark nur sehr wenige Güter kaufen. Der Schwarzhandel blühte – so nannten wir ihn jedenfalls. Es handelte sich in Wirklichkeit nur um einen Tausch von Naturalien oder die einfache Kompensation von Gütern. Der „richtige" Schwarzhandel mit teilweise kriminellem Charakter wurde von Schiebern in Städten betrieben und war in erster Linie den Luxusgütern wie Zigarren, Zigaretten, Tabak, Toilettenartikeln, Schmuck, Uhren und anderen Wertgegenständen vorbehalten, immer besichert durch die inoffizielle Ersatzwährung: amerikanische Zigaretten. Meine Familie, Tante Käthe ausgenommen, legte nur Wert auf Selbstversorgung. Das ostfriesische Milchschaf und die Ziege lieferten Milch sowie Wolle, die gesponnen und zu Strümpfen, warmen Unterhosen und Handschuhen verarbeitet wurde. Zu Ostern wurde ein Lamm geschlachtet, das den Festbraten lieferte. Wir kauften Küken, zogen sie zu Hühnern auf und genossen die Junghähne als Braten.

Wie der Leser weiß, hatte sich mein Vater während der Nazizeit vehement dagegen gewehrt, Parteimitglied zu werden. Das half ihm nun, seine erste Arbeitsstelle zu bekommen. Was seine Arbeit beinhaltete, ist mir in Erinnerung geblieben, wie die Stellenbeschreibung seines Jobs lautete, ist vielleicht nicht so wichtig. Er sollte in einem Bezirk in Südhessen bei den ortsansässigen Bauern mittels eines standardisierten Fragebogens überprüfen, ob sie Mitläufer, Belastete oder Hauptschuldige im Sinne der von den Siegermächten erlassenen Richtlinien zur Entnazifizierung waren. Diese Überprüfung wurde zunächst in der amerikanischen Zone direkt von den Amerikanern übernommen und ab März 1946 an deutsche Laiengerichte, die Spruchkammern, übertragen. 1951 war die Entnazifizierung abgeschlossen. Bereits vorher hatte mein Vater jedoch eine Stelle bei der hessischen Landwirtschaftskammer bekommen.

Zunächst möchte ich beschreiben, warum Jugenheim und generell das „nach Hause kommen" für mich eine so große Bedeutung hat. Ohne die Geschichte meines Elternhauses erzählt zu haben, ist es kaum nachzuvollziehen, warum wir im Jahre 2000 unser schönes Zuhause in Westfalen verkauften, um nach Jugenheim umzuziehen. Deshalb erlaube ich mir nun eine zeitliche Zäsur und berichte vom Elternhaus in Jugenheim und über meine Eltern, ehe ich mit meiner Schulzeit fortfahre.

Das Elternhaus in Jugenheim

Als ich mich mit meine Frau Heidi und meinen Kindern Dirk und Klaus entschieden hatte, in Jugenheim ein neues Haus zu bauen und die Pläne dafür endlich genehmigt waren, trafen wir uns, um den ersten Spatenstich feierlich zu vollziehen. Dirk studierte damals in Darmstadt und Klaus in Heidelberg. Klaus als „Ahnenforscher" der Familie hatte die Idee, in dem Grundstein nicht nur eine aktuelle Zeitung und ein paar Geldstücke und -scheine, damals noch in Deutscher Mark, zu hinterlassen, sondern auch die kurzgefasste Geschichte des Elternhauses, die mit seiner Einwilligung hier zitiert werden soll:

„Heute, fünf Jahre vor der Jahrtausendwende, im Jahre 1995, wird auf diesem Grund und Boden der Grundstein für ein Mehrfamilienhaus von den Eheleuten Heidi und Gunther und den Söhnen Dirk und Klaus Schwebel gelegt. Das Haus entsteht nach den Plänen des Architekten und Nachbarn, Professor Jörg W. Reinwald. – Der Berliner Privatbankier und Börsenmakler Fridolin Schwebel kaufte dieses Anwesen im Jahre 1878 vom Berliner Hofschauspieler Hendrichs. Er ließ einen Park durch den Hofgärtner Gernet anlegen, stiftete 1880 eine Kirchenglocke und ein Fernglas auf dem Melibokusturm."

Die Hintergründe, die Fridolin zum Kauf eines Grundstücks an der Bergstraße bewogen haben, lassen sich nicht mit Sicherheit feststellen. Vielleicht hatte er die Gegend während eines Besuches bei seinem Sohn Paul, der in den Jahren 1874 und 1875 in Heidelberg studierte, kennengelernt. Die Bergstraße war aber auch seit Mitte des 19. Jahrhunderts für das milde Klima berühmt, Jugenheim mit dem Alexanderbad und seiner landschaftlich reizvollen Umgebung über die Hessens Grenzen hinaus bekannt. Die sommerliche Gegenwart der großherzoglichen Familien Hessen und bei Rhein sowie der Zarenfamilie waren für den Luftkurort ein Anziehungspunkt. Insoweit entsprach die Idee, einen Sommersitz an diesem Ort zu erwerben, dem damaligen bürgerlichen Zeitgeschmack, und vielleicht war das Angebot von Hendrichs auch besonders günstig. Fridolin war es jedoch nicht vergönnt, seinen verdienten Ruhestand zu erleben; hierzu ein Briefauszug seines Sohnes Dr. Paul Schwebel an das Enkelkind Günther aus dem Jahre 1918: „Am Mittwoch, den 2ten Oktober (1918) bin ich Besitzer des Jugenheimer Grundstücks geworden; hoffentlich bleibe ich es noch einige Jahre und besitze es länger als mein Vater, der den Besitz erwarb und doch nur sechs Jahre genoß."

Fridolin verstarb während eines Sommeraufenthaltes in Jugenheim im Jahre 1884. Seine Witwe, die ihn um 33 Jahre überlebte, verbrachte dort fortan häufig die Sommer mit ihrer Schwägerin Adele Malow, geborene Scherbening, die am 29. Dezember 1823 das Licht der Welt erblickt hatte und am 13. September 1900 in Jugenheim verstarb. Der Sommersitz wurde Treffpunkt der ganzen Familie: Kinder, Schwiegerkinder und Enkelkinder besuchten die betagten alten Damen. So wurde Jugenheim für die Enkelkinder Arnold, Günther, Käthe und Rudolf ein Ort ihrer Kindheitserinnerungen und gemeinsamer Erlebnisse. Der von uns so bezeichnete „Bernhard-und-Helene-Weg", dessen Name sich bis heute in der Familie erhalten hat, gibt darüber Auskunft, dass auch Fridolins Tochter Helene mit ihrem Ehemann, dem Reichsgerichtsrat Dr. Bernhard Oppermann, einst die landschaftliche Umgebung erwandert hat. Wirtschaftlicher Wohlstand und familiäres Glück – dafür stand für mich Jugenheim.

Mit Ausbruch des Ersten Weltkrieges veränderte sich diese Situation dramatisch ins Negative. 1916 fiel Arnold, der vor dem Krieg in München Chemie studiert hatte, in der Somme-Schlacht. 1918 folgte ihm Rudolf in den Tod, dessen Vater war bereits 1912 plötzlich verstorben. Günther kehrte als einziges Kind aus dem Krieg zurück, die Familie verlor während der folgenden Inflationszeit fast ihr gesamtes Vermögen, das 1917 beim Tode Fridolins Ehefrau 1,2 Millionen Goldmark betragen hatte. Paul zog sich mit Ehefrau Marie, einer geborenen Sander, und Tochter Käthe von den Schicksalsschlägen schwer getroffen nach Jugenheim zurück. Seine Verbitterung lässt sich deutlich einem Brief entnehmen, den er im Jahre 1918 an seinen Sohn Günther schrieb: „...desto mehr die Sorge um die Zukunft unseres Vaterlandes. Dein Vater war Tage ganz gedrückter Stimmung und konnte Tag und Nacht keine Ruhe finden vor dem bitteren Gefühl, daß wir nach all den Schlachten und den entsetzlichen Opfern nun am Schluß gezwungen sein sollten, uns unfairen Feinden auszuliefern."

In den Jahren 1910, 1911 und 1917 hatte Paul zusätzlich Ackerland, das 2.287 Quadratmeter umfasste, zum Anbau von Obst und Gemüse gekauft, so dass nun insgesamt 8.003 Quadratmeter als Park und Gartenland zu Verfügung standen. Weil nun beide Straßenseiten an der Kreuzung der Jugenheimer Hauptstraße mit der Zwingenberger Straße zum Schwebelschen Anwesen gehörten, hieß die Kreuzung im Volksmund „Schwebels Eck". Das Grundbuch wies folgende Eintragungen auf:

„Flur I: No. 383, No. 384 (nach wie vor im Schwebelschen Eigentum befindlich), No. 385 (ehemaliges Wohnhaus, 1988 verkauft, heute Al Amari), No. 386 (1975 für 42.840 DM verkauft, heute DRK), No. 386 5/10 (1957 für 1.500 DM verkauft, heute Jumel).

Flur III: No. 239, No. 240, No. 105 (in den 1950iger Jahren verkauft).

Nach dem Ende des II. Weltkrieges floh Günther Schwebel, der Gutsverwalter in Mecklenburg war, mit seiner Ehefrau Liselotte, geborene Mielenz, und den Kindern Aleit und Gunther nach Jugenheim, wo nach dem Tode Pauls 1938 noch dessen Ehefrau Marie und die Tochter Käthe lebten."

Die Geschichte meines Elternhauses und der Bezug zu Berlin sind damit nicht abgeschlossen. Sie setzt sich vielmehr fort bis zum Verkauf des Hauses 1988 und dem Einzug von meiner Frau und mir in das 1996 erbaute Haus auf unserem Jugenheimer Grundstück im Jahre 2001. Im Gegensatz zu mir ist es meiner Frau Heidi schwerer gefallen, ihr Zuhause in Ennigerloh nach fast 25 Jahren mir zuliebe aufzugeben. Schon bald nach unserem Einzug hatte sie sich jedoch in Jugenheim so gut eingelebt, dass sie nicht mehr nach Westfalen zurückkehren möchte.

Unser Ahnenforscher Klaus hatte schon zu Ende seiner Schulzeit begonnen, die ihm von seinem Großvater erzählte Geschichte der Familie zu erforschen, die auf den Reformator der Pfalz, Johann Schwebel, zurückgeht. Den lückenlosen Nachweis der männlichen Linie auf Johann Schwebel fand er interessanterweise mit Hilfe von Archiven und den Kirchenbüchern einer evangelischen Sekte in Utah, USA. Er hat seine Erkenntnisse in unserem Stammbaum festgehalten. Im „Archiv ostdeutscher Familienforscher", Band 19, veröffentlichte Klaus später die Stammfolge der Familie ab der Auswanderung aus der pfälzischen Heimat nach Preußen, etwa um etwa 1700.

Als Klaus am Anfang seiner Berufslaufbahn in Berlin beschäftigt war, lag es für ihn nahe, sich um weitere vergessene Einzelheiten der Familie zu bemühen. Wo Fridolin, seine Frau und Kinder begraben sind, wusste er zum Beispiel nicht. Mein Vater hat darüber merkwürdigerweise in den vielen Erzählungen aus seiner Kindheit und Jugend in Berlin nie berichtet. Über eine aufgespürte Tante erfuhr er, dass sich eine Grabstätte der Familie auf dem im Stadtzentrum nahe dem Alexanderplatz gelegenen Georgen-und-Parochial-Friedhof befinden müsse. Auf dem verwilderten und zu DDR-Zeiten komplett zugemauerten Friedhof hat Klaus das Erbbegräbnis Fridolin Schwebel nach langer Suche im Jahre 2000 gefunden. Die Recherchen mit der zuständigen Friedhofsverwaltung ergaben, dass die Särge mit den Jahrzehnten und Jahrhunderten in einer Gruft aufgestapelt bestattet wurden. Er stellte allerdings auch fest, dass die Gruft von Grabschändern geöffnet worden war.

Es wurde beschlossen, die Gruft abermals zu öffnen, zu säubern, danach mit tragfähigen Alutrapezblechen wieder zu verschließen und schließlich zu bepflanzen. Das geschah noch im November 2000. Dirk lieh sich eine Digitalkamera und reiste aus Hamburg an. Ich fuhr zu diesem Anlass aus Enniger nach Berlin. Die Öffnung der Gruft war ein großes Ereignis für uns Drei. Die Zinksärge meiner Urgroßeltern, des gefallenen Bruders und des Cousins meines Vaters waren mit Eichensärgen ummantelt, deren Holz abgefallen auf dem Boden lag. Alle Särge waren am Kopfende aufgebrochen, um das Zahngold der Leichen zu stehlen, selbst die Urne der Schwester meiner Großmutter war aufgebrochen. Für uns war dies alles zwar makaber, aber auch höchst interessant. Bei meiner mehr als 100 Jahre zuvor 92jährig verstorbenen Urgroßmutter konnten wir zum Beispiel noch Reste des Kopfhaars entdecken. Dirk hat das während der Öffnung der Gruft gedrehte Filmmaterial geschnitten, mit einem einleitendem Text versehen und mit klassischer Musik unterlegt. Diesen Film hat er auf eine CD gebrannt, die wir uns schon viele Male angesehen haben.

Die Eltern

Über meine Eltern habe ich bereits einiges erzählt. Dabei ließ ich auch anklingen, dass beide passionierte Landleute waren. Sie hatten sich auf dem Gut Grambow in Mecklenburg kennengelernt, das der freiherrlichen Familie von Brandenstein gehörte. Mein Vater hatte dort seine erste Stelle als Inspektor und war wohl durch seinen ihm sehr nahestehenden Arbeitgeber, den pensionierten General von Brandenstein, beeinflusst worden, ebenfalls Mitglied des sogenannten Stahlhelms zu werden, der sich als Organisation ehemaliger Frontsoldaten mit konservativer politischer Einstellung verstand. Wahrscheinlich haben ihn die Politik der Weimarer Demokratie und die vielen ungelösten sozialen und wirtschaftlichen Probleme der damaligen Jahre darin bestärkt. Er war also ein konservativer Mensch ohne revanchistische Neigungen und, wie vorher schon ausgeführt, gegen den Nationalsozialismus eingestellt.

Meine Eltern waren von vornherein entschlossen, im Laufe ihres Lebens ein Landgut zu erwerben. Meine Mutter träumte bereits als junges Mädchen von einer Farm in Deutsch-Südwest, wie sie mir erzählte, mein Vater eher von einem Gut in Mecklenburg oder Pommern. Dass die politische Entwicklung in Deutschland und Europa ab dem Zeitpunkt des Kennenlernens meiner Eltern einen derart ungewöhnlichen Verlauf nehmen würde, hat die Pläne meiner Eltern zunächst wohl nicht direkt beeinflusst. Denn als meine Eltern im November 1931 heirateten, waren die Machtergreifung Hitlers und die sich daraus entwickelnde Katastrophe für sie nicht absehbar.

Die finanziellen Verhältnisse sowohl meiner Mutter als auch meines Vaters waren trotz einiger Vermögensverluste nach dem Ersten Weltkrieg so gut, dass sie ihren Traum zunächst nicht aufgeben mussten. Sie verfügten in ihren jungen Jahren zwar noch nicht über die erforderliche Liquidität, würden ihr Ziel, so sahen sie es damals, aber dennoch erreichen können. Der Weg sollte über eine mehrjährige Bewirtschaftung eines Gutes zur Pacht und schließlich zum Erwerb eines Betriebs führen. Diesen Plan hatte mein Vater wohl auch mit einem Herrn aus Rostock ersonnen, der als „Landwirtschafts- und Steuerberater" viele norddeutsche Großgrundbesitzer beriet und deren Familienverhältnisse er folglich genau kannte. So konnte er meinen Vater dorthin empfehlen, wo es keinen männlichen Nachfolger gab oder andere Umstände sich günstig darstellten.

Meine Mutter hatte ihren Vater, also meinen Großvater mütterlicherseits, durch eine falsch behandelte Sepsis verloren, als sie noch ein junges Mädchen war. Meine Großmutter verheiratete sich bald danach wieder mit dem von mir genannten Opa Biesgen aus Mühlheim an der Ruhr. Die Biesgens waren alteingesessene, gutsituierte Mühlheimer und mein Opa betrieb den schon erwähnten metallverarbeitenden Betrieb, in dem ich als Kind mit dem Roller herumfahren durfte. Er hatte ein Technikum absolviert und meinem technisch unbegabten Vater schon in Bullendorf versprochen, ihm bei der erforderlichen Technisierung der Landwirtschaft mit Eigenkonstruktionen oder bei der Beschaffung von Maschinen technisch und auch finanziell zu helfen. Als die Pläne meiner Eltern in Bullendorf und Pinnow gescheitert waren, begann kurz nach unserem Umzug nach Mechelsdorf der Zweite Weltkrieg. Die Pläne, nun dieses Gut zu pachten, ließen sich offensichtlich nicht mehr realisieren. Überraschend ist vor diesem Hintergrund ein Vorstoß meines Vaters vom Frühjahr 1944 bei einem Steuersyndikus a. D. Hans Grünwoldt aus Rostock, der sich für ihn nach Pacht- oder Erwerbsmöglichkeiten von Gütern oder Staatsdomänen erkundigen sollte. Die schriftliche Absage aus Rostock datiert vom 1. Juni 1944 und befand sich in den Akten meines Vaters. Ich vermute, dass dieser Hans Grünwoldt für meinen Vater nicht nur der Headhunter, sondern auch Berater in allgemein-wirtschaftlichen Fragen war, und es sich bei dieser Anfrage meines Vaters um den letzten Versuch handelte, in Mecklenburg sesshaft zu werden. Ohne den Zweiten Weltkrieg hätten sich die Pläne meiner Eltern wohl leicht realisieren lassen, denn meine Mutter war Alleinerbin in Mühlheim, mein Vater zusammen mit Käthe in Berlin und in Jugenheim. – Doch nun zurück zu den Ereignissen während meiner Schulzeit in Heppenheim, wo ich der Skepsis der Alteingesessenen im Bezug auf deren meine Herkunft begegnen musste – ich galt ja als „Flüchtling".

Die Schulzeit

Heimatvertriebene wurden also skeptisch betrachtet. Das empfand ich als Schüler bei aller Sympathie für Heppenheimer auch für die dortige Schuladministration. Meine Erfahrungen als Zwölfjähriger und meine Eltern hatten mich gelehrt: Sei vorsichtig, lüge nicht und lass dich nicht unterkriegen. Letzteres war bei mir besonders ausgeprägt.

Bei der Aufnahme in die Schule mussten Fragen nach dem Geburtstag, Geburtsort und Land, Adresse und Beruf des Vaters beantwortet werden. Ich scheiterte zweimal. Pritzwalk in der Prignitz wurde als Geburtsort nicht akzeptiert. Prignitz – das hatte man noch nie gehört, und Preußen gab es ja nicht mehr. Wir einigten uns auf Pritzwalk in Mecklenburg. Da zu Hause nur von Jugenheim und innerhalb Jugenheims nur vom Schwebels Eck gesprochen wurde, gab ich „Schwebels Eck" als Adresse in Jugenheim an – ganz schlecht, sehr überheblich. Alles, was ich seit meiner Einschulung in Bad Doberan gelernt hatte, und das war wohl wenig, hatte ich vergessen und außerdem hatte ich auf Schule, wie man heute sagen würde, „null Bock". Der Start verlief also alles andere als gut.

Leider muss ich gestehen, dass meine schulischen Leistungen insgesamt bis zum Abitur schlecht waren. Ich führe das auf meine vielfältigen Interessen zu Hause zurück, auf die ich noch eingehen werde, und eine gewissen Unreife. Mir war wohl überhaupt nicht klar, dass mein späteres Leben auch von meinem Schulabschluss und damit den Leistungen in der Schule abhängig war. Was mich interessierte, das konnte ich auch gut. So gab es Fächer, die ich liebte und in denen gut war. Dazu zählten Kunst, Sport und Biologie. Chemie, Physik und auch Mathematik mochte ich ganz gerne, habe dort aber leider nicht geglänzt. Sprachen, insbesondere Latein, Englisch später auch ganz kurz Französisch, mochte ich nicht und Geschichte oder Sozialkunde waren mir ein Graus. In meiner Darstellung soll es aber weniger auf die Begründung ankommen, warum was so geschehen ist, sondern darauf, was und wie ich es erlebte.

Meine Schwester und ich fuhren also mit dem Bähnle nach Bickenbach, gingen bei schlechtem Wetter für ein paar Minuten in den Wartesaal, sonst direkt durch die Unterführung zu Gleis 2. Die mit Dampfloks angetriebenen Züge hielten auf ihrem Wege an vier Stationen. Überall stiegen Fahrschüler zu; einige wenige Jungen und alle Mädchen bis auf meine Schwester stiegen in Bensheim aus. Dann ging es die Gräffstraße hoch in einer langen Schlange von Schülern bis hin zum „Graben", wo unsere Schule damals lag, gegenüber dem Kriegerdenkmal. Heute befindet sich das Gymnasium jenseits der Bahnlinie und der Bundesstraße 3 im Heppenheimer Westen und heißt Starkenburg-Gymnasium.

Viele Freundschaften schloss ich in meiner Schulzeit, darunter zweckgebundene, aber auch feste und sogar dauerhafte, die ich heute noch pflege. Zunächst waren das Bahnfreundschaften. Schnell merkte ich, dass die lange Fahrt mit einem kurzen Aufenthalt in Bickenbach gut geeignet war, um Schulaufgaben besser abzuschreiben, als dieselben mittags mühevoll selbst zu erarbeiten. Voraussetzung für diese mir äußerst zweckmäßig erscheinende Arbeitserleichterung war, dass sich so immer ein fleißiger Mitschüler fand, der sich als Freund empfand und nicht ausgenutzt fühlte. Das ergab sich in meinem Falle bereits im schönen Sommer 1946 von selbst, denn wir hatten ja ein großes Anwesen, in dem sich treffliche Streiche aushecken ließen. Im Frühjahr des nächsten Jahres wurde aus diesem Zweckbündnis eine echte Freundschaft.

Das Abschreiben hatte aber leider ein Ende, denn mein Jugenheimer Freund wurde nach wenigen Monaten in die Quarta versetzt und ich nicht. Aus Seeheim, Jugenheim, Alsbach, Zwingenberg, in allen Orten hatte ich indes Klassenkameraden, die mit gleichem Zug nach Heppenheim fuhren,

115

auch aus Auerbach, Bensheim und Lorsch. So entwickelten sich neue Freundschaften fast von selbst.

Da viele Fahrschüler das Gymnasium in Heppenheim besuchten, waren diese Auswärtigen in einer Klasse zusammengefasst. Die Auswärtigen stellten hier etwa zwei Drittel der Klassenstärke von etwa 25 Schülern, ein Drittel waren Einheimische, darunter einige Mädchen. Viele Schülerinnen und auch Schüler verließen nach dem so genannten Einjährigen-Abschluss die Höhere Schule, dann wurde die Klasse neu formiert. In der Sexta begann das Realgymnasium mit Englisch, zwei Jahre später in der Quarta kam Latein als zweite Fremdsprache dazu und nach weiteren zwei Jahren folgte Französisch.

Fremdsprachen kann man nur meistern, wenn man seine Vokabeln und die Grammatik von Anfang an lernt. Verpasst man den Anfang, wie ich in der Quinta in Englisch, wird es ziemlich schwer, die Versäumnisse aufzuholen. Da mir das in den anderen Fächern, die mich interessierten, nicht so erging, empfand ich die Situation als erträglich. Ich bekam Latein ohne vorherigen sprachlichen Erkenntnisgewinn und erhielt auch dort bald die Quittung. Meinen Freunden aus Auerbach ging es jedoch nicht anders, und das tröstete mich.

Mit den Auerbachern Hans Bierende und Hans Schoedl verbindet mich noch heute eine enge Freundschaft, die auf dem Schulweg entstanden ist. Hans Schoedl hielt es nicht bis zum Abitur auf der Schule aus. Er ging zur Marine. Seine Passage nach Amerika vermittelte ihm Frau Bierende über einen Jugendfreund aus Hamburg vom Norddeutschen Lloyd. Er ist seit mehr als 50 Jahren Amerikaner, also US-Staatsbürger, und hat schon zweimal an unseren Jubiläumsklassentreffen in Deutschland teilgenommen, zuletzt 2012. Mehrere Fahrradtouren mit Zelt habe ich in den großen Ferien mit diesen beiden Auerbachern unternommen. Die größte Tour verlief beinahe durch die halbe Bundesrepublik bis Kiel, von dort per Schiff nach Helgoland, dann von der ostfriesischen Küste nach Oldenburg und schließlich per LKW-Mitnahme ab Ruhrgebiet zurück nach Hause.

In der Schule begannen für mich schwierige Zeiten, denn wir bekamen Französisch. Ich weiß nicht, ob damals eine neue Landesregierung das Schulsystem änderte, so wie das heute bei Regierungswechseln häufig der Fall ist. Es gab jedenfalls am Heppenheimer Gymnasium eine Oberstufenreform, und zwar dergestalt, dass zwischen einem mathematisch-naturwissenschaftlichen und einem sprachlichen Zweig gewählt werden konnte. Das war für mich positiv, ich wählte den mathematisch-naturwissenschaftlichen Zweig und hatte damit Französisch abgewählt. Von den Mädchen, die die Schule inzwischen nicht verlassen hatten, meldeten sich nur zwei für meinen Klasse, die OII m, die anderen für den sprachlichen Zweig, die OII s. Bei uns blieb Englisch durchgehend bis zum Abitur Pflichtfach, Latein bis zum Ende der Unterprima und Physik und Chemie wurden Hauptfächer. Das große Latinum, das damals für die Zulassung für viele Hochschulstudiengänge Voraussetzung war, wurde uns mit unserem Abitur erteilt. Die Oberstufenreform wurde nach meiner Erinnerung zusammen mit der Veränderung des Versetzungstermins von Herbst auf Frühjahr vorgenommen. Für mich bedeutete das leider eine weitere Verlängerung meiner Schulzeit um ein halbes Jahr.

Nicht unerwähnt lassen möchte ich hier die unvergesslichen, gut durchorganisierten Klassenfahrten, die uns sehr viele Sehenswürdigkeiten, insbesondere im südlichen Raum Deutschlands, erleben ließen. Wir besuchten Bad Kreuznach und Umgebung, die Rhön, den Schwarzwald, das Kleine Walsertal, die Schwäbische Alb, den Walchensee, die Bayerischen Königsschlösser bei Füssen, Mittenwald, München und noch viele andere Orte. Doch all dies hatte schließlich ein Ende. Ich beendete meine Schulzeit mit dem Abitur im Frühjahr 1956 in der OI m.

Während meiner Schulzeit änderte sich vieles, und unsere Familie sowie das Zuhause wurden davon stark berührt. Schon sehr bald nach unserer Einschulung wurde in Hessen die Schulgeldbefreiung für die höheren Schulen eingeführt, was meine Eltern spätestens im Jahr der Währungsreform von einigen Sorgen befreite. Andererseits verloren wir durch den Währungsschnitt am 20. Juni 1948 fast unser gesamtes Geld und natürlich einen ebenso großen Teil unserer Spareinlagen. Die inzwischen mühsam aufgebaute kleine Landwirtschaft war durch die verbesserte Versorgung überflüssig geworden, gleichzeitig mussten wir aus Geldmangel den Gärtner entlassen. Die größten Auswirkungen hatte jedoch der Tod meiner Großmutter am 1. Juli 1948 mit dem dadurch bedingten Erbfall.

Meine Großmutter Marie Schwebel, geborene Sander, war Miteigentümerin der Apotheke und des großen beschädigten Hauses in Berlin, dazu als Witwe meines Großvaters alleinige Eigentümerin in Jugenheim und durch Vermögen und Pension Ernährerin meiner Tante Käthe. Testamentarisch war bestimmt, dass mein Vater seiner Schwester nach dem Tode seiner Mutter den Wert des Grundstückes in Jugenheim hälftig nach einer niedrigen Schätzung durch die Gemeinde auszahlen sollte.

Meine unverheiratete Tante wurde zum Problemfall. Im Wohlstand aufgewachsen, hatte sie nur kurz in den dreißiger Jahren des vorigen Jahrhunderts bei der Landwirtschaftskammer in Darmstadt gearbeitet, dabei aber versäumt, sich einen Rentenanspruch rechtzeitig oder auch nachträglich beurkunden zu lassen. Ohne Scham begründete sie ihr Unterlassen stets damit, dass sie die Mama hätte versorgen müssen und ihr der Vater immer gesagt hätte: „Für Dich ist genug Geld da." In den Zeiten des Mangels vor der Währungsreform ging es ihr noch gut. So beauftragte sie vor dem Tod meiner Großmutter den Gärtner Jäckel, mit Familiensilber oder wertvollem Porzellan sehr früh morgens nach Frankfurt zu fahren, um sich dort in einer Schlange vor dem amerikanischen PX-Laden anzustellen. Zwei Züge später, wenn Jäckel wohl schon vorne in der Schlange angekommen war, traf Tante Käthe ein, kassierte die PX-Punkte für die Ware und tauschte sie gegen Stangen amerikanischer Zigaretten, Schokolade, Erdnussbutter und weitere begehrte Lebensmittel ein. Zu Hause angekommen wurden dann einige der Wohltaten auch uns geschenkt. Auf diese Weise erfreute sie Amerikaner in Frankfurt zum Beispiel mit einem KPM-Service in Kobaltblau mit Goldrand für 24 Personen zu Spottpreisen, was meinen Vater sehr ärgerte. Auch so etwas gab es nach 1948 nicht mehr.

Sehr schlecht wirkte sich eine Bestimmung aus, der zufolge eine Apotheke nur von einem lizensierten Apotheker betrieben werden durfte. Das war schon immer zwingend vorgeschrieben, in den Kriegswirren und nach dem Tode des Bruders meiner Großmutter 1944 war es immer noch nicht endgültig geregelt. Mein Vater versuchte nun vergeblich, die Apothekenlizenz für meine Schwester zu retten, indem er vorgab, sie würde bald Pharmazie studieren oder wäre mit einem Pharmaziestudenten verlobt – ein unrealistisches Unterfangen. Mein Vater und seine Schwester bevollmächtigten im Juli 1946 durch das Notariat von Dr. von Brentano in Darmstadt einen Steuerberater in Berlin, die Lizenz im Werte von 100.000 Reichsmark freihändig zu verkaufen oder zu versteigern. Diese Lizenz hatte nach der Währungsreform nur noch zehn Prozent ihres eigentlichen Wertes und ihr Erlös musste dringend für Hausreparaturen verwandt werden. Ohne weitere Kreditaufnahme konnten in dem großen Berliner Haus keine Mieteinnahmen generiert werden, und ohne diese verfügte meine Tante über keine Einkünfte. Der Problemfall Käthe ließ sich vorläufig nicht lösen, und mein Vater musste die Auszahlung des Erbes und damit das Problem aus Geldmangel weiter hinausschieben.

Für mich war Tante Käthe eine Drohne. Alle Gartenfrüchte wie Äpfel, Nüsse und Wein wurden geteilt, und da Kinder nun mal gerne naschen und das Genaschte nicht mehr geteilt werden konnte, gab es immer Krach, wenn ich beim Mundraub ertappt wurde. Fast die gesamte Gartenarbeit wurde von meiner Mutter erledigt, während meine Tante, von land- und hauswirtschaftlichem Wissen weitgehend unbelastet, überflüssige Ratschläge für Haus, Garten und Kindererziehung erteilte. Meine arme Mutter arbeitete zwar sehr gerne, war aber sicherlich enttäuscht, dass das Ergebnis ihrer Arbeit meist hälftig geteilt werden musste.

Schon vor Abschluss der Entnazifizierung 1951 erhielt mein Vater eine Anstellung als Landwirtschaftlicher Ringberater, die er bis zu seinem 65. Lebensjahr im Jahre 1962 ausübte. Sein direkter Vorgesetzter war der Leiter der Landwirtschaftsschule Heppenheim, mit dem mein Vater wohl kein glückliches, aber ein auskömmliches Verhältnis unterhielt. In Südhessen gab es keine landwirtschaftlichen Großbetriebe wie etwa in Niedersachsen oder Schleswig-Holstein, und so konnte er in dem ihm zugewiesenen Bezirk – oder Ring – nur die größeren Bauern beraten. Die Beratung umfasste alle landwirtschaftlichen Belange bis zur Erstellung des Jahresberichts, einer Art Gewinn- und Verlustrechnung. Dies alles in einem Bezirk, der sich von Rodau über die Orte im Ried bis Einhausen und im Odenwald bis Fürth erstreckte. Ich glaube, die Arbeit auch am Schreibtisch zu Hause hat ihm Freude bereitet, setzte sie doch ein großes persönliches Vertrauen mit „seinen" Bauern, insbesondere hinsichtlich der wirtschaftlichen Ergebnisse seiner Beratung voraus. Sein Gehalt war mäßig, und er schien öfter darunter zu leiden, kein Akademiker zu sein – so war jedenfalls damals mein Eindruck. Für ihn aber verstanden nur die praktischen Landwirte wirklich etwas von Ackerbau und Viehzucht, und es hat ihn sicherlich getröstet und motiviert, mit diesen echten Praktikern umgehen zu können.

Über die Gesundheit meiner Eltern habe ich bereits berichtet. Mein Vater litt nach unserer Flucht weiterhin unter Gastritis. Aufregungen oder Stress gab es zur Genüge, und das führte bei ihm zu neuen Magengeschwüren, die schließlich einen Beinahe-Magenverschluss hervorriefen. Nach erfolgreicher Billroth-II-Resektion durch den damaligen Krankenhauschef Dr. Bernhardt in Jugenheim normalisierte sich sein Zustand so, dass er nach wenigen Monaten wieder ohne Einschränkungen essen und trinken konnte.

Meiner Mutter ging es den Umständen entsprechend sehr gut. Dennoch machten sich die Eltern Sorge, wie mit der schleichenden MS-Erkrankung weiterhin umzugehen war. Die dazu durchgeführte Konsultation bei Prof. Dr. Viktor von Weizsäcker am Universitätsklinikum Heidelberg ergab eine „positive" Fehldiagnose. Der gute gesundheitliche Allgemeinzustand meiner Mutter veranlasste Herrn von Weizsäcker, die MS-Erkrankung infrage zu stellen und den vorgetragenen Befunden aus Bernau und von der Universität Rostock zu negieren. Sein Argument, einen Prof. Dr. Braun aus Rostock nicht zu kennen, zog nicht, denn meine Mutter hatte leider MS. Man kann dem bekannten Neurologen jedoch zu Gute halten, dass er ihr einen nicht ungefährlichen Eingriff wie eine Rückenmarkspunktion erspart hat.

Ich war inzwischen ein junger Bursche geworden und verrichtete gerne die schwereren Arbeiten wie das Umgraben der gesamten Gartenfläche von mehr als 1.000 Quadratmetern im Herbst und Frühjahr. Im Herbst wurde tief mit Blättern und Gründung umgegraben, im Frühjahr flach. Das machte mir Spaß und ich fühlte so etwas wie eine innere Legitimation, für diese Arbeitszeiten keine Schularbeiten machen zu müssen. Eine von mir überhaupt nicht geschätzte Arbeit war dagegen das wöchentliche Kehren der Straße. Die zwei Seiten der Hauptstraße und die Front an der Alten Bergstraße sowie der Zwingenberger Straße haben zusammen eine Länge von rund 240 Metern. Bei starkem Blätterfall ab Ende Oktober bis zum Nikolaustag war das samstägliche Kehren eine gemeinsame Aufgabe für uns Kinder und auch die Eltern, im Sommer und Winter vornehmlich von mir alleine, wobei dann an manchem Samstag die Arbeit auch unterbleiben konnte.

Meine sonstigen nichtschulischen Aktivitäten in Jugenheim nahmen viel Zeit in Anspruch. Ich war lange Zeit Pfadfinder, ich turnte im hiesigen Turnverein bis zum Abitur einmal wöchentlich zusammen mit meinem Jugenheimer Freund Hermann Speckhardt, ging im Sommer viel Schwimmen und besuchte, weil ich gut zeichnen konnte, kurze Zeit privat auch Zeichen- oder Malunterricht. Da meine Eltern in ihrer Jugend auch Tennis gespielt hatten und es früher in Jugenheim private Tennisplätze gab, startete ich allein eine völlig unprofessionelle und erfolglose Initiative zur Gründung eines Tennisclubs, die ich hier schildern möchte. Ich besuchte potentielle Tennisinteressente und mögliche Sponsoren für eine spätere Mitgliedschaft und sammelte deren Unterschriften. Die Sache ließ sich gut an, als wohlerzogener Junge bekam ich überall Einlass, fand Interesse für die Idee, bekam meine Unterschriften und lernte auf diese Weise die schönsten Villen in Jugenheim auch von innen kennen, deren damalige Bewohner naturgemäß heute nicht mehr leben. Als ich noch voller Hoffnungen Unterschriften sammelte, wurde auf dem ehemaligen Tennisplatz des Hotels Goldene Krone, wo sich heute der Rewe-Supermarkt befindet, die Villa für den damaligen Chef des Kreiskrankenhauses, den bekannten Gynäkologen Dr. Stuby, gebaut. Die Unterschrift von Frau Stuby stand ganz oben auf meiner Liste. Die Villa war noch nicht fertig, als in Pfungstadt der Tennisclub TC Grün Gold gegründet wurde. Die Stubys gehörten zu den ersten Mitglieder im Tennisclub Pfungstadt. – So endete mein Traum vom Tennisclub.

An den Bau des Schuldorfes und die festliche Einweihung im Mai 1954 erinnere ich mich gut. Ich habe mit meinen Eltern und den beiden Auerbacher Freunden an dem Großereignis teilgenommen. Kurz nach der Einweihung des Schuldorfes verließ Hans Schoedl Deutschland und fuhr zur See. Durch die Freundschaft mit Hermann Speckhardt, mit dem ich zusammen gegen Ende der Schulzeit die Tanzschule Bäulke in Darmstadt besuchte, verflachte meine Freundschaft mit Hans Bierende aus Auerbach ein wenig. Meine anderen Klassenkameraden inklusive Hans gingen in Bensheim zur Tanzstunde.

Aber mit Hermann habe ich umso mehr erlebt. In den großen Ferien 1954 unternahm ich mit ihm meine größte Radtour ·von Jugenheim über Zürich dem Vierwaldstätter See entlang bis nach Venedig. Zurück ging es über Bozen und den Brennerpass nach Innsbruck und weiter bis nach München. Die Fahrt nach Jugenheim war dann nur noch Formsache. Auf der ganzen Strecke sind wir nur zweimal mit dem Zug gefahren: durch den St.-Gotthardt-Tunnel von Göschenen nach Airolo und von Sterzing hinauf auf den Brenner. Unsere Räder verfügten weder über eine Gangschaltung noch Felgenbremsen, den Zeltsack wechselten wir täglich und bergauf musste viel geschoben werden. Mit heutigen Radtouren ist das nicht zu vergleichen, aber es hat ungeheuer viel Spaß gemacht, und quasi als Krönung erlebten wir kurz nach unserer Rückkehr das Endspiel der Fußballweltmeisterschaft 1954 bei „Public-Viewing" im Kinosaal bei Dracker um die Ecke, in dem Deutschland die Ungarn besiegte und Weltmeister wurde.

Hermann und der Waschstar-Aeromat

Während unseres Grundpraktikums hatte Hermann die Idee, mit mir und einem bei Opel arbeitenden Praktikanten spät abends die eine oder andere Striptease-Bar in Frankfurt zu besuchen. Dazu wurde der Wagenschlüssel seiner Eltern nach deren Zubettgehen entwendet. Das Licht im Schlafzimmer der Eltern musste eine Zeit lang erloschen sein, erst dann ging es los in Richtung Rüsselsheim – und so schnell, wie der Rekord fuhr. Hermann war ein geübter Fahrer, der am liebsten am Limit fuhr. Auf einer Bahnüberführung in einer engen Rechtskurve war das Limit dieses Mal überschritten, er rammte einen der als Straßenbegrenzung fungierenden dicken Granitblöcke, der sich als Bremse unter dem Wagen verkeilte und mit uns die Böschung heruntersauste. Nicht weit entfernt rauschte im selben Moment ein Zug unter der Brücke an uns vorbei. Wir hatten Glück im Unglück. Was nun? Die Beichte wurde bei den Eltern abgelegt, und da dies bereits der zweite durch Hermann verursachte Großschaden an Speckhardts PKWs war, beschloss der Vater, der Schaden müsse durch Hermann selbst erstattet werden.

Hermann war sehr clever, er verdiente sein Taschengeld unter anderem als Hilfsfahrschullehrer und gab Nachhilfestunden in Mathematik. Für eine so große Summe musste jedoch eine zusätzliche Quelle erschlossen werden. Und so kam er auf die Idee der Mitarbeit im Verkaufsteam des sogenannten Siemens-Waschstar-Aeromaten.

Anfang bis Mitte der Fünfziger Jahre konnten sich nur wohlhabende Familien wie Handwerker oder Kleinunternehmer einen Constructa Waschvollautomaten leisten. Meine Eltern konnten das zum Beispiel nicht. In dieser Situation ersannen sich junge Bekannte aus der Gutenbergstraße in Jugenheim, den Mangel durch eine ebenfalls elektrisch betriebene Kleinwaschmaschine mit dem genannten gutklingenden Namen auszunutzen und zu kompensieren. Das waren hauptsächlich Robert Arnold, genannt Arnoldchen, der Sohn des Architekten Arnold, und dessen zukünftiger Schwager, dessen Namen mir entfallen ist.

Ein in ein rundes verchromtes Gehäuse eingebauter Ventilator mit Antrieb von Siemens blies Luft durch ein ebenfalls verchromtes und fest angeschraubtes Rohr, das am unteren Ende Löcher für den Luftaustritt aufwies. In einer Badewanne, gefüllt mit heißem Wasser und entsprechend viel Waschmittel, wurde die schmutzige Wäsche eingeweicht. Der Waschstar-Aeromat pustete mit seinem Rohr ordentlich Luft in der Waschbrühe, dazu musste alles kräftig herumgerührt werden. Die Maschine war etwa 80 bis 90 Zentimeter lang und handlich, also leicht von Frauen zu bedienen. Sie wurde nach meiner Erinnerung in einem Betrieb in Bad Homburg hergestellt. Der Herstellungspreis lag bei unter 40 D-Mark, der Verkaufspreis bei 148 D-Mark. Der Vertrieb erfolgte ausschließlich bei Verkaufsveranstaltungen, in angemieteten Kinosälen vorzugsweise in größeren Städten. Ich habe eine dieser Veranstaltungen mitgemacht, und zwar in Düsseldorf.

Das Arnoldchen, Hermann und ich fuhren morgens in aller Frühe mit dem „Großen Tier", einem Opel Kapitän, vollgepackt mit hunderten von Eintrittskarten und ein paar Stadtplänen zu einer vorbereiteten Veranstaltung in einem großen Kino. Die Eintrittskarten mit entsprechender Werbung berechtigten auch zur Verlosung eines Pelzmantels in einer Tombola. Die Fahrt war so geplant, dass wir vor der großen Pause am Schulhof eines Düsseldorfer Gymnasiums eintrafen. Mit Stadtplänen und den Eintrittskarten ausgerüstet riefen wir den Schülern im Hof zu: „Wollt ihr Geld verdienen?" – „Ja!", kam regelmäßig die Antwort. Nun musste es schnell gehen. Für einen abgezählten Stoß Eintrittskarten bekam jeder Austräger einen Geldbetrag und die Anweisung, in welchen Straßen er den Passanten die Karten aushändigen sollte. Im Nebensatz wurde so etwa gesagt: „Sie, Herr Arnold, kontrollieren den Bezirk mit den und den Straßen." Damit auch alles glattging.

Um kurz vor 18 Uhr trafen die Interessenten ein – sie waren sehr zahlreich. Auf der Bühne stand eine mit konzentrierter Waschlauge gefüllte Badewanne, daneben lagen mit

Staub angereicherte Gardinen und sogenannte Nyltest-Ober-
hemden, deren Kragen innen mit Staub und Schmierseife
speckig aufbereitet waren, außerdem waren die Siemens-
Waschstar-Aeromaten verpackt und unverpackt ausgestellt,
auf einem Tisch daneben waren Blanko-Kaufverträge aufgestapelt. Die Interessenten wurden auf die Bühne gebeten,
um sich vom Zustand der dreckigen Wäsche, der Badewanne und des Waschstar-Aeromaten selbst zu überzeugen, ehe
die Show begann.

Roberts Schwager begrüßte die Interessenten und fragte
geschickt, ob denn jemand wüsste, wodurch die Wäsche
gereinigt würde. Als sich niemand der vielen Frauen, teilweise in Begleitung ihrer Ehemänner, zu antworten getrau-
te, gab er selbst die verblüffend einfache Antwort: Sauerstoff
in Verbindung mit Wasser und Waschmittel. Genau diese
Mischung erzeuge der Waschstar-Aeromat!

Die Wäsche wurde nun von uns in die Wanne befördert
und mit nicht zu viel Schaum wurde das Wasser sichtbar
schmutziger und die Wäsche sauberer. Die Interessenten
wurden gebeten, die Blanko-Kaufverträge zu unterzeichnen
oder mit nach Hause zu nehmen und dann einzuschicken.
Rechtzeitig vor der Abendveranstaltung, meist einer Film-
vorführung, wurde die Bühne von uns geräumt und in sau-
beren Zustand dem Kinoinhaber übergeben. Wir fuhren zurück nach Jugenheim. Alle Teammitglieder waren zufrieden.

Die auf der Rückseite der Vertragsformulare in sehr
kleiner Schrift gedruckten Allgemeinen Geschäftsbedingun-
gen waren so formuliert, dass ein einmal unterzeichneter
Vertrag nicht rückgängig gemacht werden konnte und die
148 D-Mark auf jeden Fall in der Kasse klingelten. Die Kalkulation des Unternehmens war sehr einfach und der Gewinn so üppig, dass nach fast jeder Veranstaltung in einem
Frankfurter Lokal eine Fete gefeiert wurde, von der mir Hermann regelmäßig berichtete. Die Schulden durch die Karam-
bolage des Speckhardtschen Opels waren bald getilgt.

Nach Abschluss seines Studiums machte Hermann den Pilotenschein für kleinere Maschinen und verdiente sich beim ADAC an den Wochenenden als „Staupilot" über den Autobahnen wieder viel Geld. Ich habe so manche seiner Eskapaden mitgemacht und seine sehr erfolgreiche Karriere als selbständiger Sachverständiger für das Verkehrswesen miterlebt. Wir haben später zusammen an der TH Darmstadt studiert, unsere Hochzeiten miteinander gefeiert und uns oft mit unseren Kindern besucht, in Wiesbaden und Jugenheim. Leider ist Hermann viel zu früh, im Alter von nur 48 Jahren, von uns gegangen. Viele seiner Verwandten und Freunde waren nach seinem frühen Tod der Meinung, dass Hermann sein kurzes Leben überaus intensiv gelebt hat – ja, dass er mehr bemerkenswerte Erlebnisse hatte als manch andere Zeitgenosse in einem langen Leben.

So wild wie Hermann trieb ich es nicht, aber ich sorgte auch immer dafür, dass ich an Geld kam. Wenn ich in meinen Schulferien nicht auf Reisen war, arbeitete ich, weil ich, wie viele meiner Altergenossen von Zuhause kein Taschengeld bekommen konnte. Ich verdingte mich als Beifahrer bei Coca-Cola und schleppte Getränke in die Keller von Kneipen in Darmstadt oder sorgte nachts für Gemüsenachschub in einer Trockenkonservenfabrik von Maggi.

Beim Leser könnte nun der Eindruck entstanden sein, dass meine Schulzeit vornehmlich aus Ferien, Freizeitvergnügen und anderen Aktivitäten bestanden hätte, die mich eher vom Streben nach der Bewältigung des Schulstoffes und der Erlangung von Wissen abhielten als diese zu fördern. Das ist nicht ganz richtig. Dennoch, aus heutiger Perspektive betrachtet gibt die Schilderung meiner Erinnerungen ganz unabsichtlich das wieder, was meine frühe Jugend zum Teil ausmachte, nämlich vielseitigen Interessen nachzugehen – immer mit der Einstellung, das Richtige werde sich schon ergeben. Das tat es dann auch. Nach dem Abitur musste ich mich aber schnell für ein Studium entscheiden.

Ein technisches Studium sollte es sein. Doch das Studium an einer TH setzte ein sechsmonatiges Grundpraktikum voraus und alle Ingenieure begannen ihr Studium im Wintersemester. Für Hermann Speckhardt, dessen Faible für Autos ich ja ausführlich geschildert habe, stand dabei von vornherein fest, dass er Maschinenbau studieren würde. Er bewarb sich bei der Adam Opel AG in Rüsselsheim und wurde als Praktikant sofort akzeptiert. Auch mir half die freundschaftliche Verbindung zu Familie Speckhardt, und zwar über die Maschinen, die Vater Speckhardt für seinen Werkstattneubau angeschafft hatte. Da gab es eine Schleifmaschine, ein Gatter zum Trennen großer Blöcke und andere Steinbearbeitungsmaschinen. Deren Hersteller, die Maschinenfabrik Riester, befand sich in Darmstadt-Eberstadt, direkt hinter der Bahnlinie auf dem Wege nach Pfungstadt. Ich bewarb mich dort und bekam die Praktikantenstelle.

Die Fabrik zeichnete sich dadurch aus, dass sie über fast alle Herstellungstechniken verfügte, die zum Verstehen des Maschinenbaues wichtig sind. Der Fertigungsprozess begann in der Modellschreinerei für die Gussformen. Dann wurde Grauguss für die Endprodukte hergestellt, die dann gebohrt, gefräst und gehobelt und weiter bearbeitet wurden. Schließlich wurden die Endprodukte montiert und verpackt.

In der Modellschreinerei für die Gussformen startete mein Praktikum. Der TH Darmstadt war vor Studienbeginn ein Praktikantenbericht einzureichen, der aus einzelnen Wochenberichten mit gegengezeichneten Arbeitsbeschreibungen bestand. Die Arbeit dort hat mir sehr gut gefallen. Sie hatte den zusätzlichen Vorteil, dass ich auch noch etwas Geld verdiente. Ein derart kleiner und in seiner Fertigung vertikal strukturierter Betrieb wie Riester hatte schon ein Jahrzehnt nach meinem Praktikum kaum noch Überlebenschancen und musste aufgeben. Ich habe dort wirklich sehr viel gelernt.

Studentenzeit und Berufseinstieg

Bereits während des Grundpraktikums reifte in mir die Erkenntnis, dass ich mein Berufsleben nicht mit der Konstruktion von Maschinen oder Motoren allein ausfüllen wollte. Eine Vorsprache am Schalter der Technischen Hochschule im nahen Darmstadt und kurze Gespräche in den Sekretariaten der Fachschaften halfen mir zusammen mit ausreichendem Material über die angebotenen Studienfächer, meine Unsicherheit schnell und einfach zu beseitigen.

Ich entschied mich für das Studium des Wirtschaftsingenieurwesens, einem Studiengang, der vor nicht all zu langer Zeit an den Technischen Hochschulen in Darmstadt und in Westberlin eingeführt worden war. Vereinfacht ausgedrückt lag der Studienschwerpunkt in Darmstadt auf den Fächern des Maschinenbaus, während in Berlin nach meiner Einschätzung die Wirtschaftswissenschaften etwas Vorrang vor den Fächern des Maschinenbaus hatten. – Ich entschied mich für Darmstadt.

Mein Studium begann im Wintersemester 1956/57. Die Studienordnungen sahen damals für alle Ingenieure fast das gleiche Grundstudium bis zum Vorexamen vor. Für die Maschinenbauer und Wirtschaftsingenieure waren das die Fächer Mathematik, Physik, Technische Mechanik, Werkstoffkunde, Maschinenelemente, Werkzeugmaschinen sowie die Einführung in die Chemie. Die Maschinenbauer hatten zusätzlich Darstellende Geometrie und Einführung in die Elektrotechnik, die Wirtschaftsingenieure Einführung in die Betriebswirtschaftslehre, Einführung in die Volkswirtschaftslehre, Buchführung und Abschluss sowie Privatrecht I. In diesen Fächern waren schriftliche Prüfungen im Vorexamen abzulegen. Bestandene Praktika und Übungen, auf die ich nicht eingehen möchte, waren in einigen Fächern für die Zulassung zu den Prüfungen Voraussetzung. Hatte man das Vorexamen abgelegt, dann war man nicht nur glücklich, sondern man war bildlich gesehen über dem Berg. An der Hürde Vorexamen scheiterten zu meiner Zeit in Darmstadt mehr als ein Drittel aller Studenten. Hatte man es geschafft, dann kam es darauf an, eine möglichst gute Gesamtnote für den Berufseinstieg zu erreichen. Im Hauptexamen scheiterte eigentlich nur, wer außergewöhnlich schlechte Leistungen ablieferte.

Mein Jugenheimer Freund Hermann und ich besuchten dieselben Vorlesungen, fuhren also mit gleicher Straßenbahn zur TH, gingen zusammen in die Mensa und kehrten meist zur gleichen Zeit zurück. Mit gleicher Bahn fuhr auch ein gutaussehender mit hellem Kamelhaarmantel bekleideter, etwas dunkelhäutiger junger Herr mit Oberlippenbart. Es war Ahmed Achwan, ein Iraker, der als Erstsemester wie wir Bauingenieurwesen studierte und der die gleichen Vorlesungen zu besuchen hatte wie wir. Er hatte vor Studienbeginn in Jugenheim am Anfang der Weinbergstraße, zwei Minuten von der Straßenbahnhaltestelle entfernt, ein Zimmer gemietet. Nun war er froh, in Jugenheim Consemester gefunden zu haben. Davor hatte er in Kochel am See in einem deutschen Sprachinstitut ein halbes Jahr lang die deutsche Sprache erlernt.

Der Winter 1956 war kalt und schneereich. Achmed, der solches Klima im Süden des Iraks nie erlebt hatte, fror erbärmlich und litt fürchterlich unter Heimweh. Er wurde in die Familien Speckhardt und Schwebel eingeführt und wir schlossen bald Freundschaft, die bis heute besteht. Eingeschrieben waren zur damaligen Zeit viele ausländische Studenten, darunter Araber, die vornehmlich aus Ägypten, aber teilweise auch aus Syrien sowie Jordanien stammten. Ahmed konnte also an der Universität in seiner Muttersprache reden und so sein Heimweh ein wenig bekämpfen.

Anfänglich, aber nur kurz, genossen wir die akademische Freiheit. Es zeigte sich schon bald, dass die Vorlesungen nicht nur verstanden, sondern auch mitgeschrieben und nachgearbeitet werden mussten. Ein lockeres Studentenleben, wie ich es mir zum Beispiel von Studenten der Rechtswissenschaften habe erzählen lassen, gab es bei uns an der TH kaum. Hinzu kam, dass das Gros des Stoffes in den empfohlenen Büchern, die ausnahmslos sehr teuer waren, anders dargeboten wurde als in den Vorlesungen. Die große Ausnahme bildeten die Physikvorlesungen: da wurde streng „nach Pohl" vorgegangen. Pohl war ein berühmter Göttinger Physiker.

Bei unseren Unterhaltungen merkten Hermann und ich bald, dass Ahmed uns dort überlegen war, wo es mehr auf Wissen ankam als auf Prozesse. So kam es, dass er bereits nach dem 2. Semester mit dem Vorexamen begann und wir erst nach dem 3. Semester. Die Ursache ist leicht erklärt und obendrein interessant. Alle Moslems lernen von Beginn ihrer Schule intensiv auswendig, und zwar in erster Linie die Suren des Korans sowie deren Auslegung – und das vielfach in sehr jungem Alter. Mit dieser Lernpraxis, die ihm vertraut war, hatte Ahmed Vorteile beim Auswendiglernen. Beim Vorexamen war es aber Usus, mit den leichteren Fächern zu beginnen, damit man sich auf die schwereren intensiver vorbereiten konnte. Zunächst bestand Ahmed aus vorher genanntem Grund seine Prüfungen alle gut. Doch die Zeit der schweren Prüfungen nahte.

Ahmed, Hermann und ich beschlossen, wie übrigens fast alle unsere Consemester, die ausgezeichneten Repetitorien bei Dr. Zurmühlen zu besuchen und den Stoff vor den Prüfungen nochmals zu wiederholen. Ahmed büffelte allein, während Hermann und ich uns jeden Abend um etwa 20 Uhr in seinem Zimmer trafen und bis 2 Uhr morgens Prüfungsaufgaben abwechselnd lösten. Wir waren beide Raucher und mussten nach etwa ein bis zwei Stunden eine Pause einlegen, um sein Zimmer zu lüften. Um 2 Uhr begleitete mich Hermann nach Hause, wo wir dann öfter auf unserem Mäuerchen am Tor noch eine Zigarette rauchten und uns für den folgenden Nachmittag im Schwimmbad verabredeten.

So ging das einen schönen studentischen Sommer lang, bis das Schwimmbad schloss und die Prüfungen begannen. Ich baute einen so genannten „Schwanz" in Mathematik bei Prof. Schmieden, musste die Prüfung also in den Semesterferien wiederholen. Ich habe es geschafft. Es war nicht einfach, den sehr unterschiedlichen Stoff – Volkswirtschaftslehre, Privatrecht mit Mathematik und Technischer Mechanik zugleich! – für ein und denselben Prüfungsabschnitt vorzubereiten. Doch ich bestand all die unterschiedlichen Prüfungen. Nach dem Vorexamen mussten die Fachpraktika absolviert werden und dann ging es mit Hauptfächern, Studienarbeiten und der Diplomarbeit weiter.

Ahmed hatte sein Vorexamen auch bestanden. Er hatte wohl so viel Respekt vor dem in Darmstadt bei Bauingenieuren gefürchteten Prof. Klöppel, dass er beschloss, die TH zu wechseln. Zunächst kaufte er aber für seinen Bruder eines dieser großen amerikanischen Autos, die von in die USA zurückkehrenden GIs in Darmstadt und Umgebung billiger zu bekommen waren als im Irak. Wir machten ein paar schöne Touren mit dem großen Schlitten, ehe er über den Balkan und die Türkei entschwand. Dort aber „entschwand" leider eines Nachts das Auto mit türkischen Dieben, und so endeten Autoüberführung und Semesterferien für Ahmed als Fiasko. Zum nächsten Semester verließ er Jugenheim; er hat sein Studium später an der Technischen Universität in München abgeschlossen.

Für das Fachpraktikum hatten Hermann und ich uns eine schöne Belohnung für das bestandene Vorexamen ausgedacht. Für die Sommersemesterferien 1960 besorgten wir uns in München Unterkünfte und Arbeitsstellen. Er landete bei einer Werkzeugmaschinenfabrik und ich bei der Deutschen Bank. Damit wir in München mobil waren, gaben wir unsere Fahrräder per Bahn auf und holten sie am Fahrradschalter wieder ab. So konnten wir nach Dienstschluss und an Wochenenden viel unternehmen. Hermann wohnte in Schwabing und ich in der Nähe des Dantebades in Nymphenburg-Gern.

Von meiner Arbeit bei der Deutschen Bank am Lenbachplatz ist vor allem die Aktion „Auszahlung einer Siemens-Schuldverschreibung" durchaus originell und erzählenswert. Wir waren vier Werkstudenten, die eines Morgens vom Vorstand in die „Teppichetage" der Bank gerufen wurden, um für eine bevorstehende Aufgabe vorbereitet zu werden. Die Deutsche Bank in München hatte als Hausbank von Siemens eine gerade abgelaufene Anleihe emittiert, und zwar in realen Stücken – nicht wie heute üblich im Girosammelverfahren. Alle Stücke mussten daher zur Aus- beziehungsweise Rückzahlung von den Inhabern an die Emissionsbank nach München eingesandt werden, um danach vernichtet zu werden. Unsere Aufgabe bestand nun darin, alle Stücke nach Nennwerten, fortlaufenden Serien- und Stücknummern zu sortieren und für die Vernichtung zu bündeln. Die Zeitvorgabe für diese Arbeit waren sechs Wochen. Wir mussten in der „Silberkammer" arbeiten, einem tagsüber mit dicker Gittertür verschlossenen Tresorraum von mindestens 50 Quadratmeter Fläche, ausgerüstet mit Telefon, Tischen und Stühlen – und Regalen mit Tausenden von Wertpapieren.

Morgens gegen 9 Uhr wurden uns die Panzer- und Gittertür von einem Vorstandsmitglied und dem Leiter der Wertpapierabteilung aufgeschlossen und dann die Gittertür hinter uns wieder verschlossen. Dann machten wir uns über die unsortierten Papiere her. Wir beschlossen, zunächst ein

Arbeitsverfahren zu entwickeln und in einem Stichprobenverfahren zu bestimmen, wie lange die Arbeit dauern würde. Nachdem die Ergebnisse der Stichproben nicht mehr als 14 Tage Arbeitsaufwand ergaben, beschlossen wir, zunächst halbtags Skat zu spielen. Der Chef unserer Viererbande hieß Ullmann. Er hatte seinen Hochschulabschluss in den USA und seine Banklehre bei der Deutschen Bank München gemacht; nun studierte er VWL. Ullmann kannte alle wichtigen Leute im Hause. Jeweils um etwa 10 Uhr orderten wir per Telefon eine ordentliche Brotzeit mit Nürnbergern oder Weißwurst und ließen sie in die Silberkammer bringen, oder wir riefen die Schreinerei an, um den großen Ventilator anschalten zu lassen, wenn wir trotz Rauchverbot nach der Brotzeit oder einem Grand mit Vieren eine Raucherpause eingelegt hatten. Ullmann kannte die Händler, die zur Börse gingen und da er keine Maklergebühr zahlen musste, kaufte und verkaufte er, meist ohne Deckung auf seinem Konto zu haben, enorm viele Aktien. Nur der Saldo wurde auf seinem Konto verbucht.

Es kam mehrmals vor, dass Angestellte der Wertpapierabteilung oder der Revision in dem großen Tresorraum etwas zu erledigen hatten. Damit wir beim Skatspiel nicht überrascht werden konnten, saß jeweils der vierte Mann mit einem Stapel von Papieren auf seinem Tisch in der Nähe der Gittertür und sortierte, während die anderen drei Übrigen hinter einer geschlossenen Regalwand Skat spielten. Das Codewort „Gruppe 43" verriet den Spielern hinter der Regalwand die Gefahr, und bis der Ankömmling die Gittertür aufgeschlossen hatte, waren die Karten in den Tischschubladen verschwunden. Wir machten so große Fortschritte, dass wir vor der Zeit – und ohne Fehler! – unsere Aufgabe erledigt hatten und zuvor noch unser Skatspiel entsprechend optimiert hatten. Dem Studenten Ullmann aus München verdanke ich meine Neigung, ein wenig mit Aktien zu spekulieren.

Hermann und ich hatten eine wunderbare Zeit in München. Wir fuhren bei schönem Wetter mit den Rädern am Wochenende öfter über Gauting in das schöne Universitätsbad an den Starnberger See oder zum Segeln. Weil aber während der Studienzeit auch Dinge passierten, die den Gang meines Studiums negativ beeinflussten, will ich an dieser Stelle darauf eingehen.

Gegen den Willen meiner Eltern hatte ich mir mit dem Geld, das ich im Praktikum und in Ferienjobs erworben hatte, ein gebrauchtes Motorrad gekauft. Das sollte mir wenig später beinahe zum Verhängnis werden. Ich hatte inzwischen meine Übungen und die Vorprüfung in Maschinenelemente abgeschlossen und arbeitete für einen vernünftigen Lohn in den Wintersemesterferien als Technischer Zeichner in der Maschinenfabrik Dr. Otto C. Strecker KG, die in Darmstadt-Eberstadt Maschinen für die Papierindustrie herstellte. Auf dem Nachhauseweg nach Jugenheim verunglückte ich am 23. März 1959 in Eberstadt beim Überholen eines ganz unmöglich fahrenden Kleinlasters und zog mir dabei eine komplizierte Unterschenkelfraktur zu.

Bereits kurz nach der Einlieferung ins Unfallkrankenhaus in Eberstadt fragte ich den mich vorläufig behandelnden Arzt, wann ich wohl wieder studieren könne. Die Antwort des vom Skiurlaub braungebrannten jungen Chirurgen lautete: wenn alles gut verläuft, so etwa Mitte bis Ende August. Ich war und blieb bis zum nächsten Mittag geschockt, denn ein kurz nach mir ins gleiche Zimmer eingelieferter Verunglückter verstarb neben mir in derselben Nacht. Ich wurde am nächsten Tag von meiner Familie und meinem Sozius Piper in einem großen Zimmer mit etwa zwölf ebenfalls Verunfallten besucht. Mehr als die Hälfte der Patienten waren Motoradfahrer, mein verstorbener Bettnachbar allerdings war Dachdecker und vom Kirchturm gefallen – immerhin, ein kleiner Trost. Weiter erinnere ich mich an einen älteren Herrn mit Oberschenkelhalsbruch.

Meine Heilung brauchte viel, viel Zeit. Ich musste volle vier Wochen in so genannter Extension auf dem Rücken liegen und abwarten, bis meine Wunden geheilt waren und das Bein abgeschwollen war. Danach wurde ich von Professor Ehlert operiert, wobei mir vom Knie bis zum Fußgelenk ein Nirosta-Stahlnagel eingesetzt und ein Teil des Wadenbeins entfernt wurde. Danach bekam ich zwei Gehgipse, insgesamt acht Wochen lang. Ein Jahr später habe ich mir dann den Fremdkörper operativ entfernen lassen. Mein Sozius Hermann Piper, genannt Pipus, der in Pfungstadt Technischer Zeichner war, besuchte mich auf dem Wege von der Arbeit öfter im Krankenhaus, dabei brachte er Nachrichten und Leckereien von zu Hause mit. Pipus war bei unserem Unfall über mich hinweg auf die Straße geschleudert worden, und ihm war gottlob nichts passiert.

In den folgenden Semesterferien habe ich versucht, den Stoff des verlorenen Sommersemesters nachzuholen, was fast unmöglich war. Für das Vorexamen in Privatrecht besuchte ich, wie fast alle meine Kommilitonen, ein Repetitorium beim Corps Rhenania, das von dem jungen Anwalt Glenz abgehalten wurde. Nach meiner Genesung beschlossen wir, einen Prozess auf Zahlung von Schmerzensgeld in meiner Unfallsache gegen die Versicherung des Fahrers zu führen. Glenz gewann und ich erhielt ein Schmerzensgeld, das ich später für den Kauf von vier VW-Volksaktien einsetzte. Schmerzensgeld für einen sogenannten Nichtvermögensschaden zu erstreiten war zur damaligen Zeit außergewöhnlich, heute ist es die Regel. Die gewonnene Klage hatte für mich sogar noch einen zusätzlichen Nutzen, denn aus dem Prozess war ich als beschränkt Arbeitsfähiger hervorgegangen, was einen Rentenanspruch gegen die Berufsgenossenschaft begründete, in der ich als Technischer Zeichner versichert war. Die kleine Rente von rund 50 D-Mark monatlich, die aus diesem Anspruch resultierte, bezog ich bis Ende September 1960.

Mit der Volksaktie von VW hat mein Kommilitone Helmut Wendel seinerzeit viel Geld verdient, indem er seine Bundesbrüder für sich Volksaktien erwerben ließ. Ich konnte leider nur vier dieser tollen Aktien kaufen: eine für mich, eine für meine Schwester und je eine namens meiner Eltern. Mit diesen Aktien hatte es folgende Bewandtnis: Für den nicht vom Staat gehaltenen Teil des Eigenkapitals begab VW im April 1961 sogenannte Volksaktien. Wegen des großen allgemeinen Interesses wurde eine Aktie zu einem günstigen Ausgabepreis von 350 D-Mark pro Peron zugeteilt. Kurze Zeit nach der Zuteilung war die Aktie etwa 750 D-Mark wert, und da es keine Sperrfrist gab, verkauften clevere Anleger die Aktie kurz nach ihrer Anschaffung zum doppelten Preis. Auch ich verkaufte kurz nach Zuteilung und kaufte, angeregt durch meinen Münchner Bankpraktikumskollegen Ullmann, Aktien von Schering und EVA, beides damals recht spekulative Papiere.

Ich kann mir nicht vorstellen, dass meine Leser, insbesondere meine Kinder oder Enkel, an den Titeln meiner Studienarbeiten oder am Thema meiner Diplomarbeit interessiert sind, weshalb ich darauf auch nicht näher eingehen werde. Kurz, ich entschied mich für eine sehr aufwendige technische sowie eine juristische Studienarbeit und eine betriebswirtschaftliche Diplomarbeit. Um effizienter schreiben und zeichnen zu können, zog ich für drei Semester nach Darmstadt, und zwar in die Lautenschlägerstraße, fünf Gehminuten vom Haupteingang der TH entfernt. Ich bewohnte mit zwei Consemestern eine Wohnung mit Küche direkt gegenüber dem „Weinschütz", einer netten Gastwirtschaft, in der wir uns an manchem Sonntag ein Mittagessen gönnten. Meinen Arbeitsplatz mit Zeichenmaschine und die Bibliothek im Schloss konnte ich jederzeit schnell erreichen, falls dazu Bedarf bestand. So vergingen die letzten Studiensemester geordnet und angenehm. Wir drei haben im Wintersemester 1962/63 unsere Diplomprüfung abgelegt.

Zu Anfang dieses Kapitels hatte ich erwähnt, dass die Wirtschaftsingenieure von der schriftlichen Vorexamensprüfung im Fach Elektrotechnik befreit waren, diese im Hauptexamen aber leider nachholen mussten. Ich war darauf aus, als Gesamtnote ein „Gut" zu erreichen und in der schriftlichen Prüfung mit den anderen Vorexamenskandidaten nicht zu versagen. Da ich die Elektrotechnik-Vorlesung von Professor Leprecht nur sporadisch besucht hatte, habe ich mich mit den Skripten meiner Freunde vorbereitet. Es reichte hier nur für ein „Ausreichend", aber dank meiner im übrigen guten und sehr guten Noten erreichte ich als Gesamtnote das ersehnte „Gut", was ich hier nicht unterschlagen will.

Romantik der Studentenzeit

Was wäre Jugenheim ohne Schloss Heiligenberg? Und was eine Studentenzeit ohne Damen? Eigentlich ist beides überhaupt nicht denkbar! Und es passte sogar gut zusammen, wie sich schnell herausstellen sollte.

Schloss Heiligenberg lernte ich schon sehr früh kennen. Am Anfang meiner Schulzeit bastelte ich zusammen mit einem Freund aus der Nachbarschaft kleine Segelschiffe, deren Tauglichkeit wir im Springbrunnenteich meines Elternhauses ausprobierten. Das Schiff, das schneller segelte, wurde auf dem um ein Vielfaches größeren Teich des Heiligenberges ausprobiert. Wenn sich meine Goldfische im Springbrunnenteich meines Elternhauses so stark vermehrt hatten, dass sie nicht alle in einer alten Badewanne im Vorhof überwintern konnten, setzte ich sie ebenfalls im Teich auf dem Heiligenberg aus. Im nächsten oder übernächsten Sommer wunderten sich die Spaziergänger und Studenten, wo die vielen Goldfische wohl herkamen, denn vorher war ihnen diese Spezies dort nicht aufgefallen.

Seit 1946 wurde Schloss Heiligenberg als pädagogisches Institut (PI) für die Lehrerausbildung genutzt. Es entwickelte sich unter der Leitung des bekannten Pädagogen Friedrich Trost zu einer berühmten Ausbildungsstätte für Lehrer, und das erfreulicherweise just zu meiner Studienzeit. Die Mehrzahl der Studierenden am PI waren Studentinnen, die zudem noch vorzugsweise in Jugenheim wohnten. Bei Semesterbeginn setzten sich meine Freunde und ich gegenüber des Hotels „Goldene Krone" auf ein Mäuerchen, das den zu einem „Amerikahaus" umfunktionierten Gartensaal dieses Hotels umgab. Wir musterten fachmännisch die vielen, meist äußerst attraktiven jungen Damen, die den Weg zum Heiligenberg hinaufgingen und beizeiten auch wieder herunterkamen. Wer noch keine Freundin hatte, versuchte sein Glück. Immer wieder boten sich Gelegenheiten, eine der ja bereits gründlich gemusterten Studentinnen näher kennenzulernen.

Derartige Chancen stellten sich spätestens beim nächsten Sommer- oder Winterfest des PIs ein. Das waren Tanzveranstaltungen, auf denen TH-Studenten nicht nur die fehlenden Herren zahlenmäßig ergänzten, sondern sogar besonders geschätzte Tanzpartner abgaben. Und was ist schöner, als sich beim Tanzen näher kennenzulernen? Die Veranstaltungstermine wurden zur Erhöhung eigener Chancen nur an wenige Freunde weitergegeben. Eine Partnerbörse für Studenten oder Jungakademiker gab es damals nicht. Männlein und Weiblein lernten sich zu Zeiten meines Studiums meist auf den vielen Tanzveranstaltungen kennen, die es überall gab.

An eines dieser Sommerfeste, die jeweils am Semesterschluss im Juli stattfanden, erinnere ich mich besonders gern. Ich war damals bereits mit meiner Freundin Inge liiert. Wir tanzten im Gartensalon des Schlosses nach der Musik von Dietmar Teuschers Combo bis in den Morgen und saßen anschließend vor dem Schloss auf Bierbänken, bis es hell wurde. Einer von meinen Freunden hatte die Idee, nach Stettbach zur „Schönen Aussicht" zu gehen, um so etwas wie ein Bauernfrühstück einzunehmen. Inge verlor auf dem Weg einen Absatz ihrer Pumps und lief barfuß weiter. Wir waren gegen 6 Uhr morgens vor der kleinen verschlossenen Wirtschaft angekommen, setzten uns und riefen dann so lange – durchaus für paar Minuten! – nach der Wirtin, bis sie öffnete und wir Spiegeleier mit Schinken und Schwarzbrot bekamen. Ich hatte viele kleine Liebschaften. Mit Inge war das anders; ich werde darauf an geeigneter Stelle zurückkommen.

Nein, wir ließen keine Gelegenheit aus, um die Damenwelt zu beeindrucken – oder die Nachbarn zu erschrecken. Zum Beispiel, indem wir zu dritt ein scheinbar führerloses Auto durch Jugenheim steuerten. Mein bester Freund, Hermann Speckhard, war ebenso mit von der Partie wie das sogenannte Arnoldchen, Sohn der Architekten Arnold aus der Gutenbergstraße. Uns saß der Schalk im Nacken, und so fuhren wir in Arnoldchens Opel Kapitän, der mit einem großen Schiebedach ausgestattet war, die Alte Bergstraße und Zwingenberger Straße in Richtung Alsbach entlang. Das war insofern heikel, als diese beiden Straßen damals schon vielbefahren waren, aber es schreckte uns mitnichten. Hermann lag oder saß zusammengeduckt im Fußraum vor dem Fahrersitz, so dass man ihn nicht sehen konnte. Er bediente abwechselnd Gas und Bremse, sah aber selbst nichts. Währenddessen saß das Arnoldchen betont lässig auf dem Beifahrersitz, bediente das Lenkrad möglichst weit unten mit der linken Hand und gab dem Hermann, der souterrain hockte, die entsprechenden Kommandos. Ich selbst stand derweil auf dem rechten hinteren Sitz, guckte aus dem Schiebedach, ganz wie Adenauer oder de Gaulle und winkte den staunenden und glegentlich auch entsetzten Passanten jovial aus dem Geisterauto zu, das scheinbar so ganz ohne Fahrer gen Alsbach fuhr.

Intermezzo in England

Nach Abschluss eines Studiums mit einem Zweier-Examen und mit dem andauernden „Wirtschaftswunder", das zu einem großen Teil durch den Außenhandel getragen wurde, hatten junge Diplomingenieure alle Möglichkeiten für den Berufseinstieg. Ganz anders als heute erhielt man damals auf fast jede Bewerbung hin eine Einladung zu einem persönlichen Vorstellungsgespräch. Auch ohne jede Berufsberatung war mir klar, dass Englisch für viele Tätigkeiten in der Wirtschaft von großer Bedeutung sein würde. Mein Schulenglisch empfand ich als nicht ausreichend, zumal wir uns in der Oberstufe des Gymnasiums zwar mit englischer Literatur, nicht aber mit praktischem Englisch beziehungsweise englischer Konversation befasst hatten. Seit dem Abitur hatte ich fast kein Englisch mehr gesprochen.

Die TH Darmstadt war Mitglied eines internationalen Studentenaustauschwerkes, das Arbeitsplätze über ausländische Universitäten anbot. Weil sich die meisten Bewerber, wie auch ich, für die USA und Großbritannien bewarben, standen in diesen beiden Ländern nur relativ wenige Plätze für Bewerber zur Verfügung. Das Austauschprogramm der TH sollte Studenten nach dem Vor- oder Hauptexamen ein ausländisches Fachpraktikum ermöglichen und lief daher drei Monate.

Ich konnte auswählen zwischen einem Platz, vermittelt durch eine Universität in Seattle im US-Staat Washington, südlich der kanadischen Grenze am Pazifik gelegen, oder einer Stelle in Mittelengland. Den Flug nach New York hätte ich bezahlen können, dann hätte ich für wenig Geld per Greyhound-Bus quer durch die USA bis Seattle fahren müssen und wäre dort vielleicht als Auswanderer hängen geblieben. Das wollte ich keinesfalls. Ich entschied mich aus familiären und finanziellen Gründen für ein sogenanntes

Apprenticeship beim National Coal Board, gefördert von der Staffordshire University in Stoke on Trent, in Mittelengland. So konnte ich mit meinen Eltern und meiner Freundin besser in Kontakt bleiben. Den Beginn meiner Tätigkeit beim National Coal Board hatte ich auf Juni festgelegt, ausgereist nach England bin ich bereits Anfang Mai 1963, wo ich mir eine Unterkunft im Norden Londons unweit einer U-Bahnstation für vier Wochen besorgt hatte. Die ersten Tage kämpfte ich mit Englisch, meiner Wohnung und der englischen Lebensart. Ohne das vorher gewusst zu haben, wohnte ich ganz allein in einem dieser kleinen Häuschen, die sich voneinander fast nur durch die Hausnummer unterscheiden. Wie geht der Gasherd an? Wo sind die elektrischen Sicherungen, wie funktioniert das WC? Das Klo hatte zum Beispiel einen gewöhnlichen hohen Spülkasten der Marke Niagara, er war aus Guss. Zog man an der Kette, so tat sich nichts. Zudem ging das Licht nach kurzer Zeit aus, und es war draußen schon dunkel – unvergesslich! Auch eine ingenieurmäßige Untersuchung half nicht weiter. Nach einem wütenden Versuch glitt mir die Abzugskette aus der Hand und die Spülung machte ihrem Namen mit einem heftigen gurgelnden Rauschen alle Ehre. Man musste eben nur die Kette nach dem Ziehen loslassen, ganz einfach.

Nach ein paar Tagen hatte ich mich eingelebt und begann meine Sightseeing-Touren durch London. Als aufgeschlossener junger Mann lernte ich bald einige etwa gleichaltrige Briten kennen – darunter wenige interessante und viele schräge Typen. Kaum hatte ich mich eingelebt, musste ich weiterziehen, um mein Quartier in Stoke on Trent aufzusuchen. The Beeches – zu deutsch: die Buchen –, eine alleinstehende Villa mit Bushaltestelle gleichen Namens vor der Tür, war mein neues Zuhause. Die Eheleute Davis waren die Vermieter, meine Landlords. Mr. Davis war Angestellter des Coal Boards, meines neuen Arbeitgebers, seine Frau eine gute Köchin und The Beeches war nur etwa anderthalb Kilometer vom Campus der Universität entfernt. Die Davis' hatten außer an mich noch an einen norwegischen Studenten vermietet, mit dem ich mich gut verstand, und der nach zwei Monaten durch einen wunderbar Gitarre spielenden Spanier ersetzt wurde. Die Situation war für mich optimal. Nach einem opulenten englischen Frühstück von Mrs. Davis fuhr ich täglich zusammen mit Mr. Davis per Bus ins Büro nach Stoke on Trent und kehrte am Abend, wenn ich nichts anderes vorhatte, mit ihm zurück.

Wie üblich wurden mir im Büro die Geschichte, Organisation und das für mich vorbereitete Ausbildungsprogramm vorgestellt. Ich fing im Rechnungswesen an und habe am längsten in der Vertriebsabteilung gearbeitet. Der Vertrieb hat mich aus zweierlei Gründen besonders interessiert: Im Studium hatte ich davon ganz wenig erfahren, und Kundenbesuche waren für mich interessant und völlig neu.

Bereits 1946 war in Großbritannien die Kohleindustrie verstaatlicht worden. Die Eigentümer der Bergwerke waren abgefunden worden; die mehr als 750.000 Beschäftigten wurden in den National Coal Board (NCB), der seinerseits in regionale Gesellschaften aufgeteilt war, übernommen. Ganz Staffordshire war durch den Kohleabbau und dessen Großabnehmer geprägt. Dazu gehörten Stahlwerke und auch unsere Kunden, die sogenannten Potteries, Töpfereien und alle namhaften Porzellanhersteller wie etwa Wedgwood oder Royal Dalton. Während meiner Tätigkeit im Vertrieb habe ich diese Unternehmen mehrfach mit meinem Vorgesetzten besucht. Wir verkauften genau die Kohle für die Brennöfen, die den hohen Ansprüchen genügen sollten. Natürlich gab es auch harte Reklamationsverhandlungen. Wedgwood hatte gerade eine neue Fertigungslinie eingefahren, die mir als Deutschem mit Stolz vorgeführt wurde.

Eine der großen Familiendynastien der Kohleindustrie bewohnte vor der Abfindung einen Landsitz in der Größenordnung der Villa Hügel der Familie Krupp in Essen. Dieser überaus prächtige Landsitz mit seinem Schloss und den Nebengebäuden, darunter eine Orangerie und ein Amphitheater, bildeten das Zentrum des Campus der University of Stoke on Trent, der heutigen University of Staffordshire. In einem tiefergelegenen Teil des Parks befand sich ein kleiner See umgeben, von hohen Rhododendren, die gerade blühten. Mit meinem norwegischen und dem späteren spanischem Zimmerkollegen habe ich auf dem Campus viele schöne Stunden verbracht. Als einziger Deutscher wurde ich zu fast allen Ereignissen der Uni eingeladen, selbst zum offiziellen Besuch der Prinzessin Margaret mit ihrem damaligen Ehemann Lord Snowdon. An den Wochenenden waren willde Heubodenpartys angesagt, die in angemieteten Scheunen in der Nähe der Uni stattfanden. Ich hielt mich dort tapfer zurück, weil ich meiner Inge treu bleiben wollte.

In meinem zeitweiligen Zuhause war es gleichermaßen interessant. The Beeches verfügte über einen eigenen Rasen-Tennisplatz, Mr. Davis zog in seinem Gewächshaus Chrysanthemen und im Freien Dahlien, er spielte Billard und war ein richtiger Tausendsassa. Er rauchte Zigaretten wie ein Schlot, selbst im Bett. Seine Frau beschwerte sich darüber, dass es im Haushalt kaum ein Bettlaken ohne Brandlöcher gebe. Jeden Morgen steckte er sich eine andere Dahlienblüte ins Knopfloch seines verschlissenen Trenchcoats und ließ sich von den anderen Passagieren im Bus bewundern.

Ein Schwiegersohn der Davis' spielte sehr gut Tennis, er war Berufsfußballer in der ersten oder zweiten Division, der zweite Sohn wohnte noch im Hause, war etwas jünger als ich und im übrigen bereits verlobt. Die beiden haben mir das Tennisspielen beigebracht. Bei gutem Wetter spielten wir abends; an den Wochenenden war mancher Tag ganz vom Tennis geprägt. Doch vor das Vergnügen hatten die Götter den Schweiß gesetzt: Erst nach vorherigem Mähen und Walzen des Platzes konnten die Linien markiert werden. Dann erst ging es los.

Mit Sohn und Schwiegersohn der Davis' besuchte ich ein wichtiges Spiel der ersten Fußball- Division im Stadion von Stoke City, das mich kolossal beeindruckte. Es wurde abends unter Flutlicht gespielt, die Ränge waren sehr steil und die Zuschauer standen mit ihren Holzratschen ganz nahe an der Seitenauslinie und machten damit einen ungeheuren Krach. Von den vielen Rauchern verursacht sah man eine riesige Wolke an den Scheinwerfern vorbei in den dunklen Himmel steigen. Stanley Matthews, der englische Fritz Walter, spielte seinerzeit bei Stoke City. Das Spiel, das ich sah, gewann Stoke City knapp.

An Wochenenden unternahm ich größere Touren per Anhalter. Das war in England bei Studenten üblich und ging teilweise sehr schnell, je nachdem, welches Ziel der mitnehmende Fahrer hatte. Bis auf die Ostküste und den Norden Schottlands habe ich viel von England und Schottland auf diese Weise erkundet. Von meiner Basis in den Midlands waren die Ziele nicht weit entfernt. Wichtig war, dass es am Zielort ein YMCA-Heim gab und dass es möglichst wenig regnete.

Nach ein paar Wochen fühlte ich mich in England richtig wohl. Das Verhältnis zu meinen Vorgesetzten und den anderen Mitarbeitern im NCB war so gut, dass man mich gelegentlich sogar zu Besprechungen bei der übergeordneten Verwaltung nach Stafford mitnahm. Mein Englisch in Wort und Schrift entwickelte sich sehr gut. Auch privat lief es gut; bei Familie Davis fühlte ich mich bestens aufgehoben. Fast jeden Abend wurde der Kamin im Wohnzimmer angezündet, Mrs. Davis servierte zum Supper schwarzen Tee und Sandwiches und wir Männer spielten Karten oder Dominos vor dem Kamin. Alle Zimmer im Hause hatten einen Kamin, der mit Steinkohle einer bestimmten Qualität und Korngröße betrieben wurde. Die Kohle hatte einen hohen Heizwert; sie wurde den NCB-Mitarbeitern kostenlos nach Hause geliefert.

Das Anwesen gehörte vormals einem leitenden Angestellten der Kohlegesellschaft und war in jeder Beziehung üppig ausgelegt, was Tennisplatz, Putting Green und das schöne Treibhaus verrieten. Die Kamine im Haus hatten es mir indes besonders angetan. Der hintere Teil des Küchenkamins bestand beispielsweise aus einer wasserdurchflossenen Gussplatte, deren heißes Wasser in einem Wärmetauscher des darüberliegenden Bades für warmes Wasser sorgte. Der Tank für das warme Wasser war in einer Schrankwand des Bades eingebaut, in dem Badutensilien und Handtücher aufgehoben wurden. Im Bad und der Küche gab es daher immer warmes Wasser. Der Küchenkamin heizte gleichzeitig den Hauswirtschaftsraum, in dem gefrühstückt wurde. Der Kamin im Wohnzimmer hatte eine tellerartige drehbare Vorrichtung für einen Teekessel, der je nach Wärmebedarf mehr oder weniger ins Feuer geschwenkt werden konnte. Schwarzen Tee, der schön warm war und vielfach mit Milch und Zucker getrunken wurde, gab es immer, wenn der Kamin brannte. Die offenen Kamine im Hause Davis haben mich später veranlasst, die eigenen Häuser unserer Familie mit offenen Kaminen auszustatten. In Ennigerloh wie in Jugenheim wurden die offenen Kamine deshalb von vornherein eingeplant.

In ihren Sommerferien wollte mich Inge in England besuchen. Sie hatte ihr Examen in Jugenheim am PI abgeschlossen und hatte eine Stelle als Junglehrerin in Lich angetreten. Ich bekam eine Woche Urlaub und wir verbrachten den diese Tage im schottischen Lake District, hauptsächlich in Windermere. Allein habe ich dann später eine weitere, knapp einwöchige Reise nach Schottland unternommen, auf der ich wegen des nicht endenwollenden Regens von Edinburgh aus nur bis Aberdeen gelangte, wo ich dann die weiteren Pläne aufgeben musste, weil ich kein trockenes Kleidungsstück mehr besaß. Selbst alle Schuhe waren völlig durchnässt.

Meine Zeit beim NCB neigte sich trotz Verlängerung durch die Ferien unaufhaltsam ihrem Ende zu, und ohne Arbeitsvertrag lief auch meine Aufenthaltsgenehmigung ab. Bis Ende Oktober oder länger wollte ich aber eigentlich in England bleiben, um möglichst perfekt in Englisch zu werden. Was tun? Um mich beraten zu lassen, besuchte ich meinen guten Bekannten Georg in London, den ich während des Beginns meiner Englandreise kennen und schätzen gelernt und auch zuvor schon einige Male besucht hatte. Ich musste beim Home Office einen Antrag auf Verlängerung meiner Aufenthaltsgenehmigung stellen und konnte mich dort ebenfalls um eine neue Arbeitsstelle bemühen. Das tat ich auch, hatte aber letztlich keinen Erfolg, weil bei der Stellensuche britische Staatsbürger ausnahmslos den Inhabern ausländischer Pässe vorgezogen wurden, es sei denn, die betreffende Stelle konnte wirklich nur von einem Spezialisten, der nicht aus dem Vereinigten Königreich kam, besetzt werden. Das aber traf auf mich nicht zu.

Meine Anträge beim Home Office hatten zwar aufschiebende Wirkung, konnten mir aber nicht helfen, bis Ende Oktober im Lande zu bleiben, denn ich hatte ja auch kein Einkommen mehr. So verließ ich England mit guten Erinnerungen in der zweiten Septemberhälfte 1963.

Der Ernst des Lebens beginnt

Zu Hause angekommen, begann mit dem Beruf nun wirklich der Ernst des Lebens. Schon während des Studiums war ich immer knapp bei Kasse, denn Geld in den Semesterferien zu verdienen, war ab den letzten Prüfungen des Vorexamens nicht mehr möglich. Meine Eltern bezahlten alles, was ich dringend benötigte wie etwa Kleidung, Schuhe, Fahrgeld und das Mensaessen. An Stelle eines Monatswechsels bekam ich ein bescheidenes Taschengeld, an dessen Höhe ich mich nicht mehr erinnern kann. Obwohl mein Vater nur ein kleines Einkommen hatte, waren wir relativ vermögend. Deshalb kam eine BAFöG-Förderung nach dem sogenannten Honnefer Modell von vornherein für mich nicht infrage. Mein Vater kämpfte bei seinem kleinen Einkommen in Berlin sogar darum, von den Zahlungen gemäß Lastenausgleichsgesetz befreit zu werden, was ihm erst in den Jahren um 1965 gelingen sollte. Dieses Gesetz hatte zum Ziel, besonders hart durch Kriegseinwirkungen betroffenen Bürgern wie zum Beispiel den Vertriebenen und Spätheimkehrern eine Unterstützung zur Wiedereingliederung in das soziale Leben der Bundesrepublik zu ermöglichen. Inzwischen war mein Vater seit Ende Dezember 1962 Rentner, hatte eine kranke Frau und musste seine Schwester unterstützen oder auszahlen. Vor diesem Hintergrund galt es, zügig die richtige Berufswahl zu treffen.

Der Aufbau der elektronischen Datenverarbeitung, der EDV, für Banken und größere Industriebetriebe hatte in jenen Jahren gerade begonnen. In Europa wurde die neue Technologie beherrscht von den Unternehmen IBM, Bull und Olivetti. Ein Assistent, den ich aus einem früheren Seminar kannte, arbeitete bei IBM als Jungmanager und riet mir, mich bei der IBM in Frankfurt zu bewerben. Ich tat das zügig und hatte ein gutes Gespräch mit der Personalleitung, wo man mich bat, doch bereits am nächsten Einstellungstest, der schon ein paar Tage später stattfinden sollte, teilzunehmen. Im Gespräch wurde beiläufig erwähnt, dass nur solche Bewerber bei IBM erfolgreich sein könnten, die über sehr gutes analytisches beziehungsweise formales Denken verfügten. Das könne man in einem kleinen Test am besten überprüfen. Ich erschien zum angegebenen Termin zu einem weiteren Vorgespräch mit vielen anderen Bewerbern. Der Test bestand aus zunächst einfachen Reihen, deren nächstes Glied zu bestimmen und in ein Kästchen einzutragen war. Von Reihe zu Reihe oder Matrix zu Matrix wurden die Aufgaben schwerer. Der Test dauerte zwei Mal eine oder zwei Stunden, unterbrochen durch ein kleines Mittagessen. Nach dem zweiten Test wurden die Ergebnisse mit den erfolgreichen Kandidaten besprochen und Ort und Zeit des Arbeitsbeginns festgelegt. Ich gehörte dazu, und so besorgte ich mir schnellstens in Neu-Isenburg ein möbliertes Zimmer und trat die Arbeit im IBM Hochhaus in der Nähe des Hauptbahnhofes an.

Der Leiter der Geschäftsstelle empfahl mir, mich in ein Team einzuarbeiten und dann die 18-monatige Ausbildung zum Systems- oder Sales-Engineer im Frühjahr 1964 in Sindelfingen zu beginnen. Während dieser erforderlichen Ausbildungszeit arbeitete man ein paar Wochen im Team in der Geschäftsstelle, fuhr dann wieder für ein paar Wochen nach Sindelfingen ins Ausbildungszentrum und so fort, bis die 18 Monate absolviert waren. Im Gespräch erfuhr ich, dass eine Gruppe von Trainees gerade zu ihrem ersten Training nach Sindelfingen abgereist war und auf meine Frage, ob ich nicht nachreisen könne, meinte der Leiter der Geschäftsstelle, wenn ich mir das ohne Vorkenntnisse zutraue, könne ich das machen. Ich tat es, bekam die Fahrkarte und konnte in den Kurs nach den ersten zwei oder drei Tagen einsteigen.

Am Samstag nach meiner Anreise hatte ich bereits meinen ersten Test, den ich mit wenigen Punkten und einem glatten „mangelhaft" beendete. Direkt nach dem Test zogen sich zu meinem Erstaunen die meisten Teilnehmer in ihre Apartments zurück und bereiteten sich auf die nächste Woche vor. Sonntags trafen sich dann alle Kursteilnehmer bei einem ausgezeichneten Frühstücksbuffet – eine gute Gelegenheit, mich mit den Frankfurtern bekannt zu machen und über den Ablauf des Kurses näheres zu erfahren. Das hörte sich nach Stress wie zu Zeiten des Vorexamens an.

So war es dann auch. In den Geschäftsstellen hatten sich die Kursteilnehmer vorbereiten können, welche der Maschinen beziehungsweise deren Software in den Wochen des

Trainings in Sindelfingen durchgenommen würden und was vor Ort der Gegenstand des nächsten samstäglichen Tests sein würde.

Die betriebliche Anwendung der EDV funktionierte grob gesagt so, dass Routinevorgänge wie etwa Buchungen der Betriebs- oder Finanzbuchhaltung oder der Kontenführung bei Banken mittels erstellter Lochkarten durchgeführt wurden. Die Karten mussten dann entsprechend ihrer abgelochten Informationen sortiert, für Buchungen oder Tabellen vorbereitet und diese dann gedruckt werden. Die Vorgänge wurden seinerzeit von verliehenen IBM-Maschinen wie Kartenmischern, Sortierern, Tabelliermaschinen, Druckern und anderen Gerätschaften ausgeführt, deren Programme von den Mitarbeitern ebenso beherrscht werden mussten wie die Datenspeicherung, die späteren Kursen vorbehalten war. Wie musste also eine Tabelliermaschine, ich glaube, sie hieß IBM 640, geschaltet oder programmiert werden, damit sie diese oder jene Tabelle erstellen konnte? Das war dann zum Beispiel Gegenstand eines solchen Samstagstests.

Meine Testergebnisse wurden, obschon keine Vorkenntnisse vorhanden waren, dank meines unermüdlichen Einsatzes von Samstag zu Samstag besser. Am Ende des Kurses wurden die Gesamtergebnisse den Teilnehmern mitgeteilt. Ich war relativ zufrieden, obwohl mir der Trainingsleiter sagte, dass ich besser Sales-Engineer werden sollte, denn die Anforderungen an einen Systems-Engineer hätte ich nicht erfüllt. Anderen ging es viel schlechter, nur sehr wenigen aber auch besser als mir. Besonders leid taten mir die Trainees, die eine Berufskarriere für den Wechsel zu IBM aufgegeben und den Test nicht bestanden hatten. Bezahlung, Organisation, Unterbringung, Essen und selbst das Freizeitangebot, das die IBM offerierte, ließen in Sindelfingen indes keinerlei Wünsche offen.

Über die menschliche Behandlung bei IBM konnte man jedoch geteilter Meinung sein. Anfang 1964 herrschte zwischen den drei genannten EDV-Unternehmen offensichtlich eine erbarmungslose Konkurrenz, insbesondere, weil viele große Banken und anderen Firmen wie zum Beispiel die AEG ihre Hauptverwaltung ebenfalls in Frankfurt hatten. Nach Frankfurt zurückgekehrt war ich gespannt, ob sich dort bald auch so etwas wie eine normale Arbeitsatmosphäre einstellen würde, die mir den Besuch bei meiner Freundin Inge und meinen Eltern am Wochenende erlauben würde. Das war leider nicht der Fall. Alle Mitarbeiter waren täglich bis spät abends hektisch damit beschäftigt, Angebote neu zu erstellen, zu revidieren und intern oder extern zu besprechen. Deshalb setzte unser junger Geschäftsstellenleiter für jeden Samstag ab 14 Uhr ein Meeting an, in dem die Ergebnisse gewonnener und verlorener Aufträge besprochen und neue Zielvorgaben vereinbart wurden. Bereits mein erstes Meeting nach Rückkehr aus Sindelfingen endete etwa um 21 Uhr. Was mich daran besonders störte, war die harte Kritik und der damit vor allen Mitarbeitern geäußerte Wegfall von Boni für Manager, die einen Auftrag an die Konkurrenz verloren hatten. Wenn mich meine Erinnerung nicht täuscht, verdiente ein durchschnittlich erfolgreicher Sales-Manager etwa 3000 D-Mark im Monat inklusive Boni und damit ein Vielfaches eines guten Anfangsgehaltes für einen Jungakademiker. Das hatte natürlich auch mich gereizt, aber nun wuchsen doch meine Zweifel an der Art der Mitarbeiterführung bei IBM mehr und mehr.

Bereits stark erkältet nahm ich an einem der nächsten Samstagsmeetings teil, das fast genau so ablief wie alle vorherigen. Ich war froh, dass ich mich entschuldigterweise nach diesem Meeting in Neu-Isenburg für wenige Tage auskurieren konnte. Als es mir wieder besser ging, fuhr ich nach Frankfurt und reichte meine Kündigung ein. Wie lange mir mein Gehalt weiter bezahlt wurde, weiß ich leider nicht mehr, denn ich befand mich sicherlich noch in der Probezeit. War meine Berufswahl doch übereilt und nicht richtig? Ich wollte mich nicht verbiegen lassen und hatte ein gutes Gewissen, die Kündigung abgegeben zu haben. Erleichtert fuhr ich zu Inge nach Gießen.

Inge

Inge hat mir viel bedeutet. Ich hatte sie zum ersten Mal gesehen, als ich sie, auf dem berühmten Mäuerchen des Hotels Goldene Krone sitzend, mit anderen Studentinnen zum Heiligenberg hinaufgehen sah. Wir verloren uns dann aus den Augen, bis ich sie mit meinem zweiten Gehgips auf einer PI-Tanzveranstaltung im Saal der Krone in Asbach wiedersah. Dort haben wir uns wohl ineinander verliebt, zumindest ich mich in sie. Zunächst wohnte sie in Seeheim, doch dann zog sie mit einer Freundin in genau das Haus in der Weinbergstraße ein, in dem Achmed gewohnt hatte – welch ein Zufall! Wie alle Verliebten trafen wir uns häufig während der Studienzeit, was meinen Eltern nicht verborgen blieb und insbesondere meinem Vater stark missfiel. Bei meiner Mutter bin ich mir bezüglich ihres Urteils nicht so sicher.

Mein Vater dachte wohl zunächst an mein Vorexamen, das ich noch nicht abgeschlossen hatte und fürchtete, ich würde durch Inge vom Studium abgelenkt. Es stellte sich jedoch bald heraus, dass er sie als Person und potentielle Schwiegertochter nicht akzeptierte, und das tat mir weh. Sie war zierlich, dunkelhaarig, attraktiv und selbstbewusst, was sie sich auch anmerken ließ, und vielleicht hatte mein Vater auch die Idee, sie verdrehe seinem Sohn nur den Kopf. Ich konnte und wollte ihr nicht sagen, dass sie von meinen Eltern nicht gemocht wurde. Ob sie es bei gelegentlichen Treffen gespürt hat, glaube ich nicht, denn meine Eltern wahrten nach außen immer die Form. Sie entstammten, ähnlich wie das wohl auch heute von der Jugend empfunden wird, einer anderen Generation mit anderen Anschauungen, außerdem war mein Vater zwar nicht kompromiss-bereit, aber auch nicht autoritär.

Da ich nicht mehr in Jugenheim wohnte, sondern in Neu-Isenburg, betraf mich die Einstellung meiner Eltern zu Inge nicht sonderlich oder ich verdrängte sie. Schließlich waren wir beide erwachsene Menschen mit guter Ausbildung – wir würden unseren Weg im Leben schon meistern. Wir kauften uns Ringe und verlobten uns. Meine Eltern waren entsetzt, Inges Eltern waren überrascht, aber keinesfalls schockiert.

Meine Bewerbungen konnte ich nach gründlichem Studium der Stellenanzeigen in der FAZ von Neu-Isenburg aus verschicken, die Vorstellungsgespräche konnte ich in Ruhe vereinbaren. An den Wochenenden besuchte ich meist Inge in Gießen, da ihre Freundinnen auch noch in Gießen oder Umgebung lebten. Eine dieser Freundinnen war Ärztin im Praktikum an der Uniklinik, die andere hatte ihr Examen mit Inge in Jugenheim am PI abgelegt und war wie sie in den Schuldienst übernommen worden. Der Bekanntenkreis der drei Freundinnen war groß, darunter ein Jungmagister der Philosophie aus München. Der überredete uns bei einer Fete in Gießen zu einem Kurzurlaub zum Skifahren in ein Dörfchen in der Nähe von Seefeld. Dort könne er ein kleines Häuschen für acht bis zehn Personen zu einem Spottpreis anmieten. Das taten wir. Die Frauen kochten, die Männer hackten Holz, heizten den zentralen Kachelofen und kauften ein, wenn wir nicht alle zusammen – mit Ausnahme Blasis – den Skikurs für Anfänger besuchten. Blasi, so wurde der einzige Münchner in der Runde genannt, war natürlich versierter Skifahrer. Er gab uns nachmittags noch zusätzlichen Skiunterricht. Es war ein schöner Urlaub und ich fuhr nach Neu-Isenburg zurück, um für mich weitere Vorstellungsgespräche zu vereinbaren.

Meine bevorzugte Stelle war die eines Mitarbeiters in der Stabsabteilung Verkauf-Ausland bei Fried. Krupp in

Essen. Ein Grund für meine Präferenz war die herausragende Stellung von Berthold Beitz, dem Generalbevollmächtigten von Alfried Krupp von Bohlen und Halbach, der neben dem damaligen Chef der Deutschen Bank, Hermann Josef Abs, der meistzitierte Manager der deutschen Wirtschaft war. Der Leiter der Stabsabteilung bei Krupp war ein Dr. Lierau – und der war als ehemaliger Diplomat ständig im Ausland unterwegs, teilweise auch mit seinem Vertreter Rodrigues. So bekam ich lange keinen Termin für eine Vorstellung. Ich reiste nach Neuwied zur Firma Rasselstein, einem großen Weißblechhersteller und war gerade im Begriff, die Firma Hauni in Hamburg, einem Hersteller von Maschinen für die Tabakindustrie, zu besuchen, als ich den Termin zum Vorstellungsgespräch in Essen bekam. Das Gespräch führte Herr Rodrigues mit mir in Englisch. Ob meine England-Aufenthalt hier entscheidend war? Ich bekam jedenfalls eine Zusage.

So wurde ich Kruppianer. Ich wurde als Mitarbeiter in der Ostabteilung Anfang 1965 eingestellt. Wolfgang Bach, mit dem ich mich von Beginn an auch persönlich sehr gut verstand, war mein Vorgesetzter, Eilert von Voss sein Vertreter. Ich mietete mir schnell ein möbliertes Zimmer im Stadtteil Rüttenscheid, das wegen Inge ja nur eine Zwischenlösung sein sollte.

Wir telefonierten oft miteinander. Eines Tages klagte sie über Schmerzen im Unterleib und wollte sich auf Anraten ihrer Freundin in der Uniklinik Gießen untersuchen lassen. Es bestand, das war das Ergebnis, der Verdacht auf eine Uterusanomalie, die am besten mittels eines kleinen operativen Eingriffs beseitigt werden konnte. Ich erzählte Wolfgang, mit dem ich inzwischen befreundet war, besorgt von dieser Geschichte. Ich unterbreitete ihm den Plan, Inge in Gießen zu besuchen. Das fand er gut.

Es sollte ein schlimmer Besuch werden. Nach der Operation ließen die Schmerzen bei Inge nicht nach. Die Medizi-

ner der Uni, darunter ein mir aus dem Gießener Freundeskreis bekannter Arzt, folgten der fahrlässigen Ansicht ihres
Professors, junge Frauen seien nun eben besonders sensibel
und eine Besserung sei absehbar. Tatsächlich verschlechterte
sich ihr Zustand dramatisch, und Inge musste plötzlich an
einer Darmverschlingung notoperiert werden. Auf dem
Wege vom Operationssaal in die Intensivstation erlitt sie
einen Herzstillstand, der nicht schnell genug behoben werden konnte. Sie wachte aus dem Koma nicht mehr auf. Ich
fiel in ein tiefes Loch.

Nicht resignieren, sondern arbeiten

Wer konnte mich trösten, und wieder aufrichten? Inges Eltern, die ihr einziges Kind verloren hatten, konnten dies
wohl kaum. Vielleicht meine Mutter? Die aber lag zu der
Zeit in einer Nervenklinik in Herborn im Dillkreis, um einem MS-Schub vorzubeugen beziehungsweise die Wirkung
eines vorausgegangenen Schubes teilweise wieder zu behe-
ben – eine Methode, die ihr bisher geholfen hatte. Ich besuchte sie ohne Voranmeldung und trat in ihr Zimmer. Sie
sah mich überrascht an und fragte sofort so etwa: „Gunther,
was ist passiert?" Als ich ihr kurz von Inges Tod berichtete,
nahm sie mich liebevoll in ihre Arme. Das habe ich ihr nicht
vergessen, denn derartiges kam bei meinen Eltern wirklich
sehr selten vor.

In Essen tröstete mich Wolfgang im Büro und zuhause
in seiner jungen Familie. In meiner Freizeit versuchte ich,
mich abzulenken und nicht zu resignieren. Meine Wohnver-
hältnisse mussten verbessert werden und ich überlegte, einem Sportverein oder Tennisclub beizutreten, um in meiner
Freizeit unter Menschen zu sein. Inge hatte sich kurz vor
ihrem Tod einen gebrauchten DKW 3=6 gekauft, da sie noch
bei ihren Eltern in Gießen wohnte. Nach ihrem Tode über-

ließen mir Inges Eltern ihr Auto, das mir für meine Vorhaben in Essen nun Mobilität verlieh.

Meinen Wirtsleuten in Essen, dem Ehepaar Schüller, konnte ich mein Schicksal leider nicht verbergen, worauf die sich verpflichtet fühlten, mich möglichst jeden Abend zu trösten, was mir mit der Zeit gar nicht gefiel, zumal der Trost gewöhnlich in der Küche mit Stauder- oder Sternpils vonstatten ging. Schüllers waren richtige Essener oder Ruhrgebietsleute, etwa 60 bis 65 Jahre alt, arbeiteten beide nicht mehr und hatten keine Kinder. Er hieß Manfred, kurz „Manni", war in jungen Jahren Boxer im Mittelgewicht und mindestens Stadtmeister von Essen gewesen, sie war Krankenschwester. Wie spät auch immer ich nach Hause kam – in der Küche brannte noch Licht und ich musste noch ein Pils mit Manni trinken.

Eigentlich wollte ich bald kündigen und eine andere Wohnung suchen, eine sehr teure und schwierige Angelegenheit, wenn es ein Apartment im Essener Süden oder in der Nähe der Gruga sein sollte. Im boomenden Essen bestand Wohnungsnot und ich gab die Wohnungssuche vorerst auf. Schneller ging es mit meiner Mitgliedschaft im Tennisclub Schwarz-Weiß am Stadtwaldplatz, obwohl das auch schwierig war. Es gab Wartezeiten, Beitragsvorauszahlungen und es mussten Bürgen benannt werden. Die Tennisausrüstung mit Schläger, Schuhen, Kleidung und weiteren Ausrüstungsgegenständen kostete außerdem sehr viel Geld, von dem ich wenig besaß. Ich nahm Trainerstunden und verbrachte die Wochenenden sehr oft im Club, unter anderem auch deshalb, weil man dort sehr gut essen konnte. Bald hatte ich mich mit einigen etwa gleichaltrigen Singles angefreundet, mit denen ich mich freitagabends dort bei Pumpernickel mit Rübenkraut und einem Pils traf. Das war besser, als den Abend bei Schüllers zu verbringen.

Eines Freitags wollten wir wieder einmal in den von uns so genannten „Katzenkeller" gehen. Das war ein nicht nur in Essen bekanntes und gepflegtes Tanzlokal namens „Arkadia" im Zentrum der Stadt. Der Stahlhändler Jupp Lippens hatte die Idee, und wir fuhren in seinem Mercedes zu viert, die Männer in Anzug und Krawatte, seine Marlies in entsprechendem Outfit, direkt vom Stadtwaldplatz in die Arkadia. Dort hatte einer von uns einen Tisch reserviert, nicht zu nahe an der Kapelle, unweit der Tanzfläche mit gutem Überblick.

Wir fuhren also dorthin. Die Männer bestellten wie üblich das „Herrengedeck", bestehend aus einem Pils und einem Piccolo, die Dame einen Piccolo oder einen Cocktail. An diesem Abend hatte Petra Napieralla ihre Freundin Heidi Köhn überredet, zum Tanzen in die Arkadia nach Essen zu fahren. Jupp, unser Ältester mit etwa 40 Lenzen, stieß mich an und sagte so etwas wie: „Gunther, dort drüben sitzt ein hübsches junges Mädchen, die mit dem geringelten Pullover, die wäre was für Dich!" Im Verlauf des Abends gelang es Bernd, unserem Vierten an diesem Abend und mir, Petra und Heidi zum Tanz aufzufordern. Nach dem Tanz stellte sich heraus, dass Bernd Heidis Freundin Petra vom Tennisspielen in Gelsenkirchen-Buer kannte. Wir hatten damit genügend Gesprächsstoff, verabredeten uns – und daraus entstanden erst eine Freundschaft, später eine Liebe und schließlich meine glückliche Ehe mit Heidi: ein langer, wunderbarer Weg. Bis heute!

Zurück zur Arbeit bei Fried. Krupp. Bei der Arbeitsbeschreibung muss ich zum besseren Verständnis leider auch kurz auf die Konzernstruktur eingehen, wie sie zur Zeit meines Eintritts bestand: Die Unternehmen des Konzerns gehörten dem alleinigen Inhaber Alfried Krupp von Bohlen und Halbach, der „Herr von Bohlen" angeredet und genannt wurde. Der Konzern war vertikal aufgebaut, was ursprünglich umsatzsteuerliche Gründe hatte – mit den Aktivitäten Bergbau, Stahlherstellung, Stahlveredlung, Schiffbau, Maschinenbau, Anlagenbau und Baubetriebe, die je in verschiedenen betrieblichen Einheiten wie Gruben, Stahlwerken, Walzwerken, Werften, Maschinenfabriken, Anlagenbau geführt wurden.

Daneben waren aus sozialem Engagement der Familie Krupp für ihre Mitarbeiter schon sehr früh eine Konsumanstalt und die Wohnbetriebe geschaffen worden. Um dieses Konglomerat von Betrieben und Unternehmen zu leiten, hatte Herr von Bohlen den Manager Berthold Beitz eingestellt und mit Generalvollmacht ausgestattet. Beitz sollte den Konzern in Abstimmung mit dem Eigentümer wieder zum Erfolg führen und insbesondere vom Image der Waffenschmiede befreien. Dazu mussten vor allem der Export gefördert und Märkte teilweise neu erschlossen werden, was nicht von den einzelnen Unternehmen unkoordiniert vollbracht werden konnte. Im gesamten Ostblock wurde zum Beispiel das Import- und Exportgeschäft durch Außenhandelsgesellschaften für die staatlichen Betriebe abgewickelt. In anderen Weltgegenden wie Südamerika oder Fernost verfügten spezialisierte Handelshäuser und Vertretungen über die besten Marktkenntnisse.

Dieses Know-how zu sammeln und den Konzernunternehmen zu vermitteln war die Hauptaufgabe der Stabsabteilung Verkauf-Ausland (K-VA), in deren Referat Osteuropa ich beschäftigt war. Diese K-VA war in die Länderreferate Europa, Afrika, Fernost, Osteuropa, Polen und UdSSR sowie Auslandsvertretungen untergliedert. Zu Osteuropa gehörten die Länder Albanien, Jugoslawien, Ungarn, Bulgarien, Rumänien und die Tschechoslowakei.

Meine Einarbeitung bestand zunächst darin, die Produkte der Konzernbetriebe anhand von Unterlagen und Besuchen im Ruhrgebiet kennenzulernen. Vorher musste ich mich teuer einkleiden. Der Standardanzug in der Hauptverwaltung bei Krupp war ein anthrazitfarbener oder dunkelgrauer einreihiger Kammgarnanzug, auf Messen meist ein dunkelblauer Anzug, von denen jeder gut und gerne seine

400 D-Mark kosten mochte. Wolfgang trug sogar immer Einreiher mit Weste.

Mehrere Reisen folgten zu den vielen Unternehmen in Norddeutschland, wo Krupp das Unternehmen MAK mit seinen Tochterbetrieben gekauft hatte. Nach weniger als einem halben Jahr kannte ich alle Betriebe des Konzerns und deren Geschäftsführungen mit Ausnahme des Bergbaus und der Hüttenindustrie, die für K-VA nicht relevant waren.

Bedingt durch die frühere Karriere von Berthold Beitz während des dritten Reiches als Manager eines Ölkonsortiums in Galizien und Retter vieler dortiger Juden galt sein besonderes Interesse dem Ostgeschäft. Er pflegte den persönlichen Kontakt zu höchsten Regierungsvertretern und legte Wert darauf, dass Krupp auf den Industriemessen in Moskau, Posen, Brünn, Zagreb und selbst in Plovdiv in Bulgarien mit einem repräsentativen Kruppstand vertreten war. Die Messestände wurden jeweils von den Baubetrieben aus Essen aufgebaut und mit entsprechenden Fazilitäten auch für hohen Besuch ausgestattet.

Meinen ersten Auslandsaufenthalt erlebte ich auf der Industriemesse in Plovdiv. Die Standbesatzung bestand aus Herrn Schweiger, dem Direktor der Wipla-Zahntechnik, Wolfgang, mir und zwei jungen bulgarischen Hostessen. Fast täglich reisten Kruppianer von verschiedenen Unternehmen an, die Kundengespräche von Deutschland aus bereits vereinbart hatten und den Stand für ihre unterschiedlichen Besprechungen nutzten. Hohen Besuch aus Essen, wie ich ihn später auf anderen Messen erlebte, hatten wir nicht. Vielleich stattete der deutsche Botschafter einen Besuch ab, ansonsten verlief nach Meinung von Wolfgang das Messegeschehen normal. Was mich in Plovdiv befremdete und zugleich beeindruckte, war die enorme Arroganz vieler deutscher Stahlhändler, vornehmlich aus Düsseldorf, und die des kaufmännischen Geschäftsführers der Krupp- WIDIA-Fabriken.

Für Bulgarien war die Messe in Plovdiv ein großes Ereignis. Alle Ausländer wohnten im Messehotel Trimoncium, einem dieser Kästen mit großen Restaurants, wie es sie in vielen Ländern des Ostblocks gab. Die Speisekarte des Messehotels, die wohl vor dem internationalen Ereignis erstellt worden war, enthielt viele Gerichte, übersetzt in mehrere Sprachen. Der Direktor der WIDIA lud die Standbesatzung eines Abends ins Trimoncium ein und bestellte beim Ober viele Gerichte, und davon gleich jeweils die doppelte Portion pro Person, was mich nach dem Grund dieser Bestellmethode fragen ließ. Er meinte, nach seiner Erfahrung seien die meisten Gerichte ohnehin ausverkauft und ich würde das Ergebnis nach spätestens einer Stunde schon bemerke. Der Ober kam nach geraumer Zeit, brachte sehr viel von einem komischen Wurstgericht und viel Wein. Als wir vom Wurstgericht einen Teil verzehrt hatten, legte der Gastgeber eine kleine Wurst auf den Griff seiner Gabel und schlug mit der Hand auf die Gabelspitze, so dass die Wurst über seine Schulter nach hinten im hohen Bogen in den Saal flog. Dann zahlte er und lud uns in ein Restaurant am Fernsehturm in Plovdiv ein. Das sei ein gutes bulgarisches Restaurant, das er früher schon oft besucht hatte. Wolfgang schwieg auf der Fahrt zum Fernsehturm, weil er wohl ahnte, was passieren würde. Die Speisekarte wurde gebracht und entpuppte sich als die gleiche wie die des Trimonciums. Wir bestellten ein anderes internationales Gericht, das aber bei näherem Hinsehen eine mehr als verdächtige Ähnlichkeit zu dem aufwies, das wir schon genossen hatten. Dann fuhren wir wieder in unser Hotel und besuchten die internationale Floor-Show – immerhin: dort gab es keine Würste!

Auf der Rückreise wurden in Sofia noch einige Termine bei Außenhandelsgesellschaften wahrgenommen, die auf der Messe vereinbart worden waren, und zurück ging es nach Essen, wo ich mich auf den kommenden Sommer und die beginnende Tennissaison freute.

Große Sorgen in Jugenheim

Zwischen meinen Eltern und Tante Käthe hatte es inzwischen nicht nur eine, sondern mehrere scharfe finanzielle Auseinandersetzungen gegeben, die ihren Auszug aus dem Elternhaus und eine endgültige Trennung unausweichlich gemacht hatten. Juristisch war das Problem nur mit einer sogenannten Zwangsversteigerung zur Aufhebung der Gemeinschaft zu lösen, bei der meine Eltern das Anwesen in Jugenheim ersteigern wollten. Diese Versteigerung begann im Gerichtsgebäude Bensheim um 8 Uhr 30 am 28. April 1965. Alle vorzubereitenden Maßnahmen und unsere Strategie für die Versteigerung hatte mein Vater mit dem Bensheimer Notar Dr. Hattemer und auch mir rechtzeitig vor dem Termin abgesprochen. Ich wollte und musste meinem Vater bei der Versteigerung beistehen, weil wir meiner Mutter die Anwesenheit bei der dramatischen Entscheidung vor Gericht im Beisein meiner Tante nicht zumuten wollten.

Da der Verkehrswert vor dem Zwangsversteigerungsverfahren gerichtlich festgelegt sein muss und jeweils zehn Prozent des Gebots vom Bieter als Sicherheit bei Gericht bar hinterlegt werden müssen, hatten wir uns mit einer entsprechenden Summe Bargeldes eingedeckt. Zum Termin war Tante Käthe mit juristischem Beistand und einem Immobilienmakler erschienen; bis zur Verkündung der Versteigerungsbedingungen hatte ich sie wegen meiner großen Nervosität gar nicht bemerkt. Wir hatten uns am Verkehrswert von etwas unter 200.000 D-Mark orientiert, waren jedoch davon ausgegangen, den Anteil meiner Tante zum Preis von weniger als 100.000 D-Mark zu ersteigern. Unsere liebe Tante Käthe war inzwischen ohne Einkommen, da sie ihr Berliner Eigentum auch bereits aufgezehrt hatte. Dennoch rechneten wir sicherheitshalber mit einem Höchstgebot von 110.000 D-Mark für den zu erwerbenden Anteil von 50 Prozent und hatten somit 11.000 D-Mark in bar bei uns.

Die Gebote waren schnell bei 70.000 D-Mark angekommen und Dr. Hattemer begann nun, in Schritten von jeweils 5.000 D-Mark weiter zu bieten. Die Gegenseite bot jeweils 1.000 D-Mark mehr und wir näherten uns langsam mit noch kleineren Schritten unserem Limit – ebenso Käthe. Schließlich hatten wir unsere kompletten 11.000 D-Mark hinterlegt und es bahnte sich für mich eine Katastrophe an. Nicht so für unseren gewieften Notar. Der bat das Gericht um eine Unterbrechung – und meinen Vater und mich zur Besprechung vor die Tür. Nach kurzer Diskussion waren auch Vater und Sohn überzeugt, dass die Gegenpartei ebenfalls nicht sehr viel mehr bieten würde. Wir mussten das Risiko eingehen, einige tausend D-Mark mehr zu bieten, wollten wir unser Zuhause nicht verlieren.

Dr. Hattemer fuhr nun schnell in seine Kanzlei und kam mit ein paar Tausend D-Mark zur Verhandlung zurück. Das merkten Käthe und ihr Immobilienmakler aus Frankfurt schnell, und nach dem nächsten Gebot hatten wir unser Jugenheim für uns alleine gewonnen und waren die Drohne Käthe los. Die musste nun unser Anwesen in Jugenheim verlassen und zog in eine Wohnung in die Soderstaße nach Darmstadt.

Meine Eltern nahmen für die Gegenfinanzierung dieser Aktion einen Kredit von 100.000 D-Mark bei der Sparkasse Darmstadt auf, für die damalige Zeit und das Einkommen meines Vaters eine große Belastung. Die Eltern zogen nach einigen Renovierungsarbeiten ins Erdgeschoss um und vermieteten die erste Etage sowie das Obergeschoss. Die Sorgen waren nicht viel kleiner geworden, wohl aber die Gewissheit, mit Käthe nichts mehr zu tun haben zu müssen.

Erleichtert kehrte ich nach Essen zurück und freute mich auf das Frühjahr und den kommenden Sommer. Ich hatte mich bei Krupp Wohnungsbau um ein Appartement beworben. Und ich sollte großes Glück haben, nicht nur mit der Wohnung.

Bessere Zeiten in Essen

In Bredeney, direkt oberhalb der Villa Hügel, besaß der Wohnungsbau das Touring-Hotel und eine moderne Anlage, bestehend aus drei nebeneinanderliegenden Häusern ausschließlich mit Apartements für Alleinstehende, heutzutage Singles genannt. Bewohnt wurden die Appartements vorzugsweise von Sekretärinnen, Junggesellen und von alleinstehenden Damen mit verwandtschaftlichen Beziehungen zu leitenden Angestellten des Unternehmens.

Ich konnte zum Herbst dort einziehen. Wohnlage und das Apartement waren für mich ideal. Als Kruppangestellter konnte ich durch den Hügelpark bis zum Parkhaus Hügel oder dem Baldeneysee gehen oder fahren und war in fünf Minuten zu Fuß im Stadtwald.

Mit Heidi hatte ich nach meinem Messebesuch in Plovdiv schnell wieder Kontakt aufgenommen. Sie war braungebrannt vom Skiurlaub zurückgekehrt und war mir gegenüber etwas reservierter, wie mir schien. Gab es einen Nebenbuhler? Ein junger Arzt aus Graz namens Fritz war es, der sie in Deutschland nach dem Skiurlaub besuchte und dem ich sogar vorgestellt wurde. Wir machten zu Dritt einen Spaziergang durch die Gruga mit anschließendem Kaffeetrinken bei herrlichem Frühlingswetter, an den ich mich gut erinnere. Die Rhododendren blühten gerade. Es war im Wonnemonat Mai, Balzzeit auch für viele Tierarten. Wie Kraniche beim ihrem Hochzeitstanz, vielleicht eine Spur dezenter, haben sich der Nebenbuhler Fritz und ich in der Gruga wahrscheinlich für außenstehende Beobachter aufgeführt. Den ganzen Sommer musste ich um Heidi kämpfen, hatte aber zum Herbst hin so langsam gewonnen, wie das Ergebnis später ergab.

Zum Herbst hatte ich eine neue Adresse: Am Brandenbusch Nr. 4. Ich wohnte im Erdgeschoss, neben Frau von Puttkamer, einer reizenden Dame, die mit 79 Jahren bei gutem Wetter im ETUF fast jeden Morgen Tennis spielte und mir im Notfall mit Butter oder Salz aushalf. Wenn Arnd von Bohlen, der damals wohl bekannteste Junggeselle Deutschlands, kurz verreist war, hütete sie seinen Yorkshire-Terrier Hündchen mit den roten Haarschleifen. Das Wohnumfeld hatte sich, gemessen am möblierten Zimmer bei Schüllers, stark verbessert. Was noch zu wünschen übrig ließ, war meine Motorisierung. Im Ruhrgebiet, viel stärker als im südlichen Deutschland, war der PKW das Standessymbol schlechthin. Besaß man ein Auto älteren Typs oder eines gar mit Rostflecken, galt man beinahe als asozial.

Von weitem sah mein Auto gar nicht schlecht aus, und deshalb stellte ich es beim ersten Besuch meiner zukünftigen Schwiegereltern Köhn auch etwas weiter vom Hauseingang entfernt ab. Dringend erneuert werden mussten bei genauerer Betrachtung jedoch der Auspuff, dessen Klang mir aber so gut gefiel, dass ich bei der Durchfahrt der Unterführung am Essener Hauptbahnhof möglichst Vollgas gab. Eines Abends brachte ich Heidi sehr spät nach Hause, und da ich am nächsten Morgen sehr früh verreisen musste, nahm ich den kürzesten Weg über Altenessen nach Bredeney entlang der Straßenbahnlinie auf Kopfsteinpflaster. Urplötzlich beschleunigte mein Auto und raste mit Vollgas davon. Ich musste es irgendwie abwürgen und stand um halb zwei Uhr nachts auf menschenleerer Straße in Altenessen. Ein Teil des Vergasers war durch die Erschütterungen abgefallen und das Benzin wurde ungesteuert in den Motor eingesaugt. Das ging natürlich nicht. Ein anderes Auto musste möglichst bald angeschafft werden.

Der Neue war eine Simca Ariane, ein französischer Wagen der oberen Mittelklasse, den ich vom Referatsleiter Fernost von K-VA zu einem günstigen Preis kaufte. Äußerlich glich das Auto einem Opel Kapitän. Es wurde mit zwei verschiedenen Motorenversionen gebaut, einem Vierzylinder, der 35 Kilowatt leistete, und einem Achtzylinder mit 62-KW-

Ottomotor. Meine Ariane hatte 35 KW, und sie war ein sehr bequemes, etwas untermotorisiertes Fahrzeug, das leider keine langen Autobahnfahrten mit Höchstgeschwindigkeit vertrug. Das offenbarte sich bereits bei meiner ersten Fahrt nach Jugenheim. Die Auslassventile überhitzten und mussten neu eingeschliffen werden. Nach der Reparatur lief das Auto wieder – und ich wusste Bescheid und überlastete meine Ariane nicht mehr.

Beruflich kam ich voran. Von den vor mir eingestellten Mitarbeitern in K-VA verließen einige die Abteilung, um als Delegierte des Unternehmens im Ausland tätig zu werden, in Griechenland, in Südafrika, Libyen und Russland. Eilert von Voss, der für die Tschechoslowakei, Jugoslawien und Albanien unter Wolfgang verantwortlich war, sollte als Delegierter für drei Jahre nach Belgrad gehen und mich vorher in der ČSSR einführen. Eilert kannte die ČSSR bereits. Visa und Pkw-Fahrerlaubnis beschaffte Herr Freise vom Sonderbüro schnell über unsere Verbindungsstelle in Bonn. Per Telex, damals mit Lochstreifen geschrieben, wurden die Termine mit den Staatshandelsgesellschaften in Prag vereinbart, und ohne jede Komplikation reisten wir per PKW nach Prag. Von dort aus vereinbarten wir die einzelnen Besuchstermine außerhalb Prags.

Zeitlich fiel meine Einarbeitung in etwa zusammen mit dem Verkauf einer kompletten Reifenfabrik durch Krupp MAK in der ČSSR. Das wurde als großer Erfolg des kaufmännischen Geschäftsführers, Herrn Siber, im Ostgeschäft gewertet, und er wurde daraufhin zum Direktoriumsmitglied für den Vertrieb durch Herrn Beitz bestellt. Mit dem Liefervertrag wurde ein Junktim vereinbart, demzufolge Krupp tschechoslowakische Güter in die BRD einführen beziehungsweise hierzulande verkaufen sollte. Dieses Junktim nannte sich eine Gegengeschäftsverpflichtung, die durch die Devisenknappheit der ČSSR bedingt war und sich in der Folge beispielhaft in fast allen Staatshandelsländern durchsetzte. Da die Tschechoslowakei traditionell ein sehr guter Maschinenhersteller war und sogar über einige westdeutsche Lizenzen verfügte, schien das Problem lösbar. Es führte zudem zu einer handelspolitischen Annäherung zwischen Ost und West nach dem Motto: der Handel ist Wegbereiter der Politik. Noch im Frühjahr 1965 verließ Eilert Essen und zog frisch vermählt nach Belgrad, und ich war für die ČSSR verantwortlich. Bereits kurz nach meiner Einstellung nahm ich an den periodischen Sitzungen von K-VA teil, auf denen über den neuesten Stand aller Exportprojekte und organisatorische Änderungen des Konzerns berichtet und beraten wurde. Die Sitzung wurde zwar von Dr. Lierau geleitet, die Themen und der Verlauf aber geschäftsbedingt oftmals durch den Direktor der Abteilung Konsortialgeschäfte, Dr. Kühn, bestimmt. Ob die Sitzungen monatlich oder vierzehntäglich als Jour Fix stattfanden, weiß ich nicht mehr. Ich erwähne sie nur, weil sich die Großprojekte oft sehr langwierig entwickelten und schon seinerzeit die Ostgeschäfte eine große Rolle spielten. Gab es Uneinigkeit über die Priorität der Projekte, berief sich Dr. Lierau auf Herrn von Bohlen und Dr. Kühn auf Beitz.

Heidi und ich waren glücklich. Wir wollten einen grossen Schritt wagen und uns verloben. Sie war als Kindergärtnerin bei der Stadt Essen angestellt und ich hatte einen interessanten und aussichtsreichen Job bei einem der großen Unternehmen in der wachsenden Wirtschaft der BRD. Wir verlobten uns im Sommer 1966 und verbrachten eine wunderbare Zeit, an die ich beim Schreiben dieser Zeilen wegen meines Alters mit etwas Wehmut zurückdenke. Sonntags wurde ich bei meinen zukünftigen Schwiegereltern zum Essen eingeladen. Mir schmeckten besonders der Kalbsbraten und die Königsberger Klopse, danach spielten wir bei schlechtem Wetter mit Heidi und ihrem Vater Skat und gingen abends vielleicht ins Kino oder in die Oper.

Die junge Familie unterwegs

Die Mehrheit der Paare, die sich heutzutage für ein gemeinsames Leben entscheiden, fassen erst dann eine standesamtliche oder kirchliche Trauung ins Auge, wenn beide Partner sich nach Monaten oder Jahren immer noch lieben, ein Kind unterwegs ist oder andere Lebensumstände eine Heirat für opportun erscheinen lassen. – Das war 1967 gänzlich unmöglich. Man hätte nicht einmal einen seriösen Vermieter gefunden, der bereit gewesen wäre, eine Wohnung an ein unverheiratetes Pärchen zu vermieten.

Wir entschieden uns für die damals moralisch, gesellschaftlich und wirtschaftlich vernünftigste Lösung. Am 18. Januar 1967 ließen wir uns vor dem Standesamt in Gelsenkirchen-Buer trauen, stellten einen Wohnungsantrag bei Krupp-Wohnungsbau und nach Erhalt einer Neubauwohnung in der Kruppschen Siedlung Essen-Haarzopf wurden wir am 28. Mai 1967 kirchlich getraut. Trauzeuge waren im Rathaus Buer mein Schwiegervater und mein angeheirateter Schwager Arnold Germar, damals Leiter des dortigen Bauamtes und späterer Architekt unseres Hauses in Westfalen. Bei der kirchlichen Trauung waren es Arnold und mein Freund Hermann Speckhardt aus Jugenheim.

Direkt von der Hochzeitsfeier fuhren wir bei großer Hitze mit unserem neuen VW 1300 in die Flitterwochen nach Bardolino am Gardasee. Das Hotel Riva hatte damals noch einen eigenen Strand vor der Restaurantterrasse, und wegen der andauernden Hitze stellten wir Stühle ins Wasser und spielten Skat mit anderen Gästen. Das Hotel gibt es noch, jedoch ohne eigenen Strand, denn an seiner Stelle führt heute eine Promenade zu einer größeren Marina. Während unseres Urlaubes am Gardasee brach der Sechstagekrieg zwischen Israel und Ägypten aus, ein damals höchst kritisches Ereignis, weil eine Ausdehnung des Krieges befürchtet wurde.

Bereits auf unserer Rückreise freuten wir uns auf die Einrichtung unseres neuen Heimes. Heidi erhielt von ihren Eltern eine großzügige Aussteuer in bar auf ihr Konto überwiesen, von der wir die neue Wohnung mit erstklassigen Möbeln ausstatten konnten. Als wir mit der Einrichtung fertig waren, luden wir Heidis Eltern zum Kaffee mit selbstgebackenem Kuchen ein. Wir hatten uns zu den Möbeln noch einen Perserteppich als Unterlage für den Couchtisch gekauft, was meine sparsame Schwiegermutter zunächst kritisiert hatte. Anläßlich dieses Kaffeetrinkens schenkte uns mein Schwiegervater zu unserer Überraschung dann einen Hoover-Staubsauger: für den Teppich. Alles war gut, wir waren im siebten Himmel.

Wie erging es mir nun beruflich bei Krupp? Ich war oft in der ČSSR und mehrmals nicht als Verkäufer, sondern auch als Einkäufer unterwegs. Wie vorher erwähnt, hatten wir ja die Gegengeschäftsverpflichtung im Zusammenhang mit der Reifenfabrik zu erfüllen und da ergab sich durch die notwendige Anschaffung einer neuen zentralen Pressluftanlage für alle Essener Betriebe von Krupp die Gelegenheit, die Kompressoren von einem tschechischen Lizenznehmer der DEMAG zu akquirieren. Ich will es kurz machen: der Einkauf für Krupp ist letztlich an einem technischen Redundanzproblem gescheitert, was ich, so wie viele andere wichtige Geschäfte, nicht im Detail schildern will.

Am 30. Juli 1967 verstarb überraschend mein Arbeitgeber Alfried Krupp von Bohlen und Halbach, der alleinige Inhaber der Fried. Krupp, im Alter von knapp 60 Jahren. Nicht nur alle seine Mitarbeiter und die Einwohner Essens waren vom Tode dieses braven und bescheidenen Mannes tief berührt. Ich sehe ihn in meiner Erinnerung morgens im Porsche ohne Chauffeur an der Hauptverwaltung in der Altendorfer Straße vorfahren, um sich dann vom Pförtner Wiesner zum Paternoster begleiten zu lassen.

Krupps Tod hatte kaum vorherzusehende Auswirkungen auf das Unternehmen und die Beschäftigten. Der engste Vertraute, Berthold Beitz, hatte in weiser Voraussicht mit Alfried von Bohlen rechtzeitig den Erbverzicht des Sohnes Arnd von Bohlen gegen eine lebenslange Apanage bewirkt. Ferner hatte der Verstorbene Beitz als seinen Testamentsvollstrecker bestimmt und verfügt, dass nach seinem Tode sein gesamtes Vermögen in die Alfried Krupp von Bohlen und Halbach Stiftung eingebracht wurde, zu dessen Leitung er Beitz auf Lebenszeit einsetzte. Da Einzelfirmen gemäß deutschem Handelsrecht nicht verpflichtet sind, Jahresabschlüsse zu veröffentlichen, befürchteten die mehr als 20 Gläubigerbanken bereits kurz vor dem Tode von Alfried Krupp von Bohlen große Kreditausfälle. Sie ermittelten in geheimer Aktion die Gesamtschulden aller zu Krupp gehörenden Unternehmen und kamen zu dem Ergebnis, dass angesichts der riesigen, nun wirklich zutage tretenden Überschuldung keine weiteren Kredite ohne entsprechende Landes- oder Bundesbürgschaften gegeben werden könnten. Der Bund und das Land Nordrhein-Westfalen erteilten eine Bürgschaft über 450 Millionen D-Mark, die Banken unter der Leitung von Hermann Josef Abs bewilligten zusätzliche 100 Millionen D-Mark für Exportkredite. Doch die Bedingung der Regierung unter dem Wirtschaftsminister Karl Schiller und Finanzminister Franz Josef Strauß sowie der Banken für diese Hilfszusage war die Umwandlung des Krupp-Konzerns in eine Kapitalgesellschaft.

Beitz musste reagieren. Als Generaldirektor von Krupp wurde Günter Vogelsang eingestellt, Vorstandsmitglied der Mannesmann AG und früherer Chef der Revisionsabteilung von Fried. Krupp. Der Personalwechsel an der Spitze hatte große Auswirkungen auf das gesamte Unternehmen und auch auf Verkauf Ausland. So verließen uns zum Beispiel die Referatsleiter Russland und Südamerika, letzterer hatte bereits einen Vertrag als kaufmännischer Geschäftsführer eines im Aufbau befindlichen Werkes in Mexiko unterzeichnet. Diese Fabrik, das Widia-Werk, war von Vogelsang an die schwedische Konkurrenz Ingersoll verkauft worden, noch bevor das Essener Stammwerk der Widia an das gleiche Unternehmen veräußert wurde. In allen Bereichen wurde mehr oder weniger schmerzhaft konsolidiert und gespart, in der Ostabteilung, zu der ich gehörte, hielt sich das zum Glück in Grenzen.

Im Herbst 1967 fand die Industriemesse Brünn statt, von der ich hier berichten möchte. Wir hatten einen Stand in der neu erbauten größten Messehalle, und ich war rechtzeitig nach Brünn geflogen, um den Aufbau unseres Standes zu unterstützen, Termine zu vereinbaren sowie sicherzustellen, dass Herr Siber, der mit dem Firmenjet von Krupp erwartet wurde, im Messehotel eine Suite bekam und seine Treffen mit dem Wirtschaftsminister und anderen hochgestellten Persönlichkeiten Bestand hatten. Wie immer drängt sich bei derartigen Veranstaltungen alles auf die letzten Minuten zusammen, aber am vorletzten Tag vor Messeeröffnung war bei uns alles fertig, und nach einem Glas Wein mit der Standbesatzung verabschiedeten wir uns von den Herren der Kruppschen Baubertriebe und verließen die Messehalle, in der an anderer Stelle noch kräftig gewerkelt wurde. Am nächsten Morgen betrat ich gut gelaunt mit Standleiterausweis um den Hals die Messe. Vor der großen neuen Halle standen Polizei und Feuerwehr, die jeden Zutritt zunächst verweigerten. Ursache der Sperrung war ein nächtlicher Schwelbrand – und zwar zwischen unserem und einem holländischen Stand.

Die Feuerwehr hatte die Ursache in der Elektrik zwischen den beiden Standwänden vermutet und dort einen ziemlichen Schaden verursacht. Die weißen Raufasertapeten in unseren Räumen waren durch angestellte Leitern verschmutzt, der Stoffhimmel unserer großen Besprechungskabine zerrissen und überall liefen Polizisten und Versicherungsleute herum, die sich natürlich beeilten, die Ursache zu finden, um die für den nächsten Tag geplante Eröffnung nicht zu gefährden.

Was tun? Es gelang uns, die Männer der Baubetriebe vor ihrem Abflug aus Brünn zu stoppen und zur Reparatur des Schadens auf den Messestand zu beordern. Sie restaurierten den Stand so, als ob nichts vorgefallen wäre. Beim Ausbessern des Teppichbodens in der großen Besprechungskabine entdeckten wir die Ursache des Schwelbrandes. Am Vorabend hatte eine unserer Hostessen beim Aufräumen einen Aschenbecher in den Plastikpapierkorb entleert und darüber noch etlichen anderen Müll gekippt. Eine noch glühende Zigarettenkippe hatte den Boden des Papierkorbes durchschmort und den Teppichboden entzündet, der nun eine ganze Weile weitergeschmort war, bis sich der Schwelbrand aus Sauerstoffmangel zum Glück von selbst erstickt hatte. Weder Polizei noch Versicherungsagenten haben von dieser Geschichte erfahren – und auch Herr Siber nicht. Der war ganz im Gegenteil mit dem Ergebnis der Brünner Industriemesse nach seinem Kurzaufenthalt und den vereinbarten Ministertreffen sehr zufrieden und flog frohgemut nach Essen zurück.

Anfang des Jahres 1968 wurde entschieden, dass ich mit Frau für drei Jahre meinen Vorgänger Eilert von Voss mit Familie in Belgrad ablösen sollte. Heidi war schwanger und meine Einarbeitung sollte ab April durch Eilert erfolgen, dessen Frau mit Kindern Jugoslawien schon verlassen hatten. Wir lagerten unsere Möbel in Deutschland ein und Heidi zog für die Zeit bis zur Niederkunft zu ihren Eltern nach Buer. Dabei passierte uns etwas, was ich nie vergessen werde. Wir transportierten alleine ein Bettgestell für Heidi

171

auf unserem Autodachgepäckträger von Essen nach Buer. Nachdem wir das Gestell abgeladen hatten, setzten bei Heidi Wehen ein, die nach einer Beruhigungsspritze durch die herbeigeeilte Frauenärztin und einem eintägigen Krankenhausaufenthalt zum Glück bald wieder aufhörten. Heute käme kein Ehemann auf die Idee, mit seiner jungen Frau im 7. Monat der Schwangerschaft ein Bettgestell auf ein Autodach zu heben und danach abzuladen. – Heidi ging es gut bei ihren Eltern und ich fuhr beruhigt mit unserem neuen Käfer, der mit persönlichen Sachen bis unter's Dach beladen war, nach Belgrad.

In Belgrad

Die Metropole Serbiens war Hauptstadt der Föderativen Volksrepublik Jugoslawien, die von Josip Broz Tito ab 1953 als Staatspräsident autoritär regiert wurde. Dieses höchst inhomogene Land bestand aus den Republiken Slowenien, Kroatien, Serbien, Bosnien und Herzegowina, Montenegro und Mazedonien sowie den autonomen Provinzen Serbiens, Vojwodina und Kosovo. Es gab also sechs Republiken, in denen fünf Völker wohnten, drei Sprachen gesprochen und in zwei Schriften geschrieben wurden, die Minderheiten der Ungarn und Albaner sind dabei noch nicht einmal berücksichtigt. Ich erwähne das hier, weil es Einfluss auf meine Arbeit und unser Leben in Belgrad hatte. Die jahrhundertelange Dominanz Österreich-Ungarns im Norden und die der Türken im Süden bis hinauf zu deren Festung Belgrad am Zusammenfluss von Donau und Save hatte ein starkes wirtschaftliches und mentales Gefälle von Slowenien im Norden bis hin zu Mazedonien im Süden hinterlassen, was die von Tito durchgesetzte Gleichberechtigung aller Republiken abbauen sollte. Jede der jugoslawischen Republiken sollte neben anderen Industrien zum Beispiel ein eigenes Stahlwerk, eigene Zementfabriken sowie eigene Kraftwerke haben und möglichst autark Waggons, wenn nicht gar Lokomotiven herstellen können. Dieser Anspruch machte den Markt für Krupp und damit meine Arbeit so interessant.

In Belgrad angekommen wohnte ich zusammen mit dem Kollegen Eilert von Voss in dessen Wohnung, die später nebst bescheidener Einrichtung von uns übernommen wurde. Auch das Dienstmädchen, das der Kollege engagiert hatte, behielten wir. Das war sehr praktisch und machte vieles für mich einfacher. Kommunikationsmittel wie ein Telefon- und Fernschreiberanschluss und selbst eine zuverlässige Postzustellung waren im damaligen Belgrad nicht selbstverständlich, funktionierten aber mit dem Knowhow, das Eilert sich erarbeitet hatte, bestens. Die Funktionsträger, also der Briefträger und der Empfangschef des damals größten Hotels, des Metropol, mussten „gepflegt" werden. Aufmerksamkeiten wie etwa besondere Spirituosen und Werbegeschenke aus der Zentrale in Essen taten ihre Wirkung. Die Telefonrechnung, die durch die vielen Auslandsgespräche eine nennenswerte Höhe aufwies, kassierte der Postbote monatlich persönlich. Dazu wurde er in die Wohnung gebeten und zunächst mit einem Slibovic oder besser Whisky verwöhnt. Dann wurden ihm zunächst ein Werbegeschenk und danach die Barzahlung übergeben. Tat man das nicht, wurde das Telefon abgestellt und die Post, statt sie ordnungsgemäß zuzustellen, über den Gartenzaun geschmissen, egal, ob es regnete oder schneite. Folgte man dagegen der örtlichen Sitte, so war auf die Post Verlass. Das Telefon wurde nicht abgestellt, selbst wenn die Bezahlung wegen Abwesenheit beispielsweise zwei Monate lang unterblieb, die Briefe wurden sorgfältig behandelt. All diese geschäftlich sozusagen lebenswichtigen Kniffe brachte mir Eilert in der Einarbeitungszeit bei.

Mein Einstand wurde an einem heißen Maitag in einem schönen Garten gefeiert. Mit einer Diplomatenlieferung waren eigens ein Fass Kulmbacher Pils und typisch deutsches Essen geliefert worden. Das Bierfass sollte nachts unter einem Lindenbaum mit etwas Wasser gekühlt werden, um dann zur Brotzeit am nächsten Tage vor allen Gästen von Eilert und mir angezapft zu werden. Das Fass hatte jedoch durch den Transport und die Wärme einen so gewaltigen Druck entwickelt, dass beim ersten Hammerschlag ein Sicherheitsventil öffnete und viele Liter Bier von unten in die Linde spritzten und von dort auf uns Bierzapfer niederregnete. Wir waren nass von Kopf bis Fuß und konnten uns mit gutem Grund von den klebenden Jacken und Krawatten befreien. Die Gäste hatten einen Heidenspaß – und ich war in die kleine Ausländerkolonie in Belgrad eingeführt.

Diplomatisch war die Bundesrepublik in Jugoslawien durch eine Handelsvertretung mit Konsulat – also ohne Botschafter – vertreten. Das änderte sich grundlegend, als Willy Brandt Außenminister der Großen Koalition unter Kurt Georg Kiesinger wurde. Brandt strebte normale diplomatische Beziehungen mit Rumänien und Jugoslawien an und besuchte deshalb Belgrad während meiner Einarbeitungszeit, also noch bevor Eilert Jugoslawien verließ. Wie bei derartigen Besuchen üblich wurde für ihn ein großer Empfang im Hotel Metropol gegeben, wozu auch die beiden Delegierten des Krupp-Konzerns eingeladen waren.

Wir waren gerade in Verhandlungen über unser größtes Vorhaben, die Erweiterung der Kupfererzaufbereitungs- und Gewinnungsanlage in Bor und Majdanpek, deren erste Stufe von Krupp mit Erfolg montiert und gerade in Betrieb genommen worden war. Während des Empfanges kam es auf Wunsch von Brandt zu einem Gespräch über dieses bedeutende Projekt der deutschen Industrie. Der Minister wollte genau wissen, wie der letzte Stand der Verhandlungen war und wen wir als unseren gefährlichsten Konkurrenten ansahen. Nicht nur ich, sondern auch Herr Löck, der Leiter unserer Handelsvertretung, und ebenso Eilert waren beeindruckt von den Kenntnissen unseres Außenministers über das Projekt und sein Interesse am Gelingen des Vorhabens. Unser Problem, dessen sich auch Willy Brandt bewusst war, bestand in der Kreditabsicherung im limitierten Hermesplafond für Jugoslawien. Er versprach, sich nach Rückkehr bei den zuständigen Ministerien weiterhin für uns einzusetzen. Ich werde an geeigneter Stelle nochmals kurz auf das Projekt eingehen.

Die Einarbeitung ging weiter. Solange keine Herren der Konzernunternehmen anreisten, die ich ab jetzt der Einfachheit halber Kruppianer nennen will, beschränkten wir uns auf Besuche bei den Außenhandelsunternehmen in Belgrad und dem Aktenstudium. Eine Sekretärin gab es nicht. Einfach war die persönliche Kommunikation mit den Direktoren der jugoslawischen Unternehmen, die fast ausnahmslos gut deutsch sprachen und kein Englisch verstanden. Bei telefonischen Terminvereinbarungen waren einige Worte des in ganz Jugoslawien von allen verstandenen Serbokroatisch nötig, um zum jeweiligen Chef vorzudringen.

Für die Adressen war in Serbien und Mazedonien die Kenntnis der kyrillischen Buchstaben erforderlich. Die Verkehrsregeln waren einfach, weil die gleichen Verkehrsschilder und Ampeln wie in Deutschland galten. Auf der Hauptkreuzung Belgrads wurde der Verkehr durch Handzeichen von einem Polizist geregelt, der ab 1. Mai in weißem Anzug, Handschuhen und Tropenhelm wie eine Ballerina agierte und die ihn bewundernden Zuschauer sichtlich genoss. Am wichtigsten waren ansonsten die orientalischen Hauptregeln. Erstens galt: „groß vor klein", zweitens „alt vor neu"; im übrigen galt ganz pragmatisch: „Wer vorne ist, hat Recht und kann fahren".

Die Zeit verging wie im Fluge, und ich musste mich darauf einstellen, dass meine liebe Frau bald mit Kind in Belgrad eintreffen würde. Was musste dafür vor Ort beschafft werden und was sollten die nächsten Kruppianer aus

Deutschland mitbringen? Das organisierte Wolfgang Bach, der auch den telefonischen Kontakt zu Heidi hielt und immer wusste, wo ich mich aufhielt. Vor meiner Abreise hatten wir ja vereinbart, dass Heidi im Krankenhaus in Gelsenkirchen entbinden und erst einige Wochen danach mit Kind nach Belgrad fliegen sollte, während ich in dieser Zeit meine Einarbeitung unbehelligt abschließen konnte. Das war zwar vernünftig, aber für Heidi sehr hart. Auch für mich war es eine schwierige Situation, wie sich mit der Zeit herausstellen sollte. Ich wurde zunehmend nervöser; es war inzwischen Mitte Mai 1968.

Eine Delegation von fünf oder sechs Kruppianern war gerade aus Rheinhausen angekommen und beriet beim Mittagessen im Hotel Metropol mit Eilert und mir, wann wer mit wem nach Bor und Majdanpek fahren sollte, als ein Hotelbote mit einer Tafel in den Speisesaal trat, auf der folgendes stand: „Gospodin Schwebel/Krupp na Telefonu." Ich eilte zur Rezeption. Am anderen Ende der Leitung beglückwünschte mich mein Schwiegervater in etwa mit den Worten: „Gunther, Du hast einen Sohn bekommen, Mutter und Kind sind wohlauf." Als ich strahlend vom Empfang an den Tisch zurückkehrte, wussten alle, was geschehen war. Ich musste eine Extrarunde Erdbeeren mit Schlagoberst bestellen und alle Kruppianer abends zur Floor Show in die Bar des Metropol einladen. Ein teurer Spaß, aber was soll's – an so einem Tag!

Durch Fotos und Schilderungen war Heidi über ihre neue Wohnung und die Lebensumstände in Belgrad grob informiert, und ein paar Tage nach der Geburt unseres Stammhalters verließ Eilert Jugoslawien. Für Heidi – aber auch für mich – begann nun ein neuer Lebensabschnitt, und das in einem Land mit völlig fremder Sprache und sehr eingeschränkten Möglichkeiten, was das Wohnen und die Versorgung anging. Anfang Juli traf Heidi mit Dirk, unserem Söhnchen, in Belgrad ein. Ich war entzückt von Sohnemann und Frau. Belgrad, abgeleitet von belo Grad, übersetzt die weiße Stadt, und auch unsere bescheidene Wohnung im Nobelviertel Dedinje machten bei herrlichem Wetter nicht den schlechtesten Eindruck.

In der Generala Zivka Pavlovica Nr. 11 hatte das Ehepaar Jovanovic etwa im Jahre 1960 ein hübsches kleines Zweifamilienhaus für sich und ihre Tochter gebaut. Die Tochter, sie hieß Mira, studierte noch nicht lange in Paris, als ihr Vater starb, worauf Frau Jovanovic die obere Wohnung sowie Dachgeschoss und Tiefgarage an Ausländer vermietete. Sie war eine sehr tüchtige und nette Vermieterin, sprach sehr gut deutsch und verließ an jedem Werktag spätestens um 6 Uhr ihre Wohnung, um als Sekretärin mit dem Bus zur Arbeit zu fahren.

Die Vossens hinterließen uns ihre Haushaltshilfe Jana, eine verheiratete, vertrauenswürdige und fleißige Frau, die aber nur über geringe Deutschkenntnisse verfügte. Jana half gleichwohl tüchtig beim Einkaufen, Kochen und Waschen, was ohne Waschmaschine und mit Stoffwindeln in einer kleinen Küche geschehen musste. Sie kam morgens um 8 Uhr und arbeitete bis 14 Uhr.

Jana hatte es vergleichsweise gut bei uns. Die Arbeit der Stadtbevölkerung begann, zumindest im Sommer, üblicherweise morgens um 6 Uhr und endete ohne Mittagspause um 14 Uhr. Dann fuhr man nach Hause, aß und machte bis 17 Uhr einen Mittagschlaf oder ruhte sich aus. Um kurz nach 17 Uhr war „Korso" angesagt. Alles was Beine hatte, strömte zum Flanieren – um gesehen zu werden! – ins Stadtzentrum, wo man mit Freunden einen türkischen Kaffee trank oder sich ein Eis gönnte. Unser Alltag verlief natürlich anders, denn mittags war bei mir Schreiben angesagt.

Nach wenigen Wochen hatte sich Heidi in Belgrad eingelebt und wir hatten an Wochenenden, oft auch während der Woche viel Abwechslung, worüber ich ebenso wie über unser Wohnumfeld etwas ausführlicher berichten möchte.

Die deutsche Kolonie in Belgrad war sehr überschaubar und bestand aus wenigen Diplomaten und Journalisten sowie aus einer etwas größeren Zahl von Vertretern großer Unternehmen wie Lufthansa, Farbwerke Höchst, Demag und Krupp. Viele westliche Diplomaten wohnten in einem vom jugoslawischen Staat eigens angelegten Dorf mit genormten Grundstücken und Häusern innerhalb Dedinjes – möglicherweise zur besseren Kontrolle. Auch die Botschafter hatten ihre Residenzen meist in Dedinje, wo auch Tito und seine Minister in allerdings teilweise prachtvollen Villen wohnten. Das Gästehaus der Regierung befand sich dort im ehemaligen Schloss der serbischen Könige. Das diplomatische Corps unterhielt den Tennisclub „Avala" mit Clubhaus, Kinderspielplatz und etwa fünf Ascheplätzen, der von unserer Wohnung nur etwa einen Kilometer entfernt war.

Da Heidi eine gute Tennisspielerin war, lag es nahe, sich um eine Mitgliedschaft zu bemühen. Das gelang, und prompt war ich ebenfalls automatisch Mitglied geworden. In den Folgewochen verbesserte ich am Wochenende mein schlechtes Spiel mit Hilfe des Trainers Romcevic. Alle Tennisspieler wollen ihr Spiel verbessern, was am besten mit Partnern gelingt, die besser spielen als man selbst, und im Nu konnte Heidi, die sehr gut spielte, sich vor Einladungen kaum retten. Die bezogen sich nicht nur auf das Tennisspiel, sondern schlossen auch Verabredungen zu Besuchen in die Stadt oder nach Hause ein. Sie hatte ein Auto, in dem sie Dirk im Kinderwagen zu ihren Bekannten mitnehmen konnte, während ich meiner Arbeit nachging. Insbesondere durch sie gewannen wir viele Freunde, von denen uns fast alle während unseres gesamten Aufenthaltes in Belgrad erhalten blieben. Mit wenigen hatten wir danach noch Kontakt, mit der Familie Anne und Erwin von den Steinen verbindet uns noch heute eine innige Freundschaft. Noch im Spätsommer 1968 wurde Heidi Clubmeisterin im Einzel der Damen und erhielt zum Andenken daran einen scheußlichen, eloxierten

Kupferbecher, den sie bis heute verwahrt. Ich war glücklich, wenn mir Heidi abends oder nach meiner Rückkehr von einer Reise erzählte, was sie alles erlebt hatte und dass sie sich in Belgrad wohl fühlte.

Im Sommer ist Belgrad eine interessante und schöne Stadt mit seiner imponierenden Türkenfestung Kalamegdan direkt über der Mündung der Save in die Donau. Dahinter liegt die geschäftige Innenstadt, an die sich das kulturelle Zentrum mit der Oper und dem Kulturhaus mit seinem Schriftstellerclub anschließt, und danach beginnt die Altstadt mit der berühmten Ulica Scadalia, wo wir an Wochenenden manchen netten Sommerabend mit Freunden verbrachten. Belgrad war, wie Jugoslawien insgesamt, zur damaligen Zeit in politischer und kultureller Hinsicht interessant. Bei Partys und auch zufällig konnte man wichtigen Zeitgenossen begegnen, etwa Günter Grass, Karl Böhm oder den Filmschauspielern Liz Taylor, Richard Burton oder Burt Lancaster. Neben Letzterem saß ich eines Tages im Metropol an der Bar; ich wechselte ein paar Worte mit ihm, ohne zu wissen, wer er eigentlich war.

Für ein paar Tage änderte sich diese gute Stimmung Ende August 1968 deutlich. Zeitgenossen erinnern sich, dass die Welt in zwei Blöcke aufgeteilt war und die Grenze mitten durch Europa und besonders sichtbar und schmerzlich durch Deutschland verlief. Die UdSSR und die Staaten des Warschauer Paktes waren stets bemüht, ihren Einfluss in der Welt auszudehnen und jede sich bietende Gelegenheit dazu auszunutzen. Reformbestrebungen im eigenen Machtbereich wurden mit allen Mitteln, notfalls mit Waffengewalt, niedergeschlagen. Erinnert sei an den Volksaufstand vom 17. Juni 1953 in Berlin, den Ungarnaufstand vom November 1956 und die Kubakrise von 1962.

Tito hatte sich früh als Kommunist vom Stalinismus losgesagt und war bereits 1948 von Stalin aus dem Komintern ausgeschlossen worden, weil er mit den Kommunisten Albaniens, Bulgariens und auch Griechenlands eine balkanische kommunistische Föderation anstrebte. Damit hatte er seine Stellung als Mitbegründer der sogenannten Blockfreien Staaten gefestigt.

Anfang 1968 hatten in Prag Reformbewegungen unter dem Generalsekretär der KP Dubcek begonnen, die als sogenannter Prager Frühling bekannt werden sollten. Dubcek weigerte sich, seine Reformen rückgängig zu machen und wurde daraufhin von den in der Nacht vom 20. auf den 21. August 1968 einmarschierten Truppen des Warschauer Paktes verhaftet. Bereits in der darauffolgenden Nacht wurden wir durch lang andauerndes Kettengeräusch rollender Panzer aufgeschreckt, die auf der wenige Meter von uns entfernten Parallelstraße fuhren. Wir konnten uns den Lärm zunächst nicht erklären, denn wir wussten nicht, was geschehen war. Bald erfuhren wir es: Jugoslawien hatte mobilgemacht. Es fürchtete, dass die UdSSR und ihre Verbündeten in einem Zug bis Albanien durchmarschieren und damit ihren Herrschaftsbereich bis zur strategisch wichtigen Mittelmeer- beziehungsweise Adriaküste ausdehnen könnten. Viele Tschechen verbrachten ihren Sommerurlaub an den jugoslawischen Küsten und wussten nicht, was sie in dieser Situation tun sollten. Belgrad war voll von tschechischen Touristen, die vor ihrer Botschaft lange Schlangen bildeten. Heidis Eltern machten sich große Sorgen. Erst nach einigen bangen Tagen war klar, dass durch eine neue Regierung in Prag der Konflikt örtlich begrenzt werden konnte und unser Leben in Belgrad dadurch nicht beeinträchtigt wurde.

In der Nähe unserer Wohnung befanden sich die Militärakademie und die sie beschützende Panzereinheit. Die Lage hatte manchen Vorteil, aber auch Nachteile. Bei Staatsbesuchen waren wir stundenlang nur über Umwege erreichbar, denn die Hauptkreuzung von Dedinje wurde dann gesperrt, weil in sie die Straßen zum Gästehaus der Regierung, zu Titos Wohnsitz und die Straße zum Avala einmündeten.

Gleiches passierte übrigens, wenn Partisan oder Roter Stern Belgrad ihre Fußballspiele austrugen, denn die großen Stadien beider Clubs waren komplett ohne Parkplätze erbaut worden und lagen an Straßen, die nach Dedinje führten. Diese Straßen wurden dann regelmäßig so zugeparkt, dass kein Durchkommen möglich war. So, wie übrigens in der DDR der Trabbi das Volksauto wurde, so war das in Jugoslawien der Fietscho, ein 500 cm³-Fiat-Nachbau. So sah man in und vor Dedinje kilometerlang geparkte Fietschos, wenn große Fußballspiele anstanden.

An der Hauptkreuzung von Dedinje lag auch unser Einkaufsladen, den Heidi beim Spazierengehen mit Kinderwagen leicht erreichen konnte. Eines Tages spazierte sie weiter, hinein in die schöne Straße von Tito, wo sie mit Kinderwage von den Wachposten auf den gegenüberliegenden Bürgersteig verwiesen wurde, denn in einem Kinderwagen konnte ja eventuell eine Bombe versteckt sein. Mit dem Auto durfte man dort zwar durch die Straße fahren, wurde jedoch jedes Mal registriert. Bedingt durch die höhere Lage war es in den sehr heißen Sommermonaten bei uns kühler und im Winter gab es weniger Smog als im Zentrum der Stadt. Wegen der seinerzeit noch nicht ganz ausgestorbenen Malaria wurde im Sommer an Wochenenden in Dedinje DDT per Flugzeug versprüht, was die Mückenplage stark reduzierte – unsere Sorge deswegen hielt sich in Grenzen. Das Umweltbewusstsein war noch nirgendwo auf der Welt allzu präsent, und in Jugoslawien hinkte man den internationalen Standars ohnehin weit hinterher.

Der größte Vorteil unserer Gegend bestand in der hundertprozentigen Verfügbarkeit von Benzin und Diesel an unserer Tankstelle. Das war im Winter von ausschlaggebender Bedeutung, denn fast alle Einzelhäuser, auch das unsrige, wurden noch mit Ölöfen beheizt. Das Heiz- oder Dieselöl für die Öfen musste von den Bewohnern an den Tankstellen einzeln in Kannen erworben werden. Ich habe diesen Zustand zu Winteranfang unseres ersten Jahres durch die Aufstellung eines großen Tanks in unserer Tiefgarage verbessert, in den ich dann den Inhalt der Kanister einer ganzen Wagenladung umfüllte. In meinen VW-Kombi passten nach meiner Erinnerung sechs Kanister zu je 20 Litern nebeneinander. Mir war es zunächst peinlich, wenn ich bei Schnee und Eis an den vielen Kännchenbesitzern vorbei zur Tanksäule fuhr, die hintere Klappe des Wagens öffnete und 120 Liter tankte, während viele andere ein Zehnliterkännchen heimtrugen oder zwei dieser Kännchen festgebunden auf einem Schlitten transportierten.

Der Tankwart kannte mein Auto mit Essener Nummer bald, winkte mich herbei und bekam anschließend an das Volltanken ein kleines Bakschisch – es hätte andernfalls gut sein können, dass nicht mehr genug Diesel vorhanden gewesen wäre. Und das wäre fatal gewesen, denn der Winter in Belgrad konnte sehr unangenehm sein. Bei starkem Koschava, so hieß ein eisiger Wind aus Rumänien, wurden in der Innenstadt an überfrorenen Bürgersteigen teilweise Seile gespannt, an denen sich Fußgänger festhalten konnten. Obst und Gemüse – ausgenommen Kartoffeln, Weißkohl und Mohrrüben – gab es nicht. Cocktailpartys und Einladungen gab es aber im Sommer wie im Winter, und wir konnten Jana ebenso wie ihre Nachfolgerinnen bei rechtzeitiger Information als Babysitter gut gebrauchen.

Am 31. Dezember 1968 passierte mir ein Missgeschick, das meiner noch nicht voll entwickelten balkanischen Mentalität zuzuschreiben war und schnell erzählt ist. Heidi und ich wollten an der großen Silvesterparty im Hotel Metropol teilnehmen und ich war vormittags nochmals dort hingefahren, um letzte Fernschreiben abzuholen und Jana nach Hause zu bringen, die wir abends wieder zum Babysitten erwarteten. Ich fuhr auf dem Rückweg meine normale Abkürzung über die Straßenbahnschienen und musste auf einem Gleis den Autoverkehr hinter mir passieren lassen, als mir eine Straßenbahn von weitem entgegen kam. Der Fahrer schellte mehrere Male heftig, machte jedoch erst kurz vor mir eine Vollbremsung und fuhr gerade noch leicht in mein Auto. Er stieg aus, um den Schaden zu inspizieren, meinte aber in betrunkenem Zustand, in dem er eindeutig war, dass an beiden Fahrzeugen kaum Schaden entstanden sei, womit ich nicht einverstanden war, schließlich gehörte der Wagen ja meinem Arbeitgeber. Ein Verkehrspolizist näherte sich von der nahen Kreuzung und meinte, ich dürfe an dieser Stelle eigentlich gar nicht über die Gleise fahren und schrieb ohne ein Kurzprotokoll über den Schaden einen Strafzettel aus, was ich so nicht akzeptieren wollte. Daraufhin musste ich mit meinem leicht beschädigten Wagen den Polizisten zum Polizeipräsidium fahren – und wurde dort verhaftet!

Ich saß hilflos mit Schwerverbrechern in einem Raum und konnte zu Hause natürlich niemanden von meinem Schicksal berichten. Auch Jana wusste nichts von meinem Verbleib. Nur der guten Laune des Chefs und meiner immer wieder geäußerten Bitten, mich zu ihm vorzulassen, verdanke ich meine Entlassung noch rechtzeitig vor Partybeginn. Der Chef war erstaunt, dass ich für Krupp arbeitete. Er wollte wissen, was ich so tat und ob mir Jugoslawien gefiel, was ich freudig bejahte. Dann überreichte ich ihm eine versilberte Krupp-Anstecknadel, wie ich sie fast immer bei mir hatte. Das änderte alles. Der Beamte zog nun eine Schreibtischschublade auf, holte eine angebrochene Flasche Slibovic heraus, goss sich und auch mir ein Glas ein und wünschte mir alles Gute für das neue Jahr. Dann schrieb er erstens einen Strafzettel über zehn Dinar und zweitens einen Entlassungsschein aus, schellte seinem diensthabenden Polizisten und wies ihn an, mich zur Pforte zu begleiten. Dort hatte ich meine Strafe gegen den Entlassungsschein zu bezahlen – und war wieder frei.

Die nächste Geschichte ereignete sich etwa einen oder zwei Monate später. Jana hatte sich wieder bereit erklärt, auf

Dirk aufzupassen, als wir unsere neuen Freunde Helen und Peer Bergström, der L. M. Erickson vertrat, eines Abends zum Essen mit anschließendem Barbesuch ins Hotel Majestic im Zentrum Belgrads eingeladen hatten. Die Bergströms holten uns mit ihrem roten Rover ab und ein livrierter Parkwächter wies uns einen Parkplatz in unmittelbarer Nähe des Hoteleingangs zu. Wir aßen gut, gingen anschließend in die Bar und verließen das Hotel etwa um kurz vor 2 Uhr nachts. Der Parkwächter hatte inzwischen seinen Platz verlassen, alle Parkplätze vor dem Hotel waren weiterhin besetzt – aber der Rover, ein Unikat in ganz Jugoslawien, war verschwunden. Was tun um diese Zeit und bei der Kälte? Peer blieb vor Ort, um die Polizei zu informieren und Helen und uns ein Taxi für den Nachhauseweg zu besorgen. Er war sich sicher, dass die Diebe mit seinem Auto nur maximal 100 Kilometer weit fahren konnten, denn dann würde das Benzin komplett verbraucht sein, und der Benzintank seines Autos war ohne Spezialwerkzeug nicht zu öffnen. Und richtig – nach ein paar Tagen fand die Polizei den Rover tatsächlich ziemlich genau 100 Kilometer südlich von Belgrad, abgestellt am Straßenrand. Die Diebe hatten den Tankverschluss nicht knacken können.

Diebstähle von Autos waren in Belgrad an der Tagesordnung. Auch mir wurde der Dienstwagen eines Nachts aus der Garageneinfahrt gestohlen, und zwar nach einem Fußballeuropapokalspiel des griechischen Meisters Panathinaikos Athen gegen den jugoslawischen Meister aus Belgrad, es war entweder der Verein „Roter Stern" oder „Partisan". Ich konnte das verschmerzen – richtig hart traf es bei diesem Anlass aber einige griechische Schlachtenbummler, denen nach dem Spiel ihr kompletter Reisebus abhandengekommen war.

Am Anfang dieses Kapitels hatte ich im Zusammenhang mit dem Besuch des damaligen Außenministers Willy Brandt erwähnt, auf unser Erweiterungsprojekt der Kupferanlagen in Bor und Majdanpek in Ostserbien nochmals eingehen zu wollen. Wie bei allen großen Anlagengeschäften erstreckte sich die Planung und Realisierung derartiger Investitionen mit ihren vielen technischen Alternativen und den jeweiligen Angeboten und Budgets über Jahre, und bei Rohstoffen wie Kupfer hängt die Realisierung des Vorhabens auch noch vom erzielbaren Weltmarktpreis ab. So kam es, dass ich viele Male auch im Winter bei Schnee und Eis nach Bor und Majdanpek mit dem Auto unterwegs war. Bei den Straßenverhältnissen abseits der Hauptstrecke nach Nisch und der Unterbringung vor Ort war das ein durchaus abenteuerliches Unterfangen, das sich auch im kommenden Sommer fortsetzte bis kurz nach Einweihung der ersten Ausbaustufe der Fabrikationsanlage.

In unmittelbarer Nähe des Hotels in Maidanpek befand sich eine Gaststätte, in der sich alle jüngeren Kruppianer nach Ankunft zu einem Imbiss und einem Absacker trafen und in der im Winter ab etwa 19 Uhr, im Sommer zwei Stunden später, eine Kapelle mit Sängerin auftrat, die serbische Evergreens spielten. Ich meine diese typischen balkanischen Rhythmen, wonach auch der sogenannte Kolo getanzt wird. Mindestens ein Drittel des überfüllten und rauchgeschwängerten Gastraumes war mit Schichtarbeitern gefüllt, die nicht nach Hause gingen, sondern bis zum Beginn ihrer nächsten Schicht dort blieben, tranken und sangen. Hob die Sängerin an einer bestimmten temperamentvollen Stelle des Liedes den Rock hoch, dann wurden wie auf Kommando die Gläser geleert und in eine bestimmte Ecke des Lokals an die Wand geschmissen. Der jüngste Kellner war darauf vorbereitet und kehrte die Scherben mit einer langen Kehrschaufel und Reisigbesen vom lehmgestampften Boden wieder auf.

Der Balkan und insbesondere das damalige Jugoslawien verfügte über viele Bodenschätze wie zum Beispiel Kupfer, das fast immer zusammen mit ein wenig Gold auftritt; dazu gab es Nickel, Eisen, Braunkohle, Steinkohle sowie Bauxit für die Aluminiumgewinnung. Sowohl die Mengen als auch die Konzentrationen der Rohstoffe war jedoch nach heutigen globalen Maßstäben nicht unbedingt abbauwürdig. So wurde schon Ende der sechziger Jahre des zwanzigsten Jahrhunderts in Zentraleuropa kaum noch Eisenerz gefördert, sondern meist importiert. Das führte zum Bau der von Krupp in Kroatien gebauten Schiffsentladeanlage für Erzschiffe bis 90.000 Bruttoregistertonnen im dafür eigens erbauten Hafen Bakar nahe Rijeka. Über Bakar wurden ab etwa 1969 alle Eisenerze für die Österreichische VÖST Alpine und die jugoslawischen Stahlwerke eingeführt.

In Rijeka und Split bauten die Jugoslawen Schiffe nicht nur für den Eigenbedarf. Die Werft „3. Mai" plante im Zuge der Modernisierung des Schiffbaues in Großsektionen die Anschaffung eines so genannten Bockkranes, weswegen ich oft in Rijeka war. Als exklusiver Importeur war die Brodoimpex aus Belgrad vorgesehen, deren Geschäftsfeld der Export und Import von Schiffen ist. Mit der Brodoimpex hatte Krupp bereits die Schiffsentladeanlage Bakar realisiert.

Im März 1969 wollte ich mich allein, also ohne Brodoimpex, nach den Realisierungschancen bei der Schiffswerft in Rijeka erkundigen. Da Heidi und ich bereits im Winter beschlossen hatten, einen schönen Urlaub an der Adria unweit von Venedig zu verbringen, lag es nahe, von Rijeka aus einen kurzen Abstecher nach Lignano Riviera zu machen und dort die Siedlung neu erbauter Zweifamilienhäuser zu inspizieren, um eine Wohnung für den Sommer anzumieten. Ein Prospekt der Ferienhäuser hatten wir uns an Weihnachten in Deutschland besorgt, Dirk hatten wir alleine für die paar Tage bei Jana in Belgrad gelassen. In Rijeka war es fast schon sommerlich und wir übernachteten in einem Hotel aus der K.u.K.-Zeit direkt über dem Meer. Lignano war eine Geisterstadt, kein Mensch war auf der Straße. Dennoch fanden wir einen Makler, bei dem wir eine schöne Wohnung

für die Sommerferien buchen konnten. Es sollte ein „Kapitalistenurlaub" mit Dienstmädchen werden. So hatten wir es
geplant.

Bis zum Juli und auch während meiner gesamten Tätigkeit war ich ständig mit der Verfolgung bestehender und
der Akquisition neuer Projekte im ganzen Land beschäftigt.
Das lag daran, dass mein Bekanntheitsgrad im Konzern ge-
wachsen war und die staatlichen Unternehmen des Außen-
handels sich gerne Angebote für ihre Kunden über mich
besorgen wollten. Außerdem informierte mich der Korres-
pondent des Handelsblattes in Belgrad, Herr Juschka, ein
wandelndes Lexikon der jugoslawischen Wirtschaft, über
alle neuen Ausschreibungen. Über mangelnde Arbeit konnte
ich mich nicht beklagen und in meinem jungen Alter wagte
ich nicht, Prioritäten zu setzen. Das hätte meine Arbeit zumindest dort erleichtert, wo zum Beispiel zwei Hersteller im
Konzern gegeneinander konkurrierten. Die Schilderung sei
mir am Beispiel des Baues von Dieselloks erlaubt. Mak Kiel
baute Diesellokomotiven mit eigenen Dieseltriebwerken, die
Maschinenfabriken Essen, früher einer der größten Hersteller von Dampfloks, bauten Dieselloks und überließen dem
Kunden, welches Triebwerk eingebaut werden sollte, z.B.
MTU, MAN, Sulzer oder Mak. Die Maschinenfabriken waren also an der Lieferung von Loks auch ohne Powerpack,
die Mak am Verkauf ihrer Powerpacks interessiert. Die selb-
ständigen Eisenbahnverwaltungen der Republiken Jugoslawiens waren gehalten, ihre Lokomotiven möglichst über
heimische Hersteller zu beschaffen, wenn diese deutsche
Technik liefern konnten. Ich verhandelte zusammen mit
Mak bei Djuro Djakovic in Slavonski Brod über einen Bedarf
der Slowenischen Bahnverwaltung und ein paar Tage später
mit dem Unternehmen MIN in Nisch zusammen mit dem
Verkaufschef der Maschinenfabriken Essen über eine Ko-
operation für das gesamte Jugoslawien – ohne Kenntnis der
Mak. Den Bahnverwaltungen in Ljubljana, Zagreb, Belgrad

oder Skopje besorgte ich, wenn nötig, komplette Angebote für ihre Bedarfsfälle, die aus Mangel an Devisen ohnehin nicht zu verwirklichen waren. Meine Bedenken trug ich anlässlich meines nächsten Besuches in Essen Herrn Sieber vor, der mir leider nicht helfen konnte, denn eine Produktbereinigung innerhalb eines großen Unternehmens benötigt viel Zeit und in der Regel einschneidende personelle Maßnahmen. Am Rande ist in diesem Falle vielleicht noch interessant, dass das nach einem Kommunistenführer benannte Unternehmen Djuro Djakovic noch zu K.u.K.-Zeiten aus einem österreichischen Lokomotivwerk für bosnische Schmalspurbahnen hervorgegangen war und – zumindest nach den Erzählungen eines Direktors – einst ein Lokomotivausbesserungswerk von Krupp für den legendären Orientexpress gewesen sein soll. Ich habe da allerdings meine Zweifel, denn die Lage des Ortes und die Route des Orient-Express passen nicht recht zueinander. Slavonski Brod liegt in der Mitte zwischen Zagreb und Belgrad an der Save, gegenüber von Bosanski Brod, zu deutsch: slawonische-bosnische Furt.

Der Devisenmangel und die Exportkreditabsicherung waren die größten Hindernisse im Ostgeschäft. Jugoslawien nutzte seine Stellung zwischen den Blöcken auch auf wirtschaftlichem Gebiet geschickt aus und bestimmte, teilweise aus politischer Raison, dass Lieferungen aus der DDR und der UdSSR zu niedrigsten Preisen und auf Verrechnungsbasis bevorzugt wurden. Weil jugoslawische Industriegüter in der Regel nicht konkurrenzfähig waren, schieden normale Gegengeschäfte aus. Hier halfen eher die ausgefallenen Ideen von Dr. Kühn, dem Direktor der Abteilung Konsortialgeschäfte. Er hatte unter anderem das sogenannte Jugokonto mit Neckermann und der Jugobanka erfunden, eine Vereinbarung, derzufolge alle jugoslawischen Einkaufserlöse von Neckermann unserem Jugokonto gutgeschrieben wurden, wobei die hier liegenden Devisen für unsere Liefergeschäfte nach Jugoslawien verwendet werden mussten. Der

Versandhändler Neckermann kaufte fast seine gesamte Herrenkonfektion in Slowenien ein und erhielt bei diesem Junktim eine Vergütung von Krupp, die Bank erhielt eine Provision für die Devisenbereitstellung. Die slowenische Industrie stellte für Bauknecht damals auch einen Teil der so genannten Weißen Ware her, deren Devisenerlöse in gleicher Art und Weise mit dem Jugokonto verrechnet wurde.

Das damals komplizierteste Geschäft, das ohne Kühns Ideen nicht zustande gekommen wäre, war die Lieferung oder, besser gesagt, die Ausrüstung der Jugoslawischen Donauschiffahrt JRB mit Schubschiffen, angetrieben von Mak Motoren. Das Geschäftskonstrukt, an dem auch ein Hamburger Spediteur beteiligt war, möchte ich wegen seiner Kompliziertheit hier nicht schildern. Dr. Kühn war immer meine erste Anlaufstation in Essen wegen seiner meist guten Ideen. Er war in jungen Jahren während des Dritten Reiches Konsul in Zagreb gewesen, sprach Serbokroatisch und verstand die slawische beziehungsweise balkanische Mentalität. Im Konzern wurde er gelegentlich „Dr. Tollkühn" genannt. Während seiner vielen Reisen nach Belgrad musste ich immer einen Pflichtbesuch bei seinem Geschäftsfreund Havlicek, dem Chef der Jugobanka, organisieren. Genug der Geschäfte, zurück zur Familie!

Leider verließ uns Jana aus familiären Gründen etwa im Mai 1969. Sie stellte uns aber vorher eine entfernte Verwandte namens Grosda aus einem nahegelegenen Dorf als zuverlässiges Mädchen vor, die von Heidi als Nachfolgerin akzeptiert wurde und schnell eingearbeitet war. Abends lernte Grosda für die Aufnahmeprüfung einer Handelsschule in Belgrad, sie wollte noch im Herbst des Jahres ihre Prüfung bestehen. Sie bat uns deshalb, sich auch während ihrer Freizeit in unserem Sommerurlaub weiter vorbereiten zu dürfen. Wir waren einverstanden und Grosda freute sich, mit uns ins Ausland nach Italien reisen zu können. Einen Reisepass hatte sie als Dorfkind aus Serbien natürlich nicht – und den in einem sozialistischen Land zu bekommen, war normalerweise schnell nicht machbar. Gegen Zahlung von etwa 40 D-Mark und eine entsprechende Begründung erhielt unsere Grosda ihren Reisepass rechtzeitig und erzählte dann stolz, dass sie in Italien für ihren Bruder goldene Trauringe und für sich ein Paar italienische Schuhe kaufen wolle.

Nachdem wir mit Freunden die Mondlandung am 20. Juli auf unserem kleinen Fernsehgerät aus meiner Junggesellenzeit live angeschaut hatten, starteten wir wenig später, noch im heißen Juli, etwa gegen 5 Uhr morgens mit unserem dunkelgrünen Käfer in Richtung Triest. Grosda saß mit dem 14 Monate alten Dirk und viel Gepäck im Fond, Heidi vorne neben mir. Wir waren kaum 100 Kilometer weit gefahren, als es Grosda übel wurde. Damit nicht schlimmeres passierte, musste sie den Platz mit Heidi tauschen. Das fing ja schön an! Wir hatten insgesamt etwa 1.000 Kilometer zu bewältigen, Heidi war im vierten Monat schwanger und Klimaanlagen gab es in Autos damals noch nicht. Der Grenzübergang bei Triest hielt uns noch etwas auf, abends hatten wir ordentlich durchgeschwitzt, aber ohne weitere Schwierigkeiten unsere Urlaubswohnung erreicht. Sie bestand aus Flur, kleiner Küche, Bad, Wohn- und Schlafzimmer, zum Strand waren es fünf Gehminuten. Grosda schlief auf einer Bettcouch mit Dirk im Wohnzimmer.

Unser erster Urlaubstag brachte gleich eine Überraschung. Nach dem morgendlichen Einkauf für das Mittagessen begaben wir uns mit Dirk an den Strand, besorgten uns einen Sonnenschirm und zwei Liegestühle und gingen um etwa halb eins zur Wohnung, um zu Mittag zu essen – Grosda war dafür zuständig. Doch nichts war fertig! Das Essen wurde vielmehr gerade erst vorbereitet, denn Grosda hatte ihre Uhr nicht umgestellt, und in Italien war es nun mal dank mitteleuropäischer Zeit eine Stunde später. Grosda war auch in den folgenden Wochen nicht dazu zu bewegen, die Ortszeit zu akzeptieren, sie wollte bei ihrer „serbischen Zeit" bleiben.

Wir hatten vor Reiseantritt vereinbart, dass Grosda nur vormittags arbeiten sollte und nachmittags frei hatte. Da sie sich ohne uns weder alleine an den Strand noch zum Einkauf oder Schaufensterbummel in die Stadt traute, geriet unser Plan vom „Kapitalistenurlaub" ins Wanken. Sie hatte sich gleich mehrere Lehrbücher mitgenommen, deren Inhalt sie auswendig lernte, um im Herbst ihre Prüfung zu bestehen. Sie lernte die ganze Nacht bei Licht im Wohnzimmer, so dass Dirk nicht schlafen konnte und wir ihn zu uns ins Schlafzimmer nehmen mussten. Am zweiten oder dritten Tag unserer Ferien nahmen wir Grosda mit an den Strand. Vorher hatten wir bemerkt, dass einige italienische Familien ihre Kindermädchen mit in die Ferien genommen hatten, für die sie ebenfalls keinen Liegestuhl oder Sonnenschirm gemietet hatten. Die Mädchen spielten mit den Kleinkindern am Strand, ließen sie in den Wellen planschen und duschten sie anschließend ab. Das fanden wir gut und empfahlen Grosda, es nachzumachen. Da unser Serbokroatisch noch nicht so gut war, fasste Grosda unsere Bitten wohl eher als Befehle auf und schien etwas gekränkt zu sein. Wir versuchten daher, unseren vermeintlichen Fehler durch abendliche Einkaufshilfen wieder gut zu machen. Mit dem Kauf der goldenen Ringe für die Hochzeit des Bruders, der erfolgreich absolviert werden konnte, hatten wir bald Erfolg und Grosda war wieder zufrieden.

Strandleben war für Grosda etwas sehr Ungewöhnliches. Sie stand nachmittags mit einem aufgeschlagenen Lehrbuch in der Hand wie angewurzelt hinter unserem Sonnenschirm und den Liegestühlen – und lernte. In größeren Abständen ging sie mit Dirk ans Wasser, beaufsichtigte ihn, ohne selbst zu baden, duschte ihn schließlich auf vorgehaltenen Händen mit kaltem Wasser ab, um bloß nicht nass zu werden – und lernte ungerührt weiter. Unsere italienischen

Strandnachbarn haben sich wohl trefflich über uns amüsiert. Dazu trug wahrscheinlich auch das Äußere von Grosda im Badeanzug bei, da sie, anders als junge attraktive Jugoslawinnen, eher männliche Züge aufwies. Zum Schuheinkauf für Grosda ist es nach mehreren vergeblichen Versuchen übrigens nicht mehr gekommen. Wegen ihrer breiten Füße erwies sich kein italienischer Damenschuh als passend. Doch dieses Manko verschmerzte Grosda. So fuhren wir allesamt zufrieden von einem erlebnisreichen und recht schönen Urlaub nach Belgrad zurück.

Nach den jugoslawischen Sommerferien nahm der Alltag seinen Lauf. Die Einweihung in Majdanpek sollte groß gefeiert werden und die Verhandlungen über die Erweiterung gingen weiter. Wegen der Bedeutung der Angelegenheit wurde entschieden, den Deutschen Botschafter nebst Attaché zur Einweihungsfeier einzuladen. Die Anreise und Unterbringung der Gäste war eines der größten Probleme, denn ab der Autostraße bei Smederevo südlich Belgrads waren rund 100 Kilometer Schotterpiste zu absolvieren – im Sommer wegen des Staubes und im Winter wegen der schlecht geräumten Straße eine wahre Tortur. Im Sommer wurde fast das gesamte Wasser des Flusses Pek für die Kupferproduktion benötigt, weshalb das Wasser zum Waschen in den Hotelzimmern dann in Flaschen abgefüllt neben dem Waschbecken beziehungsweise der Dusche stand. Konnte man das einem Botschafter oder seinem Vertreter zumuten?

Man konnte! Der Termin wurde wahrgenommen und zwar vom Ersten Botschaftsrat Löck und dem Wirtschaftsattaché Wagner. Die Feier begann um 11 Uhr mit serbischer kalter Vorspeise, es folgten die großen Reden, ein warmes Mittagsmenü und dann eine zwanglose Pause, bis schließlich ab kurz vor 19 Uhr abermals opulent gegessen und getrunken wurde. Danach tanzte rund die Hälfte der Teilnehmer in angetrunkenem Zustand Kolo – wohl bis gegen 2 Uhr nachts. Am nächsten Tag ging es ab 10 Uhr und offiziell bis 14 Uhr weiter. Erschöpft verließen danach die Deutschen Vertreter von Diplomatie und Wirtschaft die Stätte einer richtigen jugoslawischen Einweihungsfeier. Während der gesamten Zeit hatten zwei Polizisten den Wagen der Botschaft – und vor allem die auf dem Kotflügel aufgepfanzte Standarte! – vor allzu Neugierigen Passanten geschützt.

Die Feier glich in mancher Beziehung einer serbischen Bauernhochzeit, die bis zu einer Woche dauern kann. Bei einer solchen Festivität sind außer der gesamten Familie das ganze Dorf eingeladen, eine oder zwei Kapellen spielen mit relativ kurzen Unterbrechungen zum Kolo auf, der gemischt, aber auch von Frauen oder Männern getrennt, in großem Kreis getanzt wird. Essen, Trinken, und die Musik wird dabei vom Brautvater gezahlt, der oftmals nach der Hochzeit finanziell ruiniert ist und von Angehörigen unterstützt werden muss. Die Teilnahme an einer serbischen Bauernhochzeit galt unter Ausländern in Belgrad als außerordentlich chic und gefragt. Ich hatte einmal das Glück, habe aber aus Termingründen nur relativ kurze Zeit die ungewöhnlich großzügige Gastfreundschaft genießen können. Nicht vergessen habe ich, als mir der Brautvater voller Stolz den Raum zeigte, in dem er die gegrillten, auf Stöcken aufgespießten Spanferkel aufbewahrte. Es waren an die zehn. - Solche Hochzeiten finden in der Regel im Herbst bei schönem Wetter in den Wochen nach der Ernte statt. Fährt man dann auf einsamen Straßen durch die Schumadia südlich Belgrads, hört man die Hochzeitsmusik in fast jedem dritten Dorf. Leider konnte ich Heidi auf solchen Fahrten durch das Land nur selten mitnehmen, es sei denn, während einer Reise in den Urlaub oder nach Deutschland.

Es wurde Winter. Die Geburt unseres zweiten Kindes rückte zugleich näher. Wir hatten uns auch diesmal entschieden, dass die Entbindung in Gelsenkirchen geschehen solle und nicht in Belgrad, wo zum Beispiel Heidis Freundin Helen Bergström in der Traumatoloschka direkt nach der

Geburt ihres Kindes eine unbekannte Wöchnerin in ihrem Bett vorgefunden hatte – es herrschte Platzmangel, das galt als Normalität. Beide Frauen hatten eine Nacht in ein und demselben Bett zubringen müssen. Da uns vor derartigen Zuständen grauste und da wir den örtlichen Vertreter der Lufthansa gut kannten, gelang uns die Buchung eines Fluges für Heidi und Dirk etwa vier Wochen vor der voraussichtlichen Niederkunft.

Ich blieb auch dieses Mal allein in Belgrad. Die Geburt war für den 24. Dezember vorausgesagt worden. Einen Geburtstag an Heiligabend wollten wir dem Kind jedoch nicht zumuten. So wurde Klaus dank eingeleiteter Wehen am 15. Dezember 1969 geboren. Auch mich drängte es nun verständlicherweise, recht bald in die Heimat zu kommen.

Meine Fahrt in die Weihnachtsferien hatte ich so eingerichtet, dass ich nach Terminen in Kroatien und Slowenien etwa am 20. Dezember in Essen sein konnte und mit Heidi, Dirk und dem Neugeborenen Klaus die Feiertage in Buer bei meinen Schwiegereltern genießen konnte. Anfang Januar reiste ich zurück ins kalte Belgrad. Da ich mit Spikesreifen und Schneeketten ausgerüstet war, bedeutete die Alpenüberquerung kein großes Hindernis und die rund 2.000 Kilometer lange Strecke würde im Winter in drei Tagen zu bewältigen sein, wählte man den Weg über Graz, Maribor und Zagreb. Auf meinen Touren nach Slowenien benutzte ich die Zwischenstopps in Graz oft für Autoinspektionen und als Einkaufsort für Lebensmittel wie Käse, Süßigkeiten und andere Dinge, die es in Jugoslawien nicht gab.

Der Winter 1969/70 war schneereich und sehr kalt. Ich hatte nach meiner Ankunft in Belgrad genügend Zeit, für die Familie alles gut vorzubereiten. Heidi sollte am Freitag, den 13. Februar, mit KLM in Belgrad eintreffen. In Düsseldorf am Flughafen herrschte bittere Kälte und so starkes Schneetreiben, dass die KLM-Maschine dort nicht zwischenlanden konnte. Ein paar Stunden später am selben Tag sollte diese

Maschine, die in Köln gelandet war, dann von dort nach Belgrad fliegen, wozu für den Transfer ein Bus eingesetzt werden sollte. Das konnte Heidi allein mit den beiden kleinen Kindern und Gepäck nach stundenlangem Warten nicht schaffen. So entschied sie sich dafür, mit der Taxe nach Buer zurückzufahren. Klaus war ja noch nicht einmal zwei Monate alt. Die armen Schwiegereltern trauten ihren Augen nicht, als ihre Tochter wieder vor der Tür stand. Eine Woche später gelang der Flug dann. Dieser Freitag, der 13. Februar ist Heidi bis heute in Erinnerung geblieben!

Das Jahr 1970 war in jeder Hinsicht ereignisreich, und am Anfang stand ein großer Verlust. Am 6. April starb ganz unerwartet mein geliebter Schwiegervater an einem Aneurisma im Bauchraum im Alter von nur 65 Jahren. Das Telefonat von Heidis Schwester weckte uns am 7. April noch in tiefem Schlaf. Wir flogen mit den Kindern schnellstens nach Deutschland, denn Heidi und auch ich wollten den Vater vor seiner Beerdigung noch einmal sehen. Das gelang, und ich flog nach der Beerdigung zurück nach Belgrad, während Heidi mit den Kindern bis Anfang Mai ihrer Mutter in Buer beistand.

Beruflich konnte ich mich über mangelnde Aktivitäten nicht beklagen. Schon ein paar Wochen später fuhr ich wieder mit dem Auto ins Ruhrgebiet zurück, denn ich hatte den Verlust des großen Projektes Bor/Majdanpek an die französische Konkurrenz zu erklären. Wir hatten den Auftrag allein wegen des erschöpften Hermesplafonds A verloren, über den die größten Finanzierungen liefen. Wie konnten wir bei dieser Lage überhaupt noch größere Projekte realisieren? Herr Sieber meinte, dann müssen wir uns eben auf kleinere Vorhaben beschränken, die innerhalb des bescheideneren Plafonds B finanziert werden könnten. Zum Glück erhielten wir noch vor den Sommerferien den Auftrag der Schubschiffe für die Jugoslawische Donauschifffahrt JRB, der außerhalb des Hermesplafonds mit Frachten durch einen Hamburger Spediteur kompensiert wurden. Ende Mai nahm ich mir auf der Rückreise mit Heidi und den Kindern noch zwei bis drei Tage frei und besuchte meine Eltern in Jugenheim. Die eigentlichen Sommerferien wollten wir in der Nähe von Split zusammen mit der Familie von Heidis australischer Tennisfreundin verbringen.

Die Cassiens, so hießen die Australier, hatten eine sogenannte Wikendica eines pensionierten kroatischen Kapitäns mit Vollpension direkt am Meer gemietet. Kurz vor unserer Abfahrt mussten sie ihre Reise leider absagen, weil der Australische Botschafter versetzt wurde und Mr. Cassien zum Geschäftsträger ernannt wurde. Diese Wikendica, in Russland und der früheren DDR wurden solche Domizile Datscha genannt, war wegen ihrer Lage ein wohl so beliebtes Feriendomizil, dass bereits kurz nach unserer Ankunft statt der Cassiens eine italienische Familie mit drei Kindern einzog. Das Anwesen bestand aus dem kleinen Haus mit vier Zimmern, einer Garage mit angebautem Schuppen und einem kleinen Garten mit zwei Palmen und einem alten Feigenbaum. Als Esszimmer diente eine gepflasterte, etwa 3,5 Meter breite und ebenso lange Weinlaube, direkt oberhalb der Strandmauer und mit entsprechend schönem Blick auf die Adria. Vor der Wikendica lief lediglich ein kleiner befestigter Weg entlang, der direkt zum Wasser führte und hinter dem Haus endete. An einem kleinen Steg lag das Boot des Vermieters mit eingebautem Einzylinder-Diesel und einem Sonnensegel, also gut gegen die heiße Sommersonne ausgerüstet. Während der Sommerferien lebten der Kapitän und seine Frau in der Garage und beide umsorgten von dort aus ihre Gäste. Sie kochte und er half seiner Frau bei der Gästebetreuung und schipperte in seiner freien Zeit mit Urlaubern gegen ein paar Dinar mit seinem Boot auf der Adria herum. Nachdem ich mich als Ingenieur geoutet hatte, durfte ich auch alleine mit dem Boot fahren. Dirk, inzwischen über zwei Jahre alt, strohblond und braungebrannt, lief mit seinem blauen Lastwagen zum Vergnügen der wenigen anderen Urlauber auf dem Weg vor der Strandmauer herum, wenn er nicht mit Schwimmflügeln in Begleitung seiner Mutter oder mir in der lauwarmen Adria planschte oder Boot fuhr. Während der Mittagshitze von bis zu 35°C lag Klaus nackt im Kinderwagen, nur mit einer Windel bekleidet, schlafend im Schatten einer Palme. In den drei Wochen unserer Ferien hat es nicht ein einziges Mal geregnet.

Gegen Abend kühlte es sich etwas ab, so dass ich Heidi auch einmal die historische Stadt Split zeigen konnte, die ich von beruflichen Reisen her gut kannte. Der römische Soldatenkaiser Diokletian, im Jahre 43 nach Christus in Dalmatien geboren, hatte sich an der Adriaküste einen großartigen Palast von ungeheuren Ausmaßen errichten lassen, dessen Ruinen sich bis heute sehr gut erhalten haben, denn die gesamte Altstadt von Split ist in die Ruinen dieses einen Palastes hineingebaut worden – und es ist keine kleine Altstadt! Diokletian hat einst viele Jahre seines Lebens dort verbracht. Wir konnten das gut verstehen, und so denken Heidi und ich noch heute gerne an diesen Urlaub zurück. Unsere Rückreise führte uns das Neretvatal hinauf und durch Städte wie Mostar, Sarajevo und Tuzla, die nach dem Zerfall Jugoslawiens zu trauriger Berühmtheit gelangen sollten.

Wie immer nach etwas längerer Abwesenheit aus Belgrad erwartete mich zu Hause viel Arbeit, die den Leser im Detail nicht interessieren kann. Eine berufliche Episode des Spätsommers will ich dennoch schildern, weil sie typisch für die Wirtschaft des damaligen Jugoslawiens war und mich auch persönlich noch lange Zeit beschäftigen sollte. In einem Fernschreiben wurde ich gebeten, den neuen Geschäftsführer der Krupp-Industriebau bei seinen Gesprächen in Skopje zu unterstützen, die er wegen eines Nickelprojektes führen wollte. Treffpunkt war das Gästehaus der mazedonischen Regierung. Ich kannte dieses ehrgeizige Großprojekt unter dem Namen „Feni-Kawardaci", erkundigte mich vorsichtshalber nochmals bei dem zuständigen Außenhandelsunternehmen Jugotehna und meinem Nachbarn Prof. Buniy und fuhr nach Skopje. Obwohl es noch keine Fabrik gab, amtierte bereits seit mindestens einem Jahr ein Generaldirektor von Feni, der die Strippen zusammen mit den Direktoren von Jugotehna und der Stopanska Banka zog. Nun war wohl auch die Regierung der Republik Mazedonien eingeschaltet und wollten das Projekt realisieren, weil der Nickelpreis 1970 inzwischen so hoch gestiegen war, dass sich eine große Investition lohnen würde.

Da eine der wichtigen Personen verhindert war oder man sich vorher intern abstimmen wollte, hatte man ein ganztägiges Gastprogramm für uns vorbereitet, das uns bei herrlichem Wetter mit dem Staatsboot auch auf den Ohridsee führte, einen rund 350 Quadratkilometer großen See, in 700 Metern Höhe herrlich gelegen, den sich Mazedonien und das westlich gelegene Albanien teilen. Dieser Ausflug gab mir Gelegenheit, die mit auf unserer Seite verhandelnden Herren Puhlmann von Krupp und Lankes von einer Firma Polysius über das Projekt und die bei seiner Realisierung zweifelsohne zu erwartenden Schwierigkeiten diskret zu informieren. Der Industriebau von Krupp verfügte nicht über das erforderliche Verfahrens-Know-How und Engineering zum Bau von Anlagen zur Gewinnung von Ferronickel, wohl aber die Polysius AG.

Die Atmosphäre bei unserem Kennenlernen war sehr locker, was bei Kruppianern damals selten vorkam. So hatte Herr Puhlmann mich gleich zu Beginn unseres Treffens gefragt, warum ich denn meine Frau nicht mit dabei hätte, was allein wegen der kleinen Kinder ja nicht ging. Herr Puhlmann hatte auch Frau Lankes der Höflichkeit halber zu dieser Reise eingeladen, und so blieb auch auf dem Ohridsee der fröhliche Ausflugscharakter erhalten, aber die Herren hatten doch nach meiner Schilderung große Sorgenfalten auf der Stirn.

Die Gespräche verliefen wie erwartet und Herr Puhlmann, der im Ostgeschäft noch nicht erfahren war, profitierte offensichtlich von meinem Briefing und meinen Zwischenfragen so sehr, dass er sich dafür bei mir vor seiner Rückreise besonders herzlich bedankte. Wir waren uns von vorne herein alle sympathisch, was wohl auch an der Atmosphäre lag und dem guten Verlauf der Gespräche mit den Jugoslawen. Ich versprach vom weiteren Verlauf des Projektes zu berichten, was mir bedingt durch meine vielen Verbindungen mit der Zeit zunehmend leichter fiel.

Inzwischen musste ich mir Gedanken machen, wie es beruflich und privat weitergehen sollte, denn im Mai 1971 waren meine drei Jahre in Jugoslawien abgelaufen. Sollte ich um ein oder zwei Jahre verlängern? Oder lieber einen Nachfolger einarbeiten, der gesucht werden musste? Dirk ging bereits in den Internationalen Kindergarten neben unserem Tennisclub Avala. Was sollten wir mit Klaus machen? Wo sollten die Kinder später zur Schule gehen? Wann würde ich meine Eltern, insbesondere meine kranke Mutter in Jugenheim wiedersehen und was sollte ich im Falle der Rückkehr bei Krupp in Essen machen? Oder sollte ich besser bei einem anderen Unternehmen anheuern? Fragen über Fragen.

Der nächste Winter stand vor der Tür und Frau Jovanovic, unsere Vermieterin, hatte Ende September beschlossen, mit dem Einbau einer Ölheizung für das Haus zu beginnen. Alle Decken wurden durchbrochen und ein großes Loch vor dem Haus im Garten für den Öltank ausgehoben. Ein Stahlzylinder mit zwei angeschweißten Kümpelböden sowie Einlauf-, Auslauf- und Entlüftungsrohren wurden geliefert, vor Ort mit Teer angestrichen und in das Loch heruntergelassen. Die Leitungen zum Haus wurden dünn isoliert, die Stahlrohrleitungen für das Haus wurden im Garten zubereitet und an den Kessel sowie die Heizkörper – letztere in ungestrichenem Zustand – angeschlossen. Passten die Krümmer nicht, wurden sie in den Zimmern mit dem Schweißbrenner erhitzt und nachgebogen – eine riesige Schweinerei und eine Zumutung für die gesamte Familie, die Wochen dauerte. Der Anstrich der Heizkörper und Rohre sowie die fällige Wohnungsrenovierung wurden auf das Frühjahr verschoben. Erstaunlicherweise funktionierte die so archaisch montierte Heizung auf Anhieb bei Einbruch des Winters.

Vor Winteranfang hatten wir uns, vielleicht unter dem Eindruck der Heizungs-Baustelle, dafür entschieden, nicht länger als drei Jahre in Jugoslawien zu bleiben. Das war für Wolfgang Bach, mit dem ich nach wie vor freundschaftlich verbunden war, in zweifacher Hinsicht schwierig: er musste einen Nachfolger finden, denn das Ostgeschäft genoss auch ohne Herrn Beitz in der Firmenleitung weiterhin große Bedeutung, und Wolfgang fühlte sich wohl auch verpflichtet, mir einen entsprechenden Job nach meiner Rückkehr anzubieten. Letzteres war unter der Leitung der Herren Vogelsang und Sieber 1971 nicht einfach, denn es wurde gespart und konsolidiert. Das änderte nichts an der Entscheidung, einen neuen Mitarbeiter in Essen für Belgrad vorzubereiten, der ab Sommer 1971 von mir in Jugoslawien eingearbeitet werden sollte. Es war ein Junggeselle mit Namen Jaser.

Arbeitsmäßig hatten sich neue Schwerpunkte herausgebildet. Der Braunkohletagebau bei Pristina im Kosovo und der im bosnischen Tuzla gehörten dazu, ebenfalls ein Walzwerksprojekt in Zenica, ebenfalls in Bosnien. Der Auftrag für einen Bockkran, den die Werft in Rijeka benötigte, sollte unbedingt noch vor Ende des Jahres vergeben werden. In Pristina wie in Tuzla hatten wir starke Konkurrenz aus der DDR, in Zenica russische und westdeutsche. In Rijeka waren die Chancen am besten, obwohl es auch dort einen Wettbewerber aus Dortmund gab. Der Kauf einer russischen Stahlstranggießanlage für Zenica machte das Walzwerk dort überflüssig und die Braunkohleprojekte wurden von Monat zu Monat verschoben. Die Geschäfte liefen also zäh, und die Hoffnungen richteten sich auf den Bockkran für Rijeka.

Im Falle Rijeka war ich gut informiert. Nach den Vorverhandlungen wurden zwei Vergabetermine festgelegt, wobei wir als Favorit den zweiten Termin bekamen. Ich nahm den zuständigen Direktor der Brodoimpex Belgrad trotz Schneetreibens im Auto mit nach Rijeka, die Herren von Krupp Ardelt charterten ein kleine Maschine von Wilhelmshaven nach Rijeka, da der Flughafen in Zagreb wegen der heftigen Schneefälle gesperrt war. Die Vertreter der bekannten Dortmunder Stahlbaufirma C. H. Jucho konnten zum vereinbarten Termin nicht anreisen. Wir erhielten den Auftrag mit nur marginalem Preisnachlass, die Finanzierung wurde im neuen Plafond 1971 realisiert. Die beiden Firmen, Krupp Ardelt und auch C. H. Jucho, existieren heute nicht mehr.

Am Nikolaustag waren alle Kinder der deutschen Kolonie in Belgrad von der Deutschen Botschaft im Avala Club eingeladen. Den Nikolaus spielte Herr Juschka vom Handelsblatt. Weihnachten und den Jahreswechsel verbrachten die junge Familie in Belgrad. Vom 23. Dezember bis mindestens 7. Januar ruht in Jugoslawien jede Geschäftstätigkeit. Wir feierten Weihnachten mit den Kindern wie in Deutschland, besuchten Freunde, gingen auf Partys und in die Oper. Die lange Weihnachtszeit in Jugoslawien war dabei primär durch die Traditionen der verschiedenen Konfessionen bestimmt. Die Katholiken, also vor allem die Slowenen und Kroaten, feierten Weihnachten wie wir; die serbisch-orthodoxen Christen feierten ihr Weihnachtsfest, Bozic genannt, am 6. Januar. Weil im kommunistischen Jugoslawien die Kirche ohnehin eine untergeordnete Rolle zu spielen hatte, wurde während der arbeitsfreien Zeit vornehmlich gegessen und getrunken, was dort Prasnik genannt wird. Belgrad hatte meines Erachtens damals etwa 1,2 Millionen Einwohner, darunter ein großen Anteil armer Familien. Dennoch wurden dort während des Prasnik wohl 700.000 Spanferkel verzehrt.

Ende Februar oder Anfang März reisten wir mit zwei Autos wieder ins Ruhrgebiet. Jeder von uns hatte ein Kind im Wagen. Unseren Käfer stellte Heidi auf dem Garagenplatz ihrer Eltern ab, von wo aus sie ihn nach ihrer Rückkehr im Sommer 1971 für ihre eigene Mobilität nutzen wollte. Ich würde dann in Belgrad meinen Nachfolger Jaser einarbeiten. So jedenfalls war der Plan.

In Essen angekommen wurde ich mit Heidi sogleich zu einer privaten Karnevalsparty unter dem Motto „Tanz im Weltraum" oder „Astronautenball" von Herrn Puhlmann nach Kettwig eingeladen. Das Thema war damals hoch aktuell, und so erschien die Düsseldorfer und Essener Society spärlich bekleidet mit etwas Lametta und Alufolie überdeckt. Ich hatte das geahnt und wir fielen, maskiert wie die anderen Gäste, gar nicht besonders dörflich auf. Herr Puhlmann hatte wohl irgendwie einen Narren an mir gefressen, sozusagen, und verabredete einen Termin im Industriebau noch während meines Aufenthaltes in Deutschland.

Im Gespräch unter vier Augen beklagte er die zu schmal ausgerichteten Aktivitäten zum Beispiel in der Hüttentechnik mit Hochofenbau, Konverterbau, Walzwerksbau, Stranggießanlagen mit Knowhow nur für Kupfer – nicht für Stahl – sowie vieles andere mehr. Er war als Jungingenieur beim Aufbau des Erzhafens Rotterdam beteiligt gewesen und zuletzt dort als oberster Chef von Krupp abgeworben worden. Herr Puhlmann wollte eine neue Abteilung Umwelttechnik gründen, die sich beispielsweise mit der Müllaufbereitung und -verbrennung, Kläranlagen oder Rohstoffrecycling im Industriebau beschäftigen sollte. Ich wäre, so Herr Puhlmann, für diese neue Abteilung genau der richtige Mann in der kaufmännischen Leitung. Das war für mich eine gute Perspektive für die Zeit nach Belgrad.

Die letzten Monate in Belgrad liefen dann nach Plan, weshalb ich mich an dieser Stelle kurz fassen kann. Heidi flog mit den Kindern Mitte des Jahres zurück und wohnte bei Ihrer Mutter. Sie ging zunächst alleine und dann mit Unterstützung von Wolfgang Bach auf Wohnungssuche, während ich mit Herrn Jaser begann, alle Außenhandelsunternehmen und Endkunden im Lande zu besuchen. Zu erwähnen ist aber noch die aufwendige Feier der JRB im gerade eröffneten Belgrader Nobelhotel „Jugoslavia" direkt an der Donau mit Vorbeifahrt der nagelneuen Krupp-Schubschiffe. Kurz vor Weihnachten verließ auch ich Belgrad.

Zurück in Deutschland

Heidi hatte kurz vor meiner Rückkehr mit Hilfe von Wolfgang eine sehr schöne große Wohnung auf der Neuen Margarethenhöhe in Essen gefunden und den Umzug mit unseren eingelagerten Möbeln bereits bewältigt, als ich eintraf. Viele Kruppunternehmen waren von der Margarethenhöhe aus leicht erreichbar, und ich wollte ja auch für länger bei Krupp bleiben.

Im Unternehmen gab es jedoch zunächst ein Problem. Wolfgang hatte mir direkt nach meiner Ankunft berichtet, dass es Herrn Puhlmann bei Krupp-Industriebau nicht mehr gebe. Dem wohl zutreffenden Ondit zufolge hatte er hinter dem Rücken von Herrn Sieber bei den Vergabeverhandlungen für ein Prestigeprojekt, dem neuen Hochofen von Thyssen in Duisburg, eine Absprache mit einem Konkurrenten versucht. Das hatte ihm eine sofortige Beurlaubung und die nachfolgende Entlassung eingebracht. Zu Zeiten des Generalbevollmächtigten Berthold Beitz hieß so etwas, er wurde „abgebeitzt". Für mich bedeutete das, dass ich quasi in der Luft hing. Als Delegierter war ich weiterhin Angestellter in der Abteilung VA, jedoch hatte ich keinen richtigen Job, sondern wurde mit Sonderaufgaben beschäftigt.

Wir waren auf der Margarethenhöhe gerade eingerichtet, als Krupp die Mehrheit der Aktien von der Polysius AG in Neubeckum erworben hatte. Es dauerte nicht lange, und Herr Scharfenberg meldete sich von dort und lud mich zu einem Gespräch nach Neubeckum ein. Er war kaufmännischer Direktor im Krupp-Maschinen- und Stahlbau Rheinhausen und zuständig für den Bereich Aufbereitung und Zement. Durch unsere vielen Verhandlungen in Bor und Majdanpek kannte ich Herrn Scharfenberg natürlich sehr gut. Nach der Übernahme von Polysius war er zum Vorstandsvorsitzenden in Neubeckum ernannt worden.

Vielfahrer kennen die Ausfahrt Beckum/Neubeckum an der A2 östlich von Dortmund, und es war noch Winter, als ich mich nach Neubeckum auf den Weg machte. Das Gespräch mit Herrn Scharfenberg verlief, wie ich es erwartet hatte, sehr gut, mein zukünftiger Vorgesetzter war von Beginn an beim Gespräch anwesend, und mir wurde eine Stelle als Vertriebsleiter in Europa offeriert. Ich bat mir Bedenkzeit von vier Wochen aus und schaute mir dann gleich das Städtchen und seine ländliche Umgebung an, bevor ich nach Essen zurückfuhr.

Bereits bei der Hinfahrt durch den provinziellen Ort waren mir die grauen Dächer aufgefallen. Dieser bedenkliche Eindruck verstärkte sich bei der weiteren Erkundung deutlich. Allein in Neubeckum gab es zwei Zementwerke, Dyckerhoff und Feldmann, in Beckum mindestens weitere drei, die alle reichlich Staub emittierten, wie man deutlich sah. Konnte ich das meiner Familie zumuten? Ich war hin- und hergerissen, denn der Eindruck von dem Gespräch war ausgesprochen positiv. Ich beriet mich mit Wolfgang, hatte ja auch Aufgaben zu erledigen, an die ich mich nicht mehr erinnern kann und genau nach vier Wochen musste ich mein Zögern aufgeben. Herr Scharfenberg rief an und fragte, was denn nun wäre. Ich sagte zu, fuhr wieder nach Neubeckum und vereinbarte die Arbeitsbedingungen, besorgte mir ein Zimmer und begann meine Arbeit Ende März oder am 1. April 1973.

Bereits vor dem Zweiten Weltkrieg hatten in Deutschland drei große Unternehmen des Zementanlagenbaues weltweit miteinander konkurriert. Das waren die Krupp AG Grusonwerk Magdeburg, die Klöckner Humboldt Deutz AG in Köln und die Gottfried Polysius Aktiengesellschaft in Dessau. Die MIAG in Braunschweig, ebenfalls in diesem Markt tätig, ist hier noch gar nicht mitgezählt.

Zement wird in einem sehr energieintensiven, kontinuierlichen Prozess aus Kalkstein, Ton und Eisenerz hergestellt. Der sogenannte Beckumer Kalkmergel enthält diese Rohstoffe in fast optimaler Zusammensetzung, was dazu geführt hatte, dass hier im Industriezeitalter ein Zementwerk nach dem anderen entstand. Nach Ende des Krieges flohen die Mitglieder der Familie Polysius mit einigen Mitarbeitern und vielen technischen Unterlagen von Dessau nach Neubeckum in dieses Zentrum der deutschen Zementindustrie. Sie wollten hier ihre alten Kunden zunächst mit Ersatzteilen und später mit Maschinen und Anlagen versorgen. Um ganz sicher vor den Russen zu sein, gründete man in Ascot bei London ein Zweigunternehmen, die sogenannte Westpol.

Das größte Potential für die Energieeinsparung und damit auch für die Minimierung der Herstellkosten bietet das Brennen des fein gemahlenen Rohmehls zu Zementklinker. In dieser Technologie war Polysius allen seinen Konkurrenten schon in Dessau überlegen gewesen, dort waren der Drehrohrofen und der nach dem Erfinder Lelep benannte Lepolrost erfunden worden, beides Verfahren, die einen deutlichen Vorsprung in der Brenntechnik vor der Konkurrenz bedeuteten. Das bessere Vorwärmsystem dieser Öfen war der Grund, weshalb Krupp das gesamte Unternehmen Polysius schließlich erwarb. Die hauseigene Abteilung Zement in Rheinhausen wurde aufgelöst, die meisten Mitarbeiter von Polysius übernommen. Für manche der betroffenen Kruppianer war das sehr enttäuschend, für andere eine Chance. Alle Betroffenen mussten sich eine neue Unterkunft suchen oder eine Wochenendehe führen. Zu Letzteren gehörte auch ich, bis ich im Sommer in einer kleinen Nachbargemeinde von Neubeckum namens Vorhelm eine passende Wohnung für die Familie fand. Dort waren die Dächer nicht ganz so grau wegen des vorherrschenden Westwindes. Zudem war inzwischen die Entstaubungstechnik so weit fortgeschritten, dass selbst in unmittelbarer Nähe der Zementwerke alle neu eingedeckten Dächer nicht mehr vergrauten. Dem bereits bei meiner Einstellung von Herrn Scharfenberg geäußerten Argument, im schönen Westfalen würde ich doch sicher gerne später einmal selbst ein Haus bauen, konnte ich eigentlich nichts entgegensetzen. Ich hatte daran zuvor allerdings noch gar nicht gedacht.

Zunächst mussten wir uns ohnehin in Vorhelm einleben, und ich musste bei Polysius Tritt fassen. Beides gelang wegen der günstigen Umstände schnell und gut. Als Kindergärtnerin fand Heidi schnell eine Anstellung im örtlichen Kindergarten und nahm Dirk und Klaus morgens mit, während ich mich in Neubeckum schnell einarbeiten konnte.

Zwei ältere Mitarbeiter, der Leiter der Auftragskalkulation und der Verkaufsdirektor Europa, halfen mir, bei der Einarbeitung in die Geheimnisse von Kalkulation, Vertragsgestaltung und Vertriebsbedingungen sowie bei den ersten Kontakten mit den Kunden. Als „Vertriebsleiter Europa 2" war ich zuständig für das äußere Europa, während die BRD, Italien, Österreich und Ungarn den Bereich „Europa 1" bildeten. Große Fehler bei Preisgestaltung und Verkaufsbedingungen sind im Anlagengeschäft unverzeihlich, weil es immer um sehr viel Geld geht. Nicht viel anders verhält es sich bei den Leistungen und Verbräuchen der Maschinen, deren Werte mit Toleranzen zu garantieren sind. Werden diese überschritten, wird der vereinbarte Schadensersatz fällig. Verhandlungen wurden deshalb immer im Team aus Technik und Vertrieb geführt. So war das ja auch in Jugoslawien für Krupp immer gewesen.

Der Tod der Mutter

Nach langer Zeit wieder in Deutschland, also sozusagen fast zu Hause, konnte ich mich intensiver um meine Eltern in Jugenheim kümmern. Das war auch dringend nötig. Meiner Mutter ging es sehr schlecht; sie war inzwischen bettlägerig und wurde rührend von meinem Vater umsorgt. Ich habe meine Mutter nie über ihr Schicksal klagen gehört – nicht während ihrer langen Krankheitsphasen durch Multiple Sklerose, und auch nicht bei meinem letzten Besuch, als sie bereits, bedingt durch die vielen Medikamente, unter einer drogeninduzierten Hepatitis litt. An diesem Leiden ist sie am 12. September 1973 im Alter von 64 Jahren gestorben.

Ich war gerade auf einer Dienstreise im Kosovo, als mich die Nachricht vom Tod meiner Mutter erreichte. Ich eilte nach Skopje, um über Rom nach Düsseldorf zu fliegen und dann mit Heidi und den Kindern schnell nach Jugenheim zu fahren. In Rom ging zu allem Überfluss mein Koffer beim Umsteigen verloren, so dass ich bei der Hitze nicht einmal über meine Toilettensachen verfügte. Meine Gefühle während der Beerdigung meiner lieben Mutter will ich nicht schildern. Mein Vater war sehr gefasst. Am Tag nach der Beisetzung verteilte er den Schmuck meiner Mutter, den sie selbst vor Einmarsch der Russen in Mechelsdorf vergraben hatte, an Heidi und meine Schwester Aleit. Das geschah bei wunderbarem Spätsommerwetter im Park in Jugenheim.

Mein Vater war nun 75 Jahre alt und lebte allein mit seinen beiden Beagle-Rüden, die er im Zwinger hielt. Noch zu Lebzeiten meiner Mutter hatte er die Wohnung im ersten Stock an ein kinderloses älteres Ehepaar vermietet. Darüber wohnte der alte Herr Welke, der sich sogar einen kleinen Garten angelegt hatte. Der Vater war also nicht ganz allein in dem großen Haus. Er war zwar von einer Bürde befreit – aber dies war natürlich ein Einschnitt in unser aller Leben, wie es keinen zweiten gibt.

Das Leben ging sehr bald quasi nahtlos weiter. Im Kindergarten von Vorhelm lernten Dirk und Klaus Spielkameraden und Heidi deren Eltern kennen, und schon bald entwickelten sich daraus Bekanntschaften und Freundschaften – nichts Ungewöhnliches, und doch sehr angenehm. Das Städtchen Vorhelm bestand aus drei Ortsteilen: dem Hauptort gleichen Namens, Vorhelm-Bahnhof sowie Tönnishäuschen, dazu kamen einige Bauerschaften. Was Vorhelm jedoch auszeichnete, waren einige interessante Familien, die sich ehrenamtlich engagierten. In jedem Ort in Westfalen gibt es einen Schützenverein; der in Vorhelm wurde vom Erbdrosten zu Vischering geleitet, der in seinem Wasserschloss nahe der Kirche wohnte. Der Ortsteil Bahnhof hatte sich analog zu Neubeckum durch den Bau der Reichsbahnlinie zwischen Dortmund und Bielefeld entwickelt. Wegen der schnurgerade verlaufenden Bahntrasse waren einige Orte vom Bahnverkehr abgeschnitten. Nahe den Bahnhöfen entstanden bald Ansiedlungen und Unternehmen, die von der Zugverbindung profitierten. In Vorhelm waren das unter anderem die Schuhfabrik Steinhoff sowie die Filtra, die, wie unschwer zu erraten ist, Filteranlagen herstellte.

Auf dem ersten Schützenfest, das wir je besuchten, lernten wir die Familien Steinhoff, Truelsen, Papenfort, Remmert und viele andere kennen, die alle in etwa unser Alter hatten. Hannes Truelsen leitete die Filtra und war Bürgermeister, sein Bruder Walter, ebenfalls bei der Filtra angestellt, spielte mit Winni Papenfort Fußball und beide kegelten mit ihren Frauen in der direkt in unserer Nachbarschaft gelegenen Gastwirtschaft Pelmke. Neben der gräflichen Familie waren Steinhoffs die „Stars" im Ort, Burkhard fuhr einen Lamborghini. Steinhoffs hatten die Schuhfertigung eingestellt und produzierten nach eigenem Design ihre Schuhe in Taiwan. Design und Fertigstellung wurden von Burkhard und zwei holländischen Angestellten vor Ort, der Verkauf in der BRD durchgeführt. Zwischen der Villa Stein-

hoff und der stillgelegten Fabrik befand sich ein selten be-
nutzter, jedoch gepflegter Asche-Tennisplatz, und schon
bald spielte Heidi mit Jean Steinhoff auf diesem Platz. Tennis kam damals in Deutschland langsam in Mode, und als
wir im Kreis unserer Bekannten zusammen mit Steinhoffs
für das Tennisspielen warben, waren alle Feuer und
Flamme. Mit Hilfe der Steinhoffs, Truelsens und Remmers
gründeten wir einen Tennisclub, der als Unterabteilung des
Vorhelmer Fußballvereins eingetragen wurde und erhielten
für den Bau der Anlage sogar finanzielle staatliche Unterstützung. Die Tennisplätze grenzten direkt an das bewirt-
schaftete Fußballerheim an, so dass Duschen, Aufenthalts-
räume und Parkplätze zum Vorteil aller genutzt werden
konnten. Solange Planung und Bau der neuen Anlage liefen,
spielten wir bei Steinhoffs, wo allerdings in einem kleinen
Umkleidehäuschen nur kalt geduscht werden konnte.

Alle unsere Freunde und Bekannten aus Vorhelm hatten ein Haus oder waren gerade im Begriff, zu bauen oder
einzuziehen. Da lag es nahe, sich nach einem Bauplatz um-
zusehen. In Vorhelm waren alle interessanten Plätze vergeben. Jetzt half wieder einmal Heidis soziale Kompetenz. Ein
Mitglied des Elternbeirats im Kindergarten war ein leitender
Herr des Bauamtes der Stadt Sendenhorst, der für die Ver-
gabe von Bauplätzen in der Region zuständig war. Im Nachbarort Enniger wurden Bauplätze in bester Lage gegen Bezahlung eines bestimmten Teiles der Erschließungsgebühren
bis zu einem Fixtermin vergeben. Ein Bewerber war zurückgetreten, weil er in Ahlen bauen konnte, und so war der
Platz frei geworden. Wir zahlten den Betrag sofort ein und
der Bauplatz war uns so gut wie sicher.

Am 22. November 1974 erwarben Heidi und ich von der
Gemeinde Enniger das Grundstück Flur 16, Parzelle 179, in
der Größe von 921 Quadratmeter zum Preis von insgesamt
17.870 D-Mark. Die Entfernung von unserer Wohnung bis
zum Bauplatz betrug knappe anderthalb Kilometer, so dass

wir weiter in Vorhelm zu Hause waren, und wo unsere Kinder inzwischen beide in die Schule gingen. Unser Trauzeuge Arnold Germar hatte sich derweil in Köln selbständig gemacht und erbot sich sofort, unser Haus zum Vorzugspreis zu entwerfen und den Bau mit einem Bauleiter aus Beckum durchzuführen. Oft sind wir voller Stolz zu unserem Bauplatz geradelt und haben uns dabei auf das Experiment Bauen richtig gefreut. Die Baugenehmigung wurde exakt ein Jahr nach dem Kauf des Grundstückes am 25. November 1975 erteilt, unser Einzug sollte schon gut ein Jahr später, am 18. Dezember 1976, erfolgen.

Was das Bauen des eigenen Hauses für eine junge Familie bedeutet, brauche ich nicht zu schildern, weil es viele Zeitzeugen mit ähnlich großem Stress durchlebten. Der Bauunternehmer jedenfalls hieß Niesing und kam aus Vorhelm, was die Sache gewiss erleichtert hat.

Enniger, die neue Heimat

Der Umzug eine Woche vor Weihnachten gestaltete sich so ungewöhnlich, dass ich ihn kurz schildern möchte. Walter Truelsen und Winni Papenfort hatten mich überzeugt, den Umzug ohne fremde Hilfe zu wagen: drei starke Männer würden selbst die schwersten Möbelstücke vom ersten Stock und aus dem Keller auf einen LKW heben können. Ich lieh mir also von Polysius für Samstag, den 18. Dezember einen offenen LKW, um unsere Sachen mit zwei oder drei Fahrten in das neue Haus zu transportieren. Geld ist immer ein knappes Gut, und das insbesondere, wenn man gebaut hat.

Wir wohnten in der Kirchbreede 5 in einem Neubau im ersten Stock in unseren Möbeln, die wir ja nur wenig benutzt und während unserer Belgrader Zeit in Gelsenkirchen eingelagert hatten. Ein Sideborad aus Palisander war so lang, dass es beim Einzug von den Möbelpackern zwar unbeschädigt die Treppe hinaufgewuchtet worden war – hinunter würden wir dieses Kunststück aber nicht schaffen. Wir seilten es über den Balkon in den Garten ab. Dabei wäre es uns um ein Haar heruntergefallen. Nach diesem überstandenen Schrecken begann es langsam zu schneien. Die größten und empfindlichsten Möbel sollten zuerst verladen werden, weil der Schneefall langsam stärker wurde und allmählich in Regen überging. Heidi, Walter und Winni mussten auf der Ladefläche stehend die Möbel festhalten, während ich den LKW fuhr und Dirk und Klaus ihren Vater im Führerhaus beim Lenken des Lastwagens bestaunten. Am gefährlichsten für die Ladung war die Überquerung der Geleise am Bahnhof Enniger, doch das schaukelnde Gefährt passierte alle Unebenheiten, ohne dass Möbelstücke herabgefallen wären. Von der Straße zum Hauseingang hatten wir Holzbohlen auf den aufgeweichten Mergelboden gelegt, den nagelneuen Teppichboden sollten alte Bettlaken schonen.

Wir schafften den Umzug einer komplett eingerichteten Wohnung von vier Zimmern mit Küche, Bad und Keller innerhalb eines Tages und zum Glück ohne allzu heftige Niederschläge, so dass ich den LKW schon bei Dunkelheit wieder bei Polysius abgeben konnte. Am Montag darauf schenkte uns Walter Truelsen einen von ihm selbst geschlagenen, großen Weihnachtsbaum. So feierten wir Weihnachten 1976 erschöpft, aber glücklich in den eigenen vier Wänden, wenn auch zwischen Bergen von Kartons und mit vielen, vielen unausgepackten Sachen.

Unsere Kinder wurden nun nach Enniger umgeschult. Nach Abschluss der 4. Klasse wechselten sie zum Städtischen Gymnasium Ahlen und legten dort ihr Abitur ab, Dirk 1988 und Klaus ein Jahr später. An unserem Freundeskreis hatte sich wenig geändert. Wir spielten weiterhin Tennis in Vorhelm, warben einige Mitglieder für den Verein aus der Nachbarschaft an und beteiligten uns mit sogenannten Eigenleistungen am Aufbau des Vorhelmer Tennisclubs. Für den Garten beschaffte ich im eigenen PKW einen von meinem Vater in Jugenheim aus Samen gezogenen jungen Mammutbaum und eine Blutbuche. Der kleine Hausgarten wurde später durch einen Gartenteich ersetzt, den Klaus mit Klassenkameraden und Freunden aus Enniger aushob. Die Teichoberfläche betrug etwa 20 bis 25 Quadratmeter und die Tiefe maß an der tiefsten Stelle rund einen Meter, damit überwinternde Tiere auch überleben konnten. Das waren beispielsweise Molche und Teichfrösche, die ich als Quappen bei einem einheimischen Froschliebhaber besorgte. Direkt hinter unserem Grundstück schloss sich nach Westen hinter einem von der Gemeinde mit Sträuchern und Bäumen bepflanzten kleiner Wall ein großer Abenteuerspielplatz an, der von unseren Kindern geliebt wurde. Unser Rasen wurde, wie in Westfalen üblich, ganz kurz gehalten und brannte nicht einmal in heißen Sommern aus. Wir hatten für Teich und Rasen einen eigenen Brunnen bohren lassen, dessen Ort wir zur Freude der ganzen Familie mit einem Wünschelrutengänger hatten bestimmen lassen. Da ich auch beruflich vorankam, stand das Thema Ortswechsel fortan nicht mehr auf der Tagesordnung. Wir hatten ein Zuhause gefunden.

Die Familie änderte sich mit den Jahren, denn die Söhne wuchsen heran. Das Thema Wehrdienst wurde aktuell, als Dirk sein Abitur bestanden hatte. Es wurde nicht wirklich ernsthaft darüber diskutiert, zumal einige ältere Mitschüler im direkt benachbarten Panzergrenadierbataillon der Westfalenkaserne Ahlen ihren Wehrdienst ableisteten und wir als Eltern die widerspruchslose Unterordnung beim Militär für unsere Kinder als nützlich für ihr späteres Leben empfanden. Die Eignungsprüfung der Musterung in Münster ergab, dass Dirk die Waffengattung aussuchen konnte – doch er entschied sich nicht für die Panzertruppe, sondern für die Marine. In Eckernförde erhielt er seine Grundausbildung, anschließend fuhr er als Sonargast auf dem Mienensuchboot Koblenz, bis er als Obergefreiter entlassen wurde. Klaus war ein häuslicherer Typ als Dirk, weshalb wir von vorneherein versuchten, ihn vom Wehrdienst in Ahlen abzuhalten. Das hätte unweigerlich dazu geführt, dass er freitags mit seiner schmutzigen Wäsche nach Hause gekommen wäre und das Wochenende in Enniger verbracht hätte. Wir machten ihm folglich einen Dienst ebenfalls bei der Marine schmackhaft. Da er sprachlich, weniger jedoch mathematisch begabt war, schieden Marine und Luftwaffe als Waffengattung bei der Eignungsprüfung aus und ein Wehrdienst weitab der Heimat war damit infrage gestellt. Was tun? Ich rief Dirks Kommandanten über inzwischen vergessene Kanäle an und fragte ihn, ob er sich nicht für Dirks Bruder bei der Marine verwenden könne. Das geschah, und Klaus wurde zur den sogenannten 78igern, also der Marineinfanterie, eingezogen, einer Einheit, die viele Ungebildete und rohe Kameraden in ihren Reihen hatte. Klaus hat sich dort überhaupt nicht wohl gefühlt und ließ sich später in die Materialausgabe versetzen. Er schloss seinen Dienst bei der Marine ebenfalls als Obergefreiter ab. Wir Eltern haben ihm wohl mit unserem Rat eher keinen guten Dienst erwiesen.

Wie schon zu Schulzeiten im Familienrat beschlossen, sollten unsere Kinder ihrer Neigung entsprechend ihr Studienfach und den Studienort selbst auswählen können. Für Dirk kam von vornherein auch ohne Studienberatung nur Chemie infrage. Das hatte sein Urgroßvater Paul in Heidelberg und Berlin studiert, und er wollte an die TH Darmstadt, wo auch sein Vater studiert hatte. Trotz des bereits gefassten Entschlusses musste sich Dirk die Beratung in unserer Anwesenheit in Darmstadt anhören. Er wurde vor einem anspruchsvollen und durchschnittlich 14 Semester währenden Studium mit möglichst anschließender Promotion gewarnt. Das schreckte ihn aber nicht ab. Er begann sein Studium in Darmstadt und hatte bereits nach vier Semestern sein Vorexamen abgeschlossen. Seine Studentenbude war unser Jugenheimer Gästehäuschen.

Inzwischen hatte Klaus sich für Jura entschieden und nach einigen Besichtigungen von Universitäten, bei denen seine Mutter als Chauffeur fungierte, Heidelberg als Hochschulort gewählt. Dirk besuchte ihn des öfteren in Heidelberg, denn während seiner vielen Fahrten und Seemanövern hatte er etwas Geld für einen Gebrauchtwagen sparen können, mit dem er äußerst bequem zu seinem Bruder gelangen konnte. Ein Ergebnis der gegenseitigen Besuche bestand darin, dass Klaus, der in Heidelberg das Rhenanenband aufgenommen hatte, seinen älteren Bruder für die Corpsidee gewann. Der wechselte bald nach Kiel und zog als Aktiver der dortigen Holsatia drei Semester lang das Segeln und Fechten oft den Chemievorlesungen und Übungen vor. Vernünftigerweise kehrte Dirk darauf nach Jugenheim zurück und schloss sein Studium in Darmstadt ab. Er ging an die Universität Hamburg, im Februar 2000 wurde er promoviert.

Klaus verließ sein geliebtes Heidelberg, ging nach Bonn und legte sein erstes Staatsexamen am Oberlandesgericht Düsseldorf ab. Während seiner Referendarzeit arbeitete er am Landgericht in Mönchengladbach und bei einer Anwaltskanzlei im US-Staat Florida. Sein zweites Staatsexamen bestand Klaus am 2. September 1999.

Während unsere Söhne die Schritte hinaus in ihr Leben gingen, freuten wir uns ganz besonders auf die Weihnachtszeit. Dann kamen beide nach Hause und genossen mit uns unbeschwerte Feiertage in Enniger. Während der Studentenzeit meiner Söhne machte ich mir, ich gestehe es, manchmal Sorgen, ob sie ihr freies Leben ohne größere Blessuren meistern würden. An Weihnachten konnten wir uns davon überzeugen, dass es ihnen gut ging. Und umso dankbarer und glücklicher war ich schließlich, als beide noch vor meinem Ausscheiden mit 65 Jahren bei Polysius ihr Studium erfolgreich abgeschlossen hatten. Heute sind sie gestandene Männer, Familienväter und erfolgreiche Manager.

Von Beckum in die Welt

Mein Arbeitgeber und meine Tätigkeiten bei Polysius haben mich in viele Länder diese Erde reisen lassen, zunächst nach Europa. Das Unternehmen hatte aus guten Gründen schon sehr früh nach Kriegsende und lange vor der Übernahme durch Krupp in Großbritannien, Frankreich und Spanien Tochtergesellschaften, sogenannte TGs, gegründet. Später kamen Südafrika, USA, Mexiko, Brasilien und weitere kleinere Gesellschaften dazu.

Zum besseren Verständnis gehe ich an dieser Stelle kurz auf die Arbeitsweise der TGs in Europa und meine Rolle dabei ein. Die TGs akquirierten die Projekte in ihren jeweiligen Märkten selbst und schlossen die resultierenden Aufträge im eigenen Namen und auf eigene Rechnung ab. Das erforderliche Engineering – also Anlagenpläne, Zeichnungen, Stücklisten und vieles mehr – mussten sie nach Stundensätzen aus Beckum kaufen. Das Engineering wurde ausschließlich in Beckum von etwa 800 bis 1.000 Ingenieuren und Technikern erarbeitet. Ansonsten operierten die TGs fast autark.

Der Vorstand in Beckum war regelmäßig über ihre Aktivitäten zu informieren, und er war weisungsberechtigt. Da die europäischen TGs im Marktgebiet „äußeres Europa" lagen, oblag mir neben meiner Tätigkeit als Vertriebsleiter ein Teil dieser Koordination, insbesondere zwischen den vierteljährlich in Beckum abgehaltenen TG-Sitzungen. Während dieser Treffen berichteten die Vertriebsleiter aus der Beckumer Zentrale und die kaufmännischen Geschäftsführer der TGs über den Stand aller Projekte in der Welt vor dem Vorstand und den Leitern aller technischen Büros. Sinn dieser Besprechungen war die Abstimmung über das weitere Vorgehen in Bezug auf technische und kaufmännische Unterstützung mit dem Ziel der Erfolgsoptimierung.

War es beispielsweise erforderlich, das nächste wichtige Kundengespräch mit einem anerkannten Ofen- oder Mühlenspezialisten oder einem Vorstand aus Beckum zu führen, oder soll ein Projekt in Korea besser von Paris als von Beckum aus bearbeitet werden? Solche und auch Fragen der Auftragseingangsplanung wurden in diesen Konferenzen erörtert. An die Vertriebssitzung schloss sich nach meiner Erinnerung zweimal jährlich eine ganztägige F&E Tagung an, auf der die neuesten Forschungs- und Entwicklungsergebnisse vorgestellt wurden, um alle Ingenieure weltweit auf den gleichen Wissensstand zu bringen. In den Vertriebsbesprechungen musste ich als Leiter des Vertriebsgebietes „Europa 2" berichten und das Protokoll der gesamten Sitzung erstellen, was mir zunächst schwerfiel, vor allem wegen der vielen Orts- und Projektnamen.

In „meinem Markt" gab es akute Bedarfsfälle in Finnland, Belgien, Portugal und Jugoslawien. Als Global Player erhielten wir Anfragen auch von Investoren, die traditionell bei unseren Konkurrenten kauften. Sie benötigten in der Regel ja mindestens ein Vergleichsangebot. Ein typischer Fall dieser Art war die Erweiterung des Zementwerkes Pargas nahe Turku im Südwesten Finnlands. Es ging um eine komplette Linie ohne Zementvermahlung mit der Rohmahlanlage, Ofenlinie mit Kühler, der Elektrik und einem neuen Leitstand für die gesamte Fabrik. Die hatte unser schärfster Konkurrent geliefert, und das war die Firma FL Smidth aus Dänemark. Schon, weil das unser größter Mitbewerber war, stellte das für uns einen großen Ansporn dar, gerade diesen Auftrag zu gewinnen. Speziell unser finnischer Vertreter, mit dem Polysius in früheren Jahren unter anderem ein komplettes Zementwerk nördlich des Polarkreises und einen Kalkschlammofen für eine Papierfabrik in Mittel-finnland gebaut hatte, war erpicht auf diesen großen Auf-trag. Von der Erstellung des Angebotes bis zu den Vergabe-verhandlungen sollte mehr als ein halbes Jahr vergehen, so ein großer Auftrag war nicht schneller zu bewältigen. Ich habe deshalb in dieser Zeit viele – auch längere – Reisen nach Finnland unternommen.

Meinen ersten Besuch habe ich nicht vergessen. Wegen eines Alkoholstreikes in Finnland hatte uns unser Vertreter gebeten, pro Person mindestens vier Flaschen hochprozenti-ger alkoholischer Getränke wie Cognac, Whisky oder Gin mitzubringen. Die nahm er uns auf dem Flugfeld in Helsinki direkt ab und verschwand damit. Für den Abend hatte er für die vier Polysianer im Hotel die Sauna mit anschlies-sender Massage bestellt. Mein Chef kannte diese finnische Pflichtübung, die von allen mitgemacht wurde, bereits von früheren Reisen – für mich war es ein Abenteuer.

Am nächsten Tage ging es per Auto ins knapp 200 Kilo-meter entfernte Parainen oder Pargas zum Kunden. Für uns war der Auftrag nicht nur wegen der Konkurrenzsituation sehr wichtig, sondern auch aus Gründen der Beschäftigung und des Auftragseinganges. Für den Fall, dass wir diesen oder einen anderen Auftrag in Finnland erhalten sollten, musste ein Teil der Fertigung, das betraf zum Beispiel Ofen-zylinder, Mühlenzylinder und Förderbandgerüste, allein wegen des ansonsten unüberschaubar komplizierten und teuren Transportes im Lande beschafft werden. Ein Ofen hat einen Durchmesser von vier bis fünf Metern, seine Länge ist nicht weniger als 80 Meter. Es lohnte sich also, in Finnland die Fertigungsmöglichkeiten auch für zukünftige Fälle zu prüfen, und so habe ich teils per Auto, teils per Flugzeug, immer begleitet von einem Fertigungsfachmann, viel von Land und Leuten gesehen.

Die Endverhandlungen von Pargas fanden im heißen Finnlandsommer 1974 statt. Wir wohnten in einem Feriendorf auf einer kleinen Ostseeinsel nahe der Zementfabrik, jeder in einem kleinen Ferienhaus, ein Restaurantbau mit Sauna lag direkt am Wasser der Ostsee. Die Verhandlungen zogen sich lange hin, weil der Kunde fast parallel mit unserer Konkurrenz FLS verhandelte. Zum Schluss wurde der Auftrag geteilt, nur der Ofen mit Kühler ging an FLS, wir erhielten mit den übrigen Sektionen den größeren Teil vom Kuchen.

Die Rückreise per Fähre ab Turku nach Stockholm war für mich ebenfalls eindrucksvoll, denn sie erfolgte am 21. Juni gegen Abend und durch die vielen Inseln von Marjehamm. Zu Mittsommernacht sind nicht nur die finnische Jugend, sondern alle Finnen aus dem Häuschen und der zollfreie Alkohol floss in Strömen. Es war uns gelungen, gerade noch eine Schlafkabine mit vier Liegeplätzen zu organisieren, in der wir mittschiffs über der Schiffsmaschine ein bis zwei Ruhestunden fanden, ehe wir morgens gegen 6 Uhr in Stockholm ankamen.

Zwischen den Finnlandreisen hatte ich in Belgien und Portugal zu tun. In Belgien ging es um Projekte der Abteilung Minerals, wie sie später genannt wurde, die Herrn Lankes unterstand. Herrn Lankes und sein Aufgabengebiet erwähnte ich bereits kurz in der Schilderung meiner Jugoslawienzeit und im Zusammenhang mit unserer gemeinsamen Fahrt auf dem Ohridsee im Südwesten des Landes, ganz nahe der albanischen Grenze. Dort ging es seinerzeit um die Anwendung von Drehrohröfen zur Reduktion von Nickelerz, auf das ich später noch eingehen werde.

Daneben gibt es im Hüttenwesen, insbesondere in der Aufbereitung von Erzen, viele andere Maschinen wie Mischbetten, Brecher, Mühlen und andere Maschinen, wie sie auch zur Herstellung von Zement verwendet werden, und somit bildete die Abteilung Minerals das zweites Standbein der Produktpalette von Polysius. Im belgischen Stahlwerk Clabecq, das in der Nähe von Antwerpen liegt, ging es um einen Werksumbau, bei der Sidmar in Gent um eine Anlage zur Entschwefelung von Roheisen. Beide Aufträge konnten wir buchen.

In Jugoslawien wurde etwa zur gleichen Zeit die Erweiterung des größten Zementwerkes in Beocin an der Donau akut. Von der BRD aus war das Projekt einer kompletten Linie von 2.000 Tagestonnen (tato) nicht zu realisieren, denn Hermesbürgschaften waren dafür nicht zu bekommen. Eine Möglichkeit bestand darin, das Projekt an unsere Tochtergesellschaft in Ascot nahe London abzutreten, was anlässlich einer vorher geschilderten TG-Besprechung dann auch geschah. Die Abtretung trat in Kraft, als die Zusage der britischen Export-Kreditversicherung in Ascot vorlag. Ich war damit zum Berater geworden und Polcot, unsere TG Polysius-Ascot, fungierte als Projektführer. Der Auftrag konnte schließlich mit vereinten Kräften für Polysius an Land gezogen werden.

Hilfe aus den Südstaaten der USA

Während der Amtszeit von Jimmy Carter als Gouverneur von Georgia gründeten wir die Tochtergesellschaft der Polysius AG in Atlanta, Polat genannt. Die sollte im Falle Feni-Kavardaci bald erfolgreich werden. Wegen des Nickelprojektes nahe Skopje war die Polysius-Muttergesellschaft in Beckum mehrmals ohne Erfolg auf die Errichtung einer großen Ferronickel-Verhüttung angesprochen worden. Ohne Erfolg, weil wir, wie auch im Falle Beocin, keine Zusage eines Kredites mit Hermesbürgschaft erhalten konnten. Vielleicht konnte das Großprojekt von Paris aus, also von der Tochterfirma Polpar aus, bearbeitet werden, falls die französische Kreditversicherung Cofas die Deckungszusage erteilte. Ich flog zweimal mit dem Kollegen Lankes zu Vorverhandlungen nach Paris – ohne Erfolg.

Parallel dazu prüften wir die Chancen in den USA, und hier hatten wir auf Anhieb Erfolg. Polat erkämpfte sich quasi aus dem Stand den ersten großen Exportauftrag. Die Anlage in Kavardaci wurde in rund zweieinhalbjähriger Bauzeit errichtet. Da der Nickelpreis in der folgenden Stahlkrise dramatisch fiel, musste die Produktion von Ferronickel dort jedoch nach relativ kurzer Betriebslaufzeit eingestellt werden. Von weitem sichtbar blieb dort über Jahre hinweg die größte Industrieruine Südosteuropas stehen. Kavardaci ist nur etwa 100 Kilometer in südöstlicher Richtung entfernt von Skopje, der Hauptstadt des aus dem ehemaligen Jugoslawien entstandenen Landes Mazedonien.

Sowohl in Finnland als auch in Belgien, in Portugal und auch in Jugoslawien befiel mich dennoch eine gewisse Unzufriedenheit mit meinem Job, denn ich war inzwischen 40 Jahre alt. Zwar war ich immer am Verhandlungstisch präsent, doch immer, wenn es um die Entscheidung ging, schalteten sich meine älteren und erfahreneren Vorgesetzten ein oder das Projekt musste aus Finanzierungsgründen an eine TG abgetreten werden. In Finnland waren das der technische Vorstand, mein direkter Vorgesetzter Direktor Vertrieb Europa und der Leiter der zentralen Kalkulation, in Clabecq der Vorstandsvorsitzende, im Falle Beocin waren die Geschäftsführer von Polcot federführend und bei Feni die der Polat.

Ich empfand in jenen Jahren so etwas wie eine Midlife-Crisis und war mir auch meiner beruflichen Position nicht immer ganz sicher. Aus heutiger Sicht, in der Rückschau also, war das überzogen, denn wir benötigten damals jeden Auftrag, und die Firma setzte bei Verhandlungen auf mich. Einen Auftragsverlust, vielleicht sogar bedingt durch einen Fehler eines Newcomers oder eines weniger erfahrenen Mitarbeiters – das wollte und konnte verständlicherweise keiner meiner Vorgesetzten riskieren. Mein Job war also in Wirklichkeit sicher.

Auf weitere Reisen in dieser Zeit soll hier nicht eingegangen werden. Zudem werde ich versuchen, im weiteren Verlauf meiner Schilderungen möglichst wenig auf die Projekte, die wirklich nur Schilderungen technischer Sachverhalte wären, oder auf die Organisation unseres Unternehmens einzugehen. Das wird nicht immer gelingen, weil die meisten meiner Reisen durch meine Tätigkeit bedingt waren. Ich will bei der Schilderung meiner wirklich außerordentlichen und interessanten Erlebnisse als Zeitzeuge möglichst die wirtschaftliche Entwicklung der von mir besuchten Länder und die politische Situation im Gesamtzusammenhang darstellen.

Die Bundesrepublik befand sich in einer großen Wirtschaftskrise, die heute vielerorts gar nicht mehr im Gedächtnis ist. Die Auswirkungen der Erdölkrise ab 1973 hatten die gesamte Wirtschaft der westlichen Industrienationen und damit auch uns stark getroffen. Der von den OPEC-Staaten diktierte Ölpreis hatte sich in kurzer Zeit vervierfacht. Privatleute merkten von dieser Krise vor allem etwas durch die sogenannten „autofreien Sonntage". Während dieser Tage, es waren die vier Sonntage zwischen dem 25. November und dem 16. Dezember 1973, waren tatsächlich die Autobahnen im Lande wie leergefegt.

Für viele Menschen war die sogenannte Ölkrise von 1973 eine Art ökologischer Weckruf, für uns war es zunächst einmal vor allem ein Grund zur Sorge, denn große Projekte in den stark energieabhängigen Industrien wie Stahl- und auch Zementindustrie in Europa waren selten und umso wichtiger geworden. Zur damaligen Zeit lagen die Rohstahl- und Zementerzeugung in der Bundesrepublik auf etwa gleichem Niveau zwischen 40 und 45 Millionen Tonnen jährlich – mit abnehmender Tendenz. Allein für das Brennen von Zementklinker benötigte man damals etwa einen Liter Heizöl pro Kilogramm solcher Klinker. Heute ist dieses Verhältnis weit günstiger.

Die Kostenseite war sicher auch ein Grund dafür, dass die Industrie und auch wir damals, aufgeschreckt durch die Ölkrise, nach Alternativen suchten. Die Kohlestaubfeuerung galt in den 1970er Jahren als eine Alternative, die sich wegen der hoch explosionsgefährdeten Vermahlung von Kohle jedoch nicht bewährte.

In den Nahen Osten

Krisen werden schließlich überwunden, Technik wird weiterentwickelt, neue Märkte entstehen. So war das auch Mitte der siebziger Jahre des vorigen Jahrhunderts. Diejenigen Länder, die von der Erdölpreisexplosion profitierten, waren unsere Märkte der Zukunft. Allen voran der Iran, gefolgt von Saudi-Arabien, dem Oman und schließlich dem Irak. Meine Arbeit in Europa ging damit zu Ende, im ölreichen Nahe Osten lag die Zukunft.

Ich wechselte in den für diese Region zuständigen Vertrieb Übersee, und das genau zum richtigen Zeitpunkt: Unsere Muttergesellschaft Krupp litt nicht nur unter Kapitalmangel, sondern ebenfalls an zu geringem Auftragsvolumen, der Konzern schrieb in vielen seiner Unternehmen Verluste. Die Zeit für einen Wechsel war günstig, ja, ein Wechsel lag sozusagen in der Luft.

Im Herbst 1974 hatte Krupps Generalbevollmächtiger, Berthold Beitz, eine Idee, die sich als die Rettung erweisen sollte. Er fasste eine Beteiligung des Iran in Höhe von 25,04 Prozent an den Fried. Krupp Hüttenwerken AG ins Auge. Damit konnten viele hundert Millionen D-Mark an Auftragsvolumen und letztlich auch Gewinnen für den Konzern gewonnen werden. Die entscheidende Verhandlung führte Beitz persönlich mit Shah Reza Pahlevi und dessen Ministerpräsidenten. Einer der Hauptbeteiligten war auch der damalige Vorstandsvorsitzende der Fried. Krupp AG, Ernst Wolf

Mommsen. In der Folge pilgerten viele Kruppianer in die neu gegründete Branch Krupp-Iran, um neue Geschäfte zu akquirieren.

Obwohl Polysius im Iran bereits den größten Teil der bestehenden Zementwerke gebaut hatte, entsandten wir einen eigenen Delegierten in das neue Unternehmen, wahrscheinlich von Krupp in Essen so bestimmt. Vor der Beteiligung an Krupp hatte der Shah unser bis dahin größtes und modernstes Werk, Fars & Kuzestan westlich von Teheran, mit Pomp eingeweiht. Nach seiner bereits etwa 1977 verkündeten Parole, der Iran werde in wenigen Jahren den wirtschaftlichen und technischen Stand europäischer Länder und der USA einholen, waren wir nun mit der Herausgabe von technischer Dokumentation für die lokale Fertigung skeptischer geworden. Wir wussten, dass der gesamte Fernsprechverkehr zwischen den Hotels in Teheran und Krupp-Iran von der gefürchteten Geheimpolizei Savak abgehört wurde und nannten den Shah in Telefonaten mit dem Decknamen „Karlheinz".

Zu allem Überfluss wohnten die Polysianer schon seit langem in einem Hotel, das der Familie der dritten Frau des Shahs, Farah Diba, gehörte. Ich selbst habe dort auch viele Nächte verbracht, doch der Komfort war nicht der Beste. Daher wechselten wir – Shah hin, Shah her – das Hotel. Wir wohnten fortan im Inter-Continental, das über schönere Zimmer, bessere Restaurants, modernere Klimaanlagen und einen prachtvollen Swimmingpool verfügte – im Sommer war das eine Wohltat.

Zählt man alle meine Reisezeiten zusammen, die ich im Iran verbrachte, so kommt man mindestens auf eineinhalb Jahre, wobei in dieser Auflistung dann auch die teilweise gefährlichen Reisen in der Zeit der islamischen Revolution und danach enthalten sind. Die von uns gebauten Anlagen befanden sich in der Nähe der Zentren von Meshed, Teheran, Isfahan, Schiras und Kerman, also immer in der Nähe von Städten, in denen damals eifrig gebaut wurde. Zugleich wurden diese Anlagen immer dort errichtet, wo unsere Kunden genügend große Kalksteinvorkommen vorfanden.

Der Iran ist ein flächenmäßig sehr großes Land mit viel Wüste und einer Bevölkerung von derzeit annähernd 80 Millionen Einwohnern; er hat eine sehr lange und bedeutende Kulturgeschichte, deren bekannteste Epoche das Persische Großreich ist, dass die griechischen Geschichtsschreiber, angefangen bei Herodot, eindrucksvoll schildern. Von kulturellen Impulsen wie dem Hellenismus, dem Mithras-Kult oder später entstandenen Baudenkmälern wie der Moschee von Isfahan einmal ganz abgesehen.

Um die Mitte der siebziger Jahre lebten im Iran etwa 40 Millionen Einwohner. Es gab ein großes Bildungsgefälle zwischen der Stadt- und der Landbevölkerung. Ich habe fast alle von uns gebauten Werke besucht, aber leider konnte ich es nie einrichten, zu der von uns gebauten Anlage nach Schiraz zu fliegen, um mir bei dieser Gelegenheit die Palastruinen und die Rampen von Persepolis, der Hauptstadt der Perserkönige, anzusehen. Diese bedeutenden Denkmäler liegen unweit dieser Zementanlage.

Damals herrschte im Iran noch eine andere Zeitrechnung als heute, denn das Reich der persischen Großkönige wurde, ganz anders als heutzutage, als unmitttelbarer Teil der Geschichte des Landes verstanden. Shah Reza Pahlevi hatte 1971 mit großem Aufwand die 2.500-Jahresfeier der iranischen Monarchie gefeiert. Wir erlebten die letzten Jahre seiner Herrschaft mit; am 16. Januar 1979 verließ dann Reza Pahlevi Teheran unter dem Druck der islamisch-schiitischen Revolutionstruppen, die vom Ayatollah Khomeini, der noch in Paris im Exil lebte, gesteuert wurden.

An den 16. Januar erinnere ich mich gut. Ich flog an diesem Tag in einer Maschine der Iran Air von Teheran nach Peking. Wegen der Iranbeteiligung an Krupp mussten alle Kruppianer damals für einige Jahre mit Iran Air fliegen, wann immer das der Terminplan und eine entsprechende Verbindung zuließen. Was ich nicht wissen konnte: am selben Tag, am 16. Januar 1979, verließ der Shah zusammen mit seiner Familie das Land für immer – einerseits aus Furcht vor der drohenden Gewalt, die die islamische Revolution bedeuten würde, und andererseits aus Sorge wegen seiner Krankheit. Der Shah verstarb wenig später, im Juli 1980, nach einer unwürdigen und traurigen Irrfahrt durch die Welt im Exil in Ägypten.

Etwa zwei Jahre, bevor die Islamische Republik Iran mit Ajatollah Khomeini an der Spitze gegründet wurde, hatten wir in Zürich einen Vertrag mit der Hayek Engineering und Vertretern des Iran über einen sogenannten Kalklepolofen für das Stahlwerk Isfahan abgeschlossen. Ich habe vom Beginn der Verhandlungen an bis viele Jahre danach zur Einigung über die letzte Begleichung der Zahlung und Garantierückgabe an diesem Projekt mitgearbeitet. Es ergaben sich dabei für mich derart interessante Begegnungen und Erlebnisse, dass ich sie gerne berichten möchte.

Wir verhandelten mit Nicolas Hayek, dem geborenen Libanesen, und späteren bedeutenden Schweizer Unternehmer, Erfinder der Swatch Uhren und des Smart-Autos und Inhaber vieler Auszeichnungen. Trotz der traditionellen politischen wie ideologischen Abneigung des Shah-Regimes gegen die Sowjets war das komplette Stahlwerk Isfahan in der UdSSR – und nicht etwa im Westen – gekauft worden. Wir montierten den Ofen zusammen mit einem viel größeren Objekt einer Zementanlage, die ebenfalls in Isfahan montiert wurde. Noch vor dem Ausbruch der Revolution gelang es, die Arbeiten im Zementwerk abzuschließen, nicht aber die im Stahlwerk. Das lag unter anderem auch an den großen Unruhen in der dortigen Belegschaft, die bereits von islamischen Revolutionären entfacht worden waren. Die Rechtsnachfolge des Schah-Regimes trat nun die Islamische Republik Iran an. Dieses nunmehr orthodox islamische Land war somit zum Eigner von nicht weniger als 25 Prozent der Fried. Krupp AG geworden.

In Beckum meldete sich bald nach der Revolution, es war etwa 1981, eine hohe iranische Delegation über Krupp-Iran an: sechs Herren, darunter der oberste Imam Isfahans. Die Herren betonten, dass sie als Miteigentümer von Krupp nunmehr von uns die Fertigstellung der Anlage wünschten. Nach dem obligatorischen Austausch der Visitenkarten fiel mir auf, dass der technische Direktor des Stahlwerkes offensichtlich Deutsch verstand; er kam mir außerdem auch merkwürdig bekannt vor.

Als die Zeit für das islamische Mittagsgebet gekommen war, verließen unsere Herren den Konferenzsaal. Die Iraner blieben allein zurück; jeder entrollte seinen Gebetsteppich und legte ihn sorgfältig gen Mekka. Arabische Koransuren ertönten.

Anschließend gingen die Verhandlungen weiter. Es wurde wieder englisch gesprochen. Für den großen Imam aus Isfahan wurde jeder Satz vom technischen Direktor der Iraner in Farsi übersetzt. Weiterhin fiel mir der Mann mit den guten Deutschkenntnissen auf. Und mein gutes Personengedächtnis hatte mich nicht getäuscht: ich kannte diesen Mann. Später, während einer kurzen Konferenzpause, stellten wir beide fest, dass er seinerzeit mein Zimmernachbar im Studentenheim in der Lautenschlägerstraße in Darmstadt gewesen war. Er wohnte damals neben dem Raum, den ich einmal während der Semesterferien zur Anfertigung einer Studienarbeit von einem anderen Iraner angemietet hatte.

In den mehrtägigen sehr umständlichen Verhandlungen wurde beschlossen, dass die Restarbeiten mit Inbetriebnahme und Erbringung der Leistungstests von uns nach festgelegtem Zeitplan ausgeführt werden, was auch in unserem Interesse lag. Als das geschehen war, musste über die an die Leistungstests gebundene Restzahlung und die Rückgabe der Bankgarantie für die Erbringung der Leistungswerte in

Teheran verhandelt werden. Ich reiste daher zusammen mit unseren Leitern der Montage- und Reklamationsabteilung nach Teheran, wo wir in der Hauptverwaltung der National Iranian Steel Corporation (NISC) zu verhandeln hatten, so war es vorgegeben. Unterstützung bekamen wir von einem Herrn aus unserer Niederlassung Krupp-Iran.

Wie hatte sich die Stimmung im Iran nach der Revolution verändert! Vor dem Haupteingang des Verwaltungsgebäudes der NISC standen nun zwei bewaffnete Pasdaran-Milizionäre der Revolutionsgarde des Ayatollah Khomeini. Einer der beiden begleitete uns bis in das Büro des Generaldirektors und blieb dort abseits der Verhandlungen an einem kleinen Nebentisch sitzen. Natürlich war er bewaffnet. Das war eine durchaus ungewohnte und auch unangenehme Neuerung!

Die Verhandlung wurde auf Farsi vom Generaldirektor selbst geführt, dabei waren drei weitere iranische Direktoren anwesend, und auch meinen Darmstädter Zimmernachbarn sah ich bei dieser Gelegenheit wieder. Während der Verhandlung aß der Generaldirektor eine rohe Gurke und Joghurt, dazu knabberte er auch ein paar Pistazien, wozu er auch alle Teilnehmer einlud. Es war eine beklemmende Atmosphäre, obwohl es lediglich um einen kleinen Millionenbetrag für Restarbeiten ging, die wir ja schuldeten, und um die Rückgabe der Garantie. Solch eine Angelegenheit hätte die Geschäftsleitung eines mittelgroßen deutschen Unternehmens nicht selbst verhandelt – so etwas wäre normalerweise an die zweite Ebene delegiert worden. Die Verhandlung bei der NISC in Teheran waren jedoch wegen des revolutionären Machtwechsels im Iran zum Sonderfall geworden – sie wurden nun als Chefsache behandelt, und sie waren erfolgreich.

Abends wurden wir drei Polysianer privat zu meinem einstmaligen Darmstädter Zimmernachbarn nach Shemiran eingeladen, einem höher gelegenen Stadtteil Teherans, wo die wohlhabende Gesellschaft Irans zu Hause ist und in dem sich auch die Paläste der Pahlevis befanden. Mein einstiger Darmstädter Zimmernachbar, dessen Namen ich leider vergessen habe, wohnte – mit einem Wort gesagt – feudal. Er war verheiratet mit einer deutschen Ärztin, die er während seines Studiums in Mainz kennengelernt hatte. Wir erlebten in seinem Haus einen in vielerlei Hinsicht interessanten und aufschlussreichen Abend, denn mein Freund, so will ich ihn fortan nennen, war im alten Regime bestens vernetzt und hatte seinen Job ebenso wie der Generaldirektor der NISC nach der Revolution behalten.

Letzterer, der Generaldirektor also, hatte übrigens an der TU Clausthal Bergbau und Hüttenkunde studiert und sprach perfekt deutsch. Er hatte somit unsere Absprachen komplett verstanden, was in diesem Fall aber belanglos war. Mein Freund berichtete weiter, dass er sich zwei Tage zuvor an einer Kundgebung Gleichgesinnter gegen das Mullah-Regime hatte beteiligen wollen, dass diese Kundgebung jedoch von einem Großaufgebot der Pasdaran im Keime erstickt worden sei, denn die Vorbereitungen dazu waren vorab bekanntgeworden. Dies alles sprach nicht dafür, dass sich der Iran in Richtung neuer Freiheit entwickeln würde, wie ich besorgt feststellte.

Mit meinem Freund konnte ich mich im Laufe des Abends weiter austauschen. Er hatte seine Laufbahn direkt nach seinem Studium in Darmstadt im Iran begonnen, in einer für die meisten von uns unbekannten Gesellschaft. Dort herrschte einerseits der pure Überfluss, gleichzeitig grassierte andererseits große Armut unter den ungebildeten Arbeitern und in der Landbevölkerung. Als Ingenieur, zumal mit einer Ausbildung in Deutschland, gehörte mein Freund auf die Seite des Überflusses. Doch was er wohl verdienen mochte? Als Gleichaltriger, sozusagen als ehemaliger Kommilitone war ich damals natürlich neugierig, was wohl sein Monatseinkommen in etwa sein würde – eine

Frage, die man eigentlich überhaupt nicht stellen darf. Aber ich nahm sie mir einfach heraus. Seine Antwort war, dass er umgerechnet etwa 15.000 D-Mark verdiene. Ich war verblüfft über die Höhe seine Bezüge. Sie spiegelten natürlich die Verhältnisse der iranischen Gesellschaft wider, und sie waren, verglichen mit meinem nun auch nicht eben niedrigen Gehalt, durchaus als fürstlich zu bezeichnen.

In Städten wie Teheran oder Isfahan gab es bis zum Anfang der Revolution alle denkbaren Luxusgüter zu kaufen. Auch beste Restaurants mit wunderbaren einheimischen Gerichten mancher Art waren leicht zu finden, und wer die französische Küche oder andere internationale Delikatessen bevorzugte, musste auch nicht lange suchen, um bestens zu speisen. Luxus bei Lebensmitteln gehörte zum Alltag. Es war zum Beispiel damals Usus, auf dem Rückflug mindestens 100 Gramm besten Beluga-Kaviar mitzunehmen. Der wurde von den Stewardessen gleich nach dem Abflug in Teheran eingesammelt, mit Namensschildchen versehen und bis zur Landung im Kühlschrank der Maschine verwahrt. Das habe ich sehr oft auch getan. Der Nachteil: der gute Beluga musste danach schnell zusammen mit eiskaltem Wodka oder Champagner verzehrt werden. Was aber meist nicht schwerfiel!

Bei Krupp-Iran gab es Champagner und andere geistvolle Getränke manchmal sogar noch während der Revolution, als bereits jedweder Alkoholkonsum, wenn er bekannt wurde, schwerste Strafen nach sich zog: Den Beluga-Kaviar gab es als Snack zu Besprechungen im kleinen Kreis zusammen mit Fladenbrot und Wodka – wunderbar!

Die Revolution dauerte fast bis zum Tode des Ayatollah Khomeini am 3. Juni 1989. Durch die 25-Prozent-Beteiligung seitens des Iran war Krupp gezwungen, sein großes Büro in Teheran weiter zu betreiben und auch dafür zu sorgen, dass die Wartung der durch die Firma gebauten Anlagen sichergestellt werden konnte. Das war eine schwierige, teilweise aber auch einträgliche Angelegenheit, wenn man bedenkt, dass der Ersatz eines defekten Ofenlaufrings oder einer Mühlenstirnwand damals zwischen 500.000 und einer Million D-Mark kostete.

Ich musste oft innerhalb des Irans fliegen. Das tat ich nie allein, sondern fast immer in Begleitung eines Herrn von Krupp Iran. Als Deutscher beziehungsweise „Aleman" genoss man im Iran große Anerkennung, im Gegensatz zu den meisten anderen Ausländern. Am schlimmsten empfanden wir alle die schrecklichen Demütigungen der USA, die in einer Geiselnahme von 60 Diplomaten und ihrer missglückten Befreiung gipfelten. An vielen Stellen im Lande hingen aufgehängte Menschenpuppen, eingewickelt in die Stars-and-Stripes-Flagge, in fast allen Hotels waren Plakate mit der Aufschrift „Down with the USA" angebracht. Ja, der Iran hatte sich wahrlich verändert.

Auf einer meiner Reisen wurde ich begleitet von einem unerschrockenen Inbetriebnahme-Ingenieur, der schon mehrere Jahre im Iran verbracht hatte. Der hatte die Idee, den neuen Palast des Shah in Shemiran besichtigen zu wollen, was selbst mir und dem Begleiter von Krupp-Iran sehr verwegen erschien. Doch Herr Püntmann, der wackere Ingenieur, überzeugte uns von der Ungefährlichkeit des Unterfangens. Und so besichtigten wir als deutsche Kruppianer den gesamten Palast des geflohenen Pfauenthron-Herrschers; der Komplex wurde von der zivilen Pasdaran bewacht, aber wir konnten ihn tatsächlich ohne weiteres besichtigen.

Welch ein beeindruckender Ort! Fast der gesamte Fußboden der großen Empfangshalle war mit einem speziell für diesen Raum gewebten Kerman-Teppich feinster Art bedeckt, den Herr Püntmann als solchen sofort erkannte und damit gewaltig Eindruck auf die Bewacher machte. Die erklärten uns dann, dass die gesamte Decke der Empfangshalle im Sommer aufgeschoben werden könne, was sicherlich jeden Gast, der zu solch einem Empfang geladen war, sehr fasziniert hat. Wir durften auch alle Privaträume besichtigen, sogar den Ankleidebereich der Kaiserin, in dem die Ski-Utensilien wie zum Beispiel die Snow Boots von Farah Diba noch immer aufgereiht nebeneinander standen – so, als wolle die Herrscherin am nächsten Tag zum Skiurlaub aufbrechen. Als bescheiden empfand ich dagegen die Privaträume, insbesondere das Esszimmer der Familie. Ich könnte noch vieles über meine interessanten iranischen Erlebnisse berichten.

Inzwischen überschattete der erste Golfkrieg zusätzlich die islamische Revolution Khomeinis, denn Saddam Husseins Truppen waren Ende September 1980 in den Schatt-al-Arab einmarschiert. Ich wende mich deshalb dem Irak zu, wo ich bereits vor dem Golfkrieg tätig gewesen war und in den ich nun gesandt wurde. Oft habe ich an meinen Freund in Teheran gedacht, den ich in der aufgereizten Situation im Herbst 1980 nicht mehr zu besuchen gewagt hatte. Seine Privilegien als westlich gebildeter Ingenieur wird er in der Islamischen Republik Iran kaum auf Dauer behalten haben. Wie mag es ihm wohl ergangen sein?

Im Irak

Im Zweistromland, dem heutigen Irak, summierten sich meine Reisezeiten auf zwei volle Jahre meines Berufslebens, davon ein halbes Jahr ohne nennenswerte Unterbrechungen durch Besuche in Deutschland. Unweit von Mossul, im Ort Badoosh, hatte noch Krupp Maschinen- und Stahlbau einen Vertrag über eine Zementfabrik mit der Kapazität von 1.500 Tagestonnen abgeschlossen, deren Bau sowie die Erweiterung aber dann durch Polysius ausgeführt wurden. Für die Beschreibung einer kompletten Fabrikanlage verwendeten wir, das sei hier generell angemerkt, den mehr oder weniger abgekürzten Ortsnamen und hängten für eine Fabrik das

Kürzel „fa" daran, für eine Erweiterung oder Vergrößerung der Fabrik entsprechend ein „ver". Im Falle Badoosh hieß daher die erste dortige Fabrik „Badofa" und deren Erweiterung „Badover". Polysius hatten gerade den Vertrag für das Projekt Badover abgeschlossen, als ich das erste Mal nach Mossul geschickt wurde.

Im Irak regierte als Präsident Ahmed Hassan Al-Bakr, ein putsch-erfahrener Militär aus Tikrit und entfernter Verwandter von Saddam Hussein, der wie er aus Tikrit stammte. Al-Bakr hatte bereits am Sturz des Königs Faisal II. durch einen Militärputsch im Jahre 1958 mitgewirkt und danach unzählige politische Gegner in vielen blutigen Säuberungen liquidieren lassen. Er war wie sein Nachfolger Generalsekretär der Baath-Partei, einer sozialistisch-islamischen Bewegung, schloss 1972 einen Bündnisvertrag mit der Sowjetunion ab und bestimmte 1979 Saddam Hussein zu seinem Nachfolger. Al-Bakr hatte sich als Präsident auch einige Verdienste für das Land erworben. Er schuf die Kurdische Autonome Region und trat nach der Verstaatlichung der irakischen Erdölindustrie der OPEC bei, die durch ihr Embargo alsbald die erste Erdölkrise auslösen sollte. Der hohe Erdölpreis ermöglichte Irak in der Folge einen großen wirtschaftlichen Aufschwung.

Von diesen Erfolgen im Irak hatte naturgemäß auch mein Studienfreund und Konsemester Ahmed Achwan erfahren, den ich am Anfang des Kapitels über die Studentenzeit als gutaussehenden jungen Herren mit Oberlippenbart beschrieben hatte. Ahmed war mit Heidrun verheiratet, einer blonden deutschen Lehrerin, hatte zwei kleine Söhne und war an der Technischen Hochschule Braunschweig angestellt. Nach dem Tode seines Vaters übernahm Ahmeds Bruder die Rolle des Familienoberhauptes und überzeugte ihn, mit Familie nach Bagdad zu übersiedeln und sich dort mit einem Büro für Statik selbständig zu machen. Ahmed reiste in seine Heimat, organisierte die Formalitäten für sein

Start-up-Unternehmen und siedelte mit Sack und Pack – es handelte sich dabei um einem vollbeladenen Güterwagen! – nach Bagdad um, und zwar in ein großes neu gebautes Haus im Offiziersviertel. Das geschah nach meiner Erinnerung im Frühjahr 1976.

Zur Abwicklung der Aufträge Badofa und Badover hatten wir ein kleines Häuschen als Büro nahe der City angemietet und einen Polysianer jordanischer Abstammung namens Zaidan dorthin delegiert, der mir unterstellt war. Mein Job war inzwischen die kaufmännische und technische Abwicklung von Großaufträgen im Ausland, das später so genannte Contract Management. Im Irak gestaltete sich diese Arbeit anders als zum Beispiel im Iran, weil wir als Exporteur für den Staat Irak einem zollfreien Importregime, dem „Import Tax Exemption Act" unterworfen waren. Bei diesem Verfahren musste jede Lieferung bei Grenzübertritt von einem Zollagenten registriert und anschließend ihr Eingang auf der Baustelle durch irakische Ingenieure anhand von Spezifikationen bestätigt werden. Diese Prozedur geschah in Mossul, musste jedoch durch die „STOCI", die „State Organisation of Construction Industries" in Bagdad verifiziert werden.

Sobald es um Geld geht, wird es in aller Regel spannender und diese Spannung steigt logischerweise mit der Menge des Geldes, um die es geht. Alle Verträge mit den irakischen Staatsorganisationen hatten ähnliche Strukturen und auch Bedingungen. Kritisch waren die Zahlungsbedingungen, bei deren Fälligkeiten der Kunde, in unserem Falle die STOCI und die Resident Engineers mitwirken mussten. Zum Fertigstellungstermin verhandelte man über das Certificate of Completion (CoC), dann über das Provisional Acceptance Certificate (PAC) und als letztes über das Final Acceptance Certificate (FAC). Da solche Verhandlungen aber interne Abstimmungen mit den jeweils betroffenen Fachbereichen in Beckum, aber insbesondere mit der Baustellenleitung vor

Ort bedingten, kann sich der Leser leicht vorstellen, wie oft ich für die beiden Vertragswerke Badofa und Badover im Irak unterwegs war.

Dabei besuchte ich immer wieder Achmed samt Familie in seinem vor kurzem bezogenen Domizil. Ich übernachtete auch dort, wenn ich in Bagdad zu tun hatte. Bei meinem ersten Treffen saß Ahmed schweißüberströmt im Unterhemd an seiner Zeichenmaschine, denn die Klimaanlage war gerade ausgefallen. Heidrun bemühte sich damals um eine Stelle an der Internationalen Schule, wo auch beide Kinder eingeschult werden sollten. Bei meinen zweiten Besuch wollte ich Heidrun mit einer Flasche Portwein überraschen, so etwas konnte man nämlich in Bagdad nicht kaufen. Ich klingelte, aber es dauerte eine Ewigkeit, bis sich etwas hinter dem Tor tat und Heidrun auf einmal mit ihrer jordanischen Nachbarin erschien und mich mit ihrer Begleitung ins Haus bat, komisch. Wenn mich Heidrun, von einem Nachbarn oder einer Nachbarin beobachtet, alleine ins Haus eingelassen hätte, wäre sie als unzüchtige Frau im gesamten Viertel missachtet worden. Ahmed war nicht zu Hause, sondern bemühte sich außerhalb um Arbeit. Den arabischen Sitten angepasst verfügte der Neubau im Erdgeschoß über drei Wohnzimmer, eines für Männer, eines für Frauen und eines für beide Geschlechter. Um einen überdachten Innenhof herum befanden sich noch die Küche und Ahmeds Arbeitszimmer sowie eine Toilette. Über eine Treppe gelangte man auf die Galerie in den ersten Stock. Dort lagen die drei Schlafzimmer und zwei Bäder. Alle Häuser in der Nachbarschaft sahen sich ähnlich und hatten einen umlaufenden Garten, der von einer rund zweieinhalb Meter hohen Mauer umgeben war. Es waren Häuser, die Saddam Hussein wenige Jahre zuvor für Offiziersfamilien hatte erbauen lassen. Die großen Fenster waren einfach verglast, der Fußboden bestand aus schlecht verlegten Fliesen, die Klimaanlage war zwar zentral angebracht, dafür aber so laut wie störanfällig.

Kurzgesagt – das „Finish" dieser Häuser war sehr einfach, um nicht zu sagen: schlecht.

In unserem kleinen Büro war die Ausstattung ebenfalls schlecht, wir hatten noch nicht einmal eine zentrale Klimaanlage, sondern nur in einem Raum einen sogenannten Desert Cooler. Dem entweicht ein nach innen gerichteter feuchter kühler Luftstrom, der mittels Ventilator aus einem mit Palmblättern gefüllten, außen angebrachten Kasten gesaugt wird. Durch diesen Kasten läuft ständig frisches Wasser.

Zurück zu den Achwans und speziell zu Ahmed. Zunächst besuchte ihn ein Vertreter des Bauministeriums und bot ihm eine gut dotierte Stelle im Ministerium an. Diplomingenieure mit deutscher Ausbildung waren wie fast überall gefragt. Ahmed lehnte ab, denn er wollte ja sein Büro aufbauen, an dem sich nun auch sein Professor aus Braunschweig beteiligen wollte. Anlässlich eines meiner Besuche wurde ich Zeuge einer beispielhaften irakischen Geschichte, die schnell erzählt ist. Ein Neffe Ahmeds hatte sich während seines Studiums in eine Studentin verliebt, die er nach Abschluss seiner Lehrerausbildung und Anstellung im Schuldienst heiraten wollte. Der Familienrat war dagegen, weil sie einer Familie aus Bagdad entstammte, die standesgemäß nicht den Achwans aus An Najaf entsprach. Treffen konnte sich das verliebte Paar ohnehin nur im Hause von Ahmed und dort war Händchenhalten das Maximum an Intimität, was selbst im sozialistisch geprägten Irak auf der Straße oder in einem öffentlichen Park nicht geduldet war. Ahmed beschloss, die Angelegenheit im Sinne des Paares zu lösen und lud den Familienrat in sein Haus nach Bagdad ein. Beide wollten das Ergebnis der Entscheidung natürlich unmittelbar wissen, weshalb der Neffe in einem der Zimmer auf der Galerie versteckt wurde und seine Freundin in einem Zimmer des Erdgeschosses. Ich beobachtete die Szene von der Galerie aus und bekam zufällig mit, wie beide aus ihren Verstecken erschienen und der Neffe seiner Angebeteten ein

Papierkügelchen herunterwarf auf dem, wie sich nachher herausstellte stand: Ich liebe Dich. Die beiden durften heiraten, haben inzwischen Kinder und leben wahrscheinlich im heute zerbombten Bagdad.

Heidrun, Ahmed und den Kindern ging es einigermassen gut. Nach einer zweiten ergebnislosen Offerte des Bauministeriums erschien ein Parteisekretär bei den Achwans und bat Ahmed um die Mitgliedschaft in der Baath-Partei. Mit Hilfe der nicht ganz einflusslosen Sippe konnte auch dieser „Angriff" zunächst abgewehrt werden. Ahmed hatte inzwischen erste Aufträge und glaubte längerfristig an einen Erfolg für sein Ingenieurbüro. Nach einem zweiten Besuch des Parteisekretärs verfinsterten sich seine Aussichten, in der alten Heimat Fuß fassen zu können. Als dann Heidruns Stellengesuch endgültig abgelehnt und die Aufnahme der Kinder in die Internationale Schule verwehrt wurde, war mein Freund Ahmed mit der Familie im Irak durch das Regime gescheitert.

Die geschilderte Familiengeschichte zog sich über eine lange Zeit. Sie eskalierte, als Ahmed seine Arbeitserlaubnis verlor und während des Krieges zwischen Irak und Iran Ingenieuren und Ärzten generell die Ausreise aus dem Irak verboten wurde. Mit großem Geschick und viel Mut hat Ahmed erst Heidrun und die Kinder außer Landes gebracht und ist dann selbst geflohen. Erschwert wurde die Flucht der Familie zusätzlich dadurch, dass, wie in allen totalitären islamischen Staaten, Frauen und Kinder im Pass des Vaters eingetragen sind und sie damit das Land ohne Vater nicht verlassen können.

Die Familie hatte ihr gesamtes Vermögen verloren und verdankt die Wiedereingliederung in Deutschland Ahmeds Professor von der TU in Braunschweig und dem Umstand, dass Heidrun sich als Beamtin während ihrer Zeit in Bagdad lediglich hatte beurlauben lassen. Sie konnte in den folgenden Jahren das Einkommen der Familie sichern.

Die Wirtschaft des Iraks boomte jedoch ungeachtet solch privater Tragödien. Das Land besaß und besitzt ausreichend Wasser, große Erdölreserven und hatte damals lediglich eine verhältnismäßig kleine Bevölkerung von rund 15 Millionen Einwohnern zu ernähren. Häuser, Straßen, Staudämme, Flughäfen sollten gebaut oder vergrößert werden. Dazu wird in jedem Fall viel Zement benötigt.

Während ich noch mit der Abwicklung Badofa und Badover und anderen Aufträgen in der Welt beschäftigt war, verhandelte der Vertrieb Übersee in Asien zwei große Projekte mit der STOCI von jeweils 4.000 tato, also über eine Produktion von je 4.000 Tonnen Zement pro Tag, wofür das 1,65fache an Rohmaterial, das Brennmaterial nicht gerechnet, eingesetzt werden muss. Eine Anlage sollte im Norden bei Tasluja, rund 20 Kilometer entfernt von des Stadt Sulaymaniyah nahe der iranischen Grenze, im kurdischen Gebiet entstehen, die andere mitten in der Wüste, etwa 80 Kilometer westlich von Kerbala. Wir erhielten beide Aufträge mit Bauteil, was ich aber an dieser Stelle nicht weiter ausführen möchte.

Es dauerte etwa ein Jahr, bis dem Hause eine weitere Anfrage auf Verdoppelung der Kapazitäten beider Anlagen ins Haus schneite, verbunden mit dem Ansinnen, wir sollten doch bitte die Preise nach unten anpassen. Ein Angebot wie dieses konnten wir keinesfalls komplett ausschlagen, da den Vertretern der STOCI natürlich klar war, dass das Engineering der jeweiligen ersten Anlagen dem der jeweils zweiten Anlagen entsprach. Lediglich das sogenannte Gesamtlayout musste geändert werden, was allerdings nicht dramatisch war. Ich hatte damals jedoch den Eindruck, dass unser Vorstand die Erweiterungen wegen des Länderrisikos und der Rücksicht auf andere Kunden in der Welt scheute. Es wurde beschlossen, die Preise nicht abzusenken, sondern moderat zu erhöhen. Wir erhielten, entgegen unserer Erwartung, dennoch beide Aufträge.

Wegen der Chronologie verlasse ich nun den Irak, in den ich im November 1981 bis Ende Mai 1982 unter ganz anderen Umständen im Zusammenhang mit den vier Großaufträgen zurückgekehrt bin.

Nach Australien

An unserem Haus in Enniger waren die Zimmerarbeiten gerade abgeschlossen und wir warteten auf den Dachdecker, damit unser neues Haus wetterfest würde, da hieß es aus Sydney: jetzt muss der Kaufmann anreisen. Und damit war niemand anderes als ich gemeint. Es war Ende Juli 1976, der heißeste Sommer seit vielen Jahren, als ich aufbrach. Unsere Tante Lene berichtete, dass sie fürchtete, ihren Besitz in der Heide unweit von Gifhorn wegen der sich täglich nähernden Flammen eines in diesem Sommer wütenden Heidebrandes verlassen zu müssen. Sie hatte Glück – die Flammen stoppten genau vor ihrem Grundstück. Wir dagegen hatten Pech, denn unser Dachdecker versetzte uns von einer Woche auf die andere. Ich musste Heidi in dieser schwierigen Lage mit den Kindern alleinlassen.

Die Nachricht aus Sydney war eine kleine Sensation für uns. In Australien hatten weder Krupp noch Polysius je eine Zementfabrik gebaut, der Markt gehörte traditionell unserer härtesten Konkurrenz, der dänischen FLS, die seit vielen Jahren mit einem australischen Stahlbauunternehmen ein Joint Venture unterhielt. Der Kunde hatte sich nach seiner Investitionsentscheidung viele moderne Anlagen in Europa angesehen, unter anderem eine von uns gebaute, moderne 2.000-tato-Anlage in Gmunden am Traunsee. Bei einem Besuch in Beckum bat dann die Firmenleitung um ein Angebot einer Anlage genau wie die in Gmunden von uns ausgeführte. Die Herren schienen von der besichtigten Anlage mehr als begeistert zu sein, was uns durch unseren

Kunden bestätigt wurde. Das hatte uns ermutigt, ein Angebot abzugeben und das Projekt zusammen mit Krupp-Australia zu verfolgen, die in Sydney ein großes Büro unterhielten.

Unser damaliger Vorstand wollte aus Kostengründen und wegen der gerade geschilderten Vorteile für FLS im australischen Markt verhindern, dass alle Fachabteilungen ihre Spezialisten in das Land der Kängurus entsandten, frei nach dem Motto: jeder darf mal nach Australien. So wurde beschlossen, einen Ingenieur der Fachabteilung Gesamtanlagen zu entsenden und mich als Kaufmann hinterher. Reisen und telefonieren war zur damaligen Zeit eine teure Angelegenheit, zugegebenermaßen war Fliegen aber auch angenehm, insbesondere in der Businessklasse. Ich packte alle erforderlichen Akten zusammen und erlebte eine Hinreise mit meinem persönlichen „Schlaflosrekord" von rund 46 Stunden.

Am Tag meiner Abreise ging ich früh ins Büro, verließ Frankfurt kurz nach 23 Uhr Ortszeit und kam in Sydney um etwa 6 Uhr Ortszeit an, fuhr ins Hotel in North Sydney, wurde um 13 Uhr für die Besprechung mit dem Kunden abgeholt und fiel abends ins Bett. Ich war auf der Südhalbkugel angekommen, der Tag hatte sich geneigt – und in Europa hatte der neue Tag noch nicht begonnen. Ein merkwürdiges Gefühl!

Die Büros von Krupp-Australia (KA) waren über zwei Stockwerke in einem Hochhaus nördlich der Great Harbour Bridge verteilt mit einem imposanten Blick über ganz Sydney, ausgenommen den Norden der Stadt. KA arbeitete mit mehreren Resident Engineers aus Deutschland sowie heimischen Kräften auf den Gebieten Fördertechnik, Baggerbau, Kranbau, und Erzaufbereitung und fungierte außerdem als Vertreter der anderen Konzernunternehmen. Kunden waren vornehmlich die australischen Unternehmen der Grundstoffindustrie wie Erzbergbau, Kohletagebau und die Hafengesellschaften. Uns war ein erfahrener heimischer Fertigungsingenieur namens Jim Price sowie ein Büro zur Verfügung gestellt worden, weil alle mechanischen und elektrischen Anlagen mit wenigen Ausnahmen in Australien beschafft werden mussten, wie das von FLS seit Jahren praktiziert wurde. Es ging also darum, unser komplettes Angebot auf heimische Produkte und deren Fertigung in Australien umzustellen. Ausnahmen waren beispielsweise Ofen- oder Mühlengetriebe mit mehr als 1.000 Kilowatt, Ringmotoren oder Elektrofilter, die aber auch unsere Konkurrenz importieren musste.

Bei meiner Ankunft in Australien hatten unser Ingenieur für Gesamtanlagen, Ammermann, und der australische Fertigungsingenieur Price bereits viel vorgearbeitet, so dass wir dem Kunden Angebote einzelner Kapitel vorlegen, und ihn über einen wahrscheinlichen Termin für die Abgabe des Gesamtangebotes unterrichten konnten. Trotz unserer vielen Arbeit konnten wir uns leider nicht auf eine Komplettierung unserer Offerte konzentrieren, denn beinahe wöchentlich wurden wir zu Meetings bestellt, in denen nicht selten der Kunde uns über zuweilen erstaunliche neue Wünsche hinsichtlich eines geänderten Konzepts der Anlage informierte. Zunächst präferierte er zum Beispiel ein Rundmischbett, dann ein Längsmischbett, dann größere Rohmehlsilos, weil die Mischbetten sein Budget sprengten.

Derartige Änderungen ziehen die Modifizierung eines Teiles der Materialtransporte – also der Schurren, Rohrleitungen, Becherwerke und Förderbändern mitsamt der Elektrik und vieles andere – nach sich, was hier nicht erklärt werden soll. Nach harter Arbeit, die sich meistens bis in die späten Abendstunden zog, freuten wir uns sehr auf die Wochenenden.

Mein Mitstreiter Ammermann, der bereits mehrmals in Australien gewesen war und dem Kunden auch unsere Anlage in Gmunden gezeigt hatte, kannte sich inzwischen in

Unser Heim in Enniger, etwa 1985

Weihnachten 1990 mit den Studenten Dirk und Klaus in Enniger.

Rührendes Wiedersehen mit dem alten Milchkutscher Baade in Mechelsdorf, Sommer 1989.

Das Schloss in Hohen Niendorf, umgebaut zum FDGB-Haus, Juli 1989.

Die Dorfstraße in Mechelsdorf; unten rechts die Schule, umgebaut zum HO-Laden, Juli 1989.

Die Präsentation des Geburtstagsgeschenkes anlässlich der Geburtstagsparty in Jugenheim 2004.

Das neue Haus in Jugenheim; der Architekt, Prof. Reinwald, wurde dafür anlässlich des Tages der Architektur am 26./27. Juni 1999 ausgezeichnet.

Tanz auf dem Rasen in Jugenheim während der Feier
zum 70. Geburtstag, Juni 2004.

Das neue Heim in Jugenheim von der Parkseite aus gesehen,
Winter 2009.

Die Geburtstagsfahrt mit dem Kutschwagen nach Mechelsdorf
im Juni 2009.

Im alten Gartenteil des Parkes wird bei einem Glas Sekt
von alten Zeiten erzählt.

Vor der St.-Johannes-Kirche in Rerik mit Hans Karl von Chappuis, der Pfarrerin, Heidi, meine Schwester Aleit und Frau von Chappuis; der Autor und sein Sohn Dirk in der zweiten Reihe; Juni 2009.

Der Autor und seine Gemahlin genießen glücklich und froh den Geburtstagsausklang im Strandkorb an der Ostsee vor Kühlungsborn, Juni 2009.

Sydney und Umgebung gut aus. Er hatte ein gutes, relativ kleines Hotel mit sehr gutem Restaurant in North Sydney aufgespürt, in dem wir beide wohnten. Eigentümer war ein 1956 beim Ungarnaufstand geflüchteter Jude, der Chefkoch ein ausgewanderter Österreicher, der Oberkellner ein ehemaliger Jugoslawe. Spezialität des Hauses waren Meeresfrüchte – insbesondere Hummer, Austern und Fisch. Ammermann hatte mit dem Österreicher so etwas wie Freundschaft geschlossen und vereinbart, dass es am Abend nach meiner Ankunft Avocado mit Garnelen und dazu Lobster Thermidor geben sollte. Von Avocados hatte ich zuvor noch nie gehört, geschweige welche gegessen, denn die gab es damals in Deutschland noch nicht zu kaufen. Zusammen mit einem Sherry fino als Starter und einem trockenen Riesling, beide von australischer Provenienz, hat es mir an diesem Abend ausgezeichnet gefallen.

Australien und speziell Sydney waren für mich eine andere Welt. Die Sonne wandert in anderer Richtung am Himmel, nämlich von rechts nach links, die Sichel des Mondes hängt andersherum am Himmel, Norden wird nicht vom Polarstern angezeigt, sondern vom Kreuz des Südens, Flora und Fauna sind unterschiedlich, alles wächst und blüht. Es war Ende Juli, der warme Frühling hatte gerade begonnen. Ammermann und ich packten am Sonntag die Badesachen ein, fuhren mit der Fähre von der Oper am Hafen nach Manly und nahmen ein Sonnenbad am Strand. Um sicherzustellen, in der noch tiefstehenden Sonne zu bleiben, legte ich mich in die Nähe der Schattengrenze und war erstaunt, als ich nach kurzer Zeit frierend im Schatten wieder aufwachte. Die Sonne wanderte wirklich andersherum!

Unsere Arbeit setzten wir mit Eifer fort, nun jedoch kapitelweise. Solche Abschnitte waren zum Beispiel: von der Brecherei bis zu den Rohmehlsilos, die Ofenanlage – und dann durch die Anlage, immer der Reihe nach. Das hatte den Vorteil, dass die einmal fertiggestellten Kapitel nicht geändert werden mussten bis auf die Zwischentransporte, die wir in einem gesonderten Kapitel auswiesen. In den Arbeitspausen hatte es mir der wunderbare Blick vom Büro aus auf den Hafen von Sydney mit den Muscheln des berühmten Opernhauses angetan, und immer wieder blickte ich hinüber: natürlich wollte ich diese Oper auch einmal im abendlichen Glanz einer Vorstellung erleben.

Ich besorgte mir eine Karte für den „Rosenkavalier" von Richard Strauß und ließ mich an diesem Abend von der Aufführung und vor allem von der Atmosphäre beider Häuser der Sydney Opera überwältigen. Ich weiß nicht, was den tieferen Eindruck in mir hinterließ. War es die Architektur, das gesamte beleuchtete Ensemble mit Hafen und Harbour Bridge? Die – im übrigen großartig besetzte – Oper war es wohl nicht. Die ganze Stadt übte auf mich einen enormen Reiz aus, was einerseits durch den Frühling mit seinen blühenden Bäumen, Sträuchern und Blumen geschuldet war, andererseits durch die Vielfalt der Bauten, Geschäfte und Restaurants in der City, wie zum Beispiel deutsche Bäcker und Metzger, Wiener Kaffeehäuser, französische, chinesische und japanische Restaurants. Am Wochenende jedoch ist die Stadt wie ausgestorben. Jedermann ist entweder in seinem Garten, im Wochenendhaus oder mit Sportaktivitäten beschäftigt. So auch wir. Unser Chefkoch hatte sich einen Tag freigenommen und eine Segeltour mit seinem Freund organisiert. Er sorgte für die Verpflegung, Ammermann und ich für die Getränke, bestehend aus Dosenbier und Korn.

Unsere Tour begann an einer der vielen Marinas, die sowohl links wie rechts in den Buchten der auslaufenden bebauten Hügel den Hafen begleiten. Unser etwa gleichaltriger Skipper der großen Yacht verdiente sein Einkommen mit selbst entwickelten nautischen Geräten, die er exklusiv an die Australische Marine verkaufte. Zusammen mit ihm und seiner ebenfalls im gelben „Friesennerz" gekleideten Freundin kreuzten wir bei knapp vier Windstärken durch den von mehreren Regatten und den Fähren belebten Hafen in Richtung offenes Meer und ließen es uns gut schmecken. Als wir den Hafen und die Heads of Sydney verlassen hatten, wurde es ungemütlich. Ammermann und ich waren völlig unzureichend mit Pullovern ausgerüstet, ohne Windjacken und ohne Friesennerz. Ein bis zwei Albatrosse begleiteten uns und segelten ohne Flügelschlag in den tiefen Wellentälern nur wenige Zentimeter mit ihren Flügelspitzen über der Wasseroberfläche dahin. Wenn wir hohe Wellen mit dem Bug nehmen mussten, schoss das Wasser in der Fock hoch und ergoss sich anschließend über das Deck und die Crew. Ich hatte das geahnt und war bei solchen nassen Manövern jeweils in die Kajüte abgetaucht. Das gelang mir nicht immer, ich tauchte einmal zu früh wieder auf und bekam die volle Dusche aus dem Hauptsegel ab. Das Wasser lief mir aus den Hosenbeinen wieder heraus, mein Pulli hing nass bis fast zu den Knien herab und nach einer Weile fing ich so zu frieren an, dass ich mein Zähneklappern nicht unterdrücken konnte. Außer dem Skipper und seiner Freundin froren alle und wir kehrten in den rettenden Hafen zurück. Es muss der Korn gewesen sein, den ich im Kampf gegen die Kälte einsetzte, der verhinderte, dass ich krank wurde.

Ich habe viele Dinge in der Freizeit erlebt, die es in Deutschland zu der Zeit noch nicht gab: Zum Beispiel das Paragliding von einem hohen Berg an der Küste in der Nähe von Wollongong hinunter zum Landeplatz am Strand oder das Sammeln der berühmten Sydney Rock Oysters in Meeresbuchten südlich von Newcastle. Und natürlich den Verzehr dieser Austern.

Während meines etwa sechswöchigen Aufenthaltes hatte ich oft das Gefühl, dass zumindest die Bevölkerung des Großraumes Sydney davon ausging, man brauche sich eigentlich nicht anzustrengen, die Versorgung sei perfekt.

Das stimmte nach meinem Empfinden auch, denn dort wächst alles, die Regierung hält alles Schädliche fern, die Welt kommt nach Sydney. Die Menschen in der Region Sydney segelten, spielten Tennis, golften, surften und konnten im Winter in den Snowy Mountains sogar wunderbar Skilaufen. Diese allzu sorglos-weltferne Einstellung missfiel mir, bei aller Sympathie für die Australier und ihr herrliches Land. Ich will dazu ein paar signifikante Beispiele schildern: An den Stränden waren viele junge Leute als Surfer mit großräumigen PKW unterwegs, in denen sie übernachteten, darunter auch Jungakademiker. Sie fuhren vom Süden mit der Sonne nach Norden oder umgekehrt und lebten teilweise mit ihren Freundinnen von Arbeitslosenunterstützung. Das sahen sie für die Dauer eines Jahres oder mehr als vernünftig an. Ein atomgetriebener amerikanischer Flugzeugträger hatte seinen Flottenbesuch in Sydney angekündigt. Presse, Rundfunk, Fernsehen und die Regierung lehnten „Atom" ab, der Flugzeugträger durfte den Besuch nicht abstatten. Die Australian Opens liefen in Melbourne, Connors gewann, die Spiele wurden täglich zur besten Sendezeit übertragen. Die schwedische Gruppe Abba tourte gleichzeitig durch Australien und alles sang „Dancing Queen". Bei Krupp Australia arbeitete ein Delegierter der Fördertechnik aus Rheinhausen seit fast vier Jahren und hatte noch nicht ein einziges Projekt zum Erfolg geführt. Auf meine Frage, ob ihn das nicht bedrücke, antwortete er, er fühle sich in Sydney besser als in Rheinhausen, er wolle weitere Projekte bearbeiten, vielleicht auch einmal erfolgreich.

Leider erging es uns nicht viel besser. Mir war allerdings bereits nach sechs Wochen klar, dass wir uns vergeblich bemüht hatten. Ammermann flog mit mir zurück, aber er entschied sich nach mehreren positiven Verhandlungen mit deutschen Unternehmen und der finanziellen Unterstützung seiner Familie, eine Handelsvertretung in Sydney zu gründen. Jim Price hat mir später berichtet, dass er nach anfänglichen Schwierigkeiten Erfolg hatte und Australier geworden ist. Mein einziges Telefonat nach vier Wochen mit zu Hause kostete mich 40 D-Mark. Aber es war erfolgreich: das Dach in Enniger war eingedeckt!

Nach Peking

Nicht allzu lang vor meiner Reise nach Peking hatte ich als Contract Manager den für Polysius verlustreichsten Großauftrag mit dem vielsagenden Namen „Sauverdrei" abzuwickeln gehabt. Als Polysius dann zu Verhandlungen von der China National Technical Import Corporation (CNTIC) nach Peking eingeladen wurde, fiel die Wahl auf mich. Es ging um eine große Anlage; ich meine mich zu erinnern, dass es eine 4.000-tato-Anlage werden sollte. Die dritte Erweiterung von Saudicement in Hofuf hatte das ganze Unternehmen wegen technischer Fehleinschätzungen in eine prekäre Situation gebracht, die inzwischen überstanden war. Damals ging im Konzern das Schlagwort um: „Sauverdrei, große Sauerei".

Wir schrieben das Jahr 1978. Mao Zedong hatte durch seine Kulturrevolution das Land in einen primitiven, kleinbäuerlichen, vom Westen völlig abgeschotteten Staat verwandelt. Er war im September 1976 verstorben und hatte eine Witwe hinterlassen, die mit seinem Schwiegersohn und zwei Parteifunktionären die sogenannte Viererbande bildete. Erst nach vielen Jahren setzte sich allmählich der zweite Mann im Staate durch, ein pragmatischer Denker, der als junger Kommunist in Frankreich und Russland studiert hatte und von dort wirtschaftliche Ideen mitgebracht hatte. Er hieß Deng Xiaoping. Mancher wird sich an diesen Namen noch erinnern.

Viele Industriegüter wurden in Kleinbetrieben erzeugt. Ein damals vielzitiertes Beispiel war der in dörflicher Gemeinschaft betriebene Kleinhochofen zur Gewinnung von Rohstahl. Zement wurde in kleinen und wenigen größeren Betrieben von bis zu 1.000 tato hergestellt. Deng wollte in einigen Industriezweigen wohl „Leuchttürme" schaffen, um mit diesen Beispielen die industrielle Entwicklung des Landes zu modernisieren. So kam es zu unserer Einladung, wie sich später herausstellen sollte. Im Jahre 1978 war eine solche Einladung eine ganz besondere Auszeichnung.

Wir beantragten Visa für insgesamt fünf Personen: für den Chef Gesamtanlagen als Delegationsleiter, für je einen Spezialisten für Ofen-, Mühlenbau und Elektrik – und für mich. Unsere Reise wurde so gut wie möglich vorbereitet, wobei wir aus Essen lediglich allgemeine diplomatische Verhaltensregeln erhielten, die uns bei der eigentlichen Mission allerdings nur wenig helfen konnten, denn wir waren unter den ersten Kruppianern, vielleicht sogar die ersten, die ein konkretes Projekt in China verhandelten.

Choleraimpfung und Visum waren schnell beschafft, und schon ging es los, August 1978. Nach sehr langem Flug kamen wir in einem äußerst altmodischen Flughafengebäude in Peking an. Dem Visum wurde geglaubt, dem Impfpass nicht. Jeder bekam eine doppelte Portion Serum mit einer alten Spritze in den Oberarm verabreicht und konnte danach sein Gepäck kaum noch alleine bewegen. Wir wurden am Flughafen vor dem Ankunftsgebäude erwartet und in das Grandhotel Peking gefahren, wo uns zu zweit je eine Suite zugeteilt wurde. Unser Delegationsleiter hatte eine eigene Suite. Das Hotel war ein riesiger Kasten, nach russischem Vorbild gebaut, in dessen Lobby Rezeption, Wechselstube, Taxifahrerstand und vieles mehr untergebracht waren. Es lag in unmittelbarer Nähe des Tienanmen-Platzes. Ich wohnte mit unserem Elektriker zusammen in einem komfortablen Schlafzimmer, Wohnzimmer und Bad. Die Suite verfügte über zentrale Klimaanlage, ausgestattet mit Handgeräten zur Steuerung des Klimas, der Lichtdimmer und zum Bewegen der Vorhänge. Die Polstermöbel im Wohnzimmer waren mit Häkeldeckchen belegt, und vermutlich waren alle Zimmer reichlich mit Abhöranlagen, also Wanzen, ausgestattet. Im Hotel lebten mehrere Botschafter mit Sekretariaten und – die Welt ist klein – Herr Sieber als Delegierter des Krupp-Konzerns.

Am ersten Morgen wurden wir von der CNTIC abgeholt, von deren Chef begrüßt und in einen Sitzungssaal geführt, an dessen langem Tisch etwa zehn beinahe uniformiert wirkende Herren und ein Dolmetscher uns gegenüber Platz nahmen. Der Dolmetscher sprach perfektes Deutsch. Es stellte sich bald heraus, dass unsere uniform gekleideten Gegenüber Direktoren der größten chinesischen Zementfabriken aus verschiedenen Provinzen waren und der Dolmetscher von Amtes wegen die überall in der Welt gelesene Fachzeitschrift „Zement – Kalk – Gips" (ZKG) übersetzte. Dass sie auch in dem abgeschotteten, augenscheinlich so rückständigen China gelesen wurde, hat uns alle erstaunt. Teil unserer sehr sorgfältigen Vorbereitung waren beispielsweise Zeichnungen, Stücklisten und Fotos, die wir mittels eines mitgeführten Projektors erklären konnten. Auffallend war, dass man in der chinesischen Übersetzung keine phonetischen Ähnlichkeiten mit Fachausdrücken wiederfand. Nach jeweils 45 Minuten sagte der Delegationsführer der Chinesen „Schuschi", was Pause bedeutet. Alle Teilnehmer gähnten, räusperten sich ungewöhnlich laut, die Tür ging auf und es gab neuen chinesischen grünen Tee in Deckeltassen, der schlürfend zu sich genommen wurde. Nach 15 Minuten ging es weiter. Unser Angebot wurde kapitelweise durchgesprochen. Warum wir diese und nicht eine andere Maschine für diese oder jene Funktion gewählt hätten, wurden wir mehrmals gefragt. So mussten wir viele sehr präzise Fragen beantworten, die zunächst unter den Chinesen vordiskutiert, dann vom Delegationsleiter zusammengefasst und schließlich vom Dolmetscher übersetzt wurden.

Außer mir und unserem Elektriker waren unsere Delegationsmitglieder zumindest dem Dolmetscher namentlich von den wissenschaftlichen Veröffentlichungen aus ZKG bekannt, was uns nach den Erfahrungen aus zwei Verhandlungen nicht sonderlich erstaunte. Größer war unser Erstaunen jedoch, als wir feststellten, dass die Chinesen täglich parallel mit uns und mit FLS verhandelten: morgens mit uns, mittags mit FLS – oder umgekehrt. Der Sonntag nahte und wir wurden zur Chinesischen Mauer eingeladen, Abfahrt um 8 Uhr ab Hotel in zwei Kleinbussen, in einem FLS und im anderen Polysius.

Der Ausflug dauerte bis nachmittags. Für Besucher war ein Teilstück der Mauer geöffnet, das zwischen einem und zwei Kilometer lang sein mochte, so dass man sich über die gewaltigen Ausmaße des Bauwerks in den Bergen nördlich Pekings einen guten Eindruck verschaffen konnte. Außer uns waren noch mehrere geführte Gruppen sowie einige Chinesen in ihren grünen Anzügen mit rotem Stern auf den „Maomützen" unterwegs. Wir wurden mit Lunchpaketen verpflegt und kehrten beeindruckt ins Hotel zurück.

Das Hotel verfügte über zwei große Restauranthallen mit riesigen Wandgemälden chinesischer Phantasielandschaften, eine mit internationaler, die andere mit chinesischer Küche, worunter Pekingküche zu verstehen ist. Wir haben das internationale Restaurant nur anfänglich ein bis zwei Mal aufgesucht, ansonsten ausschließlich chinesisch gespeist nach festgelegtem Ritual: einer von uns erhielt die Speisekarte und bestellte fünf verschiedene Hauptgerichte, fünf Suppen, die dort vor dem Nachtisch gegessen werden und einen Nachtisch für fünf Personen. In die Suppe werden in Peking die geeigneten Reste der Hauptspeisen getan, was sehr schmackhaft sein kann. Beim nächsten gemeinsamen Essen war ein Anderer von uns mit der Bestellung dran. Ich habe alle Gerichte genossen bis auf Seegurken und gekochte Quallen.

In der nächsten Woche schlossen wir mit den Verhandlungen immer dort an, wo wir vorher aufgehört hatten. Fragen zum Vertrag oder zu Preisen wurden selten gestellt, was mich veranlasste, mit meinem Partner gesonderte Termine zu vereinbaren, wenn erforderlich. Da vorherzusehen war, dass wir während unseres Treffens innerhalb von etwa drei oder vier Wochen die Technik abgeschlossen haben würden, erkundete ich mit Hilfe meines chinesischen Partners Tzui organisatorische Dinge, beispielsweise die Frage unserer Ausreisemöglichkeiten oder einer späteren postalische Zustellung von Briefpost an die CNTIC. Ich konnte mir nicht vorstellen, dass ein Schreiben ohne Straßenbezeichnung und Hausnummer mit lateinischer Schrift in Peking zugestellt werden konnte. Wie sollte unsere Poststelle also einen Brief adressieren? Tzui, der gut Englisch sprach, schrieb mir meine Fragen und die Adressen auf, wo mir diese beantwortet werden konnten, bestellte mir ein Taxi, und ich versuchte mein Glück. Ich startete bei einer internationalen Reiseagentur, bei der ich von einem älteren englisch sprechenden sehr freundlichen Herrn erfuhr, dass unser Visum ein Verlassen Chinas auch an zwei Grenzübergängen zuließ, davon eine nördlich von Hong Kong. Bahnkarten erster Klasse Liegewagen könne er gerne in Landeswährung besorgen und auch für eine Unterstützung beim Transfer an der Grenze zu Hong Kong sorgen. Die Fahrzeit ab Peking bis zur Grenzstation betrug genau 36 Stunden.

Mein nächstes Ansinnen war etwas komplizierter. Ich wollte einen Adressenstempel für unsere Poststelle anfertigen lassen, um eine Zustellung späterer Korrespondenz mit der CNTIC zu erleichtern. Es zeichnete sich inzwischen ab, dass wir einige Unterlagen nachzureichen hatten. Mein Taxifahrer hielt vor einem mittelgroßen Amt, in dem zwei längere Schlangen vor den geöffneten Schaltern anstanden, und wartete bis zu meiner Rückkehr. Das Publikum entdeckte sofort die „Langnase", so wurden die wenigen Europäer genannt, und bedeutete mir durch Gesten, ich solle zu einem der Schalter vorgehen. Von den etwa hundert Anwesenden und den Schalterbeamten sprach niemand eine Fremdsprache wie etwa Englisch oder Französisch oder gar Deutsch. Ich legte meinen Zettel vor, mit der die Beamtin hinter einer Wand verschwand und mir nach einer Weile einen Telefonhörer hinhielt. Ich war mit einer sehr gut englisch sprechenden Dame der Protokollabteilung des Außenministeriums verbundenen, die mein Anliegen zunächst nicht zu verstehen schien, bis sich herausstellte, dass die Verwendung von Stempeln in China nur Personen als Unterschrift mit roter Stempelfarbe vorbehalten ist oder Unternehmen als Signum. Fazit für uns: kein Adressenstempel. Alle ließen sich jedoch von einheimischen Unterschriftenstempelherstellern für den Eigenbedarf und als Geschenke kleine steinerne Namensstempel mit Löwen- oder Drachenköpfen anfertigen, dazu erwarb man ein Döschen roter Stempelfarbe.

Wir konnten uns völlig frei in der Stadt bewegen, und da wir nur knapp 300 Meter von Tienanmen-Platz entfernt wohnten, flanierten wir nach der Vorbereitung für das nächste Meeting durch die belebten alten Gassen, wo es uns die Suppenküchen besonders angetan hatten. Abends fielen wir im Getümmel mit unseren weißen Hemden deutlich weniger auf, was sehr erholsam war.

An einem Vormittag war der Pflichtbesuch beider Delegationen im Mausoleum Maos angesagt, das direkt nach seinem Tode im Zentrum des Tienanmen-Platzes gegenüber der Großen Halle des Volkes errichtet worden war. Unser Bus fuhr über den 40 Hektar großen Platz direkt bei einem der beiden Eingänge vor, an dem die vorher in langen Viererschlangen wartenden Chinesen, unmittelbar vor Betreten des Mausoleums in Zweierreihen transformiert, am balsamierten Leichnam links und rechts schweigend vorbeizogen. Der Leichnam Maos war durch russische Spezialisten präpariert worden. Sein Kopf war nach unser aller Empfinden auffallend gelb und erschien nach zwei Jahren ziemlich flach oder eingefallen. Sein Konterfei grüßte wohlwollend, eingerahmt durch gleich große Portraits von Marx und Lenin, am Eingang des ersten Tores der Verbotenen Stadt. Dorthin sollte unsere Führung am nächsten Sonntag gehen. Weiter als durch das erste Tor hatten wir uns privat nicht gewagt, weil in den Grünanlagen vor dem großen Mittagstor chinesische Soldaten in ihren grünen Uniformen liegend das Schießen übten. Touristen gab es überhaupt keine, wie in ganz Peking und China.

Wir erlebten im Anschluss eine ganztägige Führung, wie sie sich ein Tourist im 21. Jahrhundert kaum vorstellen kann. – Als Verbotene Stadt wird, vereinfacht gesagt, die alte Kaiserstadt der Ming- und Qing-Dynastie bezeichnet, deren Betreten bis 1911 ausschließlich der kaiserlichen Familie und ihren unmittelbar Bediensteten vorbehalten war. In ihrem Zentrum liegt der von einer roten, zehn Meter hohen Mauer und einem breiten Wassergraben umgebene eigentliche Palast, auch Rote Stadt oder Purpurstadt genannt – der Kaiserpalast. Bei diesem Komplex handelt es sich um den ehemaligen Thronsaal, Empfangshallen, Höfe und Marmorbrücken, alle Gebäude mit gelben Glanzziegeln bedeckt. So beschreibt in etwa der Große Brockhaus von 1956 das Ziel unserer Führung. Er sagt auch, dass die überaus reichen Kunstschätze, die dort zu finden waren, seit der Revolution von 1911/12 verschwunden sind.

Erwartet wurden wir meiner Erinnerung nach durch zwei CNTIC-Funktionäre, darunter unser Dolmetscher und zwei chinesische Kunsthistorikerinnen vor dem ersten Tor der Kaiserstadt, das fünf Durchgänge besitzt, die man über fünf Brücken mit Balustraden aus Marmor erreicht. Das größere Mitteltor und die darauf zulaufende Brücke waren vormals dem Kaiser vorbehalten. Er hat seinerzeit diesen Weg nur wenige Male im Jahr benutzt – natürlich wurde er in einer Sänfte getragen. Der Boden der Brücke besteht aus einem einzigen, riesigen Marmormonolith, in den eine lange Drachenfigur gemeißelt ist. Diese Brücken und das Tor mit dem darüber heute allein prangenden Mao-Portrait sieht jeder Tourist, der die Hauptstraße am Tienanmen-Platz passiert. Und bis vor das mächtige Mittagstor, das die Rote Stadt abschließt, hatten wir uns ja schon alleine gewagt. Was würde danach kommen?

Nun sahen wir es also. Es kamen wieder fünf Brücken, noch pompöser als die vorherigen, die den Goldenen Fluss überqueren. Danach, etwas erhöht, folgten weiße Terrassen mit Balustraden. Sie umgaben die Hallen der Harmonie und führten zum dahinterliegenden Tor der Höchsten Harmonie. Darüber erhob sich schließlich die gewaltige Halle der Höchsten Harmonie mit dem Drachenthron. Danach folgten weitere Paläste, zum Teil mit Innenhöfen und kleinen Gärten mit Zierbüschen und Kieferngruppen und abschließend als letztes Tor dasjenige der Göttlichen Militärischen Begabung in Süd-Nordrichtung. Ich will versuchen, möglichst keine abstrakte Beschreibung der der Roten Stadt wiederzugeben, da die in jedem Fremdenführer besser nachgelesen werden kann. Ich möchte stattdessen erzählen, was in einem solchen Büchlein vielleicht nicht steht und was wir teilweise durch unsere unvoreingenommenen Fragen und die kompetenten Antworten erfuhren. Diese eigene kleine Fremdenführerkurzfassung wollte ich jedoch zum besseren Verständnis vorausschicken.

Kleider machen Leute und Kaiser, also die mit den prächtigsten Kleidern, werden wie Götter verehrt und leben als Menschen in Palästen. Zumindest im alten China. In der Halle der Höchsten Harmonie konnten wir neben dem Thron viele einzigartige seidene, mit Goldfäden durchwirkte Gewänder der Ming- und Qing-Kaiser bewundern, die zu besonderen Anlässen getragen wurden, außerdem auch des Herrschers Kleider, die er während des „normalen" Tagesablaufs trug. Erstaunt hat mich, dass wir die kostbaren Stoffe sogar vorsichtig berühren durften – heutzutage wäre das undenkbar. Die uns gezeigten Schatzkammern hatten erstaunliche Kostbarkeiten zu bieten, wie sie selbst verwöhnte Besucher, die europäische Pretiosen aus Versailles, dem Grünen Gewölbe in Dresden und andere Museen kennen, nicht erwarteten konnten. So besaß jeder der 13 Ming-Kaiser einen etwa 80 Zentimeter hohen Schrein aus purem Gold, viele Kilo schwer, in dem alle beim Kämmen ausgegangenen Kopfhaare aufbewahrt wurden. Ein ganz besonderes Teil, das uns in den Privatgemächern gezeigt wurde, war ein kaiserliches „Lotterbett" für heiße Sommertage. Das Bett hatte die Maßen zwei mal zwei Meter und war mit einer Matte aus Elfenbeinfäden bespannt. Imposant, jedoch für Nichtchinesen in ihrem Wert nicht abschätzbar waren die uns gezeigten Jade-Schnitzereien, darunter ein mit Drachen und anderen Motiven verzierter Monolith in Menschgröße, das wertvolle Porzellan, unschätzbar kostbare Uhren und vieles mehr.

Die Konstruktion der Hallen, der Guss der bronzenen Vasen und Löwen interessiert Ingenieure selbstverständlich genauso wie des Kaisers Kleider. Neben dem Mittagstor ist die Halle der Höchsten Harmonie mit dem Drachenthron das größte Gebäude des Kaiserpalastes. Sie wird von 24 hohen, kreisrunden roten Holzsäulen gleichen Durchmessers getragen und hat eine Grundfläche von 2.400 Quadratmetern. Die Holzsäulen wurden aus den größten Pinienstämmen des nördlichen Chinas hergestellt, mit Gewebe umwickelt, mit einer mineralischen Masse umgeben und dann mehrfach mit purpurner Lackfarbe gestrichen. Wie der Guss hergestellt wurde, habe ich vergessen – wahrscheinlich ähnlich wie bei uns heute.

Im nördlichen Teil der Kaiserstadt befinden sich die Paläste des Kaisers und der Kaiserin, aber auch die der vielen Kurtisanen und der persönlichen Dienerschaft, vornehmlich

Eunuchen und die der abgedankten Kaiser und Kaiserinnen. Alle Gebäude sind hier umgeben von Pinien, Buschrabatten, wie oben erwähnt. Den nördlichen Abschluss bildet das Tor der Göttlichen Militärischen Begabung. Dahinter erhebt sich der künstlich aufgeschüttete Kohleberg mit einer weißen Pagode, gerade noch innerhalb der Kaiserstadt, in der hier, noch hinter der hohen Mauer, in parkähnlichen Anlagen die mächtigen Parteiführer und Minister wohnen – übrigens damals wie heute.

Zu unseren sonntäglichen Programmen gehörten weiter der Besuch des nicht weit entfernt an einem See gelegenen Sommerpalastes, der durch die Kaiserwitwe Cixi und ihren Sohn Puyi berühmt wurde, sowie die in einem abseitigen Tal gelegenen Ming-Gräber. Das Leben des letzten Kaisers Puyi wird in dem mit zwei Oscars ausgezeichneten Film von Bertolucci aus dem Jahre 1987 sehr gut dargestellt. In einem der nicht lange zuvor geöffneten Kaisergräber wurde uns von der Führerin eine unglaubliche Geschichte erzählt. Nachdem die Leiche des Kaisers in einem Katafalk in das mehrere Meter unter der Erde liegende Gebäude überführt, der Leichnam balsamiert und mit kostbarsten Beigaben in den großen Sarg gelegt war, wurden seine engsten Diener mit einer Quecksilberspritze getötet und die dadurch erstarrten Körper neben dem großen Sarg aufgestellt. Außerdem wurde die gesamte übrige persönliche Dienerschaft, darunter auch Kurtisanen und Eunuchen, umgebracht und an einem anderen Ort verscharrt. Gegen die viele Meter hohen, erstaunlich dicken, plan geschliffenen Doppeltüren aus Marmor wurde ein massiver, über zwei Meter hoher Marmorblock so angelehnt, dass er Grabräuber beim Öffnen der Grabkammer erschlagen musste. Viele der Ming-Gräber waren zur Zeit unseres Besuches noch nicht entdeckt oder noch nicht geöffnet.

Inzwischen hatten wir den gesamten angebotenen Lieferumfang besprochen und die Gespräche neigten sich dem

Ende zu. Wir schenkten der CNTIC das Vorführgerät, den Pointer und alles mitgebrachte Werbematerial, was leider dazu führte, dass der chinesische Delegationsleiter uns bat, doch auch alle mitgebrachten Zeichnungen auszuhändigen. Das wurde leider von unserem Delegationsleiter etwas unglücklich auf arabische – und nicht auf chinesische! – Art verneint. An einem Dienstagabend Ende September wurden wir von der CNTIC zum einem Abschiedsdinner in die „Old Duck" eingeladen, am nächsten Abend ging es für vier von uns ab Peking Hauptbahnhof zur Kronkolonie Hong Kong. Unser Chef hatte für Donnerstag seinen Flug gebucht, konnte nach unserer Meinung aber dem Vorstand auch erst am kommenden Montag berichten, was wir gemäß unseren Buchungen ebenfalls konnten. Warum sollten wir uns dann eine einmalige Gelegenheit entgehen lassen, etwas mehr vom dem bis dato unbekannten China zu sehen und zudem im Konsumparadies der Kronkolonie günstig ein wenig einzukaufen?

Wir stiegen rechtzeitig in das reservierte Erste-Klasse-Abteil ein, probierten aus, wie die Betten funktionierten, und spielten Skat, was alle vier beherrschten. Mein Zimmergenosse war ein großer Fotograf, der bei Morgengrauen bereits am Fenster stand und begeistert fotografierte. Zur Frühstückszeit erschien ein Kellner mit chinesischer Speisekarte, einer bestellte nach unserem Ritual, was der Kellner, der uns auch mittags und abends bediente, offensichtlich verstand. Wir passierten den Huang Ho und dann den Jangtsekiang, letzteren auf einer kilometerlangen Brücke bei Wuhan, fuhren teilweise langsam an Dörfern vorbei und konnten zusehen, wie die Kleinbauern mit Dreschflegeln auf Reishaufen eindroschen und uns zuwinkten. Am Abend des nächsten Tages hielt der Zug in einem großen Bahnhof, wo alle Passagiere Richtung Hong Kong in einen klimatisierten Zug umstiegen und wir nach gutem Skatspiel die nächste Nacht verbrachten. Um 7 Uhr nach genau 36 Stunden lief der Zug an der Grenzstation bei Guangzhou ein; ein Chinese klopfte an unser Abteilfenster und fragte nach meinem Namen, zwei Träger und ein Begleiter schleusten uns mit unserem Gepäck durch die Grenzkontrolle und wir fanden uns bei tropischen Temperaturen mit hoher Luftfeuchtigkeit auf einem Bahnhofsvorplatz im Geschrei der Taxifahrer und Andenkenverkäufer wieder. Der Zug nach Hong Kong wartete bereits, und mit offenen Fenstern ging es weiter. Mir machte meine moderne, ganz enge Bluejeans bei der Hitze so zu schaffen, dass ich mich während der gesamten Fahrt nicht setzen konnte. Unsere Einkäufe erledigten wir in einer mehrstöckigen Kaufhalle, in der sich die Geschäfte mit Preisnachlässen überboten. Ich erhandelte mir den größten Koffer von Samsonite, in den ich meinen bisherigen Koffer einfach hineinlegen konnte, und ab ging es zum Flughafen, von wo wir mit einem der damaligen Großflugzeuge, einer DC 10 der Lufthansa, unseren Heimflug antraten.

Nach der Zwischenlandung in Bangkok passierte er – mein Beinaheabsturz mit einem Verkehrsflugzeug. An jenem Tag durchlebte ich die schlimmsten anderthalb Stunden meines Lebens. Die Maschine war frisch aufgetankt worden, lief auf die Startbahn und beschleunigte. Beim Abheben ereignete sich ein mächtiger Schlag, so als ob ein Fahrwerk in ein großes Schlagloch gefahren wäre, die Beschleunigung sank sofort fast auf Null, und die Maschine stieg nur ganz langsam, ja sie flog eigentlich auf niedrigster Höhe geradeaus weiter, was nur möglich war, weil die Topografie rund um den Flughafen topfeben ist.

Es roch sofort nach dem Schlag nach verbranntem Gummi, einige Passagiere schrien laut und unsere Stewardessen liefen blass ins Cockpit. Eine von ihnen kam mit einer Stablampe zurück, rollte den Teppichboden im Gang zurück, leuchtete mit der Lampe in den Fahrwerksschacht und lief, verwirrt blickend, anschließend wieder ins Cockpit. Die Nachricht des Kapitäns erfolgte kurz darauf mit ziemlich gefasster Stimme: die rechte Turbine sei zerstört, ein Rad des rechten Tragflügelfahrwerkes fehle und die Crew sei genötigt, so viel Kerosin in der Luft abzulassen, dass eine möglichst gefahrlose Notlandung in Bangkok nach etwa eineinhalb Stunden gelingen könne. Das geschah. Kerosin lief an den Fenstern nach hinten. Ein chinesischer Pater sprach ein christliches Gebet für alle, während wir die Notlandung übten. Jeder musste den Sitz des Vordermannes nach vorne klappen und mit einer Decke und einem Kissen auf dem Schoß die Hände unter den Oberschenkeln zusammenfassen und sich so weit wie möglich angeschnallt nach vorne beugen. Meine Gedanken an Heidi, die Kinder und meine eigene Lebensangst wurden dabei von Blasenschmerzen überlagert, die sich bei den Übungen verstärkten. Ich musste dringend zum WC, was in unserer Situation nicht gestattet war. Wie lange noch? Der Kapitän gab eine mich noch stärker beunruhigende Nachricht durch: Wir alle sollten darauf vertrauen, dass eine sichere Landung unter den gegebenen Umständen möglich sei und dass er und sein Copilot das im Simulator geübt hätten. Die Zeit bis zur Landung sei bestimmt durch die Bereitschaft der Flughafenfeuerwehr, die sicherheitshalber einen Schaumteppich legen würden und die Rückkehr von Personal, das den Flughafen zur Nacht bereits verlassen hätte. Ich konnte mir nicht vorstellen, wie ein dreistrahliges Flugzeug ohne Gegenschub auf der rechten Seite mit beschädigtem Fahrwerk auf einer Rollbahn zum Stehen gebracht werden sollte.

Wir überflogen inzwischen den hell erleuchteten Flughafen Bangkok und konnten die etwa 40 blinkenden Feuerwehrwagen deutlich sehen. Dann hieß es Luft anhalten – und beten.

Und das Ersehnte geschah. Wir landeten höchst unsanft, aber unversehrt. Jubel brach aus, viele umarmten sich, beglückwünschten Kapitän und Stewardessen. Wir überzeugten uns nach dem Aussteigen: es fehlte ein Rad und das rechte Triebwerk war im Inneren zerstört. Im Flughafen großer Jubel mit den „Überlebenden" und ein Glas Sekt – und dann ganz schnell der Gang aufs WC.

Es dauerte Stunden, bis wir in Bangkok ein wenig schlafen konnten, denn Einreiseformalitäten, Hotelreservierungen für mehr als 160 Personen und die Busfahrten zu den Hotels mussten ja mitten in der Nacht organisiert werden. Wir genossen nach all den Erlebnissen der vergangenen Tage und Wochen nun auch noch zwei freie Tage in Bangkok, nicht ohne unsere Familien und das Unternehmen unterrichtet zu haben. Die Lufthansa musste eine Sondermaschine für den Rückflug einsetzen – trotz des eindeutigen Wartungsfehlers wurde sie übrigens nicht verklagt.

Wieder in der Volksrepublik China

Bereits in der zweiten Hälfte Januar 1979 setzten wir unsere Gespräche in Peking fort. Diesmal ging es um technische und kaufmännische Vertragsfragen. Wir verhandelten nicht mehr abwechselnd mit unserem Hauptkonkurrenten FLS. Unsere Mannschaft war zudem etwas geändert: die Leiter unserer Finanzabteilung und der Laborautomation nahmen nun teil, der Verantwortliche für die Gesamtanlagenkoordination war nicht mehr nötig. Die CNTIC-Delegation war die gleiche geblieben, jedoch verstärkt durch einen Direktor für Finanzen. Wir verhandelten morgens und teilweise auch mittags, wenn ein Thema morgens nicht abgeschlossen werden konnte. FLS war wohl nicht mehr im Rennen, was uns sehr freute.

Jeden Abend machten wir in unserem Hotel ausführlich Manöverkritik und bereiteten uns darauf vor, wie das nächste Meeting ablaufen könnte und überlegten, wann und mit welchen Fragen wir eventuell initiativ werden könnten. Danach spielten wir Billard und tranken dazu Bier oder Maotai, den berühmten chinesischen Schnaps, der einem Tresterbrand ähnelt, und gingen dann in unsere überheizten Zimmer. Wir wohnten in einem anderen, etwas weniger luxuriösen Hotel, ebenfalls an derselben breiten Straße wie das Peking-Hotel, diesmal jedoch westlich des Tienanmen-Platzes, und jeder hatte ein Einzelzimmer.

Das Hotel lag ohne vorgebaute Lobby wesentlich näher an der Straße und da ich ein Zimmer zur Straßenseite hatte, konnte ich den Verkehr von oben gut betrachten. Nachts gab es normalerweise keinen Lärm auf den Straßen. Eines Nachts wurde ich im Halbschlaf durch ein monotones Geräusch von der Straße geweckt, das sich anhörte, als ob es durch eine Vielzahl von Ackerwagen und den Hufschlag vieler Pferde verursacht wurde. Das Klingeln der Fahrräder, die in Sechserreihen zur Arbeit fuhren, begann doch erst morgens etwa ab 6 Uhr, und dies war ein ganz anderes Geräusch. Ich stand also auf, sah aus dem Fenster und konnte meinen Augen kaum trauen. Eine riesige Schlange von hoch beladenen Pferdefuhrwerken, hohen zweirädrigen Karren in chinesischer Anspannung mit je vier Pferden, zog von Osten nach Westen in die Stadt. So wurde im Januar 1979 ein Großteil der Bevölkerung der Hauptstadt Chinas noch versorgt! Am Tage hatten sie bei den vielen Fahrrädern, wenigen LKWs, andauernd hupende Taxifahrer und den großen schwarzen Limousinen der Funktionäre wahrscheinlich keine Fahrgenehmigung.

Die bittere Kälte und die starken trockenen Winde aus Norden machten uns zu schaffen, weil wir es als kälter empfanden, als die minus zehn Grad Celsius, die das Thermometer anzeigte. Das Eis des großen Sees in der Kaiserstadt durfte betreten werden, war an seiner Oberfläche durch den trocknenden Wind jedoch so zerfurcht, dass Schlittschuhlaufen so gut wie unmöglich war. Eltern spazierten vorzugsweise mit ihren sehr niedlichen kleinen Kindern auf dem Eis und versuchten zu schliddern, die Jungen mit einem offenen hinteren Schlitz an der Hose, durch den man den roten Po sehen konnte.

Wenn wir mittags nicht verhandelten, konnte es vorkommen, dass wir zu einer kulturellen Abendveranstaltung eingeladen wurden. So besuchten wir eine Aufführung der Chinesischen Oper, eine Spezialität für chinesische Augen und Ohren, denn nur unsere Begleitung schien begeistert zu sein – wir waren es weniger. Es geht dabei um das Gute und Böse und entsprechend gute und böse Charaktere, was sich in den traditionellen Bemalungen der Gesichter, den Gesten und der Lautstärke der Musik ausdrückt. Ein Konzertabend mit klassischer Musik von Mozart, Chopin und Paganini hat mich dagegen begeistert – und nicht nur mich. Ich wusste, dass viele Ostasiaten, insbesondere die Japaner, große Verehrer klassischer europäischer Komponisten sind, von den abgeschotteten Chinesen hatte ich diese Qualität der Solisten und die Begeisterung des Publikums nicht erwartet. Heute kennt jeder Liebhaber klassischer Musik den großen chinesischen Pianisten Lang Lang.

Zu Beginn der Verhandlungen erfuhren wir, dass die CNTIC normierte Vertragsbedingungen für den Import von Industrieanlagen in englischer Fassung besaß, die sie auch in unserem Falle beim Abschluss eines Vertrages Anwendung finden sollten. Das traf uns nicht sonderlich, weil viele Importgesellschaften im Namen ihrer Kunden solche Musterverträge anwenden, insbesondere alle Staatshandelsländer des früheren Ostblocks, zum Beispiel auch der Irak. Die Bedingungen müssen dann entsprechend geändert oder ergänzt werden. In dieser Hinsicht war die CNTIC sehr unflexibel, während die Zementleute als Praktiker unsere Argumente durchaus einsahen. Um den Leser nicht zu langweilen, werde ich hierfür nur zwei Beispiele beschreiben, ein technisches und ein kaufmännisches.

Der „Rostartikel" des Textes besagte, dass kein einziger Gegenstand der Lieferung gebraucht sein durfte und alle

Gegenstände frei von jedem Rost geliefert werden müssen. Die Beurteilung dieser Vertragskonformität oblag dem Kunden und nicht den Ingenieuren beider Parteien oder einer Schiedsstelle. Die nicht konformen Gegenstände waren innerhalb vorgeschriebener Zeiten nachzuliefern.

Wegen ihrer wesentlich höheren Festigkeit gegenüber rostfreien Stählen werden alle hoch beanspruchten Bauteile auch heute im Industriebau mit Stählen verschiedenen Qualitäten und nicht rostfrei ausgeführt. Normaler Stahlbau kann verzinkt werden, wenn es auf Schönheit ankommt und der Mehrpreis akzeptiert wird. Ein Ofenzylinder wird bis maximal 350°C heiß und kann nicht rostfrei sein, denn jede Beschichtung würde abblättern oder verglühen. Da wir keine Gebrauchtwaren lieferten, wollten wir den Passus bezüglich des Rostes ändern und baten die Ingenieure, dem zuzustimmen und die CNTIC zu überzeugen. Die Ingenieure diskutierten gar nicht lange, ihr Chef antwortete, dass die CNTIC für den Vertrag zuständig sei und nicht sie. Die Lösung des Problems wurde auf eine höhere Ebene und einen späteren Termin verschoben.

Für die Vertragssumme der Lieferungen verlangten wir, wie üblich, eine Anzahlung von einem Drittel des Wertes, abgesichert durch ein unwiderrufliches Akkreditiv, bestätigt durch eine deutsche Bank. CNTIC wollte uns nur 30 Prozent als Anzahlung zubilligen, die Unwiderruflichkeit des Akkreditivs sei in China nicht erforderlich und die Bestätigung des Akkreditivs könne durch die Bank of China erfolgen. Die sei potenter als eine deutsche Bank. Die Anzahlung von 30 Prozent akzeptierten wir, die Unwiderruflichkeit und die Bestätigung des LCs waren für uns unverzichtbar. Auch dieser Komplex wurde verschoben.

Bei der andauernden Kälte und den kurzen Tagen konnten wir abends und an Wochenenden im Freien wenig unternehmen. Im Hotel oder von einem Taxifahrer erfuhren wir von der Existenz eines Kaufhauses für Ausländer, in dem gegen Devisen alles Erdenkliche zu kaufen sei. Es handelte sich um einen der sogenannten Friendship Stores, die es bis heute geben soll. Wir waren erstaunt über die große Auswahl, angefangen von Möbeln über Antiquitäten, Pelze, Strickwaren, gestickte Tischtücher, Seide und vieles mehr – alles in erstklassiger Qualität und zu niedrigen Preisen. Nach einigen Besuchen wusste jeder von uns, womit er die Seinigen zu Hause überraschen wollte. Die Mitglieder unserer Delegation erwarben einen alten Sandelholzschrank, ein echtes Tigerfell mit Kopf, eine Fuchs- und eine Eichhörnchen-Stola, Strickwaren aus echtem Kamelhaar und Angorawolle, einen kleinen Buddha aus Elfenbein sowie diverse Kleinigkeiten. Gut, dass ich mir in Hong Kong den größten Samsonitekoffer gekauft hatte! Uns war klar, dass Pelze und schon überhaupt kein Tigerfell oder Elfenbeinartikel in die Bundesrepublik eingeführt werden durften. Der Sandelholzschrank wurde deshalb nebst Tigerfell vom Leiter unseres Ofenbaues verschifft und erreichte sein Ziel in Westfalen unversehrt nach knapp einem halben Jahr.

Bei den Verhandlungen ging es weiter mit den Leistungsgarantien, Entschädigungen und den Preisen – alles wichtige Themen, über die lange verhandelt wurde und bei denen keine unüberbrückbaren Hindernisse im Wege zu stehen schienen. Die Verhandlungen über die Montageüberwachung und Inbetriebnahme waren schwierig und mussten mangels Spezialisten aus Beckum mehrmals per Fernschreiben abgestimmt werden. Unverständlich für die Chinesen waren unsere hohen Tagessätze, die wir schließlich zulasten unserer Lieferungen absenkten. Damit waren die Chinesen zunächst einverstanden und schlossen diese Verhandlungsrunde. Wir flogen mit unseren übervollen Koffern zurück und hielten den Kontakt zur CNTIC über einen Mittelsmann in Peking.

Im Spätherbst des Jahres wurden wir zu Abschlussgesprächen eingeladen. China hatte sich mit der Sowjetunion entzweit und seine diplomatischen Beziehungen zur UdSSR abgebrochen. Dagegen begann die Feindschaft zu Japan zu bröckeln, die durch zwei Kriege, insbesondere die Besetzung Chinas von 1937 bis 1949, tief verwurzelt war. Alle russischen Diplomaten hatten das Land verlassen, die Gebäude ihrer Botschaft wurden von der Volksrepublik China als Hotel für internationale Delegationen genutzt. Je zwei Polysianer wohnten in einer Wohnung eines russischen Diplomaten, die jeweils keinesfalls üppig, jedoch vernünftig eingerichtet waren. Im Zentralgebäude des Komplexes befand sich ein geräumiger Hallenbau, der als Restaurant benutzt wurde und der am vorderen Ende eine Bühne besaß, auf der abends chinesische Artisten ihr Können zeigten. Wir aßen zu Abend und konnten dabei zum Beispiel verfolgen, wie ein Chinese mit einem einzigen Handkantenschlag mehrere Ziegelsteine zertrümmerte oder andere mit Saltos von einer Wippe durch die Luft flogen und auf den Schultern ihrer Kollegen landeten. Alle genossen das überaus reichhaltige chinesische Frühstück besonders die vielen unterschiedlichen Dumplings – das sind gedämpfte, gefüllte Nudeltaschen, ähnlich den schwäbischen Maultaschen, heiß serviert in übereinander gestapelten kleinen Spankörbchen. Unsere Unterbringung hatte den Nachteil, dass wir in unserer spärlichen Freizeit keine Ausflüge unternehmen konnten, weil die ehemalige russische Botschaft zu weit außerhalb des Stadtzentrums lag. Der Vorteil der Unterbringung waren die kostenlosen allabendlichen Zirkusvorstellungen, die wirklich erstklassig und erstaunlich waren.

Unsere Verhandlungen konzentrierten sich auf einige schwer zu akzeptierende Bedingungen des CNTIC Textes wie den Rostparagraphen, die Finanzierungsbedingungen und die Preise. Unsere guten Chancen hatten sich bis nach London herumgesprochen, von wo ein uns bekannter jüdischer „Vermittler" namens Eisenberg mit einer eigenen vierstrahligen Boeing angereist kam und uns ein gemeinsames

Gespräch mit dem chinesischen Industrieminister anbot. Diesen Herren hatte unsere französische Tochtergesellschaft erfolgreich aus Aufträgen in Südkorea herausgehalten und auch wir ließen ihn nicht zum Zug kommen – nach verschlüsselter Rückendeckung aus Beckum. Das war nicht einfach. Ich alleine, ohne den Leiter der Finanzabteilung, hätte mich sehr schwer getan, den ungebetenen Vermittler abzuschütteln, der uns beide, umgeben von seinem Stab, in der Suite des Peking Hotels empfing.

Bei den außergewöhnlich hohen Nachlassforderungen der Chinesen kamen mir erstmals Zweifel an unserer Gewinnerrolle. Wir setzten alles auf eine Karte und „opferten" den Preis der gesamten Inbetriebnahme als unseren letzten Preisnachlass in der Hoffnung, bei der Abwicklung des Gesamtauftrages dennoch nicht in die Verlustzone zu geraten. Die Kosten der Inbetriebnahme sollten durch Überschüsse aus dem Lieferumfang gedeckt werden. Wir wollten mit dem Erhalt des Auftrages den Eintritt in das vielversprechende zukünftige Chinageschäft sicherstellen oder mindestens stärken. Danach blieb nichts weiter zu tun. Unsere Mannschaft reiste guten Mutes nach Hause.

Doch wir hatten die Rechnung ohne die Diplomatie gemacht. So wie die Russen unbeliebt geworden waren, hatten die Japaner an Möglichkeiten bei den Chinesen gewonnen. Kurzum – wir verloren den Auftrag unerwartet gegen unseren alten Lizenznehmer Mitsubishi Heavy Industries aus Japan, dessen Lizenzvertrag mit uns inzwischen abgelaufen war und die uns in den nordafrikanischen Ländern manchen Auftrag streitig machten. Nur ich blieb noch einige Tage und hielt Kontakt zu Mr. Tzui, um ja nichts anbrennen zu lassen. Vor der telefonischen Ankündigung meiner Rückkehr bei Herrn Scharfenberg hatte dieser meiner Frau gegenüber mit einer Bemerkung „ihr Mann hat wohl die ganze Firma verkauft" einen großen Schreck eingejagt. Warum es indes zum unerwarteten Ende unserer Anstrengungen kam, berichtete uns Jahre später der Dolmetscher der CNTIC, der sich zu einem Besuch in Deutschland aufhielt.

Es ging dabei um Folgendes: Bei der industriellen Entwicklung des Landes und der von mir erwähnten Schaffung einiger vorbildlicher Anlagen, den „Leuchttürmen", wollte man ursprünglich die fortschrittlichsten drei Unternehmen zum Angebot auffordern – eines aus den USA, eines aus Europa und eines aus Japan. Der günstigste Anbieter sollte den Auftrag erhalten. Bereits die Vorauswahl war schwierig gewesen, denn es gab in den USA außer den Tochtergesellschaften von FLS und Polysius keinen renommierten Anbieter, in Deutschland aber außer uns noch die Klöckner-Humboldt-Deutz AG. Japan war anfänglich aus politischen Gründen ausgefallen, und so war es zum Zweikampf zwischen uns und FLS gekommen.

Im Sommer, der unseren Vertragserfolg hatte bringen sollen, änderte sich die politische Situation zugunsten Japans. Mitsubishi trat in alle unsere verhandelten Bedingungen mit einem noch wesentlich geringeren Preis pro Anlage ein, unter der Bedingung, zwei gleiche Anlagen liefern zu dürfen. Soweit der Bericht des Dolmetschers. Das war eine sehr gute Idee der Japaner, die uns ebenfalls hätte einfallen können, die jedoch mit an Sicherheit grenzenden Wahrscheinlichkeit von unserem Vorstand wegen des zu hohen Risikos nicht gebilligt worden wäre.

Sein perfektes Deutsch hatte unser Dolmetscher übrigens zehn Jahre lang in der DDR erlernt, und zwar in Dessau, beim Kombinat Schwermaschinenbau. Dabei handelte es sich um kein anderes Unternehmen als um das frühere Stammwerk der Gottfried Polysius AG, das die SED enteignet hatte. Dieses Kombinat hatte zwei oder drei 1.000-tato-Zementwerke für die CNTIC in die Volksrepublik China geliefert. Nach der Abwicklung dieser Aufträge war unser Dolmetscher, wie erwähnt, Übersetzer für das Fachblatt ZKG geworden.

Neue Aufgaben

Das Jahr 1980 war angebrochen. Änderungen des gesamtwirtschaftlichen Umfeldes waren eingetreten, und wir mussten schnell und mit geeigneten Maßnahmen reagieren. Kleine Fabriken gaben auf oder wurden von Konzernen übernommen, der Trend zu größeren Einheiten und damit umfassenderen Projekten nahm zu, und wir mussten in allen Märkten präsent sein. Verloren wir eine große Ausschreibungen, litten wir an fehlender Kostendeckung. Hatten wir einen Großauftrag zu viel, bestand die Gefahr, dass wir ihn, wie im Falle Sauverdrei, nicht richtig abwickeln konnten und in die Verlustzone gerieten.

Wie vorher bereits erwähnt, gründeten wir Polysius-Atlanta USA in der gleichnamigen Stadt, intern kurz Polat genannt, verstärkten die Auftragsabwicklung und mussten das gewinnbringende Kleingeschäft ausbauen. Die Hierarchien wurden flacher. Während einer Vertriebsbesprechung erlitt das letzte Mitglied der Gründerfamilie, Jochen Polysius, einen Herzinfarkt und verstarb, als die Ersthelfer gerade angerückt waren, vor dem Konferenzraum. Sein Vorstandsressort wurde aufgeteilt. Drei Direktoren schieden aus Altersgründen aus und wurden nicht ersetzt, darunter der für den Vertrieb in Europa sowie der für Übersee. Großaufträge gab es bis zur Wiedervereinigung Deutschlands fast nur außerhalb Europas.

Ich war Contract Manager im Vertrieb Übersee mit einer kleinen Mannschaft und wurde außerdem zu Sonderaufgaben eingesetzt. Diese Abteilung musste verstärkt werden und zwar durch gestandene Ingenieure, vorzugsweise aus dem Bereich Gesamtanlagen. Das war ein schwieriges Unterfangen bei der internen Konkurrenz der großen technischen Abteilungen untereinander, die aus diesem Grunde auch scherzhaft „Fürstentümer" genannt wurden. Ich hätte mir diese Aufgabe zugetraut, obwohl ich mir der Gefahr des

Scheiterns voll bewusst war. Es kam nicht dazu, weil ein auf diesem Gebiet erfahrener Herr des Holderbank-Konzerns an mir vorbeizog und für die Aufgabe eingestellt wurde. Die Holderbank, heute Holcim Group, ist einer der größten Zementhersteller der Welt. Sie ging aus einer Zementfabrik im Orte Hoderbank im Schweizer Kanton Aargau hervor. Ich war zunächst enttäuscht, doch das musste ich nicht lange sein. Wenige Jahre nach seiner Einstellung scheiterte der so überaus gewandte Ingenieur, ein Corpsstudent. Dazu trugen insbesondere die genannten internen Reibereien, aber auch sein zu forsches Auftreten bei; sein Vorstand war wohl auch nicht ganz unbeteiligt.

Mir half das wenig. Es blieb als Alternative der Aufbau des Kleingeschäfts, bestehend aus zwei Abteilungen: der Eratzteil-Technik und dem Ersatzteil-Vertrieb. Der Vertrieb unterstand dem Vertrieb Europa, die Ersatzteiltechnik war vormals eine technische Abteilung. Alle Grundlagen zum Ausbau des Geschäfts waren vorhanden, die räumliche Trennung der Abteilungen war durch mehrere Umzüge innerhalb des Hauses bald aufgehoben, ich bekam eine eigenes Sekretariat, alles ließ sich gut an, bis ich wieder eine Sonderaufgabe übernehmen musste.

An einem Samstag Ende Oktober 1981 rief mich Herr Scharfenberg zu Hause an und berichtete vom tragischen Unfall des für den Irak neu angeworbenen Branch Managers, Herrn Bösing. Der hatte mit seiner Frau auf dem Wege nach Bagdad in Südserbien einen schweren Unfall mit Todesfolge verursacht. Beim nächtlichen Überholen war er mit seinem Mercedes frontal mit einem entgegenkommenden jugoslawischen Fitscho zusammengestoßen, dessen Fahrer noch an der Unfallstelle verstarb. Er selbst hatte sich eine komplizierte Unterschenkelfraktur zugezogen und wurde nach einer Notoperation ins Gefängnis in Niš eingeliefert, seine Frau war unverletzt geblieben. Scharfenberg bat mich, den Job in Bagdad für wenige Monate zu übernehmen, bis ein neuer Mann für diese Aufgabe gefunden sei. Man habe lange überlegt, wer das machen könne, und dabei sei ich seine erste Wahl, allerdings müsse ich mich noch am Wochenende entscheiden – was mir ja wohl möglich sei.

Ich hatte unversehens das Angebot für eine neue interessante Stelle, die dem Vorstandsvorsitzenden Scharfenberg direkt unterstellt war. Nun, in Enniger lief alles in geregelten Bahnen, die Kinder besuchten das Städtische Gymnasium in Ahlen, Heidi hatte alles fest im Griff und war einverstanden, so dass ich einen befristeten, finanziell sogar sehr lukrativen Rahmen für mein Engagement im Irak aushandeln könne. Ich sagte noch am Sonntagabend zu.

Die Ironie des Schicksals wollte es, dass ich meine Abstellung nach Bagdad mit dem neuen Leiter des Contract Managements aushandeln musste. Da ich über die Rückendeckung meines Chefs abgesichert und im Unternehmen mittlerweile bestens vernetzt war, konnte mir nichts Schlimmes widerfahren, weshalb die Einigung fast problemlos, jedenfalls aber schnell gelang. Ich hatte mir ein Zeitlimit von sechs Monaten gesetzt, das ich trotz Bedenken durchsetzen konnte, denn ich hatte erfahren, dass viele Vorarbeiten durch Polysius und meinen verunglückten Vorgänger geleistet oder in die Wege geleitet waren.

Meine Auslandsvergütung war üppig. Ich meine, dass mir bei einer Abwesenheitsdauer bis zu einem halben Jahr die länderspezifisch festgelegten Tagessätze zustanden, vielleicht gab es auch eine andere spezielle Regelung, weshalb ich einen Weihnachtsurlaub in Enniger vereinbart hatte.

Was ich an dieser Stelle nicht unterschlagen will – und bislang fast zu berichten vergessen hatte – ist, dass im Irak Krieg herrschte. Der sogenannte Erste Golfkrieg zwischen dem Irak und dem Iran begann am 22. September 1980 und endete erst am 20. August 1988 ohne einen Sieger. Da unsere Verträge vor Kriegsbeginn abgeschlossen waren und der Krieg zunächst keine direkten Auswirkungen auf die Ausführung unserer Arbeiten zeigte, wollten beide Parteien die Verträge bis zur Übergabe der Anlagen ausführen, was auch gelang. Auf die durch die Kampfhandlungen bedingten Folgen werde ich selbstverständlich eingehen, weil sie Manches beeinflussten.

Wieder im Irak

Polysius hatte im Diplomatenviertel von Bagdad unweit der Botschaft der Bundesrepublik ein Doppelhaus angemietet, in dem bereits mein jordanischer Mitarbeiter aus früheren Tagen im Irak, Herr Zaidan, sowie ein junges, noch kinderloses Ehepaar namens Zimmermann – sie war Sekretärin, er Wirtschaftsingenieur –, im Obergeschoss wohnten. Außerdem hatten wir eine weitere irakische Sekretärin und einen heimischer Fahrer eingestellt und für zwei Stunden am Tag waren eine Putzfrau und ein Gärtner da. Zur Unterstützung erhielt ich noch einen Mitarbeiter aus unserer EDV-Abteilung namens Hamadeh, ebenfalls jordanischer Herkunft. Herr Zaidan hatte zusammen mit unserem ehemaligen Vertreter Sherif lange unsere Stellung im Irak gehalten und sollte etwa im Juni 1982 wieder nach Beckum zurückkehren. Bis zur Ankunft des verunglückten Herrn Bösing war er bei den irakischen Behörden als General Manager gemeldet. Auf meiner Visitenkarte stand „Acting General Manager Krupp Polysius AG Iraq Branch", auf der von Hamadeh „Manager Krupp Polysius AG" und ebenfalls die Iraq Branch nebst Adresse. Das hörte sich sehr gut an. Mir war klar, dass vieles improvisiert und – wie im Irak üblich – mäßig bis schlecht organisiert sein würde, schließlich kannte ich Land und Leute meines Einsatzes.

Hamadeh und ich machten uns mit vielen Koffern voller Zeichnungen sowie Lampen und Elektrozubehör per Flugzeug am 21. November 1981 auf den Weg. Bis wir unsere vielen Koffer am Flughafen durch den Zoll geschleust hatten, war es dunkel geworden und die meisten Taxis waren mit ihren Gästen zur Stadt abgefahren. Unser Taxifahrer staunte über das viele Gepäck und wollte daraus sofort Kapital schlagen. Wie bei viele Kollegen bot auch sein Kofferraum nur Platz für höchstens zwei Gepäckstücke, denn eine Propangasflasche für die Heizung der Wohnung, Werkzeuge, zwei Ersatzreifen und vieles mehr füllten den Großteil des Kofferraumes eines jeden irakischen Taxis. Wir benötigten also ein zweites Taxi. Es dauerte mindestens zwei Stunden, bis wir vor der Branch ankamen. Hamadeh und ich hatten nach einer Stunde den Verdacht, dass die Burschen vorhatten, den ausgehandelten Preis wegen der vielen gefahrenen Kilometer nochmals zu verhandeln, was sich beim Ausladen der Koffer mit den Zeichnungen sowie den Lampen und Zubehör vor der Branch bestätigte.

In Empfang genommen wurden wir durch einen verschlafen wirkenden Herrn Zimmermann, der nicht mehr mit unserer Ankunft gerechnet hatte und dem es nicht gelungen war, zwei anständige Hotelzimmer für uns zu reservieren. Er hatte uns in einem schummerigen Hotel neben einem großen Kino in der Sadoon Street in einem Doppelzimmer untergebracht. Die Betten wurden auseinandergerückt und der Entschluss gefasst, das Zimmer nicht aufzugeben, bis wir eine wirklich optimale Unterkunft gefunden hatten. Wir frühstückten ausgiebig – und fuhren in die Branch.

Die Lage und Umgebung des Hauses machten für irakische Verhältnisse einen sehr guten Eindruck. Zur State Organisation, der STOCI, ging man fünf Minuten, uns gegenüber befanden sich die jugoslawische und die philippinische Botschaft. Auf der einen Seite neben uns wohnte ein kurdischer Abgeordneter, auf der anderen Seite, von einer Querstraße getrennt, war ein Restaurant. Auf dem Bürgersteig vor unserer Branch standen aufgereiht drei Mercedes Benz der S-Klasse mit Warendorfer Nummernschildern, und über dem Eingang blickte uns das farbige Portrait von Saddam Hussein in Lebensgröße an. Der kleine Vorgarten sah gepflegt aus, am Eingang war ein Messingschild deutscher Qualität mit unserer Firma und dem Zusatz Iraq Branch angebracht. Die andere Hälfte des Doppelhauses mit Eingang zur Querstraße wurde von unserem Konsorten, dem türkischen Bauunternehmen ENKA genutzt, die auf der Baustelle in Kerbala etwa 400 Leute beschäftigten.

Hamadeh und ich wurden von allen Mitarbeitern nett empfangen und durch die einzelnen Räume geführt. Im Gegensatz zum äußerlichen Eindruck sah es in allen Räumen so aus, als ob das Haus fertig gebaut und erst nach seinem Innenverputz und Anstrich mit Wasser- und Stromleitungen ausgerüstet worden sei. Licht, Steckdosen, Klimaanlagen, Deckenventilatoren mit Einzelleitungen waren auf Putz an Sicherungskästen angeschlossen, das Bad, die WCs und die Küche waren schlecht gekachelt, Fußböden mäßig, alles erschien uns ziemlich vorsintflutlich. Die Metapher passte, weil hier im Zweistromland sowohl die biblische Sintflut als auch die Geschichte des sumerischen Gilgamesch-Epos die Menschheit überraschte.

Uns wurde bald schon klar, warum das viele elektrische Installationsmaterial und die Lampen benötigt wurden. Die gesamte Büroausstattung mit Ausnahme der Schreibmaschinen war irakisch, und im Eingangsbereich, wo sich das Sekretariat befand, schmückte ebenfalls ein gerahmtes Bild des Präsidenten eine Wand, wie in allen Amtsstuben. Besonders bedrückend war, dass es nur einen Telefonanschluss im gesamten Doppelhaus gab, immerhin mit vier Nebenstellen, zwei für uns und zwei für ENKA. Eine sehr komfortable Büroausstattung befand sich in einem Container, der bereits in Kerbala eingetroffen sein sollte und dessen Inhalt bei Gelegenheit nach Bagdad gebracht werden musste. Da der Strom in unserem Viertel sehr oft ausfiel, besaßen die Botschaften ausnahmslos Notstromaggregate. Vorsorglich hatten auch wir ein solches Gerät für beide Haushälften geliefert bekommen, es stand jedoch in nicht angeschlossenem Zustand an einer rückwärtigen Hauswand.

Der erste Tag war ausgefüllt mit unserer Vorstellung bei der STOCI und der ENKA sowie einer langen internen Besprechung, aus der so etwas wie eine Prioritätenliste mit Arbeitsaufteilung entstehen sollte. Dazu gehörte die Klärung der Frage, was mit den Autos und dem Notstromaggregat zu geschehen habe. Durch den „Import Tax Exemtion Act" waren wir im Falle der Großaufträge Kerbefa, Kerbever, Taslufa und Tasluver verpflichtet, in Bagdad die Krupp Polysius AG Iraq Branch zu führen. Daneben war nach erfolgter Registrierung ein legal advisor, also ein Rechtsbeistand oder Justitiar zu benennen, außerdem benötigten wir einen chartered accountant, also einen Buchprüfer. Auch den mussten wir benennen und amtlich melden. Die Einstellung und Bezahlung der gemeldeten irakischen Beschäftigten bedingte die Zahlung von entsprechenden Sozialversicherungsbeiträgen. Das war alles bisher unterblieben. Bei Verstoß gegen die Vorschriften wurden hohe Strafen fällig – ein wichtiges Kriterium also für die Prioritätenliste!

Der richtige Anwalt musste schnell gefunden werden. Wir hatten Glück, Hamadeh und ich begegneten ihm beim Frühstück im Hotel an der Sadoon Street, der Hauptstraße Bagdads, die vom Theater bis zur Altstadt Bagdads die Stadt durchschneidet. Im Restaurant des Hotels im Zentrum Bagdads trafen sich wichtige Männer aus dem gesamten Irak – Minister, Kurdenführer und dergleichen – bei Kaffee oder einer libanesischen Meze. Hotel und Kino gehörten einem irakischen Rechtsanwalt, und der sollte unser legal advisor werden, so beschlossen wir spontan. Sein guter Leumund wurde von der Deutschen Botschaft bestätigt, er wurde engagiert, und ein Problem war gelöst. Unser Anwalt, so möchte ich ihn fortan nennen, vertrat namhafte deutsche, und andere internationale Unternehmen und war bestens im

Irak vernetzt, weshalb die Beschaffung des Buchprüfers mit seiner Hilfe reibungslos folgte. Die Branch, also unsere Niederlassung, war kein Selbstzweck, sondern ein Dienstleistungsbetrieb für die Baustellen und deren Bedürfnisse. Die Leiter der Baustellen hatten neben ihrer eigentlichen Aufgabe und der Koordination aller Arbeiten der Lieferanten, die Bauausführung mit den delegierten Ingenieuren der STOCI zu genehmigen und mussten deren Fortschritt dokumentieren.

An den Baufortschritt waren Zahlungen in Landeswährung auf den Baustellen und Überweisungen in D-Mark an uns und unsere Konsorten beziehungsweise Unterlieferanten gekoppelt: die Baufortschrittszahlungen. Der Einzige, der solche Zahlungen in Iraki Dinar (ID) bewirken konnte, war der General Manager, der eine Power of Attorney, also eine Bankvollmacht besaß – und das war ich. Die Zahlungen auf unsere Konten in Deutschland und Bagdad erfolgten auf dem Bankenwege nach der Genehmigung durch den Kunden. Dieses einfache Verfahren stellte sich als außerordentlich problematisch heraus, weil die abgestimmten Zahlungen übermittelt werden mussten, es aber an telefonischer Kommunikation mangelte. Das wurde bereits nach wenigen Tagen klar.

Eines Morgens erschien bereits um kurz vor 7 Uhr Herr Franke, der Bauleiter von Kebefa/ver, noch vor meiner Ankunft in der Branch. Er verlangte rund 25.000 Iraki-Dinar (ID) als Baufortschrittszahlung für die ENKA. Der amtlich festgesetzte Umtauschkurs betrug für einen ID acht D-Mark, was bedeutete, dass er den Gegenwert von 200.000 D-Mark zur Baustelle mitnehmen wollte. Ich ging zusammen mit ihm zur nicht weit entfernten Bank, wo ich dem Direktor meine von der STOCI noch nicht beglaubigte Bankvollmacht vorlegte und erwartungsgemäß kein Geld bekam.

Ein paar Tage später hatte ich dann meine Beglaubigung und fuhr mit Fahrer und einer Aktentasche, gefüllt mit fünf Bündeln zu je 5.000 ID, zur Baustelle, um mir bei dieser Gelegenheit den Bau anzusehen und mich nach dem Container mit den Büromöbeln für die Branch zu erkundigen. „General Franke", so wurde er genannt, schritt mit mir wie ein Feldherr über die Baustelle und zeigte mir voller Stolz in Begleitung des türkischen Bauleiters außerdem das Camp der Türken, danach auch das von Polysius, unsere Kantine und schließlich auch einen Kühlcontainer voller Lebensmittel und Getränke der Extraklasse, zu dem nur er die Schlüssel besaß. Er war ein Meister der Organisation.

Ich war beeindruckt von der Größe und Infrastruktur der Baustelle. Mitten in der Wüste lebten und arbeiteten 400 türkische Bauarbeiter und etwa 20 Deutsche, für die alles Lebensmittel und Getränke, das Baumaterial, Wasser sowie Tausende von Tonnen weiterer Ausrüstungsgegenstände per LKW durch die Wüste antransportiert worden waren. Ein paar Kilometer von unserer Baustelle entfernt baute das polnische Unternehmen Polimex Cekop ein Kalkwerk, das von einem erhöhten Punkt unserer Baustelle gerade noch zu erkennen war, ansonsten sah man fast ringsumher nur die immer gleiche Ödnis, einen topfebenen Horizont und den Himmel.

Wenn wir die vielen abgestimmten Zahlen des Baufortschrittes nicht wöchentlich mit Boten übermitteln wollten, musste eine telefonische Kommunikation zur Baustelle geschaffen werden. Da die Ingenieure der STOCI auf den Baustellen unter dem gleichen Dilemma litten, erhielten wir die Unterstützung auch von unserem Kunden in Bagdad. Unsere Elektroabteilung in Beckum griff die Idee auf und schickte uns einen Fachmann der AEG, die als Unternehmen an einem kleinen Testprojekt dieser Art im Irak natürlich interessiert war. Hamadeh koordinierte das Vorhaben mit allen irakischen Behörden – und scheiterte leider am Ende an einer Behörde des Kriegsministeriums. Ähnlich ging es uns mit einer für die Branch dringend benötigten weiteren Telefon- und Fernschreibverbindung. Wir bekamen keinen weiteren Anschluss. Gelang es uns, „gegen" ENKA tagsüber eine freie Leitung nach Deutschland zu bekommen, um Zahlen durchzugeben, wurde die Leitung nach spätestens fünf Ziffern unterbrochen – eine merkwürdige Angelegenheit, die sich bald aufklärte. Unserer Botschaft war durchaus bekannt, dass die irakische Spionageabwehr und Nachrichtenüberwachung während des Golfkrieges durch und über die DDR erfolgte. Bei der Nennung von Zahlenkolonnen wurde eine unbekannte Verschlüsselung vermutet und deshalb das Gespräch einfach unterbunden. Die Botschaft der DDR befand sich in einer Parallelstraße direkt hinter uns.

Wie die ENKA die Versorgung ihre vielen Leute bewerkstelligte, war mir zunächst ein Rätsel, das sich jedoch ebenfalls bald aufklärte. Tagsüber erledigten die Beschäftigten örtliche Arbeiten und bereiteten die Dinge vor, die in nächtlichen Telefonaten abgestimmt beziehungsweise entschieden werden konnten. Mir hat die organisatorische Arbeit sehr viel Freude bereitet. Leider verloren alle Ausländer mit der Regelung ihrer persönlichen Angelegenheiten einen Großteil ihrer Arbeitszeit, insbesondere durch Behördengänge, die nicht delegiert werden konnten. Eines von vielen Beispielen war das „veneral disease certificat", das als Schutz gegen die Verbreitung von Geschlechtskrankheiten im Zuge einer Kampagne bei vielen Gastarbeitern und -arbeiterinnen wegen des Aufkommens von AIDS von jedem Ausländer erbracht und im Visum vermerkt werden musste. Man stelle sich vor, wie lange man nach alphabetischer Namensaufteilung in der Behörde für Visaangelegenheiten sitzen musste, bis die nötigen Formalitäten erledigt waren!

Doch dann stand die nächste Baustelle an – in Tasluja. Bevor ich mich zu diesem Dorf in der Nähe von Sulaymaniyah aufmachte, war entschieden, mit welchen Maßnahmen und durch wen die Verhältnisse in der Branch verbessert werden sollten. Das waren: Elektroinstallation unter Putz,

Innenanstrich, Teppichboden im Erdgeschoß, Außenputz an der Wand zum kurdischen Abgeordneten hin mit anschliessendem Bau eines Unterstelldaches für den Mercedes wegen der großen Hitze ab März. Die Ausführung der Arbeiten sollte durch Polimex Cekop und durch Eigenleistungen erbracht werden, ein Programm für viele Wochen. Die Situation der beiden noch nicht zugelassenen Wagen der Marke Mercedes musste ebenfalls dringend geklärt werden. Es stellte sich heraus, das je Baustelle und der Branch ein PKW zollfrei eingeführt werden durfte. Nachdem später die Verträge über Kerbever und Tasluver vereinbart wurden, waren auch für die Bauleiter dieser Verträge noch je ein PKW bestellt worden, also insgesamt fünf Wagen. Wir lösten das Problem, soweit ich mich erinnere, durch den Verkauf der beiden überflüssigen Wagen an die Mercedes Branch Bagdad in Abstimmung mit STOCI und unserem Anwalt.

Nach Tasluja fuhr ich das erste Mal mit Hamadeh, nicht nur um ihn dort einzuführen, sondern um einen arabischen Beistand neben unserem Fahrer an meiner Seite zu haben. Das Kurdengebiet befand sich im Zustand einer übergeordneten arabischen Verwaltung oder Besetzung durch die Zentralgewalt aus Bagdad, obwohl zwischen den kurdischen Separatisten und Saddam Hussein 1970 ein Friedensvertrag mit politischer Autonomie für die Kurden abgeschlossen war. Die Kämpfe zwischen der kurdischen Peschmerga und der irakischen Armee dauerten bis 1975 und flammten während des Ersten Golfkrieges unter der Leitung eines Oberhauptes des Familienclans der Barzani wieder auf. Und wie wenig sich die Zeiten doch ändern: Mit einem jetzigen Oberhaupt der Barzani verhandelte unsere Verteidigungsministerin von der Leyen noch in jüngster Zeit wegen deren besserer Bewaffnung gegen die Terrormilizen des IS.

Die Fahrt führte uns über Kirkuk bis zu einer Kreuzung etwa fünf Kilometer vor Sulaymaniyah entfernt, an der wir nach zehn Kilometern in westlicher Richtung oberhalb des

Dorfes Tasluja die Baustelle nach insgesamt gut und gerne 400 Kilometern Fahrt erreichten. Südlich von Kirkuk überquert man in hügeligem ansteigendem Gelände die Grenze zu Kurdistan. Ab der imaginären Grenzlinie wurden wir mehrfach von Soldaten kontrolliert, ab der Kreuzung nach Tasluja sollten wir sogar einen Soldaten im Auto mitnehmen, was wir aus Unwissenheit ablehnten. Die Baustelle selbst und unser Empfang, abgesehen von der uns entgegengebrachten Freundlichkeit, unterschieden sich wesentlich von Kerbela. Der gesamte Komplex im hügeligen Gelände war mit einem hohen stacheldrahtbewährten Zaun umgeben, der nachts beleuchtet von einem oder zwei Wachtürmen aus übersehen werden konnte. Zwei Camps, bestehend aus stabilen Baracken mit dazwischenliegenden Freiräumen lagen wenig voneinander getrennt, innerhalb der Umzäunung, abseits der entstehenden Fabrik, eines für rund 150 Jugoslawen, eines für unsere Leute und unsere italienischen Stahlbauer. Dazu kamen Büros für Bauleitung und andere Zwecke, ähnlich wie in Kerbela.

Nach der Besichtigung wurden wir zur Eile gedrängt, denn unsere Bewacher warteten bereits mit ihren Militärfahrzeugen, um uns auf der Fahrt ins Hotel nach Sulaymanyah zu eskortieren. Ein Mannschaftswagen mit fest montiertem MG und etwa vier bewaffneten Soldaten fuhr an der Spitze, dann folgten zwei Jeeps der Bauleitung, unser Mercedes und am Ende wieder ein Mannschaftswagen, in gleicher Weise bestückt wie der erste. Hinter der Brücke vor der Stadt überspannte die Straße ein Triumphbogen mit dem Porträt des lächelnden Saddam Hussein. Zwei Stockwerke des Hotelhochhauses wurden von unserer Bauleitung und den vielen anreisenden Ingenieuren unseres Hauses und von Unterlieferanten genutzt. Auf dem Dach war ein Flakgeschütz montiert. Die Zimmer waren von mittlerem bis höherem irakischen Standard, das Restaurant schlecht. Wenn unsere Leute an Wochenenden etwas anderes als das triste

Kartenspielen oder Trinken erleben wollten, fuhren sie nach Sulaymanyah und aßen im Restaurant „zum schmutzigen Löffel", einer dunklen Kaschemme, der sie diesen so derben wie vielsagenden Namen – zu Recht! – gegeben hatten.

Nachdem wir am nächsten Morgen um 6:30 Uhr mit gleicher Eskorte wieder zur Baustelle gefahren waren, verließen wir Tasluja nach einem kleinen Arbeitsessen. Wir waren beladen mit vielen Aufgaben und Wünschen vom Baustellenleiter Meyer-Spellbrink, kurz MSP genannt, zurückgekehrt. Wir hatten uns beeilt, um vor Anbruch der Dunkelheit die Grenze hinter Tikrit in Richtung Bagdad mit ihren vielen Kontrollen zu passieren. Die Strecke von Tasluja nach Bagdad und zurück war in einem Tag nicht zu schaffen. Wegen der schlechten Kommunikation und der unbefriedigenden Hotelsituation musste in Bagdad eine Wohnmöglichkeit geschaffen werden. Wieder ein neues Topic auf der Prioritätenliste!

Je weiter die Arbeiten auf den Baustellen voranschritten, desto größer wurde der Strom der Besucher. Alle brachten technische Zeichnungen mit, die sie selbst mit den Ingenieuren der STOCI in Bagdad und oder mit deren Resident Engineers auf den Baustellen abstimmen mussten. Fundamente, Hochbau und Elektroeinspeisung waren zuerst in Bagdad zu klären, was von großem Vorteil für die Vorbereitung der ausstehenden Arbeiten in der Branch war. Der Teppichboden und die komplette Elektroinstallation wurden vom Ingenieur und allen Mitarbeiten abends und an einem Wochenende in Eigenleistung erstellt, dazu alle Arbeiten zum Anschluss des Notstromaggregates mit Ausnahme der Innereien des Schaltschrankes und der Verlegung der Kabel. Bei meiner Ankunft war ein Raum im Obergeschoß fast völlig mit leeren Koffern gefüllt, weshalb die Order erlassen wurde, dass jeder Polysianer seine leere grossen Koffer und darin möglichst noch einen kleineren wieder mit nach Hause zu nehmen habe. Daran haben sich bis auf einen Herrn der Finanzabteilung, der sich nach meiner erneuten Aufforderung als herzkrank ausweisen wollte, alle gehalten. Nach getaner Arbeit ging es mit allen Männern zwei Häuser weiter in „unser" Restaurant.

Inzwischen rückte Weihnachten näher. Ich freute mich auf Heidi und die Kinder und flog mit mehreren leeren Koffern und ohne Geschenke in die Heimat. Trotz des wirtschaftlichen Booms hatte sich Bagdad wenig geändert. Am Ende der Sadoon Street waren das Meridian und ein weiteres Luxushotel immer noch nicht fertiggestellt und auch am schönen Tigrisufer wurde nur sozialistischer Charme versprüht, ganz anders übrigens als am gefährlichen Kreisel, von wo es zum Palast des Präsidenten ging. Ich war vor meinem Weihnachtsurlaub ins Bagdad Tower Hotel umgezogen und hoffte, durch reichlichen Bakschisch und Vorauszahlung nach meiner Rückkehr in das vorher bewohnte Zimmer wieder einziehen zu können. Vom Hotel aus konnte ich die Branch in weniger als zehn Minuten erreichen und unterwegs beim einzigen französischen Bäcker Bagdads sogar frisches Baguette einkaufen.

Anfang Januar 1982 war ich mit viel Gepäck zurück, wohnte in meinem reservierten Zimmer, das mir tatsächlich erhalten geblieben war, und erlebte bis Ende Februar einen unerwarteten Winter mit unangenehmen Staubstürmen in Bagdad und einem Wintereinbruch in Sulaymanyah. Dieser Staub, man kennt ihn dort gut, ist so fein, dass er durch alle Ritzen dringt. Wenn es kurz danach regnet, klebt der Staub als Schlamm an den Schuhen, was neu verlegtem Teppichboden nicht gut bekommt. Die Durchschnittstemperatur von Mai bis Ende Oktober liegt im Irak bei ungefähr 33°C mit Spitzen von knapp über 50°C im Juli und August. Ab 48°C bestand Arbeitsverbot für alle Betriebe in Bagdad.

Ich musste nach Tasluja, möglicherweise wegen Schwierigkeiten bei Fundamentarbeiten und eines erforderlichen Bodengutachtens. Ich fuhr an einem Sonn- oder Feiertag für

Europäer. Als ich gegen Mittag dort eintraf, fing es nach kurzer Zeit so heftig an zu schneien, dass MSP entschied, die Baustelle schnell auch ohne Eskorte zu verlassen. Mein Auto stellten wir am Baubüro unter und fuhren mit dem großen Geländewagen los. Nur fünf Meter außerhalb unserer Baustelle fuhr MSP in einen zugeschneiten Graben und musste mit einer Caterpillar Planierraupe rückwärts wieder auf die Straße gezogen werden. Im Dorf Tasluja war großes Durcheinander ausgebrochen, weil einige Autos kleine Unfälle auf glatter Straße verursacht hatten. Bis zum Checkpoint an der Kreuzung nach Sulaymanyah nahm das Durcheinander weiter zu, wir mussten anhalten. Plötzlich riss ein junger Soldat die Hecktür auf und setzte sich mit seiner Kalaschnikow auf den Notsitz. Er wollte uns nicht bedrohen – er wollte lediglich die sichere Stadt erreichen.

Im Zusammenhang mit meiner ersten Reise nach Tasluja hatte ich erwähnt, dass die kurdische Peschmerga während des Ersten Golfkrieges ihre Kampfhandlungen gegen die Zentralregierung wieder intensiviert hatte und Teile des Kurdengebietes zumindest nachts kontrollierten. Deshalb bewachte die irakische Armee alle wichtigen Straßen und unterhielt dort viele Kontrollstationen. Besonders gefährdet durch Aktionen der Peschmerga waren die modernen Errungenschaften des Staates, also Industrieanlagen, Brücken und Straßen. Entführungen und Geiselnahmen mit Erpressungen waren besonders gefürchtet. Das alles führte zur Bewachung der Baustelle, unserer Eskortierung und es war auch der Grund, weshalb der junge Soldat in dieser Lage nach Sulaymanyah wollte.

Die Wachen am Checkpoint kannten die Autonummern unserer Wagen und winkten uns schnell durch, dann ging es bei kräftigem Schneefall langsam weiter zwischen LKW und PKW bis zum Anstieg hinter der Brücke. Dort standen mehrere Fahrzeuge quer, sie hatten sich teils verkeilt – Polizei und Militär versuchten ihr Möglichstes. MSP schickte den

Beifahrer Stuckmann nach draußen, um die Menschenmenge zu teilen und fuhr mit eingeschaltetem Vierradantrieb durch die Gasse und weiter neben der Straße in Schräglage durch den Schnee am Stau vorbei, wartete dann, bis Stuckmann wieder einstieg – und der Weg war frei bis zum Hotel.

In der Hotelhalle stand eine riesige Menschenmenge, die meisten Jugoslawen von unserer Baustelle, die den Feiertag in der Stadt verbracht hatten und nun nicht mehr zurückkonnten. Wir zogen in unsere Zimmer ein und betrachteten das Geschehen von oben. Auf allen Dächern standen Männer und schaufelten der Schnee herunter auf die Straßen, um die nur gegen geringe Regenmengen aus Ziegeln und Lehm gefertigten Flachdächer vor Einsturz und Wasserschäden zu schützen. Da es selbst in dieser Gegend im Sommer bis zu 50°C warm werden kann und es ab April bis November regenfrei bleibt, werden die Betten zum Schlafen ab April auf diese Flachdächer gestellt. Für riesige Mengen von Schnee war nichts ausgelegt – auch die Dächer nicht.

Am nächsten Morgen schien die Sonne und es war für dortige Verhältnisse bitterkalt. Seit sieben Jahren hatte man keinen Schnee gehabt und auch keine derart niedrigen Temperaturen. Diese außergewöhnliche Situation hatte zum Ausfall des Stromes und damit auch der Heizung im Hotel geführt. Das Frühstück wurde für die vielen Gäste improvisiert und danach marschierten unsere meist jugoslawischen Monteure auf einem Fußmarsch militärisch begleitet zur Baustelle zurück. Aus Sicherheitsgründen durften mein Fahrer und ich das Hotel nicht in Richtung Bagdad verlassen. Insgesamt verbrachte ich mit ihm vier Nächte im ungeheizten Hotel, mit vielen Decken für die kalten Nächte ausgerüstet. Mit der eskortierten Bauleitung ging es dann zunächst zur Baustelle und dann nach Bagdad zurück.

Unser Anwalt war es, der mir erzählte, dass in einem neu erbauten Apartmenthaus in der Nähe der Branch noch einige Apartments zu mieten seien, kleine Zimmer mit Bad und Kochnische. Wir mieteten zwei dieser kleinen Wohnungen, und wir konnten sie bald sehr gut nutzen, denn der Besucherstrom nahm zu, darunter mein temporärer Chef mit einem Porträtbild des Bundespräsidenten Carstensen, das zum Erstaunen der Irakis gegenüber dem gleichgroßen Bildnis Saddam Husseins im Eingangsbereich aufgehängt wurde. Zum Entsetzen des ängstlichen Zaidans wurde zudem das Außenbild an der Hauswand entfernt. Unsere beiden „Jordanier" hatten schnell erfahren, dass alle angestellten Irakis, Putzfau und Gärtner eingeschlossen, einmal wöchentlich bei einer Überwachungsbehörde berichten mussten, was bei uns vorging.

Auch unser Justitiar aus Beckum besuchte uns, um zu ergründen, welche Risiken neben den Bedingungen der vier eingegangenen Verträge auf das Unternehmen zukommen und wie sie vermieden werden könnten. Er hatte inzwischen die Befreiung des verunglückten Herrn Bösing aus dem Gefängnis in Niš vor dem dortigen Gericht mit Geschick und Geld erreicht. Sein Einsatz in Bagdad kam aus gesundheitlichen Gründen jedoch nicht mehr infrage. Beide Anwälte verstanden sich von Anbeginn gut. Wir, oder besser gesagt ich, hatten genau den richtigen Mann für Bagdad und den Irak ausgewählt, so der Kommentar unseres Justitiars. An einem Wochenende besuchten wir gemeinsam die Ausgrabungsstätten von Babylon.

Das Wetter wurde besser, das Haus war innen und außen restauriert durch Polimex Cecop, die Möbel waren in einem schweren LKW aus Kerbela wie durch ein Wunder beinahe unversehrt in Bagdad angekommen. Mein Nussbaumschreibtisch und der Sessel hatten das Format, als seien sie für einen Vorstand oder Botschafter ausgesucht worden. Das hatte „General Franke" beim Öffnen des Containers sicherlich so neidisch gemacht oder verärgert, dass er unsere Möbel in einem LKW anliefern ließ, der nahezu nicht abgefedert war. Vielleicht hatte er auch den Baufortschritt für zwei Rechnungen auflaufen lassen, damit ich mit einer doppelt so großen Geldmenge wie üblich zur Baustelle fahren musste. Ich will ihm nichts Böses unterstellen, sondern höchstens Nickeligkeiten. Er war wirklich ein sehr tüchtiger Baustellenleiter.

Das größte Handicap war nach wie vor die nicht funktionierende Telefonanlage, ansonsten konnte in der Branch gut gearbeitet werden. Weil ich meine Familie nicht in der Nähe hatte, arbeitete ich gerne abends lange und auch am Wochenende in meinem schönen Büro. Als ich dabei eines Abends gutgelaunt auf Frau Zimmermann stieß, war ich überrascht, als ich sah, dass sie ihr Weinen kaum verbergen konnte. Auf meine besorgte Frage nach dem Grund ihrer Traurigkeit antwortete sie mir, dass ihr Leben ja nur aus Arbeit bestünde und sie und ihr Mann sich das in ihrer jungen Ehe anders vorgestellt hätten. Den leisen Vorwurf, den sie mir dabei machte, habe ich verstanden. Ich ließ die beiden an den Wochenenden alleine, nahm mir das Auto und fuhr ohne Fahrer in die Wüste oder schaute mir die vielen historischen Stätten des Zweistromlandes an.

Die Sumerer, Assyrer, Perser und Alexander der Große, alle hatten ihre Spuren hier hinterlassen – zugeweht unter Sand oder ausgegraben. Viele dieser Stätten, darunter das antike Ninive, Hatra, Babylon, den Palast des Nimrud und die Schätze des historischen Museums in Bagdad habe ich mir während meiner vielen Reisen im Lande unzerstört ansehen können – nach dem Einmarsch des IS in großen Teilen des Nordiraks ist ein Großteil dieser Schätze verloren oder zumindest stark beschädigt. Ich erlebte damals eine heute so nicht mehr bestehende, eine teilweise untergegangene Welt.

Eine Geschichte, die nicht nur die Zimmermanns, sondern auch einige Polysianer traf, die sich gerade in Bagdad aufhielten, will ich meinen Lesern nicht vorenthalten. Wir hatten lange im Büro gearbeitet und waren dann alle bis auf Zimmermanns in unserem Restaurant zum Essen und auf ein Bier eingekehrt. Es war sternenklar und ein warmer Abend, einige standen mit ihrem Getränk in der Hand im Vorgarten des Restaurants, das durch die Lichter der Philippinischen Botschaft von gegenüber erleuchtet war, als ein lauter Knall die Luft zerriss. Alle flüchteten ins Restaurant zurück und draußen begann eine wilde Schießerei, unterstützt durch Leuchtspurmunition, die in großen Mengen in den Himmel geschossen wurde. „Licht aus!" „Unter die Tische!" wurde gerufen, doch wer sollte das Licht bei den Philippinos ausmachen? Schließlich war uns allen ja klar, dass sich der Irak im Krieg befand. Die Schießerei hörte lange nicht auf, ebbte schließlich aber doch ab.

Als ich nach 24 Uhr mein Zimmer im Bagdad Tower Hotel betrat, stellte ich fest, dass man eine Fensterscheibe durchschossen hatte. Da das Geschoss noch im Kleiderschrank steckte, konnte die Polizei durch die Flugbahn leicht feststellen, dass der Schuss aus dem benachbarten Offiziersclub abgefeuert worden war. Ich eilte am nächsten Morgen in die Branch und traf dort das Ehepaar Zimmermann blass und völlig verstört im Vorraum sitzen. Durch den ersten Knall hatte sich der frische Außenputz von der Wand gelöst und war auf das Dach des Autoabstellplatzes gefallen. Nach der Schießerei, verbunden mit dem Leuchtspurfeuer, war dem kurz gedienten Bundeswehrsoldaten Zimmermann klar, dass es sich um einen Fallschirmjägerangriff des Iran gehandelt haben musste, und dass ein auf unserem Flachdach gelandeter Fallschirmjäger das Geräusch verursacht haben musste, das ja in Wirklichkeit durch das Abfallen des Putzes entstanden war.

Niemand konnte sich vorstellen, was wirklich geschehen war. Ich ging zur STOCI und erhielt folgende Erklärung: „King Hussein of Jordan has opened the door for volunteers", was heißt, dass der jordanische König allen Freiwilligen erlaubt hatte, sich auf der Seite Iraks am Krieg gegen den Iran zu beteiligen. Das wurde entsprechend arabisch gefeiert, ähnlich, wie man es aus Fernsehsendungen kennt: Jeder, der eine Waffe hat, schießt damit in die Luft, und so hatten es auch die Offiziere nahe unseres Hotels getan. Herrn Zimmermann wurde nachgesagt, er habe sich aus Angst sogar in die Hosen gemacht, was ich aber nicht recht glauben kann. Und die Chance, schließlich dass ich gerade in dem Moment vor meinem Kleiderschrank gestanden haben würde, als die verirrte Kugel aus dem Offiziersclub dort einschlug, ist nahe Null. Die Verfolgung des Vorfalles wurde niedergeschlagen.

Nicht unerwähnt lassen möchte ich, dass ich noch im Jahr 1982 mindestens zwei Mal mit mehreren Herren in meiner neuen Funktion den größten Auftrag für die Erstausstattung der vier Anlagen mit Ersatzteilen im Werte von 41 Millionen D-Mark mit der STOCI verhandelte und auch abschloss. Viel wichtiger für unser Unternehmen war jedoch der Erhalt aller vier „Final Acceptance Certificates", FACs genannt, die Voraussetzung für die Auszahlung der letzten Zahlungsraten von je fünf Prozent der Vertragswerte war. Die Bedeutung der Zertifikate hatte ich bereits vorher geschildert.

Wie schwer es tatsächlich war, diese Zertifikate zu erhalten, ergibt sich aus ihrer bei den Behörden gebräuchlichen ironischen Bezeichnungen. So wurde das „Provisional Acceptance Certificate", kurz PAC, als „Problems Acceptance Certificate" und das FAC „Forget About Contract" genannt. Im Falle von Badofa/Badover durften wir für den Erhalt des FACs ein Eingangsportal für die Fabrik bauen und einen Sohn des entscheidendsten Mannes in einer Pariser Spezialklinik behandeln lassen. Bei den Endverhandlungen der vier Großaufträge war ich nicht mehr involviert, glaube aber, dass ihr Erhalt nicht durch Geschenke, sondern durch intensive Verhandlungen mit unserem Vorstand bis hin zur Einschaltung des zuständigen Ministers zustande kam. Bis dahin hatten wir viele durchaus schwierige Fälle gelöst, darunter sogar die glückliche Beendigung der Entführungen zweier unserer Leute durch die Peschmerga.

Rechtzeitig vor Ablauf meiner Abstellung hatte man in Beckum einen geeigneten neuen Branchmanager gefunden und nach Bagdad delegiert. Aus diesem Anlass und zu meiner Verabschiedung hatte ich einen Empfang für alle Protagonisten in einem neu eröffneten italienischen Restaurant in Bagdad organisiert.

Am 22. Mai 1982 flog ich schließlich, um viele Erfahrungen reicher, glücklich und gesund zurück nach Deutschland und freute mich, mit der Familie die Konfirmation von Dirk feiern zu können. Mein Vater konnte aus gesundheitlichen Gründen jedoch leider nicht daran teilnehmen. Er war, wie ich besorgt feststellte, alt und schwach geworden.

Abteilung 770

Vor dem unerwarteten Einsatz in Bagdad hatte ich eben erst meine neue Aufgabe in Beckum übernommen. Nun, nach der Rückkehr, konnte ich mich endlich auf meine eigentliche Arbeit konzentrieren. Als Oberabteilungsleiter mit Handlungsvollmacht leitete ich ab Januar 1981 die neue Abteilung 770, Ersatzteile. Am 1. Juli 1982 wurden mir Prokura erteilt und mit Wirkung vom 1. April 1986 wurde ich zum Hauptabteilungsleiter ernannt.

Nutzen und Bedeutung des Servicegeschäftes sind heutzutage durch Unternehmensberatungen und Wirtschaftsverbände, in unserem Falle dem VDMA, bekanntgemacht worden. Heute ist allgemein bekannt, dass der Anteil dieses Geschäftes am Erlös und Gewinn sehr vorteilhaft sein kann und dass er von den unternehmenstypischen Strukturen der Hersteller und deren Kunden abhängt. Das sind die Fertigungstiefe beim Hersteller, das Ausfallrisiko seiner Produkte, Sicherheitsvorschriften und – ganz selbstverständlich – der Preis. Unter diesen Prämissen will ich kurz schildern, was unsere, insbesondere meine Aufgaben ausmachte. Auf Sicherheitsvorschriften, die zum Beispiel bei Personenaufzügen oder Rolltreppen eine entscheidende Rolle spielen, brauche ich nicht einzugehen.

Die Fertigungstiefe unserer Produkte war gering. In der Werkstatt, wie wir unsere Fertigung nannten, waren weniger als 200 Mitarbeiter beschäftigt, inklusive Lehrlinge. Zweck unserer Werkstatt war die Einzelanfertigung von neu entwickelten Maschinen und Maschinenteilen, vor allem, um zu verhindern, dass die Konkurrenz Kenntnis von ihnen erlangte. Auch ging es darum, ihre Funktionsfähigkeit vor dem industriellen Einsatz zu überprüfen. Der weitaus grössere Teil unseres Lieferprogramms wurde nach unseren Fertigungszeichnungen und Stücklisten von Unterlieferanten hergestellt und vor Auslieferung von unseren Fertigungsingenieuren abgenommen. Viele Komponenten kauften wir bei üblichen Herstellern unserer Wahl, darunter alle Elektromotoren, Getriebe, Filter, und Förderbänder und vieles mehr. Wie kann aus einem derartigen Warenmix von Eigen- und Fremdkonstruktionen ein Ersatzteilgeschäft generiert und vor allem verbessert werden?

Das Ausfallrisiko von Maschinen im Produktionsprozess wird durch vorbeugende Wartung und, wenn notwendig, durch das Auswechseln schadhafter Teile minimiert. Das setzt ein eigenes Ersatzteillager voraus und zwar unabhängig davon, ob die Maschinen alt sind oder innerhalb der Gewährleistung den Schaden erleiden. Wie konnte dieses Problem zum Nutzen des Kunden und des Lieferanten gelöst werden?

Der Preis musste angemessen sein. Das war eine Vorgabe, die sich überall durchzog, und das galt leider auch für unsere Eigenkonstruktionen, weil sie von Unterlieferanten hergestellt wurden, die teilweise ebenfalls unsere Konkurrenten belieferten. Unsere Unterlieferanten mussten die Fertigungsunterlagen zwar nach Lieferung der Ware wieder zurückgeben, konnten die Unterlagen aber auch leicht kopieren. Warum sollten dann Kunden bei uns und nicht bei unseren Unterlieferanten die teuren Großteile kaufen, die bis zu 500.000 D-Mark und teils auch mehr kosten konnten?

Wir hatten ein Kostenproblem, das nicht nur die Herstellung, sondern die Gemeinkosten im gesamten Unternehmen betraf. Die Unternehmensberatung McKinsey sollte die unerquickliche Lage mit ihrer „Gemeinkosten-Wertanalyse" verbessern helfen und erhielt im Jahre 1983 einen Auftrag in Millionenhöhe. Für die Abteilung 770 arbeitete ich als Datenbeschaffer für einen der Berater von McKinsey, um das vorgegebene Einsparpotential von 20 bis maximal 40 Prozent der Gemeinkosten erreichbar zu machen. Das Ergebnis der Gesamtaktion war, kurz gesagt, die Einführung der EDV für die Mehrzahl aller Schreibtätigkeiten im Unternehmen, eine von den Gewerkschaften zunächst scharf kritisierte Maßnahme, weil dadurch die Jobs der einfachen Büroangestellte. in großer Zahl verlorengingen. Auch unser zentrales Schreibbüro wurde aufgelöst.

Jeder Mitarbeiter der Abteilung 771, dem Ersatzteilvertrieb, und 772, der Ersatzteiltechnik, dazu das Sekretariat und natürlich auch ich erhielten über einen Nixdorf-Monitor mit Keyboard Zugang zum Großrechner. Das waren etwa 35 Einheiten plus zentraler Drucker im Sekretariat. Angebote, Auftragsbestätigungen und Briefe wurden nach einer kurzen Probezeit nicht mehr im zentralen Schreibbüro, sondern ausschließlich von eigenen Mitarbeitern erstellt und im Sekretariat gedruckt. Eine Software musste nach unseren eigenen Bedürfnissen entwickelt und eine Datenbank sukzessive erstellt werden.

Die Software, die wir entwickelten, erhielt das Kürzel ETAS, das bedeutete: Ersatzteil-Auftrags-Abwicklungs-System. Die sich hier aufbauende Datenbank sollte später viele Millionen Datensätze umfassen. In dieser Beziehung entwickelte sich Abteilung 770 quasi zu einer Firma in der Firma. Auf technischem Gebiet lief diese Firma gut. In den Bereichen Vertriebs- und Verwaltungsgemeinkosten, Personal und auch bei der Behandlung der TGs waren jedoch eine ganze Menge Probleme aufgelaufen, die gelöst werden mussten. Weil Kostenrechnung ein weites und nicht jedermann interessierendes Feld ist, will ich mich lieber den TGs zuwenden.

Je größer die Töchter werden, desto weniger hören sie nach einer alten Weisheit auf ihre Mütter. So auch bei Polysius und in unserem speziellen Fall. Polpar, also Polysius

Paris war unsere größte Tochtergesellschaft mit Kunden in Frankreich, allen ehemaligen französische Kolonien, Ägypten, Südkorea und anderen Ländern. Es lag nahe, ETAS dort einzuführen. Das aber bedeutete schon allein sprachlich große Schwierigkeiten und es sagte vor allem den stolzen französischen Ingenieuren wenig zu. Es wurde jedoch eine Lösung gefunden, mit deren Hilfe Polpar auf die ETAS-Datenbank zugreifen konnte. Bei Polcot war die Entwicklung insofern einfacher, weil wir auf der Basis von Personalaustausch ein für beide Seiten erfolgreiches Programm vereinbaren konnten. Wir schickten unsere Mitarbeiter immer wieder für mehrere Monate nach Ascot, um dort die Grundlagen von ETAS einzuführen und wir bekamen englischsprechende Mitarbeiter zurück – und umgekehrt. Beinahe jede TG wurde besucht, um das Servicegeschäft zu verbessern.

Bereits vor der Eingliederung von Polysius in den Kruppkonzern wurde das sogenannte Erstgeschäft von Ersatzteilen vom Anlagengeschäft getrennt. Erst nach dem Einkauf aller Eigen- und Fremdkonstruktionen für die jeweilige Anlage wurden anhand genauer Spezifikationen der Unterlieferanten die Ersatzteile für einen fiktiven Zweijahresbedarf ausgewählt, angeboten und verkauft. Anlagenbetreiber mussten in der Lage sein, einen Maschinenschaden unabhängig von unserer Materialgewährleistung und der Lieferzeit der Teile prompt zu reparieren. Abgesehen vom Erlös des Erstgeschäftes hatte dieses Verfahren den Vorteil, dass sowohl wir als auch der Kunde später auf Ersatzteilpreise zurückgreifen konnten und unnötig lange Verhandlungen über das spätere laufende Geschäft vermieden werden konnten. Ende 1982 konnten wir dann, wie bereits erwähnt, in Bagdad für die Anlagen Tasluja und Kerbela unseren größten Auftrag im Erstgeschäft in Höhe von rund 41 Millionen D-Mark abschließen.

Die Bausparte des Konzernunternehmens Atlas Bremen hatte das Produkt Kalksandstein durch viele technische Entwicklungen maßgeblich geprägt, insbesondere durch die mechanische Atlas-Presse, jedoch nach Einführung hydraulischer Pressen mit immer größeren Steinformaten und einem erbitterten Konkurrenzkampf ihre führende Position im Markt verloren. Die Sparte wurde von Polysius übernommen. Viele Mitarbeiter aus Bremen sowie vorgefertigte hydraulische Pressen des neuen Typs Atlas 600 wurden samt Ersatzteilelager nach Beckum überführt und die Mitarbeiter in eine neue technische und eine bestehende Vertriebsabteilung in Beckum eingegliedert. Die vorgefertigten Pressen sollten als Anreiz zum Kauf wegen ihrer sofortigen Verfügbarkeit dienen. Um die Produktpalette bei Baustoffpressen zu ergänzen, wurde erwogen, das Familienunternehmen August Henke in Porta Westfalica zu kaufen, das Betonsteine mit Rüttelpressen herstellte. Das Konzept scheiterte. Einige „Bremer" wurden in andere technische Abteilungen innerhalb des Hauses versetzt, der übernommene technische Geschäftsführer kündigte, und schließlich wurde das gesamte Geschäft der Bausteintechnik mit allen technischen und auch kaufmännischen Mitarbeitern der Abteilung 770 als Abteilung 773 zugeschlagen, ohne Monteure allerdings, weil diese bereits von vornherein in unsere Montageabteilung eingegliedert worden waren.

Zwei Reisen ins Reich des Mihail Gorbatschows

Eine Produktstrategie und viele Kundenbesuche waren erforderlich, wenn wir Licht am Ende dieses Tunnels sehen wollten. Von nur zwei solcher Kundenbesuchen, also Reisen, einer nach Tallinn in Estland und einer nach Aktjubinsk in Kasachstan, will ich berichten. Diese Reisen fanden Ende 1987 und im Januar 1988 in der Zeit Michail Gorbatschows, von Glasnost und Perestroika statt. Sie führten uns, genau genommen, in die estnische und in die kasachische Sowjetrepublik der UdSSR. Krupp Moskau hatte Unterkunft und Reise sowie den Dolmetscher für Tallinn organisiert.

Nach einer Vorbesprechung in Moskau ging es zu dritt rechtzeitig abends zum Leningrader Bahnhof, der an einem großen Platz neben weiteren Kopfbahnhöfen im Westen Moskaus liegt. Unser Zug, der einzige Waggon erster Klasse und darin unser Abteil mit Klappbetten, waren schnell ausgemacht und belegt, so dass wir in der Lage waren, uns das Treiben vor unserem Waggon noch eine Weile ansehen zu können. Obwohl die Strecke elektrifiziert war, roch es auf dem Bahnhof stark nach Kohle. Jeder Waggon hatte seine eigene Warmwasserheizung, die im bitterkalten russischen Winter von einer „Matka" durchgehend befeuert werden musste. Das geschah mit Kohle. Unsere „Matka" betrieb, wie wir bald merkten, noch eine Teeküche und war für das Wohl der Passagiere ihres Waggons zuständig. Außer uns fuhr nur noch ein General mit seinem Adjutanten im gleichen Wagen. Mit Hilfe einer Tafel Milka-Schokolade oder einem Paar Nylons hatte jeder von uns Dreien bald ein eigenes Abteil. Der Zug ratterte mit seinen Waggons Marke DDR und einem voll besetzten Speisewagen trotz breiterer Spurweite langsam durch die Vororte Moskaus gen Westen. Wir aßen das bescheidene russische Essen mit einem oder zwei Wodkas und begaben uns danach jeder in sein Abteil. Bei Mondschein wurden wir durch schier unendliche, verschneite Wälder an Seen vorbei nach Tallinn geschaukelt. Die Stadt, die nun im Morgenlicht vorbeiglitt, hatte mich bereits bei dieser oberflächlichen Betrachtung beeindruckt. Von einem modernen Bahnhof, an dem das von Gorbatschow eingeführte Rauchverbot galt, holte uns unser potentieller Kunde ab.

Unser Kunde produzierte mit einer ganzen Reihe von mechanischen Atlaspressen Bausteine kleiner und mittlerer Formate und wollte sich von uns über eine Ertüchtigung sowie neuere Tendenzen der Produktion informieren lassen.

Die Pressen hatte er vom polnischen Lizenznehmer der Atlas Bremen gekauft, nämlich der Polimex Cekop. Mein Mitstreiter, Herr Klüver, war in seinem Element. Er war in der Lage, alle von den versammelten Spezialisten gestellten Fragen bis ins Detail zu beantworten. Ich konnte sehen, wie gut das bei den Fragenden und deren Chefs ankam. Nach zwei bis drei Stunden war die Sitzung beendet und wir wurden ins Zimmer des Generaldirektors gebeten. Nach wenigen Minuten verabschiedeten sich der Werksleiter sowie unser Krupp-Dolmetscher und auf ein Klopfzeichen hin öffnete sich eine Tapetentür von innen. Klüver, ein mit baltischem Akzent sehr gut deutsch sprechender Direktor und ich wurden zu einem üppigen Buffet etwa mit den Worten eingeladen: „Lassen sie uns nun übers Geschäft reden." Dass nicht einmal sein Werksleiter zum Gespräch zugelassen wurde, hat mich einigermaßen erstaunt.

Der Direktor wollte seine Fabrik um zwei Pressenlinien mit Autoklaven zum Aushärten der Steine und vieles mehr erweitern, was für unser Angebot genau fixiert wurde. Nach der Besprechung wurden wir vom deutsch sprechenden Direktor durch die Unter- und Oberstadt Tallinns mit seiner alten Stadtbefestigung aus der Hansezeit und ihren vielen sehenswerten Kirchen geführt. Da ohnehin schon das Wochenende begonnen hatte, nahmen wir die Gelegenheit wahr, uns einige der gezeigten Sehenswürdigkeiten genauer anzusehen.

Wir wohnten in einem Hotelhochhaus am Hafen, das für die vom Westen boykottierten Olympischen Spiele 1980 erbaut worden war. Es war zu mehr als 50 Prozent von jungen Finnen bewohnt, die an Wochenenden vom knapp 100 Kilometer entfernten Helsinki mit der Fähre nach Tallinn reisten und sich an billigem Wodka, gutem Essen und hübschen Mädchen über das Wochenende erfreuten. Es herrschte eine merkwürdige, auf ihre Art freiere und jedenfalls ganz andere Stimmung als in Moskau.

Wenige Wochen später flog ich mit Klüver nach Aktjubinsk, dem heutigen Aktöbe in Kasachstan. Das Unternehmen Metalurg betrieb dort unter anderem eine Kalksandsteinfabrik, ebenfalls mit alten mechanischen Atlaspressen von Polimex Cekop. Metalurg hatte zwei unserer vorgefertigten Pressen Atlas 600 gekauft, deren Montage war gerade beendet. Anlass unseres Besuches war das 50-jährige Jubiläum der Firma am 18. Januar 1988, ausgerechnet dem Tag, an dem 50 Jahre zuvor die Schlacht um Stalingrad de facto entschieden worden war.

In den wenigen Wochen seit der Reise nach Tallinn hatte sich auch in Moskau viel geändert. Wir wurden bei Schneefall von einem Fahrer von Krupp Moskau am Flughafen Scheremetjewo abgeholt. Vor dem Terminal herrschte ein derartiges Durcheinander, dass wir Mühe hatten, unseren Fahrer überhaupt auszumachen. Große russische Sim-Karossen mit Scheibengardinen sowie unzählig viele kleinere Wolgas versperrten die Zufahrten und Plätze und deren Fahrer riefen „Taxi Mister! Taxi, mein Herr, Taxi!" Es waren die Fahrer von Ministern oder Funktionären, die sich während ihrer Wartezeiten ein kräftiges Zubrot verdienten.

Wir wohnten im selben Hotel wie vor ein paar Wochen, einem modernen Komplex, in dem ausländische Firmenbüros und ein Hotel um einen überdachten beheizten Innenhof mit mehreren Restaurants angeordnet waren. Dort konnte es leicht passieren, von einem hübschen Mädchen während des Abendessens unverhohlen angesprochen zu werden. Ich wurde mitten in der Nacht in meinem Zimmer mit Namen angerufen und bekam einen riesigen Schrecken, weil ich vermutete, dass etwas Schlimmes zu Hause passiert war. Es war aber nur eine dieser Damen – und sie rief erfolglos an.

Im Büro von Krupp hatte man uns ausdrücklich davor gewarnt, mit einem nicht offiziell zugelassenen Taxi zum Flughafen Domodedowo zu fahren, weil erheblich Gefahr bestand, ausgeraubt zu werden. Dort herrschte diesmal ein noch größeres Durcheinander als bei unserer Ankunft, weil es Gerüchte gab, dass unsere Maschine nach Almaty möglicherweise wegen Schneefalls ausgefallen sei. Ein Informationsschalter war weit und breit nicht zu finden. Trotz aller Widrigkeiten schafften wir es irgendwie zum Flugzeug – und tatsächlich: die Maschine ging!

Direktor Gerbergagen

In Aktjubinsk wurden wir vom Direktor der Kalksandsteinfabrik Gerbersgagen abgeholt und im Gästehaus von Metalurg in frisch gestrichenen Einzelzimmern untergebracht. Gerbersgagen hatte sich mit Klüver bei Besuchen in Beckum und Aktjubinsk etwas angefreundet, sprach als Abkömmling Wolgadeutscher ein paar Brocken Deutsch, war ehemaliger Kasachischer Meisterringer im Halbschwergewicht und nannte Klüver beim Vornamen, jedoch nicht etwa Heinrich, sondern „Geinrich".

Das neue Aktjubinsk erschien mir als eine Geisterstadt. Die Stadt war zusammen mit dem Bau des Elektrostahlwerkes Metalurg während des Zweiten Weltkrieges auf Anordnung Stalins hinter dem Ural entstanden. Mehr als 350.000 Einwohner wohnten in mehrstöckigen Plattenbauten in Wohnungen mit Fernheizungen an geraden, breiten, kahlen Straßen, die mit feinem Sand und Schnee bedeckt waren. Die Abwärme des Kraftwerkes heizte alle Wohnungen der Plattenbauten, die Temperatur in den Wohnungen konnte nur durch Öffnen oder Schließen der Fenster geregelt werden. Neben dieser neuen Stadt, eigentlich einem Alptraum aus tristem Beton, lag eine alte, hübsche russische Kleinstadt mit Holzhäusern, Vorgärten, Büschen und Bäumen. Aktjubinsk besaß so etwas wie eine Technische Hochschule, den Kulturpalast Metalurg, einen Sportpalast Metalurg – alles in dieser Stadt „war" Metalurg. Nur der Flughafen nicht. Auf dessen Rollfeld standen mindestens 20 MIG-Jäger aufgereiht nebeneinander.

Die Begrüßung fand im Kulturpalast mit großen Reden auf Russisch statt, die, wenn ich mich richtig erinnere, sogar ins Deutsche übersetzt wurden, wohl auch deshalb, weil der damals größte Rohstoffhändler Europas, ein Schweizer Unternehmen, mit mehreren Herren an der Feier teilnahm. Im Anschluss war für interessierte Gäste eine Besichtigung des Elektrostahlwerkes vorgesehen, in dem Ferrolegierungen, insbesondere Ferrochrom und Ferromangan, im Elektrodenschmelzverfahren mit entsprechend hohem Energieaufwand erzeugt wurden. Metalurg war seinerzeit einer der weltweit führenden Hersteller von Ferrochrom und Ferromangan, das als Zuschlagsstoff für legierte Stähle eingesetzt wird. Die Besichtigung begann für den Veranstalter mit einer etwas peinlichen Überraschung, denn vor dem Werkstor hatte sich eine große Menschenmenge gebildet, die lautstark ihren seit Wochen ausstehenden Lohn verlangten.

Gerbersgagen fuhr im Anschluss an die Besichtigung mit Klüver und mir zur Kalksandsteinfabrik. Da der Sandabbau wegen der niedrigen Außentemperaturen eingestellt war, standen alle Maschinen in der kalten Halle still. Im höhergelegenen Büro füllten einige Frauen emsig Listen mit Zahlenkolonnen aus, als sie uns kommen sahen. Bei Brot, Wurst, Wodka und Wasser wurde das Programm für den nächsten Tag besprochen; Gerbersgagen lud uns für den folgenden Abend zu einem Essen in seine Wohnung ein.

Nach einer unruhigen Nacht wurden wir von Gerbersgagen etwas verspätet abgeholt, weil er auf dem Wege zu uns Wodka kaufen wollte, den es in großen Flaschen nicht mehr gab und er Halbliterflaschen an einer weiter entfernten Stelle besorgen musste. Nachts hatte es einen Wetterumschwung gegeben, die Temperaturen waren von eisigen Minustemperaturen schlagartig bis fast auf den Gefrierpunkt gestiegen; die gefrorenen Straßen mit ihren festgefahrenen Schneedecken waren noch gut befahrbar – aber daneben, wo die Warmwasserleitungen für die Fernheizungen mit nur wenig Erde überdeckt verliefen, konnte man sehen, wie sich alles in Matsch verwandelte. Gefährlich wurde es an Kreuzungen, an denen die mäßig isolierten Leitungen als Pipelines auf Traversen über die Straße geführt waren, denn dort fielen meterlange dicke Eiszapfen, die sich durch den harten Frost und das anschließende Auftauen an den zahlreichen Leckagen gebildet hatten, ohne Vorwarnung ab.

Vor einer solchen, brückenartigen Pipeline-Überquerung standen nun zwei Polizisten und hielten uns an. Gemäß einer neuen Verordnung erhielten Dienstwagen nur dann ein Nummernschild, wenn der Fahrer sich an der Kfz-Steuer oder der Versicherung beteiligt oder sie gezahlt hatte. Gerbersgagen sah das nicht ein und fuhr ohne Kennzeichen. Er schickte seinen Fahrer zu den Polizisten heraus, um die Angelegenheit zu klären. Die verhandelten mit dem Fahrer, notierten wohl nur den Namen, ließen den Wagen aber nicht passieren. Daraufhin stieg Gerbersgagen aus, beschimpfte lautstark die Polizisten, setzte sich wieder in den Wolga, klopfte sich mit der Faust auf die Brust und sagte: „Iche Bossa", was heißen sollte: „Ich bin der Boss!" Seinem Fahrer befahl er, ihn nach Hause zu fahren, damit er telefonieren und bei seiner Frau den Sack mit kleinen Wodkaflaschen abliefern könne.

Wir erschienen am folgenden Abend mit einem kleinen Geschenk zum Abendessen bei Gerbersgagen. Er residierte in einer verhältnismäßig großen Plattenbauwohnung. Wir begrüßten seine Gemahlin, die Tochter und den Sohn sowie die bereits anwesenden und die kurz nach uns eintreffenden Gäste, insgesamt etwa zwölf Personen. Am Kopf des Tisches saß wer? Niemand anderes als der Polizeipräsident von Aktjubinsk neben anderen hochrangigen Amtsinhabern in Partei und Kommune. Von Frau und Tochter wurde reichlich Essen aufgetragen, Hausherr und Sohn schenkten nicht weniger reichlich Wodka sowie Wasser aus. Die Männer nötigten uns, die Gläser auf ex zu leeren, und das war jeweils rund 100 cm³ auf einen Schluck. Danach begannen die Toasts und Reden, was hier – wie andernorts auch – von allen Ostblockfunktionären souverän beherrscht wurde. Auch „Geinrich" und mir gelang das relativ gut, weil nach jedem Satz zunächst der Dolmetscher übersetzte, und man sich dabei gut auf den nächsten Satz konzentrieren konnte. Ich war erstaunt, wieviel Wodka ich vertrug; auf mich wirkte er, jeweils zusammen mit einem kräftigen Schluck Wasser, so belebend wie Sekt. Der junge Dolmetscher, der seinen „Bossa" bereits in Beckum begleitet hatte, war bei den wenigen Besprechungen in Aktjubinsk immer anwesend. Dabei ging es ausschließlich um den Beginn und die Dauer der Inbetriebnahme der beiden Pressen und die Bezahlung der Dienstleistung.

Gerbersgagen begleitete uns zum Flughafen und ließ uns auf der Fahrt dorthin beiläufig wissen, dass er mit dem Wolga nicht länger fahren wolle. Einen Mercedes könne er als Geschenk von uns doch wohl verlangen; wir sollten uns das doch bitte gründlich überlegen. Nur gut, dass er nicht direkt eine Entscheidung verlangte – absagen konnten wir ja immer noch.

Vor dem Flughafen erwartete uns wieder ein ähnliches Bild wie in Moskau – das reinste Chaos. Im Flughafengebäude standen die Menschen in Trauben zusammen und diskutierten heftig. Das Wetter hatte bereits seit zwei Tagen jeglichen Flugverkehr verhindert. Nun ging es darum, auf die Warteliste des ersten Fluges nach Moskau zu gelangen und zu entscheiden, ob wir das Gepäck aufgeben oder gleich per Bahn nach Moskau fahren sollten, eine Situation, wie sie heute ähnlich auch in Deutschland vorkommt, die sich jedoch in der UdSSR während der Perestroika Gorbatschows mit unseren Verhältnissen schwerlich vergleichen lässt. Mit dem Zug zu fahren, hielt selbst unser Gastgeber für zu gefährlich: wir würden ganz unweigerlich ausgeraubt werden. Gepäck aufgeben konnten wir auch am nächsten Tag, das Wetter hatte sich nicht verbessert und so fuhren wir zurück und verabredeten uns für einen neuen Versuch in aller Frühe am nächsten Morgen. Am Ende sollten wir drei volle Tage verlieren, aber das wussten wir da noch nicht.

Im Flughafen hatte sich an diesem besagten Morgen die Anzahl der Passagiere weiter erhöht. Da wir immer noch auf den ersten Plätzen der Warteliste standen, gaben wir unser Gepäck auf und beschlossen, auch die Nacht auf dem Flughafen zu verbringen, zumal es Gerbersgagen gelungen war, uns zwei Plätze in der verschlossenen Intourist-Lounge zu sichern. Einer von uns blieb bis zum Anbruch der Nacht in der Lounge, während der andere außerhalb die Lage beobachteten konnte. Die verschlimmerte sich durch den Zustrom weiterer Passagiere ständig, es kam starker Sturm auf, so dass die großen Scheiben und die Fassadenverkleidung anfingen zu klappern. Gegen Abend gab es keinen freien Sitzplatz mehr. Die Lounge war fast ausschließlich von Passagieren aus der DDR belegt, mit denen ein fünfmaliges Klopfen an der Tür für deren Öffnung verabredet wurde. Schlafen konnte man je zu zweit auf ausziehbaren Klappsofas Marke DDR, Zudecken gab es keine außer dem eigenen Mantel. Die Beschreibung des Zustands der Toilette innerhalb der Lounge erspare ich mir. Wir übernachteten zwei Mal unter diesen Bedingungen. Bei meinen „Freigängen" außerhalb der Lounge beobachtete ich zwei Gruppen junger Männer in Ledermänteln, begleitet von jungen Frauen in langen Nerzmänteln, die auf engstem Raum einen heftigen Streit ausfochten, bis einer plötzlich eine Pistole zog und einen Schuss nach oben in die Decke abgab. Die anwesende Polizei näherte sich schnell und versuchte, den Streit zu schlichten, ohne den Schützen zu verhaften oder die Pistole sicherzustellen, was ich aber möglicherweise aus der Entfernung nicht wahrgenommen habe. Vergessen habe ich auch nicht den traurigen Anblick betrunkener Jungen im Alter von etwa zwölf Jahren, die bei Dunkelheit um Einlass in den Flughafen bettelten, um im Trockenen übernachten zu können. Sie schafften es bei ihren zweiten Versuch, als die Polizei anderswo beschäftigt war.

Nach drei Tag Wartens konnten wir schließlich unseren Rückflug trotz wieder sinkender Temperaturen und Schneefalls antreten. Wir bestiegen als eine der ersten Passagiergruppen noch vor 12 Uhr die aus Almaty kommende Maschine nach Moskau.

Das Ende meiner kasachischen Geschichte ist schnell erzählt. Die Inbetriebnahme der Pressen erfolgte im Sommer 1988 ohne Schwierigkeiten, Gerbersgagen behielt die Zahlung unserer Forderung als Druckmittel jedoch ein, bis der Mercedes zugesagt war. Ich konnte ohne sein Wissen die Zahlung für die Inbetriebnahme der Pressen mit dem Schweizer Rohstoffhändler ausgleichen, der seinerseits die Summe mit den Lieferungen von Metalurg verrechnete. 1989 wurde Gerbersgagen dem Vernehmen nach in Aktjubinsk erschossen.

Unsere Recherchen in Estland ergaben, dass im Verlaufe von Perestroika und Glasnost die gesamte Führungsmannschaft in Tallinn ausgetauscht worden war. Wir hatten indes wichtigeres zu tun, als dubiosen Projekten in Ländern mit ungeklärten politischen Verhältnissen nachzujagen. Vordringlich waren die Weiterentwicklung von ETAS in technischer und kaufmännischer Hinsicht mit einer möglichst guten Verrechnung der Gemeinkosten zur Optimierung von Erlös und Gewinn für die Kategorien Eigenkonstruktionen und Fremdkonstruktionen, Erstgeschäft, laufendes Geschäft, und TG-Geschäft – Dinge, die nur Controller beziehungsweise Betriebswirte interessiert.

Für die Bausteintechnik musste eine Strategie erarbeitet werden. Das war leichter gesagt als getan, insbesondere, weil die Gefahr bestand, dass die Mitarbeiter bei der Erstellung der Strategie den Ast, auf dem sie – bildlich gesprochen – saßen, selbst leicht absägen konnten.

Im Ofenbau gab es einen talentierten jungen Ingenieur namens Jungemann, den ich mir gut als meinen Nachfolger vorstellen konnte. Wir einigten uns darauf, dass er zunächst als Mitarbeiter in der Abteilung 773 eingestellt werden sollte. Als er dort gut eingearbeitet war, beauftragte ihn der Vorstand auch auf meine Anregung hin, eine Untersuchung bei allen Altkunden der Bremer Bausteintechnik durchzuführen. Unser erster Strategieentwurf, gedacht als Basis für eine erfolgreiche Geschäftsentwicklung, war vom Vorstand abgelehnt worden. Mit der Übernahme des Geschäftszweiges nach Beckum war zudem viel Vertrauen verlorengegangen. Die Eigentümer der Kalksandsteinwerke waren gewohnt, mit der Geschäftsleitung zu verhandeln, was bei der Größe von Polysius und einem Vorstand mit Ressortaufteilung schlecht möglich war. Außerdem war die bekannte Bremer Mannschaft so stark geschrumpft, dass die Kundenberatung nur eingeschränkt und nicht in gewohnter Weise geleistet werden konnte. Die Aufgabe von Herrn Jungemann bestand also darin, festzustellen, mit welchen Maßnahmen Polysius die alten Kunden wiedergewinnen konnte. Seine Ergebnisse wurden in die neue Produktstrategie übernommen und dem Vorstand vorgelegt. Die Topics der neuen Strategie waren: Entwicklung einer Jumbopesse für große Steinformate, dazu die Verbindung der nach Art von Einzelkämpfern agierenden Mitarbeitern zu einer verlässlichen Mannschaft, insbesondere für die Geschäftsfelder Pressensteuerungen und Montage. Daraus leiteten sich folgende harte Fragen ab: Wie lange dauert die Entwicklung eines „Jumbos", was kostet sie, kann die Zeit bis zur Einführung ohne große Verluste überbrückt werden? Und wenn ja, wie wahrscheinlich kann dann ein Erfolg bei unveränderter Konkurrenz am Markt sein? Wir standen vor einer Aufgabe, die uns komplett überforderte.

So konnte die Lösung fast nur das Gegenteil von dem sein, was eigentlich gefordert worden war. Dies bedeutete: wir entwickelten keine Jumbopresse, stockten das Personal nicht auf, informieren unsere Kunden aber keinesfalls über unsere auslaufenden Aktivitäten, sondern suchten parallel nach Alternativen zum besten Ausstieg für die Mitarbeiter und das Unternehmen.

Das Ende der Bausteintechnik

Über welchen der vielen Kanäle ich erfahren habe, dass der Sohn von August Henke nun doch die Nachfolge seines Vaters antreten wollte und dazu das Geschäft sogar erweitern wollte? Ich weiß es nicht mehr. Möglicherweise war es der VDMA, der Verein Deutscher Maschinenbau-Anstalten, dessen Mitglied auch Henke war. Hier jedenfalls ergab sich eine Lösungsmöglchkeit! Voraussetzungen, unser Geschäft an Henke zu verkaufen, waren insofern nicht schlecht, als der Senior August Henke davon überzeugt war, mit seiner Technik und seinen Ingenieuren auch großformatige Kalksandsteine herstellen zu können, was er offensichtlich bereits insgeheim betrieb. Wir wurden uns bald handelseinig und verkauften die gesamte Bausteintechnik, also alle technischen Dokumente, Fertigfabrikate, alle Ersatzteile, Modelle, Kundenlisten und alle weitere Unterlagen zu einem Festpreis in einstelliger Millionenhöhe. Der Vertrag sah wie übliche eine Anzahlung, Lieferraten Zug um Zug sowie eine Schlusszahlung vor. Die Verhandlungen fanden in Beckum und auch in Porta Westfalica unter Geheimhaltung statt. Dabei ist mir gut erinnerlich, dass es mir nicht gelang, eine höcht interessante Neuentwicklung anzusehen: es handelte sich um eine Rüttelpresse für Großformate, die in einer gesonderten Halle stand. Den Zutritt verweigerte mir August Henke zweimal persönlich.

Nach unserer letzten Auslieferung begann Henke finanziell zu wackeln. Wir erzwangen die letzte Zahlung gegen die Lieferung vom gerade eingesetzten Konkursverwalter und zogen die Bankgarantie auf Anraten unserer Juristen an einem 15. Dezember im Jahre 1991 oder 1992. Der Konkurrenzkampf war inzwischen so stark, dass bald nach dem Fall Henke auch der Hauptkonkurrent aus Dorsten in Konkurs ging. Ein wichtiger Grund dieses Verschwindens war die zu hohe Wärmeleitfähigkeit des Kalksandsteines, die auch den Steinherstellern große Absatzschwierigkeiten bereitete. Als neue Wärmeverordnungen für die Bauwirtschaft die zweischalige Bauweise für alle Bausteine erzwang, ging es der Kalksandsteinindustrie wieder besser – Pressenlieferanten gab es jedoch keine mehr.

Dr. Cromme kommt

Mein Ausflug mit der Abteilung 773 hat mich über das nicht erwähnte Großereignis der deutschen Wiedervereinigung hinweggehen lassen, auf das ich im nächsten Kapitel über Jugenheim und die Familie eingehen werde. Bei Krupp und auch seiner kleinen Tochter Polysius im Münsterland begann ein neuer Wind zu wehen, und der hieß Dr. Cromme.

Cromme wechselte 1986 von den Vereinigten Glaswerken GmbH, einem Unternehmen der französischen Saint-Gobain, zur Krupp Stahl AG, wo er durch die Schließung des Stahlwerkes Duisburg-Rheinhausen gegen den erbitterten Widerstand der Stahlarbeiter Ende 1987 bekannt wurde. Später, als Vorsitzender des Vorstandes der Fried. Krupp AG, betrieb er 1992 die feindliche Übernahme des Dortmunder Konkurrenten Hoesch AG. Ihm ging der Ruf eines kühlen Rechners voraus.

Cromme hatte sich vorgenommen, alle Konzernunternehmen mit ihren leitenden Angestellten persönlich kennenzulernen. Er wollte sich nicht, wie üblich, von deren Geschäftsleitungen beziehungsweise Vorständen, sondern von den leitenden Angestellten der Unternehmen selbst berichten lassen. Das war eine sonst bisher nirgends praktizierte Methode. So kam es, dass er mit seinem Vorstandskollegen Neipp und einem Protokollführer im Jahre 1992 auch uns in Beckum besuchte.

Wir saßen in U-Form im Großen Konferenzzimmer in der Vorstandsetage, jeder mit seinem Namensschild vor sich, das Trio Cromme vor Kopf, an einem Schenkel des U unser Vorstand und wir, jeweils gegenüber. Unser Vorstand stellte uns mit unserem Arbeitsgebiet der Reihe nach vor. Noch bevor das geschah, guckte Cromme in die Runde und meinte lässig sinngemäß, ganz schön betagt die meisten in der Runde hier. Dann kam jeder persönlich zu Wort, ein guter Dialog, in den sich auch Herr Neipp mit Fragen einschaltete. Cromme interessierte sich nicht sonderlich für unsere Technik, die aber unser Vorstand am Ende der Runde nochmals ins Gespräch bringen wollte, allerdings mit wenig Erfolg. Unserem damaligen Vorsitzenden, Herrn Allers, empfahl er, sich zu überlegen, ob es nicht besser wäre, die Verantwortung für unsere TGs einem der Vorstände zu übertragen.

Bevor es zum kalten Buffet ging, zog Cromme sein Fazit. Er wolle uns alle drei Monate in gleicher Runde wiedersehen und dann wolle er anhand von Charts die Entwicklung des Geschäfts im Einzelnen erläutert bekommen. Damit konnten die meisten Techniker gut leben, nicht aber ich, und so ging es auch dem Einkauf und dem Vertrieb. Einer meiner Kollegen meinte zu den dreimonatlichen Besuchen, dass das bei der Vielzahl der Unternehmen im Konzern kaum zu schaffen sei. „Lassen Sie das meine Sorge sein, ich werde in drei Monaten wieder hier sein", war Crommes Antwort. Und so geschah es auch. Unser nächstes internes Meeting wurde relativ zeitig einberufen, damit von den übernommenen Aufgaben nichts vergessen wurde. Während eines weiteren Treffens wurden die Aufgaben präsentiert verbessert und ein paar Tage vor dem Besuch Crommes eine regelrechte Generalprobe abgehalten. Man konnte den Eindruck gewinnnen, dass volle zehn Tage vor dem mit Spannung erwarteten Cromme-Besuch die ganze Firma nur noch für dieses Ereignis arbeitete.

Wir saßen in gleicher Reihenfolge, ich ziemlich vorne links, mit meinen spezifischen Problemen bestens vertraut. 770 hatte nicht nur ein erfolgreiches Jahr hinter sich, sondern die Charts zeigten eine ziemlich stetig steigende Tendenz mehrerer Jahre, für eine derartige Präsentation nicht gerade vorteilhaft, wie die Erfahrung lehrt. Der letzte Erlös lag bei rund 85 Millionen D-Mark, und Cromme würde mehr wollen – das war klar. Ich musste mehrfach – auf Fragen nach „wieso" und „warum" – vorher bereits gezeigte Folien nochmals auflegen. Cromme und auch Neipp meinten dann auch wie vermutet, da müsse noch viel mehr herauszuholen sein; 100 Millionen D-Mark per annum sollten als Ziel festgeschrieben werden. Ich habe dem Ziel mit vielen guten Argumenten sofort energisch widersprochen, denn mir war bewusst, dass bei Nichterreichen eine so lästige wie peinliche Diskussion folgen musste; dennoch war ich nun als „100-Millionen-Schwebel" abgestempelt.

Schlechter noch traf es unseren Vertriebsleiter Europa. Wir hatten gerade ein neues Mahlsystem, eine sogenannte Gutbettwalzenmühle Polycom, nach einer Lizenz eines Professsors der TU Clausthal weiterentwickelt und in Europa mit fast jeder verkauften Mühle ein negatives Ergebnis eingefahren, was sich kaum vermeiden ließ, wollte man über einige Referenzanlagen verfügen. Das wollte Cromme nicht verstehen und meinte, wir sollten die Verluste der Konkurrenz überlassen und andere Produkte verkaufen. Es schloss sich eine längere Diskussion mit Technikern und Vorstand an. Das Ergebnis war, dass wir den engagierten

Vertriebsleiter für die nächsten Besuche aus der Schusslinie nahmen, denn wir wollten weder das vielversprechende Mahlsystem aufgeben noch den bewährten Vertriebsleiter verlieren. Reihum ging es nun zum Vorstand. Herr Allers wurde gefragt, was er sich denn hinsichtlich des Vorstandsmitglieds für Tochtergesellschaften ausgedacht hätte. Seine Antwort war, dass sich die bisherige Verantwortung für die Tochtergesellschaften durch den Gesamtvorstand wegen der Vielschichtigkeit der Aufgaben gut bewährt hätte und dass man deshalb dabei bleiben wolle. „Das werden wir ändern müssen", meinte dagegen Dr. Cromme. In der nächsten oder der darauffolgenden Crommesitzung saß ein neuer Vorstand mit am Tisch.

Der Neue kam aus der Rüstungsindustrie und hatte ein kurzes Intermezzo bei der MAK, dem bekannten U-Boot-Bauer in Kiel, als Mitglied der Geschäftsleitung absolviert. Er hieß Werner und führte sich durch einige druckreife Geschichten ein.

Kaum in Beckum eingetroffen, musste für den Neuen ein besonders ausgestatteter BMW schnellstens beschafft werden. Der Wagen wurde, kaum geliefert, in einem der vielen Parkhäuser des Flughafens Düsseldorf abgestellt, und auf ging es in die weite Welt zur Tochter Poldrid in Madrid, nach Südafrika zu Poljob in Johannesburg und schnell zurück nach Beckum. Doch inzwischen war der Spezial-BMW in Düsseldorf aus dem Parkhaus gestohlen worden. Ein gleiches Exemplar musste eiligst bestellt werden. Die Geschichte machte bereits ihre Runde im Hause, als ein Polysianer nach seiner Rückreise zufällig den als gestohlen gemeldeten Wagen des neuen Vorstandes im Parkhaus ganz in der Nähe seines eigenen abgestellten PKW entdeckte – woraufhin die neue Bestellung rückgängig gemacht wurde. Viel schlimmer war es da, dass der zentrale Sitz von Poldrid zugunsten eines großzügigen Neubaus in der Nähe von Madrid mit viel Mühe rückgängig gemacht werden musste.

Albanien benötige dringend eine Zementfabrik. Alle Appelle, dass dafür zunächst eine geeignete Rohstoffbasis sichergestellt werden müsste, waren zunächst von untergeordneter Bedeutung. Wichtiger war ein Treffen mit dem albanischen Industrieminister, was unser neuer Vorstand schnell vereinbart hatte. Mit von der Partie waren der Leiter des Ofenbaues, der mir die Geschichte hinterher erzählt hat, und ein weiterer Kollege. Die Mannschaft war gerade auf dem Hauptplatz in Tirana angekommen, als der neue Staatspräsident Sali Berisha in seiner Staatskarosse vorbeifuhr und auf das Winkzeichen unseres Vorstands anhalten ließ, ausstieg und einige höfliche Worte in Englisch mit unserem Vorstand austauschte. Unsere Männer waren überrascht! Ein Angebot über eine komplette 2.000-tato-Anlage wurde in Tirana versprochen und musste ausgearbeitet werden. Es sollte auch ein möglichst hochpreisiges Ersatzteilangebot für den zweijährigen Betrieb von anfänglich 40 Millionen D-Mark beinhalten, das entsprach ja auch den Wünschen von Dr. Cromme. Wie der Leser weiß, setzt ein derartiges Angebot für alle Fremdkonstruktionen eine Spezifikation voraus – die es ja für das Hauptangebot im Falle Albanien nicht gab. Als ich den Befehl vom Vorstand meinen Mitarbeitern klar machen wollte, blickte ich in ungläubig lächelnde Gesichter, insbesondere bei den Technikern der Abteilung 772. Dennoch steuerten wir meines Wissens nach letztlich ein spezifiziertes Angebot mit einer Summe von 35 Millionen zum Gesamtangebot bei.

Während in Beckum viele teure Ingenieurstunden in den Albanienversuch flossen, ging unser TG-Vorstand Werner seiner eigentlichen Aufgabe nach, und flog zu den Tochtergesellschaften nach USA, Mexiko, Brasilien und an weitere Orte. Er versuchte dort, seine Auffassung von Organisation zumindest zu erläutern – was jedoch durch Besuche von Herrn Allers selbst oder seinen Beauftragten teilweise wieder berichtigt werden musste. TG-Vorstand Werner scheiterte schließlich am Zementprojekt Albanien, weil er die finanziellen Sicherheitsvoraussetzungen von Polysius bei seinen Freunden in Albanien nicht durchsetzen konnte, und wohl hauptsächlich wegen seines unorthodoxen Auftretens bei den Tochtergesellschaften, was ich nicht zu beurteilen vermag. Der Fairness halber muss gesagt werden, dass Allers Dr. Cromme von seiner Fehlbesetzung sehr bald überzeugt hatte. Ein neuer TG- Vorstand wurde nicht installiert.

Die Cromme-Besprechungen wurden planmäßig weitergeführt und erst beendet, als er Schwächen und Stärken des Unternehmens einschätzen konnte. Behalten habe ich seine Warnung, ausgesprochen in einer der letzten Sitzungen, dass Unternehmen, die ihre Verluste nicht nach wenigen Jahren ausgleichen können, von ihm auf die Transferliste gesetzt würden. Er würde im Falle des Falles seinen Worten Taten folgen lassen – davon war ich absolut überzeugt.

So bleibt nur zu erwähnen, dass eine Holdinggesellschaft der Engineering Unternehmen mit Sitz in Essen gegründet wurde – mit dem geschätzten Tyark Allers als Chef. Unser neuer Vorstandsvorsitzender wurde Jürgen Bauer, vorher Vertriebsleiter Übersee.

Neuordnung der Lebenswelten

Meine Mutter verstarb im September 1973. Mein Vater war zu diesem Zeitpunkt 76 Jahre alt und noch sehr rüstig. Er hatte aber bereits vor seinem Ruhestand, den er Ende 1962 erreichte, an Durchblutungsstörungen in beiden Beinen – so etwas nannte man damals Raucherbeine oder Schaufensterkrankheit – gelitten. Ohne immer wieder stehenbleiben zu müssen konnte er keine langen Spaziergänge mehr machen. Durch die Behandlung des bekannten Angiologen Prof. Ratschow aus Darmstadt waren seine Beschwerden innerhalb kurzer Zeit aber so weit zurückgegangen, dass er keine Schmerzen mehr empfand und unbeschwert große Strecken zu Fuß gehen konnte. Die Hauptursache seiner Gefäßverengung war der hohe Nikotinkonsum seit seiner Jugend. Ein tägliches Gefäßtraining der Beine und der völlige Verzicht zu rauchen hatten die akute Erkrankung zu einer Schwäche schrumpfen lassen. Die Einstellung des Rauchens ist meinem Vater indes sehr schwer gefallen – nicht die verordnete Beingymnastik.

Als mein Vater uns über die Weihnachtsfeiertage 1974 in Vorhelm besuchte, verrichtete er morgens und nach dem kurzen Mittagschlaf seine Gymnastik, was unseren beiden neugierigen Kindern keinesfalls verborgen blieb. Am Silvesterabend waren wir dann zusammen mit meinem Vater bei Truelsens zu einer Party mit etwa acht Paaren eingeladen. Ab 22 Uhr wurde getanzt. Bis zum Morgen, es mochte gegen 2 Uhr sein, hatte mein – durchaus nach wie vor eitler – alter Herr kaum einen Tanz ausgelassen, was unsere Freunde sehr bewunderten.

Der Vater war in Darmstadt einem Club ehemaliger Berliner beigetreten; er suchte offensichtlich Abwechslung, vielleicht auch eine Bekanntschaft. Bei gelegentlichen Besuchen in Jugenheim fiel mir auf, dass sein Alkoholkonsum beträchtlich war. Er hatte eine Möglichkeit aufgetan, wie er bei den Amerikanern billig Gin in Literflaschen erwerben konnte. Daraus mixte er mit Fruchtsäften wohlschmeckende Cocktails, im fortgeschrittenen Alter und alleine, eine ziemlich gefährliche Angelegenheit. Ich hatte außerdem das Gefühl, dass er sich etwas vernachlässigte. Seine Durchblutungsstörungen hatten auch wieder so zugenommen, dass er sich einer klinischen Behandlung in der Angiologischen Klinik in Darmstadt unterziehen musste. Behandelt wurde er dort von einem ungarischen Arzt, der ihm empfahl, nach seiner Entlassung eine sogenannte Frischzellentherapie zur Wiedererlangung seiner Vitalität durchzuführen. Die Kosten dieser modischen und umstrittenen Therapie wurden von der Krankenkasse jedoch nicht vergütet. Der Arzt besuchte meinen Vater zu Hause und vereinbarte mit ihm, sich eines der Ölgemälde meines Vaters als Honorar für seine Behandlung in Jugenheim aussuchen zu dürfen. Der Behandlungsbeginn und die Dauer wurden festgelegt und das Ölgemälde übergeben. Als der Arzt zur verabredeten Zeit nicht erschien, rief mein Vater das Krankenhaus an und erfuhr, dass man den ungarischen Arzt wegen einiger Unregelmäßigkeiten im Dienst fristlos gekündigt habe und über seinen Verbleib keine Auskunft geben könne. Bei unseren wöchentlichen Telefonaten hatte mein Vater uns von seinem Vorhaben berichtet. Von seinem Wunsch konnten und wollten wir ihn damals nicht abhalten – warum auch?

Eine ganz dumme Geschichte wurde ihm kurze Zeit danach zum Verhängnis. Ein Fußnagel war eingewachsen und hatte den großen Zeh entzündet. Der Nagel sollte gezogen werden und das geschah im Krankenhaus in Jugenheim durch eine Assistenzärztin. Die Wunde wollte und wollte nicht heilen und mein Vater litt unter großen Schmerzen. Noch vor seinem Aufenthalt in der Angiologischen Klinik in Darmstadt hatte er eine nette Dame kennengelernt, die ihn zu Hause versorgte. Sie konnte meinen Vater natürlich nicht von seinen starken Schmerzen befreien, zog aber genau wie er keinen Arzt zu Rate, weil offensichtlich weder mein Vater noch sie die Gefährlichkeit der Situation überblickten. Als er bei einem unserer Telefonate über zunehmend starke Schmerzen an der offenen Wunde klagte, fuhr ich eines Sonntags kurzentschlossen nach Jugenheim. Es war leider viel zu spät, fast der gesamte Fuß war bereits schwarz, nur noch eine Amputation des Beines oberhalb des Knies konnte helfen. Kaum vorstellbar, was das für ihn bedeutet haben mag. Der Stumpf verheilte indessen gut, eine Prothese wurde angefertigt und angepasst; mein Vater wurde nach Hause entlassen. Wir schrieben das Jahr 1975 und er war 78 Jahre alt.

Sehr tapfer war mein Vater; er hatte sich vorgenommen, mit seiner Prothese gut laufen zu lernen. Während des Sommers trainierte er täglich mit Prothese auf unserem etwa 80 Meter langen Weingang, bis ihm der Schweiß die Stirn herunter lief. Sehr beschwerlich war für ihn das morgendliche Anziehen der Prothese, weil durch die Schrumpfung seines Stumpfes der obere Schaft der Prothese in kurzen Abständen geändert werden musste. Unerträglich waren jedoch seine Phantomschmerzen, die er mit dem Opioid Valoron, einem starken Schmerzmittel bekämpfte. Die Wirkung des Mittels nahm naturgemäß mit der Dauer der Einnahme ab, woraufhin mein Vater die Dosis erhöhte und sich in der Folge mit seiner Ärztin überwarf.

Seinen achtzigsten Geburtstag am 13. Dezember 1977 feierten wir im engsten Familienkreis in Jugenheim im Gasthaus Tannenberg, damals einem Wild- und Schneckenrestaurant. Er war den ganzen Tag bei guter Laune, nickte jedoch nach zwei Gläsern Rotwein bei der Nachspeise ein.

Als er uns im Spätherbst 1978 in Enniger besuchte und wir abends vor dem offenen Kamin saßen, wurde er sehr traurig. Er hatte mich recht unvermittelt direkt gefragt, ob ich denn wohl mein gesamtes Leben mit Familie in Enniger verbringen wolle und nicht im Alter nach Jugenheim übersiedeln wolle, worauf ich genauso direkt antwortete, ich wolle in Enniger bleiben. Er hatte erlebt, dass es sich in unserem neuen Haus vortrefflich leben ließ und wir uns in Westfalen und im Kreise unserer Freunde sehr wohl fühlten und eine neue Heimat gefunden hatten. Mit unseren Freunden hatte er selbst, als er noch vier Jahre jünger war, Silvester gefeiert und nun saß er im Rollstuhl und sein Leben neigte sich dem Ende zu. Er hatte Jugenheim der Familie durch all die schweren Jahren erhalten. Warum? In wenigen Tagen würde er wieder alleine sein mit einer zwar ungebildeten, aber zuverlässigen und freundlichen alten Ostpreußin, die ihn versorgte. Die zuvor erwähnte nette Dame hatte ihn nach seiner Amputation verlassen, was er mit Bedauern akzeptieren musste. All diese Gedanken haben ihn abends vor dem offenen Kamin wohl bewegt und so traurig werden lassen. Ich habe oft bereut, dass ich seinerzeit so hartherzig reagiert hatte.

Unser Haus in Jugenheim lag zwar nicht am Berg, wie viele Villen an der Bergstraße, dennoch waren einige Treppenstufen von der Haustür oder vom Wintergarten aus bis ins Erdgeschoß zu überwinden, und weil es zur damaligen Zeit leider noch keine Treppenaufzüge gab, konnte er ohne zusätzliche fremde Hilfe die Wohnung nicht verlassen. Die von mir selbst gebaute Rampe am Wintergarten war so steil, dass die Ostpreußin, Frau Rattay, die Rampe alleine auch nicht nutzen konnte. Trotz meiner vielen Auslandsreisen haben Heidi und ich ihn mit den Kindern oft besucht und mindestens einmal pro Woche miteinander ausführlich telefoniert. Bei einem dieser Telefonate fiel der unvergessliche Ausspruch der Ostpreußin: „Der Vater mechte heiraten" – eine sehr sonderbare Geschichte. Auf meine ungläubige Nachfrage hin sagte Frau Rattay, mein Vater habe der jungen Frau bereits einen Ring angesteckt. Ich rief meine Schwester Aleit an, die genauso entsetzt war wie ich. War da eine neue Erbin aufgetaucht, die gerade ein paar Jahre älter war als unsere Kinder? Nicht auszudenken! Unangemeldet kam ich in Jugenheim an, wo mir von den beiden folgende glaubhafte Geschichte erzählt wurde.

Der Sohn von Frau Rattay hatte sich eine Thailänderin zur Frau erwählt, was Ende der siebziger Jahre nichts besonders Außergewöhnliches war. Die wollte aus wirtschaftlichen Gründen ihre jüngere Schwester in die Bundesrepublik nachkommen lassen, was nach den geltenden Einwanderungsbestimmungen nur für kurze Zeit mit einem Urlaubsvisum möglich war. Eine relativ einfache Methode für einen dauerhaften Aufenthalt war die Verehelichung mit einem bundesdeutschen Staatsbürger. Ob, und wie lange eine Scheidung dauern würde und welche Konsequenzen eingetreten wären, wenn mein schon sehr gebrechlicher Vater vorher verstorben wäre, brauche ich nicht erörtern, denn, siehe da, mein Vater selbst war gegen diese Idee, die vom Sohn von Frau Rattay ausgeheckt worden war, wie sich bald darauf herausstellte.

Die Schreckensbotschaften aus Jugenheim häuften sich. Kurz nach Dirks Konfirmation erhielt ich nachts einen Anruf von Frau Rattay mit der Nachricht, dass ich schnell kommen solle, denn, wie sie mit ostpreußischem Akzent mitteilte, „der Vater mechte sterben". In aller Frühe fuhr ich von Enniger nach Jugenheim, wo ich von meinem überraschten Vater gefragt wurde: „Was willst Du denn hier?" Ich hatte nicht den Eindruck, dass er verwirrt war und fuhr dennoch betroffen gegen Mittag wieder nach Hause. Er litt inzwischen an Alterszucker, las wegen einer dadurch eingetretenen Sehschwäche auf einem Auge keine Zeitung mehr und wirke danach am Telefon recht apathisch. Kurz vor unserem

Sommerurlaub wurde er ins Krankenhaus Jugenheim eingeliefert. Bevor wir uns auf den Weg machten, erkundigten
wir uns im Krankenhaus, ob akute Lebensgefahr bestand.
Weil das verneint wurde, beschlossen wir, den Urlaub nicht
abzusagen und ihn auf unserem Wege zum Surfen im Parco
St. Marco am Luganer See im Krankenhaus zu besuchen.

Es war heißer Sommer, die Ärzte hatten das Valoron
komplett abgesetzt, wodurch er stark unter Entzugserschei-
nungen litt. Ich ahnte, dass die Lage leicht auch dramatisch
werden könnte, und hinterließ sicherheitshalber unsere Ur-
laubsanschrift. Und ich sollte leider Recht behalten.

Mein Vater verstarb am 29. Juli 1982, ganz alleine im
Krankenhaus in Jugenheim, ohne dass wir schnell genug bei
ihm sein konnten, um ihn noch einmal zu sehen. Das war
ein großer Schmerz, aus mancherlei Gründen.

Herausforderungen nach dem Tod des Vaters

Nach dem Begräbnis meines Vaters, es war Ende Juli 1982,
versammelte sich die Familie bei sommerlichem Wetter zu
einem Imbiss auf der Terrasse der Villa Goldschmidt in
Seeheim. Mit von der Partie war die Schwester meines
Vaters, Käthe, mit der seit der Ersteigerung des Grundstücks
durch meinen Vater Ende April 1962 weder er noch andere
Familienmitglieder Kontakt gepflegt hatten. Bei der Verabschiedung bat sie mich um meine Adresse in Westfalen,
woraufhin ich ihr meine Visitenkarte gab. Zwei Tage später
rief sie mich an und meinte, ich mache einen wohlhabenden
Eindruck und da habe sie sich gedacht, vielleicht könne ich
ihr mit Geld helfen, denn sie müsse dringend eine neue
Zahnprothese anfertigen lassen. Ich wusste zunächst nicht
recht, was ich sagen sollte, bat aber dann um Verständnis
mit dem Argument, dass wir erst kurz zuvor gebaut hätten –
da sei einfach kein Geld übrig.

Als ob das nicht genug gewesen wäre. Auch mit Aleit war ich mir nicht einig, wie mit dem Erbe verfahren werden sollte. Bald schon beschlich mich unwillkürlich die Vorahnung einer bevorstehenden und dann wirklich auch unvermeidlich erscheinenden Erbauseinandersetzung mit meiner Schwester. Zunächst ging es um behördliche Angelegenheiten, die Haushaltsauflösung und Sicherung der zum Teil wertvollen Vermögensteile. Es wurde ins Blaue hinein gemutmaßt, dass der Mieter im Dachgeschoss des Hauses ein Einbrecher sei, der es besonders auf Wertgegenstände in Häusern der Umgebung abgesehen habe. Vor dem Haus stand zudem eines Tages ein Opel Admiral ohne Kennzeichen. Niemand wusste, wer den dort abgestellt haben könnte. Wieder machten neue Gerüchte die Runde.

Die Wohnungsauflösung hatten Aleit, Heidi und ich noch ohne nennenswerte Zwischenfälle nach vielen Fahrten aus Krefeld und dem Münsterland geschafft. Bei der Verteilung des Erbes gelang dies leider nicht. Meine Eltern hatten mich in ihrem gemeinschaftlichen Testament von Juni 1970 als Erben des Grundstückes eingesetzt und verpflichtet, meiner Schwester monatlich einen Betrag von 400 D-Mark bis zur Gesamtsumme von 100.000 D-Mark zu zahlen. Außerdem musste ich alle Abgaben und Steuern für das Grundstück entrichten sowie die Zins- und Tilgungsraten eines bis 1995 laufenden Hypothekendarlehens begleichen. All diese Ausgaben sollten durch die Mieteinnahmen aus dem Haus gedeckt werden.

Nach dem Tode meiner Mutter im September 1973 wurde das Testament zum ersten Mal eröffnet; es war also prinzipiell bekannt. Zwölf Jahre später hatte jedoch die Steigerung der Grundstückspreise die Rechnung meiner Eltern aus dem Jahre 1970 so weit überholt, dass meine Schwester faktisch enterbt war, denn die eingeholte ortsgerichtliche Schätzung von November 1982 ergab einen aktuellen Wert von 1.251.000 D-Mark. Dies war auch wesentliche Grundlage für meine Vorahnung der Erbauseinandersetzung gewesen. Es folgte, was folgen musste: eine lange, schmerzliche vor Gericht in zwei Instanzen ausgetragene Auseinandersetzung, die unser Verhältnis über Jahre hinweg stark belastet hat.

Der Erbschein als Alleinerbe, datiert auf den 17. Mai 1983, wurde mir nach einer persönlichen Befragung durch das Amtsgericht in Warendorf erteilt. Damit war klar, dass ich meiner Schwester den Pflichtteil auszahlen musste. Aber woher das Geld nehmen? Solange das Grundbuch mit mir als neuem Eigentümer nicht geändert war, konnte ich keinen durch Grundschuld gesicherten Kredit aufnehmen und folglich nicht zahlen. Ich lieh mir 100.000 D-Mark von Heidis wohlhabender Tante Lene und avisierte eine Überweisung und die Begleichung des Restes meiner Verpflichtung, worauf prompt die erste Klage erfolgte. Erst durch den Beschluss des Oberlandesgerichts Frankfurt am Main vom 6. Februar 1985 war der Rechtsstreit zwischen Aleit und mir beendet; wegen des irrtümlichen Zinsanerkenntnisses eines Darmstädter Anwaltes war der Erbstreit für mich sogar erst im September 1986 abgeschlossen. Versöhnt habe ich mich mit meiner Schwester und ihrer Familie ab Ende des Jahres 1985 – ohne juristischen Beistand, versteht sich. Es hat Jahre gedauert, aber die Wunden sind gut verheilt.

Mit dem Erhalt des alleinigen Eigentums war nur eine Schlacht gewonnen, nicht der Krieg, den ich ja nun sozusagen auch gewinnen wollte. Ich musste etwas unternehmen, sonst wäre der ganze Ärger umsonst gewesen, und ich musste zwangsläufig verkaufen oder versteigern lassen. Aus meinem fünfseitigen brieflichen Versöhnungsversuch vom 20. Juli 1985 an Aleit geht hervor, dass das Grundstück für eine wirtschaftliche Nutzung nicht kurzfristig zu bebauen sein würde. Ich schrieb damals: „Um eine Nutzung zu testen, habe ich drei Bauvoranfragen gestartet, die abgelehnt wurden. Eine Bebauung ist nur möglich innerhalb der Richtlinien eines Bebauungsplanes. Der liegt der Gemeinde von einem Planungsbüro vor, hat jedoch weder die erste Bürgeranhörung noch die der ca. 40 Träger öffentlicher Belange passiert. Das Verfahren kann Jahre dauern. Eines ist jedoch klar: Bei einer Bebauung oder Veräußerung wird ein großer Teil der Fläche auf die sog. öffentliche Nutzung entfallen, durchgehender Weg oder zwei Stichstraßen mit Wendehammer. Ohne diesen Bebauungsplan kann ich mich von meinen Schulden leider nicht befreien."

Der vom Planungsbüro Löhr und Wiedenroth entworfene Bebauungsplan musste durch viele Vorgaben des Ausschusses für Bauen und Umwelt der Gemeindevertretung mehrfach geändert werden und trat schließlich mit Veröffentlichung im Amtsblatt am 6. Januar 1989 in Kraft. Noch heute bin ich über die Art und Weise erbost, in der verschiedene Änderungen des Bebauungsplanes herbeigeführt wurden. Die Argumente der Behörden waren teilweise nicht stichhaltig, teilweise absurd und alles geschah, ohne mich, den Betroffenen, je anzuhören. Da der Ausschuss öffentlich tagte, bin ich zu solch einer abendlichen Sitzung eigens aus Westfalen angereist, um eine Vorstellung von den Argumenten der Ortspolitiker zu bekommen. Da erklärte dann ein Ausschussmitglied, was ich mit meinem Grundstück vorhätte – natürlich stimmte es nicht – und weshalb meine Pläne unbedingt verhindert werden müssten. Es war ein Nachbar, der mich aber als Zuschauer nicht erkannt hatte. Meine unerlaubte Zwischenfrage, woher er denn meine Pläne kennen wolle, brachte mir prompt die Verwarnung des amtierenden Bürgermeisters Müller ein. Das Ergebnis der Abstimmung war eine erneute Änderung des Bebauungsplanes gegen mich und im Sinne des beschwerdeführenden Nachbarn – unglaublich!

Glücklicherweise hatte ich alle Wohnungen meines Elternhauses vermietet, so dass ich monatlich nicht zu viel Geld zusetzen musste. Langsam reifte dennoch der Plan, mein altes, inzwischen unter Denkmalschutz stehenden Elternhauses zu verkaufen, denn die Schwierigkeiten mit den Mietern häuften sich wegen des schlechten Zustandes des Altbaus und weil sie sich untereinander überhaupt nicht verstanden. Vordringlich musste die Elektrik saniert werden; ich vergab den Auftrag mit einem ausgelobten Limit von 10.000 D-Mark: ein kompletter Fehlschlag, auf den ich hier nicht eingehen werde.

Die Schwierigkeiten mit dem Elternhaus – der Gegenwind der Gemeinde, die marode Elektrik, die Streitereien der Mieter – würde ein Buch für sich ergeben. So reifte der Plan, das alte Haus zu verkaufen. Das versprach zwei Vorteile: ich würde mich entschulden können und bräuchte mich um die leidigen Mietangelegenheiten nicht mehr zu kümmern. Für die Durchführung des Planes beunruhigten mich damals allerdings zwei Dinge: das vorhandene Vorkaufsrecht der Gemeinde und deren Absicht, nach dem Kauf in meinem Elternhaus eine öffentliche Bücherei einzurichten. Dazu hatte sich die Gemeinde im Bebauungsplan einen breiten, nicht bebaubaren Landstreifen längs der Hauptstraße bis zum Grundstückende gesichert, ebenso wie das Recht, einen Anbau an meinem Elternhaus vorzunehmen.

Der Entschluss stand fest: Der Ankauf meines Elternhauses durch die Gemeinde musste verhindert werden. Die Sparsamkeit meines Urgroßvaters, der das Grundstück 1878 als Bankier erworben hatte, kam mir dabei zur Hilfe. Er hatte vom Grundstück auf der Seite der Hauptstraße ein kleines Flurstück als Haus- und Hofgrundstück vom Obst- und Lustgartengrundstück abgetrennt, um Grundsteuer zu sparen, denn der Steuersatz pro Quadratmeter für Haus- und Hofgrundstücke war höher als der für Gärten. Ich konnte somit, ohne eine Teilungsgenehmigung einholen zu müssen, die kleine Parzelle mit meinem Elternhaus separat verkaufen. Ich musste nur einen Käufer finden, der das Haus ohne Zugang zur Straße kaufte – mit dem Versprechen, ihm ein weiteres Grundstück mit der Einfahrt direkt im Anschluss zu veräußern. Und wir fanden diesen Käufer!

Die notarielle Auflassung sowie die Eintragung im Grundbuch beider Grundstücke erfolgte am 8. Juli 1988, weniger als ein halbes Jahr vor Inkrafttreten des endgültigen Bebauungsplans; die Gemeinde war überlistet. Mit dem Erlös aus dem Verkauf konnte ich mich von meinen Schulden auch gegenüber meiner Tante Lene befreien. Es blieb nur noch die offene Frage, was mit dem herrlichen Grundstück geschehen sollte, das zu verwildern drohte – keine unlösbare Aufgabe nach so vielen Schwierigkeiten.

Während der Überwindung all dieser Hindernisse wollte ich meine ja schon ausführlich beschriebene Arbeit nicht vernachlässigen. Heidi hat mir dabei nicht nur den Rücken freigehalten, sondern mich auch tatkräftig unterstützt. Die Entscheidungen im Falle Jugenheim habe nicht ich allein getroffen, sondern sie sind das Ergebnis gemeinsamer Beratungen mit meiner Frau, die ich nach außen als Eigentümer vertreten habe. An der Erziehung unserer Söhne Dirk und Klaus habe ich rückblickend betrachtet leider einen zu geringen Anteil. Schließt man die vielen gemeinsamen Ferienvergnügen inklusive der Aufenthalte in Jugenheim in die Erziehung mit ein, wächst dieser Anteil immerhin ein wenig, aber ich habe meiner Frau doch sehr viel zu danken!

Besuch in der alten Heimat

Heidi und ich besuchten im Sommer 1989 meine alte Heimat Mechelsdorf und Umgebung, weil uns das beiden am Herzen lag und unsere Kinder nicht mehr zu Hause wohnten. Heidi hatte mit ihrer Familie auf der Flucht aus Ostpreußen in Rerik einen Zwischenstopp eingelegt und ich wollte meine alte Heimat wenigstens noch einmal wiedersehen, die ich als Kind ja unter schlimmen Umständen verlassen hatte.

Unsere Visa – das war noch zu Zeiten der DDR! – hatten wir bereits im Herbst 1988 beantragt. Im Visumsantrag musste der Grund der Reise und der Ort angegeben werden, der besucht werden sollte, und ebenso die geplante Unterkunft am Zielort. Wir gaben Rerik und Kühlungsborn an und hofften das Beste, denn die Hotels durften keineswegs frei gebucht werden, sondern wurden zugewiesen. Wir bekamen für unsere Übernachtungen ein Hotel namens Warnow in Rostock, speziell für Ausländer. Unser Grenzübertritt mittels PKW hatte bei Lübeck zu erfolgen.

Nun ging es los! Nach der erfolgreichen Grenzkontrolle wurde ich von Nervosität und Neugierde befallen, ähnlich wie ich sie auf unserer Flucht erlebt hatte. In Wismar ging es in einem Kreisverkehr nicht recht voran und da dachte ich, dass ich einen Schaden an meinem neuen Mercedes 230 E erlitten haben könnte – es waren aber die ungewohnten ratternden Geräusche der vielen „Trabbis", die mich eingekreist hatten. Wir beschlossen, unser Auto abzustellen und nach einem Restaurant zu suchen, denn wir hatten seit dem Morgen nichts gegessen. Im Zentrum Wismars fanden wir ein hübsches Kaffee, vor dem eine Schlange von Menschen stand, die offensichtlich alle auf Einlass warteten, der gemäß Anschlag um 15:30 Uhr erfolgt sein sollte. Da es jedoch schon fast 16 Uhr war, ging ich kurzerhand an der Schlange vorbei, klopfte an die Tür, wurde in das leere Kaffee eingelassen und zusammen mit Heidi prompt bedient. Mein erstes DDR-Erlebnis: die Menschen waren untertänig, ja, fast verschüchtert.

Weiter ging es Richtung Neubukow. Es war Erntezeit und ich konnte auf der schmalen Straße einen sehr breit ausladenden, von einem Traktor gezogenen Erntewagen nicht überholen. Der Traktorist beeilte sich und war sich der Breite seines Anhängers wohl nicht bewusst, als er beim Abbiegen in Neubukow mit seinem Anhänger eine Hausecke mitnahm. Das war mein zweites DDR-Erlebnis.

Im Hotel Warnow in Rostock hatten wir ein ordentliches Zimmer zur Hofseite, wo sich auf dem Dach eines Fabrikgebäudes eine Kühlanlage befand und ich an der Wand eine verwaschene Aufschrift „VEB Bärenfang" entdeckte. Ich ging vor dem zu Bett gehen noch in die Hotelbar, um einen Absacker zu trinken und unterhielt mich dort mit einem Holländer, der die Floorshows für die internationale Hafenstadt Rostock organisierte. Am nächsten Morgen wachte ich aus Nervosität sehr früh auf und betrachtete bei offenem Fenster das geschäftige Treiben im Hof. Ein nagelneuer Volvo-Sattelzug mit Edelstahltank-Auflieger und der Aufschrift „Bärenfang" manövrierte rückwärts in den Fabrikhof, offensichtlich, um mit dem edlen Honiglikör beladen zu werden – ein Schauspiel, das sich wie folgt zutrug: Nachdem der Sattelzug in richtiger Position stand, wurde ein enorm dicker Ladeschlauch von mehreren Leuten bis zur oberen Einlassvorrichtung auf dem Edelstahltank bugsiert; ein Kommando, „Ventil auf" oder so ähnlich, wurde von einem der Untenstehenden gegeben. Schlagartig ergoss sich eine Fontäne des wertvollen Likörs über den armen Einfüller und den ganzen Tankwagen, weil der Ladeschlauch viel zu kurz war und außerdem nicht in die Einlassvorrichtung passte. Bis das Kommando „Ventil zu" ausgeführt werden konnte, stand ein riesiger See von mindestens 5.000 Litern Likör im Hof. Draußen versammelte sich nun ein Teil der Belegschaft, bestaunte die Situation und diskutierte wohl, wie und warum es zu diesem Schaden gekommen war und was jetzt zu tun sei. Ein großer Wasserschlauch wurde angeschlossen, ähnlich die Prozedur; der Tankwagen wurde abgespritzt und der Bärenfang mit Wasser in die naheliegende Warnow gespült. Mein drittes DDR-Erlebnis – ein Versagen der allgegenwärtigen Planwirtschaft. Wir aber mussten weiter, Mechelsdorf wartete!

Wir fuhren bei herrlichem Wetter über Bad Doberan und Kröpelin nach Wendelsdorf, wo wir unser auffälliges

Auto hinter dem Hof von Never abstellten und dann auf meinem alten Schulweg hinter dem Bruch bis zum Schweinestall gingen. Nichts hatte sich bis dahin verändert. Als wir um die Ecke bogen, sahen wir die großen Veränderungen. Das Herrenhaus und ein Teil der Ställe waren abgerissen und aus den Steinen waren kleine Siedlerhäuser gebaut worden, deren Eigentümer nach der Landenteignung als Landarbeiter, nun eben in der LPG, arbeiteten. Im übrigen Dorf hatte sich sehr wenig geändert – das gleiche Pflaster auf der Dorfstraße, alle Häuser wie vor 45 Jahren, nur die Schule war zum Einkaufsladen umgebaut worden. Wir gingen zurück zum Hof auf den umgebauten Schweinestall zu. Ein Mann kam heraus. Er fragte etwas – und nach zwei, drei Worten umarmte ich mich mit Baade, unserem ehemaligen Milchkutscher, der nach seiner Gefangenschaft in Russland wieder in die alte Heimat zurückgekehrt war, geheiratet hatte und sich als Spätsiedler den Schweinestall ausgebaut hatte. Wir wurden zu Rührei mit Speck in die Stube eingeladen. Baade und auch seine Frau erzählten uns, dass wir vorsichtig sein müssten, denn das Schloss in Hohen Niendorf sei zum FDGB-Heim umgebaut worden und es wimmele überall von diesen Leuten – nun bevorzugten Touristen – übrigens auch an der See, insbesondere in Kühlungsborn. Und dann drucksten sie beide ein wenig herum. Seine Frau und Baade selbst bedrückte etwas. Beide hatten eine Angelegenheit, die sie mir sagen mussten. Nach längrem Zögern kam es endlich heraus: Er hatte mich als Kind bei einer Einkaufsfahrt nach Rerik ins Kino gefahren und nach dem Einkauf vergessen, mich von dort wieder abzuholen, so dass ich zu Fuß zurücklaufen musste und er von meinem Vater gerügt worden war. Das schlechte Gewissen plagte ihn immer noch. – Frau Baade deutete danach auf ein Kindertischchen mit zwei kleinen Stühlen: Die habe sie vor dem Abriss aus dem Herrenhaus geholt. Sie entschuldigte sich mehrmals dafür und fragte Heidi, ob sie die Sachen vielleicht behalten dürfe. Diese kleinen Dinge im Leben sind es, die man nicht vergisst.

Alle meine Stationen aus der Kindheit habe ich Heidi gezeigt. Nur das Hotel Mia Mare in Kühlungsborn, in dem ich den 20. Juli 1944 erlebt hatte, konnten wir nicht mehr entdecken. Wir haben jedenfalls damals, im Sommer 1989, nicht daran geglaubt, dass es jemals eine Wiedervereinigung Deutschlands geben werde.

Kurz nach unserer Heimfahrt begannen Urlauber der DDR, die ihre Ferien in Ungarn verbracht hatten, nach Prag in die Botschaft der Bundesrepublik zu fliehen, in Leipzig und Berlin häuften sich Demonstrationen, Honecker wurde von Krenz Mitte Oktober abgesetzt. Und im Politbüro wusste man nicht, wie es weitergehen sollte. In einer Pressekonferenz, die eigentlich turnus- und routinemäßig sein sollte, hat dann das ZK-Mitglied Günter Schabowski am 9. November 1989 verkündet, dass DDR-Bürger über alle Grenzübergänge Berlins und der DDR bei einfacher Vorlage des Reisepasses ohne spezielles Visum ins westliche Ausland reisen dürften – und zwar „unverzüglich"! Das sollte der Anfang vom Ende der DDR sein.

Von meiner Familie wurde die Ausreise von Tausenden Menschen aus der DDR bereits als Wiedervereinigung bejubelt, obwohl es bis dahin ja noch dauern sollte. Klaus beantragte ein paar Tage Urlaub vom Dienst, nahm aus dem Magazin eine Marinefahne mit, wir gruben drei kleine Eichensämlinge im Grafenwald in Vorhelm aus und reisten mit Klaus zu Dirk nach Jugenheim. Es war für Heidi und mich als ehemalige Flüchtlinge eine unbeschreiblich aufregende Zeit. Auf der Autobahnfahrt begegneten uns hunderte von Trabbis mit winkenden Insassen auf ihrer Reise zu Verwandten oder nur so – um die Freiheit zu atmen oder sie sich anzusehen. Wikipedia schreibt dazu, dass bis zum 20. November 1989 etwa elf Millionen Besucher aus der DDR Westberlin und die Bundesrepublik besucht hätten.

Direkt nach unserer Ankunft stieg Klaus auf den Dachboden meines Elternhauses und schob den dort noch aus Nazizeiten liegenden etwa sechs Meter langen Fahnenmast aus einem Fenster. Diesmal sollte er einem besseren Zweck dienen als in früheren unseligen Tagen! Der Mast wurde am nächsten Morgen aufgestellt, mit der schwarz-rot-goldenen Bundesfahne geschmückt und mit Sekt begrüßt. Die Eichensämlinge pflanzten wir vor die Garage, damit der sich am besten entwickelnde später als „Einheitseiche" wachsen und gedeihen sollte. Wir fuhren nach kurzem Aufenthalt mit Klaus zurück nach Enniger. – Die Einheitseiche ist inzwischen ein stattliches Bäumchen geworden.

Die Feierlichkeiten zur deutschen Wiedervereinigung, eigentlich die Grenzöffnung, erlebten wir zu viert bei herrlichem Spätsommerwetter in Jugenheim. Tische und Stühle standen auf dem Rasen, unsere schwarz-rot-goldene Fahne war gehisst und im Häuschen lief die Fernsehübertragung der Feierlichkeiten in Berlin. Davon sind mir besonders zwei Szenen vor dem Brandenburger Tor in Erinnerung geblieben, und zwar ein Spaziergang des Bundeskanzlers Helmut Kohls mit dem Bundespräsidenten Richard von Weizsäcker und dem Regierenden Bürgermeister Berlins, Walter Momper, in einer freundlich und euphorisch jubelnden Menschenmenge sowie die epochale Aufführung der Neunten Symphonie Beethovens mit den Berliner Symphonikern unter Leitung des Dirigenten Leonard Bernstein, der kurz darauf versterben sollte.

Am Abend dieses denkwürdigen Tages ging es zusammen nach Seeheim in ein Restaurant, das nach einem aus Meißen stammenden blauen Kachelofen den Namen „Zum Blauen Ofen" trug und von einem kunstsinnigen Wirt mit einer literarisch sehr ambitionierten Lebensgefährtin betrieben wurde. Die las nach unserem Eintreffen Gedichte von Wolfgang Borcherts vor, von dem ich zwar vorher gehört, aber noch nie etwas gelesen hatte. Ich war unter dem

Einfluss der politischen Entwicklung, der Gedichte und einigen Gläsern Wein so begeistert, dass ich vor unserem Aufbruch noch den himmelblauen Kachelofen umarmte. Der Eigentümer des „Blauen Ofens" erzählte uns bei unserem nächsten Besuch, dass er das schöne Lokal mit kleinem Garten bald verkaufen wolle, um nach Acapulco in Mexico auszuwandern – wie schade!

Während des ganzen Jahres 1990 häuften sich die persönlichen und politischen Ereignisse. Klaus beendete seine Zeit bei der Marine und durfte sich wie sein Bruder eine Universität aussuchen, weswegen Heidi mit ihm beizeiten nach Münster, Würzburg und Heidelberg getourt war. Die Entscheidung fiel zugunsten Heidelbergs, nicht zuletzt, weil mein Großvater einst dort studiert hatte und weil Dirk bereits in Jugenheim wohnte und an der TH in Darmstadt studierte. Ich hatte das bereits vorher im Zusammenhang mit einem kurzen Lebenslauf unserer Söhne im Kapitel „Enniger, die neue Heimat" erwähnt. Die inzwischen erwachsenen Kinder wohnten nun nahe beieinander und so kam es zu häufigen Besuchen, auch mit externen Gästen.

Während Klaus in Heidelberg studierte, besuchten sich die Brüder gegenseitig entweder auf dem Haus des Corps Rhenania in Heidelberg oder feierten in Jugenheim den einen oder anderen Bierabend. Als Dirk nach bestandenem Vorexamen in Darmstadt und zwei „Gastsemestern" an der Universität Kiel sein Studium in Darmstadt im Sommersemester 1993 fortsetzte, wollte Aleit ihn anlässlich einer Reise zu einer Freundin besuchen. Dabei wurde sie von einem ihr gänzlich unbekannten Teilnehmer eines Bierabends gefragt, was sie denn auf diesem Grundstück überhaupt zu suchen habe. Natürlich war sich er Student, der vielleicht auch nicht mehr ganz nüchtern war, der Pointe seiner Frage nicht bewusst. Für Aleit stellte sich alsbald heraus, dass auf dem Grundstück einige Corpsstudenten aus Kiel und Heidelberg ihren Rausch während einer lauen Sommernacht im Freien ausgeschlafen hatten. Ich habe, als ich davon hörte, nur still geschmunzelt.

Jugenheim, das bleibt festzuhalten, erwies sich abermals als glücklicher Ort für die Familie. Dirk war sehr froh, hier sein eigener Herr zu sein, und wir hatten einen guten Aufpasser und Gärtner, mit dem wir wöchentlich dementsprechend lange Telefonate führten, an die wir uns heute noch gerne erinnern. Durch die Besuche bei den Großeltern, die Studienzeiten in Darmstadt und Heidelberg und die vielen Erlebnisse sind beide Söhne in Jugenheim mehr verwurzelt als in Enniger, wo mit ihnen „im Schlepptau" unser Haus entstand und wo sie Kindheit und Schulzeit verbrachten.

Entscheidende Jahre

Nachdem sich Herr Allers nach Essen verabschiedet hatte, bekam ich mit Jürgen Bauer einen neuen Chef. Herr Bauer war vor seiner Berufung zum Vorstandsvorsitzenden Leiter des Vertriebs Übersee, Abteilung 750. Außer der Leitung meiner beiden Abteilungen innerhalb von 770 hatte ich, wie berichtet, gewisse Sonderaufgaben wahrgenommen, die sich wohl durch persönliches Vertrauen zu meinen Vorgesetzten entwickelt hatten. Das setzte sich nun mit Herrn Bauer nahtlos fort, denn wir kannten und schätzten uns bereits lange vor seiner Berufung. Ich hatte also erneut Glück und einen mir wohlgesonnenen neuen Vorgesetzten. In diesem Zusammenhang ist eine meiner Aufgaben erwähnenswert, die auf eine alte wirtschaftspolitische Entwicklung im Nahen Osten zurückgeht.

Als die Konfrontationen im Nahen Osten wieder einmal zunahmen, beschlossen die arabischen Staaten, alle diejenigen ausländischen Unternehmen von zukünftigen Lieferungen in ihre Länder auszuschließen, die mit Israel geschäftliche Beziehungen unterhielten. Wir hatten in Israel gerade ein Zementwerk gebaut, das hinsichtlich seiner Gewährleistungen und der letzten Zahlungsrate, ähnlich dem bereits beschriebenen Beispiel Badoosh im Irak, abzuwickeln war. Das musste jedoch so geschehen, dass wir von den boomenden Erdölländern nicht wegen geschäftlicher Beziehungen mit Israel „beschuldigt" werden konnten. Die Abwicklung wurde deshalb im Namen und auf Rechnung einer Firma Projektall Industrieberatung GmbH von einem Ingenieur unseres Anlagenbaues und mir durchgeführt. Für Israel erhielt ich Mitte der siebziger Jahre einen zweiten Reisepass, denn mit einem israelischen Visum erhielt man selbstverständlich kein solches für eines der arabischen Länder.

Im Sommer 1991 wurde ich mit einem Kollegen zum Geschäftsführer von Projektall bestellt, einem kleinen Unternehmen, das für Sonderaufgaben, ähnlich der geschilderten Abwicklungen verwendet wurde und auf das ich später noch eingehen werde.

Für das Erstgeschäft war ich oft in Saudi-Arabien, im Oman und anderen arabischen Ländern mit Mitarbeitern unterwegs. Meist ging es nach abgeschlossenen technischen Gesprächen um größere Beträge und da die kaufmännischen und technischen Werksleiter keine Saudis sondern meist Syrer oder Ägypter waren, wollten sie vor den Eigentümern mit Verhandlungserfolgen glänzen. Das konnten sie, wenn sie einen perfekten technischen Lieferumfang zu einem möglichst großen Preisnachlass für das Geschäft nachweisen konnten. Deshalb mussten über größere Lieferumfänge und entsprechende Preise jeweils mehrmals verhandelt werden.

Die Visa für einen Besuch erhielt man nur auf ein Einladungsschreiben der Kunden hin. Lag der Pass zum Beispiel gerade bei der Botschaft des Omans, so konnte man den Termin der Einladung aus Saudi-Arabien nicht einhalten, weil das entsprechende Visum rein technisch nicht beantragt werden konnte. Diese Situation führte dazu, dass ich schließlich drei gültige Reisepässe besaß.

Bei einem meiner Besuche in Riad trug sich eine bemerkenswerte Geschichte zu. Es gab eine Woche lang kein Fleischgericht in der Kantine unseres Camps bei Yamama Cement. Dies hatte folgenden Grund: Auf dem Gouverneursplatz der Hauptstadt war für den meinem Besuch vorangehenden Freitag die Enthauptung eines Pakistaners oder Philippinos angekündigt worden. Dieses Spektakel wollten sich einige unserer Monteure nicht entgehen lassen. Sie brachen deshalb morgens rechtzeitig auf, um die Enthauptung möglichst nahe am Ort des Geschehens vor dem Gouverneurspalast unter Tausenden von Zuschauern mitzuerleben. Das Gedränge hatte schließlich dazu geführt, so berichtete mir der Koch, dass er mit unseren Leuten unmittelbar vor dem Schafott stand und ihm der abgeschlagene Kopf des Delinquenten direkt vor die Füße rollte. Das hat diesen Mann verständlicherweise so erschüttert, dass er eine Woche lang kein Fleisch mehr zubereiten konnte.

Die noch immer im Namen des Islams praktizierte grausame Gerichtsbarkeit mit Auspeitschen, Hinrichtung, Steinigung, Handabschlagen und anderen schlimmen Strafen wird heute in der deutschen Öffentlichkeit aus Unwissenheit in ihrer Existenz negiert, weil der Koran angeblich auch ganz anders ausgelegt werden kann und weil der Islam ja „zu Deutschland gehört". Schon die einfache Kenntnis des Unterschieds zwischen mekkanischen und medinischen Suren würde hier Wunder bewirken – und manch ein erschrecktes Gesicht hervorrufen. Doch zurück zu meinen Aktivitäten in Saudi-Arabien.

Das Camp, das wir bei Yamama Cement in Riad unterhielten, war eines der besten, das ich in meiner Laufbahn erlebte, was wohl auch darauf zurückzuführen ist, dass der Eigentümer nicht nur der Königsfamilie Saud angehörte, sondern innerhalb dieser weitverzweigten Familie sogar zum engsten Kreis der Herrschenden zählte. Es war mit großem Swimming Pool, Bar und Aufenthaltsräumen mit Fernsehen und Billards gut ausgestattet und vom Werk durch einen großen Zaun abgeschottet. Wegen des strikten Alkoholverbotes in Saudi-Arabien wurde im Camp in einem doppelt gesicherten Raum Alkohol aus Zucker und Hefe selbst gebrannt und mit Traubensaft zu einem wohlschmeckenden Cocktail zubereitet, den die Mannschaft abends an der Bar genoss. Während der Lieferungen und vor Fertigstellung des Camps wurde von der Montageabteilung Whiskey, Gin oder Cognac in besonderen Kisten geliefert mit der diskreten Aufschrift „Schrauben mit Linksgewinde" – so geschehen ebenfalls im Falle aller anderen Baustellen im arabischen Raum, zum Beispiel bei Saudi Cement.

Den Anschlussauftrag von Sauverdrei bei Saudi Cement in Hofuf verloren wir auf ganz ungewöhnliche Weise durch ein ruinöses Preisdumping der deutschen Konkurrenz Klöckner-Humboldt-Deutz AG. KHD konnte den Auftrag ohne unsere Anlagenpläne und anderer Daten wie zum Beispiel die des zentralen Leitstands für die drei von uns gelieferten Anlagen gar nicht ausführen und trat deshalb mit der Bitte, auch namens des Kunden, an unseren Vorstand heran, die Daten zur Verfügung zu stellen. Unser Vorstand verkaufte daraufhin die Daten zu einem ausgehandelten Preis von 4,6 Millionen D-Mark an die KHD. Die Rechnung, ausgestellt auf einem Briefkopf von Projektall, wurde von mir nach kurzer telefonischer Rücksprache mit Herrn Allers im Juni 1994 alleine unterzeichnet. Das Geld ging ein – zunächst schien alles gut. Doch dieses Geschäft sollte Polysius und auch mich persönlich zwei Jahre später in eine nicht vorhersehbare größere Affäre verwickeln, die ich später schildern werde.

Mir ging es Ende 1989 Anfang 1990 nicht nur in familiärer Hinsicht, sondern auch beruflich wirklich gut. Mich ärgerte jedoch, dass bei meinen hohen Jahresabschlussvergütungen nicht einmal die Hälfte davon auf mein Gehaltskonto überwiesen wurde. Beim Gehalt selbst war es auch nicht viel anders. Um Steuern und Abgaben zu sparen, investierten Kollegen in Immobilien, schlossen Lebensversicherungen ab oder besaßen beispielsweise steuerbegünstigte Berlinmodelle. Bei mir reifte die Idee, in Jugenheim ein Mietshaus zu bauen, zumal seit Januar 1989 ein gültiger Bebauungsplan für das dortige Grundstück existierte. Ich besaß einen Heimcomputer und entwickelte mit der erlernten und installierten Tabellenkalkulation Lotus eine Modellrechnung, bei der ich die erfragten Annuitäten sowie den Anschaffungswert des Hauses variieren konnte. Meine Rechnung, dessen positives Resultat von meiner skeptischen Frau angezweifelt wurde, legte ich meinem Steuerberater zur Begutachtung vor. Ich hatte keine formalen Fehler gemacht, so dass der Plan umgesetzt werden konnte. Die monatlichen Belastungen mit kaum Eigenkapital waren selbst mit verhältnismäßig hoch angesetzten Mieten für die drei Wohnungen bei den damaligen Zinssätzen an der Grenze des Machbaren. Heidi plädierte für den Verkauf eines Teilgrundstückes, ich wollte das möglichst vermeiden und das Projekt ohne einen weiteren Grundstücksverkauf realisieren. So geschah es auch. Ende Juni 1994 beauftragten wir das Architekturbüro Fink und Reinwald in Darmstadt mit dem Bau des Hauses, über das wir vorher mit dem direkten Nachbarn, und das war Professor Reinwald, bei freundschaftlichen Anlässen im Garten gesprochen hatten.

Während einer privaten Chinareise, die ich mit Heidi im September 1994 unternahm, verstarb unsere Tante Lene, die Schwester von Heidis Mutter. Heidi war Alleinerbin. Damit waren die finanziellen Sorgen minimiert und Heidi und wir freuten uns auf die Ausflüge zu Dirk mit Zwischenstopps im Büro von Fink und Reinwald in Darmstadt, um bei der Bauplanung unseres zweiten Hauses mitzuwirken. Anlässlich einer solchen Reise kam auch Klaus und jeder machte einen Spatenstich für das neue Haus, in dessen Grundstein wir dann im Oktober 1995 eine Stahlbüchse mit der aktuellen FAZ, einigen Geldscheinen und Markstücken sowie Klaus' Familiengeschichte versenkten. Während der Bauzeit, als der Rohbau gerade fertig war, schloss Dirk sein Studium in Darmstadt ab und ging an die Universität nach Hamburg, um dort zu promovieren. Heidi verbrachte ab

Mitte September 1995 bis zur Einweihung des Hauses 85 Tage allein in Jugenheim und hatte dabei sogar die ersten Mieter geworben – eine bemerkenswerte Leistung, für die ihr allergrößter Dank gebührt. Bei ihren 29 Fahrten während der Zeit habe ich sie nur manchmal begleitet. Am 1. Dezember 1996 konnten wir mit unseren Kindern, den Architekten und den Mietern eine kleine Feier zur Einweihung unseres neuen Hauses abhalten.

Eine wichtige berufliche Entscheidung war schon früher gefallen. Ich wollte nicht, wie viele andere Gleichaltrige, zur damaligen Zeit von einem Teilzeitbeschäftigungsmodell ab Vollendung dem 60. Lebensjahres Gebrauch machen, sondern bis zum Alter von 65 Jahren voll arbeiten, denn ich hatte Freude an meiner vielfältigen Arbeit und war gesundheitlich fit. – Beruflich war ich viel unterwegs. Es ging nach Atlanta zu Polat, zu Polmex in Mexiko und von dort unter anderem auch zu einem Kunden in Ensenada auf der Halbinsel Baja California, die mich wegen ihrer Schönheit beeindruckte. Privat verreisten wir viel in Europa und auch in die USA. Mit unseren Kindern trafen wir uns regelmäßig zu Festtagen, waren aber teilweise nicht ganz mit ihren Eskapaden einverstanden, von denen sie als Aktive ihrer Corps in Heidelberg und Kiel erzählten.

Hausdurchsuchung der Staatsanwaltschaft

Als Heidi und ich eines Morgens Ende Juli 1996 an unserer offenen Küchenbar frühstückten, sahen wir vier Männer auf unsere Haustür zustürmen. Ich öffnete das Küchenfenster und fragte so etwa, was dieser Überfall solle. Die Antwort kam prompt und schroff: ich solle sofort die Tür öffnen, man habe einen gerichtlichen Durchsuchungsbeschluss, wenn ich der Aufforderung nicht unverzüglich nachkäme, werde die

Haustür eingeschlagen. Ich kann gar nicht mehr beschreiben, welche Gedanken mir in diesen wenigen Sekunden durch den Kopf schossen. Es konnte nur mit unseren Kindern, wahrscheinlich mit Klaus zusammenhängen, der inzwischen in Bonn studierte. Die Herren zeigten mir einen Beschluss des Amtsgerichts Köln, blockierten das Telefon, nahmen Heidi und mir die Autoschlüssel ab und verteilten sich sofort in allen Räumen des Hauses. Nachdem ich meine Fassung langsam wieder erlangt hatte, und nach dem Grund der Durchsuchung fragte, legte mir der Leiter der Gruppe ein Papier vor und fragte mich, ob die Unterschrift von mir stamme. Das war unzweifelhaft der Fall, ich konnte mich dennoch nicht an das Papier erinnern.

Erst beim zweiten Blick nahm ich den Briefkopf von Projektall wahr. An den Zusammenhang und den Betrag von 4,6 Millionen D-Mark konnte ich mich erst erinnern, als die Herren sich als Kommissare der Steuerfahndung Düsseldorf zu erkennen gaben. In Nu waren sie an meinem Computer, hatten meine Lotus-Dateien angesehen und meinten, mit derartig viel Geld könne man bequem bauen und das decke sich außerdem genau mit meinen Steuererklärungen beim Finanzamt Beckum. Im Keller hatten sie alle Akten eingesehen, unter anderem Testamente und Grundbuchauszüge. Meiner Bitte, einen Anwalt zuzuziehen, widersprachen sie, worauf ich darauf bestand, ins Büro zu fahren. Das durfte ich nur mit ihnen zusammen und nicht mit meinem Firmenwagen. Sobald ich eingestiegen war, rief Heidi meine Sekretärin an, um sich mit der Rechtsabteilung verbinden zu lassen. Frau Bollmann war ebenfalls völlig aufgeregt und berichtete, dass in meinem Büro bereits zwei Steuerfahnder aus Düsseldorf säßen und zusammen mit unserem Justitiar auf mich warteten.

Das konnte ich beim Verlassen meines Hauses nicht wissen, es wurde mir aber vom Pförtner sofort beim Eintreffen berichtet. Im Büro wollten die Herren die in einem Sideboard verschlossenen vertraulichen Akten einsehen. Ich musste also aufschließen. In der Mitte der Aktenreihe stand eine dicke Akte, die auf ihrem Rücken nur zwei Buchstaben aufwies „NA", was so viel wie Nebenabgaben – also auch Bestechungsgelder! – beinhalten konnte, die bis Ende 1989 steuerlich abzugsfähig waren und insofern für Steuerfahnder eigentlich immer ein Objekt der Begierde darstellten. Die Personalakten und andere Vorgänge im Schrank interessierten nicht. Nach meiner Erinnerung wollten die Fahnder die „NA"-Akte mitnehmen, was von unserem Justitiar mit der Begründung abgelehnt wurde, dass sie keinen Bezug zum Ermittlungsverfahren habe, denn es fanden sich in ihr keine Vorgänge von Projektall, und so wurde sie wieder im Sideboard eingeschlossen. Zeitgleich mit der Durchsuchung bei mir wurden die Häuser von Herrn Allers in Essen und vom zweiten Geschäftsführer der Projektall, Herrn Mayer, in Beckum durchsucht. Nachdem die Herren aus Düsseldorf uns verlassen hatten, stellte sich durch Presseveröffentlichungen heraus, was die ganze Affäre verursacht hatte.

KHD war durch mancherlei Geschäfte des Vorstandes in eine tiefe Existenzkrise geraten. Der Bestand des Unternehmens wurde durch die Landesregierung, die Stadt Köln und die eigenen Beschäftigten gesichert und sein Vorstandsvorsitzender Gärtner wegen Bilanzmanipulationen angeklagt und wegen Fluchtgefahr im August 1996 verhaftet. Dem waren umfangreiche Ermittlungen der Staatsanwaltschaft Köln vorausgegangen, bei denen man auf die Rechnung von Projektall gestoßen war. Eine lange Zeit, in der ich in Sorge war, mir zugleich aber sicher war, dass ich keine Schuld einzugestehen hatte, folgte. Das Ermittlungsverfahren der Staatsanwaltschaft Köln gegen mich wegen des Verdachts der Steuerhinterziehung wurde erst kurz vor Weihnachten 1997 eingestellt. Weil die Rechnung von Juli 1994 aber ohne Mehrwertsteuer ausgestellt war, was einen theoretischen Fehlbetrag von rund 740.000 D-Mark bedeuten konnte, wurde von Krupp und uns nach längeren Verhandlungen mit der Kölner Staatsanwaltschaft ein Junktim mit darin enthaltenem Ausgleichsbetrag ausgehandelt und auf dieser Weise die Affäre beendet.

Versöhnliches Ende, gute Bilanz

Bis zu meinem Ausscheiden bei Polysius Ende Juni 1999 habe ich meines Erachtens sowohl in Beckum als auch in der Ferne noch viel Gutes bewirken können. Mein Nachfolger Jungemann wurde weiter eingearbeitet und durch eine längere Delegation zu unserer Tochtergesellschaft Polasia nach Singapur gefördert. Nach seiner zwischenzeitlichen Berufung in den Vorstand bei Uhde in Dortmund kehrte er zu Polysius zurück und wurde danach zum CEO bestellt. Ich selbst tat meinen Dienst wie vorher, bemühte mich aber dabei besonders um die Sicherung von Eigenkonstruktionen unseres neuen Mühlentyps der Druckzerkleinerung, bei uns Polycom genannt.

Trotz anfänglicher Verluste und der Kritik von Dr. Cromme hatte sich die Mühle zu einem sehr erfolgreichen Produkt für uns entwickelt. Ein weltweit agierender belgischer Hersteller von Verschleißguss versuchte sehr bald, die Verschleißteile wegen ihrer Lukrativität herzustellen und zu vermarkten, wobei er sich die technischen Unterlagen bei unseren Kunden mit dem bewährten Argument verschaffte, preiswerter als Polysius zu sein. Unsere Kunden waren ja auch seine Kunden für Mahlkugeln und Schlitzplatten. Die Polycom bot den Kunden bei Mahlprozessen gegenüber anderen Mühlentypen einen beachtlichen energetischen Vorteil, der jedoch wegen ihres hohen Verschleißes der

Walzen oder der Walzsegmente teilweise wieder kompensiert wurde. Dort einen Modus Vivendi zu finden war nicht ganz einfach, zumal auch wir unser Produkt weiterentwickelten.

In diesem Zusammenhang besuchte ich mit dem Leiter unserer Fertigung einen Schweißspezialisten in Südkorea, um mit ihm zu prüfen, ob er in der Lage wäre, für unsere Kunden im südostasiatischen Raum die Segmente der Mahlwalzen mit einer Hartschicht aufpanzern zu können. – Ohne darauf weiter einzugehen, wollte ich mit dem letztgenannten Beispiel andeuten, wie vielfältig meine Arbeit bis zum Eintritt in den Ruhestand war. Ich habe im Laufe meiner Darstellung versucht, eine kleine Auswahl der interessantesten Erlebnisse aus meinem Berufsleben wiederzugeben. Viele andere spannende Geschichten mussten unerwähnt bleiben.

Ruhestand – von Enniger nach Jugenheim

An meinem 65. Geburtstag veranstaltete ich bei herrlichem Sommerwetter eine Gartenparty bei mir zu Hause, um mich zusammen mit meiner Familie von meinen Mitarbeitern zu verabschieden. Am frühen Morgen standen als Überraschung der „Polyboy" und ein neues Fahrrad auf der Terrasse und um 11 Uhr schenkten mir meine Mitarbeiter dazu einen PKW-Fahrradträger für zwei Fahrräder, passend zu meinem neuen Auto, das ich mir selbst geschenkt hatte. Interessant ist dabei der Polyboy: Es handelt sich um eine verzinkte menschliche Stahlfigur aus einigen Maschinenelementen, die einen Fuß auf ein Polycom-Mühlensegment abstützt. Sie soll meinen Einsatz für den Schutz und die Erhaltung dieses von Polysius erfundenen Produktes vor Nachahmern symbolisieren und steht heute, mit Efeu überwuchert, auf unserem Grundstück in Jugenheim.

Ende Juni wurde ich dann offiziell in Neubeckum verabschiedet, fühlte mich aber auch danach eher in einen Urlaub entlassen als für immer in den Ruhestand versetzt. Den schönen Sommer über vergnügten Heidi und ich uns mit Tennis und dem westfälischen Nationalsport „Pädgesfahrten" mit unseren neuen Fahrrädern. Erst als der Sommer sich in Westfalen neigte und Dirk in Hamburg seine Dissertation abgegeben hatte, wurde mir mein Rentnerdasein wirklich bewusst.

Nach den Weihnachtsfeiertagen fanden wir es alleine in dem verhältnismäßig geräumigen Haus ziemlich langweilig. Wir erinnerten uns an unsere alten Tennisfreunde Steinhoffs aus Vorhelm, mit denen wir weiterhin in Kontakt geblieben waren, die aber inzwischen auf Usedom wohnten. Die hatten uns anlässlich unserer vielen gemeinsamen Silvesterfeiern in Vorhelm und Enniger oft vom Urlaub in ihrem Robinson-Club Baobab in Kenia vorgeschwärmt, von dem sie sich unter anderem wegen ihres Engagements im Hotelgewerbe auf Rügen und Usedom nach der Wiedervereinigung trennen wollten.

Unser Anruf bei den Steinhoffs auf Usedom hatte einen durchschlagenden Erfolg. Die ganze Familie Steinhoff entschied sich, ein letztes Mal in ihrem Club-Dorf mit uns zusammen Ferien zu machen. Es war wohl einer der schönsten und erlebnisreichsten Urlaube, die Heidi und ich je genossen haben. Während des ohnehin ereignisreichen Tagesablaufs im Club mit Tennis, Bogenschießen, Windsurfen und Baden flogen wir mit einer kleinen Maschine von Mombasa aus dicht am Kilimanjaro vorbei in den Masai-Mara-Nationalpark, den nördlichen Teil der Serengeti, und zwar genau an die Stelle, an der die Zebras und Gnus auf ihren Wanderungen den Marafluss überwinden müssen. Dann organisierte Burkard Steinhoff für uns, die „Gruppe Steinhoff/Schwebel", noch einen Tagesausflug zum Schnorcheln zu einem Korallenriff an der Tansanischen Küste, wofür ein einheimischer Segler gechartert wurde. Während der Rückfahrt zur Küste wurden alle fünf Frauen seekrank, was nach dem herrlichen Ausflug bald vergessen war. Steinhoffs verkauften dieses wunderschöne Feriendorf noch im Jahre 2000 an eine indische Hotelkette. Der Name des Clubs ist übrigens von den auf dem Clubgelände stehenden alten Baobab- oder Affenbrotbäumen abgeleitet, die bei ihrer relativ geringen Höhe einen Durchmesser von fünf bis maximal zehn Metern erreichen können und einfach unvergleichlich malerisch aussehen.

Unsere Rückreise hatten wir unbewusst am Rosenmontag 2000 gebucht – von Mombasa bis Frankfurt per Flug, per

Bahn über Köln nach Hamm und von dort über Ahlen nach Neubeckum. Trotz unseres frühen Aufbruchs nach Mombasa verlief die Reise zügig bis Köln. Dort stiegen die lustigen „Jecken" zu, die bis Hamm ihre Sitzplätze gefunden hatten. Da wir etwa gegen Mitternacht in Neubeckum sein sollten, hatte ich vorsorglich von Frankfurt aus telefonisch ein Taxi für die Fahrt nach Enniger bestellt. Als wir in Neubeckum planmäßig ankamen, war kein Taxi zu sehen, worauf ich verärgert die Zentrale anrief, mit dem Erfolg, dass nach wenigen Minuten gleichzeitig zwei Taxis erschienen, deren Fahrer sich sogleich heftig stritten, wer den Auftrag erhalten habe. Nachdem wir dann erschöpft zu Hause angekommen waren, fällten wir eine Entscheidung, die den weiteren Weg bestimmen sollte. Diese Entscheidung hatte aber nichts mit Baobab-Bäumen oder Kölner Jecken zu tun, sondern mit dem alten Ort unserer Familie, der uns nun schon allen Glück gebracht hatte: mit Jugenheim.

Hausverkauf mit Abenteuerfaktor

Es stand nach vielen Jahren in Enniger für uns beide fest: wir sollten dem schon länger geäußerten Rat unserer Kinder folgen und bald nach Jugenheim umziehen. Die hatten bereits während ihres Studiums darüber geklagt, wie umständlich es sei, uns in Enniger zu erreichen. Wenig später meinten beide sogar mit Blick auf Enniger: „Hier werden wir euch später kaum besuchen!" Das gab schließlich den Ausschlag.

Wir mussten also unser Haus in Enniger verkaufen und den Mietern der Erdgeschosswohnung in Jugenheim kündigen, beides nicht ganz einfach durchzuführen. Zuerst besorgte Heidi einen Immobilienmakler, der unser Haus in Enniger verkaufen sollte, danach fuhren wir nach Jugenheim, um dem jungen Ehepaar Wagner unseren Entschluss mitzuteilen, in etwa einem halben Jahr, spätestens in einem Jahr, in ihre Wohnung einzuziehen zu wollen. Bei Wagners war gerade das zweite Kind unterwegs, und wie sich erst später herausstellte, hatte Herr Wagner das von seinem Vater übernommene Geschäft in Darmstadt aufgeben müssen und suchte einen neuen Job.

Bald stellte sich heraus, dass der Makler zu unseren Wertvorstellungen von über 500.000 D-Mark keinen Käufer fand, woraufhin Heidi einen zweiten Makler aus Münster einschaltete, was wohl nicht ganz legal war. Der zweite Makler aus Münster gab sich nach eingehender Besichtigung in Enniger sehr zuversichtlich, einen Käufer zu unseren Vorstellungen zu finden, hatte aber offensichtlich den Markt auf dem flachen Lande 30 Kilometer südöstlich von Münster falsch eingeschätzt. Wir mussten den Preis absenken. Verschenken wollten wir das Haus aber keinesfalls. Nach unzähligen Hausbesichtigungen durch nette, teils aber auch zwielichtige potentielle Käufer meldete sich der zuerst beauftragte Makler aus Oelde mit einem seriösen Interessenten, der wegen seines Berufswechsels nach Ahlen nicht jeden Tag aus Menden im Sauerland zu seiner neuen Arbeitsstelle anreisen wollte. Die Familie Staratzke, um dies es sich handelte, hatte in Menden eine eigene Immobilie, die sie dort vor ihrem Hauskauf in Enniger veräußern wollte. Einen Käufer für ihr Objekt gab es, und der sollte sich bis zum 31. Oktober 1999 entscheiden. Wir fieberten diesem Termin entgegen – und erhielten am 30. Oktober die Absage. Der Käufer war zurückgetreten. Staratzkes waren jedoch weiter an unserem Haus interessiert, und so vereinbarten wir ein Treffen bei uns und handelten die Bedingungen für den Fall des Verkaufes der Immobilie in Menden aus. Ich fertigte als geschulter Verkäufer ein Protokoll an mit einem Kaufpreis von 440.000 D-Mark, das beide Parteien unterschrieben. Zumindest stellte dies eine Kaufpreiseinigung dar. Nach wenigen Monaten rief Herr Staratzke mich an, meldete den Verkauf seines Hauses und wollte mich wegen einer erneuten Verhandlung und einem Notartermin sprechen. Und wie gut, dass ich das Protokoll hatte! Der Vollzug des Hausverkaufes ging schnell vonstatten, nachdem ich einen weiteren Preisnachlass mit Hinweis auf das gültig unterzeichnete Papier kategorisch abgelehnt hatte. Immerhin, auf die Demotage unserer Sauna verzichtete ich zu seinen Gunsten. Der Grundstückskaufvertrag mit Auflassung datiert vom 16. März 2001.

Zurück nach Jugenheim und zur jungen Familie Wagner. Durch unsere nachweislichen Bemühungen, unser Haus in Enniger zu verkaufen, hatte sich bereits vor dem Hausverkauf eine für uns günstige juristische Konstellation ergeben, nämlich der Eigenbedarf. Wagners wollten das nicht einsehen. Selbst nach unserer freundlich geäußerten Klageandrohung waren sie nicht gewillt, auszuziehen. Es kam zur Klage und unser Sohn Klaus gewann seinen ersten Prozess als Anwalt für seine Eltern.

Vom Entschluss bis zu seiner Durchführung vergeht in der Regel viel Zeit, insbesondere wenn es sich, wie im geschilderten Fall, um Veräußerungen von Immobilien und einen Prozess vor Gericht handelt. Rückblickend war die Zeit meines Ruhestandes in Ennigerloh recht kurz, bedenkt man, was wir während dieser Zeit an weitere Dinge unternahmen. Wir wollten unsere neue, im Vergleich zu einem geräumigen Einfamilienhaus verhältnismäßig kleine Wohnung in Jugenheim nach unseren Wünschen neu einrichten. Unsere schönen, ererbten alten Möbel bildeten den Grundstock, um den herum wir alles planten. Wir besaßen genaue Werkpläne des Neubaus, nach denen wir uns die neuen Möbel, insbesondere eine Küche, bereits in Beckum für Jugenheim einplanen, liefern und einbauen ließen.

In Rheda-Wiedenbrück und Stadtlohn besuchten wir dazu Ausstellungen renommierter Hersteller wie Interlübke und Hülsta und kauften ein neues Schlafzimmer, es war von Interlübke, mit zusätzlichen Einbauschränken von einem Möbelhaus aus Ennigerloh. Die Monteure aus Ennigerloh bauten uns das gesamte Schlafzimmer zum geplanten Umzugstermin ein. Später wurde noch ein moderner Kamin bestellt. Bereits bei der Planung des Hauses hatten wir für das Erdgeschoss und für das Dachstudio je einen Kaminabzug eingeplant, die dazugehörigen Kamine aber für die Mieter nicht eingebaut.

Mit zwei Nachbarfamilien Eickelpasch und Körting hatten wir uns in Enniger im Laufe der Zeit sehr gut angefreundet, beide hatten Kinder im Alter unserer Kinder. Unsere Gartenteiche lagen dicht nebeneinander, so dass wir Männer uns an Wochenenden über Wasserpflanzen, Frösche und Beruf unterhielten, während die Themen der Frauen sich mehr auf die Kinder und andere private Dinge bezogen. Unseren geplanten Umzug fanden beide Familien nicht gut, insbesondere die Körtings, unsere unmittelbaren Nachbarn. Frau Christine Körting hatte als Stewardess vor ihrer Ehe viel von der Welt gesehen und arbeitete später in einem Reisebüro in Warendorf. Alle unsere Reisen mit Ausnahme der nach Kenia hatte Frau Körting minutiös ausgearbeitet. Als wir mit unserer Umzugsplanung und dem Hausverkauf so gut vorangekommen waren, empfahl sie uns, doch noch eine schöne Reise zu unternehmen, die sie gerne planen würde. Die Wahl fiel auf Mexiko, das ich schon oft dienstlich besucht hatte. Christine empfahl eine kombinierte Robinson Reise, beginnend auf der Halbinsel Cancun und den Besichtigungen der Maya- und Toltekenstätten, präkolumbianischer Tempelanlagen sowie eine ausführliche Besichtungstour durch Mexico City, kombiniert mit Flug- und Busreisen und anschließendem Badeurlaub im Robinson-Club Tulum.

Vor unserer Abreise telefonierte ich mit meinem Schulfreund Hans Schoedl in Kalifornien, um ihm von unserem bevorstehenden Umzug an die Bergstraße zu berichten. Es stellte sich heraus, dass er mit Frau von den USA aus ebenfalls eine Mexiko Reise gebucht hatte und – man möge es glauben oder nicht – zur gleichen Zeit zu den gleichen Orten, nur in umgekehrter Richtung. Die Schnittstelle hieß St. Cristobal, die „Indio-Hauptstadt" im Hochland des Südens von Mexiko.

Die Reise begann, wir fanden alles herrlich, und in St. Cristobal trafen wir unsere US-Amerikaner. Wir aßen mit den Schoedls zusammen mit deren Reisegruppe zu Abend, und zwar in einem Hotel, das nur 100 Meter entfernt war von dem unsrigen. So klein ist die Welt – wir konnten es kaum glauben, dass uns wirklich unsere Freunde gegenübersaßen! Ein weiteres Beispiel dafür, wie sich die Dinge fügen können, ist übrigens, um dies vorwegzunehmen, mein 70. Geburtstag, den ich bereits in Jugenheim feiern sollte. Dort waren die Körtings und damit unsere Reiseplanerin Christine mit von der Partie. Etwas ausführlicher werde ich dann – gewissermaßen als „Happy End" meiner Autobiographie – von meinem 75. Geburtstag berichten, den ich mit gesamter Familie in der Heimat meiner Kindheit verlebte.

Der Umzug nach Jugenheim

Der griechische Dichter Hesiod wusste bereits um 700 v. Christus: „Vor den Erfolg haben die Götter den Schweiß gesetzt." Nach unserer Rückkehr aus Mexico gingen die Vorbereitungen für den Umzug weiter. Die Kinder mussten im Hobbykeller alles das aussortieren, was sie mitnehmen wollten, der Rest kam in den Sperrmüll oder wurde, wie unsere

Skier und Teile von Tante Lenes Salon, für Interessenten auf die Straße gestellt. Wir zogen um.

Nachdem Wagners letztendlich die Wohnung doch geräumt hatten, fuhren wir nach Jugenheim und zogen zunächst in das Häuschen ein, in dem Dirk lange Jahre während seines Studiums an der TH Darmstadt gewohnt hatte. Von hier aus bestimmten wir die Reihenfolge der Aktivitäten des Umzuges. Wagners hatten uns in der Erdgeschoßwohnung ein Relikt genannt „Fogging" hinterlassen, das zunächst bekämpft werden musste. Wikipedia beschreibt Fogging als Schwarzstaub, der in beheizten Räumen an kalten Wänden als eine Abscheidung von organischen Stoffen verschiedener Art wie zum Beispiel von Weichmachern entstehen kann und dessen genaue Ursache bis heute nicht geklärt ist. Ebenfalls ist nicht geklärt, ob bei seinem Auftreten Mietminderungen gerichtlich durchgesetzt werden können. Wir wussten, dass Wagners Kerzenlicht schätzten und fast nie gelüftet hatten, was aber bei modernen Wohnungen wegen der dichten Fenster und Türen unbedingt täglich mindestens einmal zu geschehen hat. Nach dem Kamineinbau und gründlicher Reinigung wurde die Wohnung mit neuem Anstrich versehen und das Phänomen Fogging trat nicht mehr auf.

Zunächst wurden die neuen Möbel eingebaut, dann kam die Küche aus Beckum, die von zwei in unserem neuen Schlafzimmer übernachtenden Monteuren eingebaut wurde, zum Schluss folgte das Parkett im Wohnbereich mit Schliff und Versiegelung. Wir zogen in unser neues Haus, in eine neue Wohnung, in Jugenheim ein. Gardinen, Lampen und sonstige Accessoires folgten.

Dann kam der Garten an die Reihe, in dem viel umzugestalten war. Vordringlich war die Anlage eines Weges von unserem Gästehäuschen und der Garage zum Wohnhaus, weil man sonst über den Rasen hätte laufen müssen. Der

Weg ist 65 Meter lang und 1,20 Meter breit. Er musste mit einer Tiefe von 20 Zentimetern ausgehoben werden, was allein einer Menge von mehr als 25 Tonnen abzufahrenden Gartenbodens entspricht, Schotter und Kies von etwa 20 Tonnen waren danach ebenfalls per Schubkarre einzubringen. Das brachte mir ein paar Wochen harte Arbeit ein. Doch nachdem diese und weitere Verschönerungsarbeiten erledigt waren, konnte ich meinen 70. Geburtstag mit vielen Gästen im Garten in Jugenheim feiern. Dieses Fest markierte zugleich einen Lebensabschnitt.

Fast wie im Fluge ging es weiter. Unsere beiden Söhne hatten sich inzwischen gebunden – und wir waren mit ihrer jeweiligen Partnerwahl mehr als einverstanden. Und so dauerte es nicht lange, und wir feierten die Hochzeiten unserer Kinder, der beiden Söhne und unserer beiden neuen „Töchter", also der Schwiegertöchter, die eine in Hamburg und die andere in Berneck im Schwarzwald. Und quasi parallel ging es weiter: Die beiden Erstgeborenen, unsere Enkel Justus und Leopold, kamen im März 2006 und Ende Februar 2007 auf die Welt, und diese doppelte Freude bedeutete auch eine neue Rolle, in die sich Heidi und ich aber schnell und gerne eingewöhnten: wir waren nun Großeltern!

Das große Fest des Wiedersehens

In Haus und Garten und in der wachsenden Familie waren wir gut ausgelastet, und – im Alter vergeht die Zeit wie im Fluge. Schon nahte mit Riesenschritten mein 75. Geburtstag. Natürlich sollte wieder würdig gefeiert werden, denn ein Dreivierteljahrhundert – das ist etwas! Ich hatte Heidi und den Kindern daher frühzeitig gesagt, dass ich meinen Geburtstag mit der ganzen Familie in der mecklenburgischen Heimat verbringen wollte und dabei angedeutet, dass ich mir eine Kutschfahrt von Kühlungsborn nach Mechelsdorf und Rerik wünschte, genau so, wie ich es einst als Schüler erlebt hatte. Ich merkte bald, wie oft Heidi sich insgeheim mit den Kindern über die Organisation abstimmen musste. Im Stillen freute ich mich schon! Das Fest rückte zusehends näher.

Am 17. Juni 2009 starteten wir unsere Reise nach Kühlungsborn, wo alle in der „Residenz unter den Linden" untergebracht waren, gegenüber einer Tennisanlage, auf der bereits meine Mutter um 1930 herum mit einer Freundin Bälle geschlagen hatte. Meine Schwester Aleit war aus Berlin angereist und hatte die letzten Kilometer von Bad Doberan mit dem „Rasenden Molli" zurückgelegt. Sie wohnte wie wir in einem Apartment im Haupthaus, während die Kinder in einem Pavillon je eine Wohnung bewohnten, sehr komfortabel. Den 18. Juni, den „Tag davor", verbummelten wir höchst angenehm mit der Familie am Strand. Kurz nach 23 Uhr entführten mich Heidi und die Söhne jedoch durch das kleine Wäldchen auf dem so bezeichneten Damenweg an den Strand, wo ich warten musste – aber nicht lang! Punkt Mitternacht ließen sie eine Flasche Sekt knallen und gratulierten mir. Gleichzeitig ließen sie kleine, selbstfliegende Papierschirme starteten, die wie kleine Ballons in der Westströmung leuchtend am Himmel nach Heiligendamm entschwanden. Ein märchenhafter Anblick!

Am nächsten Morgen ging es per Auto nach Basdorf, um den Kutschwagen zu besteigen, der uns tatsächlich nach Mechelsdorf bringen würde. Heidi und die Kinder hatten eine logistische Meisterleistung vollbracht. Das gesamte Geburtstagsprogramm war mit allen Beteiligten abgestimmt. In der Nähe des alten Gärtnerhauses im verwilderten Obstgartenteil des Parks standen Stühle im Halbkreis aufgebaut und die entsprechenden Getränke waren bereitgestellt. Hans-Karl von Chappuis und seine Frau, die nach der Wiedervereinigung im Seeweg eine kleine bescheidene Pension betrieben, hatten den Park zurückgekauft; die jüngste Schwester, Sabine von Bodecker hatte an der Stelle des abgerissenen Herrenhauses ein Wohnhaus errichtet. Die dramatische Geschichte der Flucht der Familie von Chappuis habe ich weiter vorne kurz erwähnt.

Mit der Kutsche, dekoriert mit einem Blumenstrauß, fuhren wir zum Seeweg, wo Frau von Chappuis schon wartete. Sie erklomm nach der Vorstellung meiner Familie sofort den Kutschbock und alle fuhren zusammen den Seeweg hinunter durch die große Lindenallee auf das Haus von Sabine zu und spazierten durch den Park und bis hinüber in den Obstgarten. Natürlich erkannte ich alles wieder, und meine Familie um mich zu haben war dabei die größte Freude. Es kam zu manch einem Plausch über die vergangenen Zeiten! Im Anschluss ging es per Auto nach Rerik in ein Restaurant, wo unser Klaus zu meinem Geburtstag sogar noch eine fundierte Tischrede auf seinen Vater hielt. Nach dem Essen mussten wir, auch weil es den Enkeln nicht langweilig werden sollte, schnell nach Kühlungsborn zurück. Die große Feier ging nicht zu Ende, ohne dass wir uns für den nächsten Vormittag zur Besichtigung der historisch bedeutenden Kirche in Rerik verabredet hätten.

Rerik! Wie viele Erinnerungen gab es auch hier! Die Führung durch die St.-Johannes-Kirche wollte sich Frau von Chappuis nicht nehmen lassen. In Begleitung der Pfarrerin und ihres Mannes erklärte sie uns alle Details, bis hinauf zum Dachboden stieg sie mit uns. Die beiden reichverzierten Emporenlogen der adeligen Besitzer von Wustrow und Mechelsdorf, „Adels-Hochsitz" genannt, wurden ebenso inspiziert wie der Taufengel und die zwei Sanduhren auf der Kanzel. Der Pfarrer musste die Zeit seiner Predigten in früheren Jahrhunderten so einteilen, dass er bei Ablauf der Mechelsdorfer oder der Wustrower Sanduhr sein „Amen" gesagt hatte – eine absolutistische Geschichte, die ich vorher noch nie gehört hatte. Aber der Gottesmann wurde direkt von diesen Familien bezahlt, also musste er sich danach richten, was die Geldgeber wünschten. Durch diese und andere Geschichten erheitert und überhaupt bestens gelaunt verbrachte die ganze Familie noch ein paar Tage auf meinen alten Spuren im nördlichen Mecklenburg, dann ging es zurück nach Hamburg und Jugenheim. War das ein würdiges, ein rauschendes, ein schönes Fest!

Im März und Mai des Jahres 2010 standen die nächsten beiden Feste an: Unsere Enkel Fanny und Nikolas wurden geboren. Für Heidi und mich ist es seitdem ein besonderes Glück, Großeltern von inzwischen vier sich prächtig entwickelnde Enkeln sein zu können, die sich auf jeden Besuch bei uns in Jugenheim freuen. So schließe ich, dankbar und froh, nach langer Lebensreise an diesem Ziel und am Ort meines Altersruhesitzes angekommen zu sein, in der Hoffnung auf viele gute Jahre, die noch kommen mögen, meine Lebenserinnerungen ab.

Nachwort

Nicht viele Worte will ich machen, obwohl die Zeitspanne meiner Autobiographie mehr als 75 Jahre umfasst. Hätte ich keine Hilfe gehabt und mich nur auf meine Erinnerung verlassen, wäre ich gescheitert. Deshalb möchte ich all denen danken, die mich zum Schreiben überredet, dazu ermuntert und dabei unterstützt haben. Da ist zuerst meine liebe Frau Heidi, die mir mit Daten und Fakten viel geholfen hat, und ohne die ich mich meinem Beruf nicht so hätte widmen können, wie ich es tat. Ich wusste immer, dass sie zu Hause alles perfekt managte und mir treu war. Meinen Söhnen Dirk und Klaus danke ich für die Anstöße, all das aufzuschreiben, was ich im Beruf, insbesondere auf Reisen, erlebt habe und für ihr Drängen, im Ruhestand bald nach Jugenheim umzuziehen. Sie haben mir zum 80. Geburtstag mit ihrem Geschenk des Lektorats für meine Biographie viel Freude bereitet. Deshalb hier auch ein Dank an Dr. Sigler, der dieses Lektorat übernommen hat. Danken möchte ich auch allen Freunden, die mich durch ihre Tipps, und Fragen nach dem Fortschritt meines Schreibens zu schnellerer Arbeit anregten.

Vieles verdanke ich den heutigen Medien, dem Internet, insbesondere der Wikipedia, die übernommenen geschichtlichen Fakten habe ich nicht eigens mit Fußnoten gekennzeichnet. Auch auf ein Namensregister habe ich verzichtet, weil ich davon ausgehe, dass der Leser an den genannten Privatpersonen selbst wenig Interesse haben kann – oder aber, dass sie ohnehin persönlich bekannt sind.

Jugenheim, im Mai 2016.